역사 속 경제 이야기

화폐통일 진시황부터
거시경제학자 제갈량까지

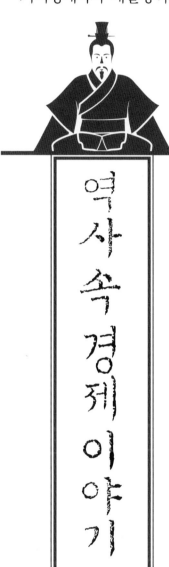

역사 속 경제 이야기

왕링옌·왕퉁 지음 / 이서연 옮김

시그마북스
Sigma Books

역사 속 경제 이야기

발행일 2018년 10월 10일 초판 1쇄 발행
    2018년 11월 1일 초판 2쇄 발행
지은이 왕링옌, 왕퉁
옮긴이 이서연
발행인 강학경
발행처 시그마북스
마케팅 정제용
에디터 권경자, 김경림, 장민정, 최윤정, 강지은
디자인 최희민, 김문배

등록번호 제10-965호
주소 서울특별시 영등포구 양평로 22길 21 선유도코오롱디지털타워 A404호
전자우편 sigmabooks@spress.co.kr
홈페이지 http://www.sigmabooks.co.kr
전화 (02) 2062-5288~9
팩시밀리 (02) 323-4197
ISBN 979-11-89199-41-8 (03900)

穿越历史聊经济
作者：汪凌燕, 汪通 著

copyright ⓒ 2016 by PEKING UNIVERSITY PRESS

All rights reserved.
Korean Translation Copyright ⓒ 2018 by Sigma Books.
Korean edition is published by arrangement with PEKING UNIVERSITY PRESS through EntersKorea Co., Ltd. Seoul.

이 책의 한국어판 저작권은 (주)엔터스코리아를 통한 중국 PEKING UNIVERSITY PRESS와의 계약으로 시그마북스가 소유합니다.
저작권법에 의하여 한국 내에서 보호를 받는 저작물이므로 무단전재와 무단복제를 금합니다.

이 도서의 국립중앙도서관 출판예정도서목록(CIP)은 서지정보유통지원시스템 홈페이지(http://seoji.nl.go.kr)와
국가자료공동목록시스템(http://www.nl.go.kr/kolisnet)에서 이용하실 수 있습니다.
(CIP제어번호: CIP2018028737)

* 시그마북스는 (주)시그마프레스의 자매회사로 일반 단행본 전문 출판사입니다.

차 례

제1장

혼돈의 전국시대와
천하를 통일한 진나라의 경제

제2장

한나라의 화폐 전쟁

제3장

한나라를 재정위기에서 구한 금융상품

제4장

한무제의 국영기업과 시장독점

제5장

공신의 운명과 게임 이론

제6장

황금과 백옥으로 장식된 칼

제7장

광무제의 등장과 동한의 운명

제8장

동탁이 초래한 악성 인플레이션

혼돈의 전국시대와
천하를 통일한 진나라의 경제

주나라 말 난왕은 제후들에게 '돈을 빌려' 군사를 모아 진나라를 토벌하자고 호소한다. 하지만 계획은 수포로 돌아가고, 빚쟁이들을 피해 높은 누각에 피신한 난왕은 중국 역사상 최초로 국가부도 위기에 직면한다. 한편 진나라가 천하를 통일한 이후 유방이 부역을 가게 되었을 때 소하는 유방에게 여비로 5전을 건네준다. 후에 왕위에 오른 유방은 후하게 보답을 하는데, 이것이 진나라 경제 붕괴의 예고편일 줄 누가 알았을까.

최초의 국가부도 위기

—

상나라 때 고공단보*가 통치하던 주족은 섬서 변방의 작은 나라에 불과했다. 하지만 이후 문왕이 나라의 기반을 닦고, 무왕이 상나라를 정복함으로써 새로운 천자로 등극하였다. 그리고 주공이 동정(東征)을 떠나 남은 상나라 세력을 토벌한 끝에 나라가 안정될 수 있었다. 이로써 주나라는 '봉국 800에 천자가 통치하는 땅이 1,000리에 이르는' 거대한 왕조로 번성하게 되었다.

---

* 고공단보: 주나라 문왕의 할아버지로 훗날 주나라 태왕으로 추존된다.

이처럼 눈부시게 빛나는 영광을 차지한 주나라의 세력은 북쪽으로는 계료에까지 이르렀고 남쪽으로는 장강을 넘었으며 동쪽으로는 대해에까지 뻗었고 서쪽으로는 진령에까지 이르렀다. 천하의 주인이 된 주나라 왕은 하늘의 명령을 전달하는 천자였기에 다른 제후국들이 함부로 반기를 들 수 없었다.

하지만 오랜 시간 번영과 쇠퇴를 반복하던 주나라는 유왕에 이르러 계승권 문제로 '견융의 난'이 일어나면서 흔들리게 된다. 견융이 호경을 공격한 사건은 직접적으로 서주의 멸망을 초래하였다. 기원전 770년 유왕의 아들인 의구가 남은 세력을 모아 이미 폐허가 된 호경을 버리고 낙읍으로 천도하면서 평왕에 올랐다. 역사적으로 낙읍 천도를 기점으로 그 이전을 서주라 부르고, 천도한 이후를 동주*라 부른다.

동주는 제후들이 추대해 건립한 나라였기 때문에 이 당시 주나라 천자의 권위는 이전과 비교할 수 없을 만큼 약했다. 이에 평왕의 손자 환왕은 다른 제후국과 연합해 자신에게 복종하지 않던 정장공을 토벌함으로써 천자의 권위를 다시 세우려 했고, 양측은 장갈에서 결전을 벌이게 되었다.

하지만 "신처럼 강한 적수보다 돼지처럼 무능한 동료가 더 무섭다"는 속담은 춘추전국시대에도 통했다. 환왕이 진나라, 채나라와 같이 세력이 약한 제후국들**과 연맹을 맺은 시점에서 이미 패배의 암운이 드리웠던 셈이다. 아니나 다를까 용맹하게 앞장서 군대를 이끌던 환왕은 불행

---

* 동주가 시작된 기원전 770년은 춘추시대가 시작된 해이기도 하다. 이 시기에 춘추오패(제환공, 진문공, 송양공, 진목공, 초장왕)라는 말이 생겼다. 140개에 달했던 제후국은 기원전 475년 전국시대에 이르렀을 때 20여 개밖에 남아 있지 않았다. 그중 가장 세력을 떨치던 7국인 진, 초, 연, 한, 조, 위, 제를 '전국칠웅'이라 부른다.
** 춘추시대에 패주(霸主)로 불리던 대국은 진(晉), 초 같은 나라들이었다.

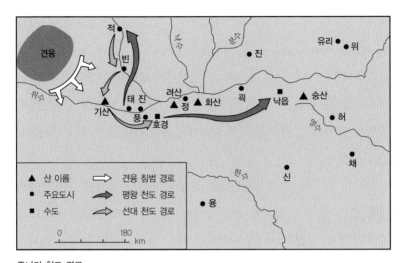

주나라 천도 경로

그림 출처 : http://www.52ij.com/ditu/lishi/xizhou.html

히도 화살을 맞아 쓰러졌다. 이 한 방의 화살은 정나라를 정복하려던 주나라에 실패를 안겨줬을 뿐만 아니라 400여 년 동안 쌓아왔던 주나라의 위엄을 무너뜨렸다. 이때부터 주나라는 '천하의 주인'에서 점차 제후국으로 쇠퇴해 간다.

장갈의 전투 이후 동주의 권위는 급속도로 약해졌다. 더욱 힘들었던 점은 주나라 왕실이 형식적으로는 여전히 '천하의 주인'이라는 것이었다. 이 때문에 제후국이 주나라 왕실을 도울 때마다 천자는 토지를 하사하는 등의 방식으로 보답을 해야 했다.

주나라가 막 건국되었을 때, 온 사방이 상나라의 남은 세력과 토착민들로 득실거렸기 때문에 주나라의 중앙군대만으로는 사실상 이들을 제압할 방법이 없었다. 그래서 주공은 지도를 가리키며 장군들에게 "이 땅은 자네 것이고, 저 땅은 자네 것이네"라고 말하며 작위와 토지를 내린 뒤 그들이 직접 자신의 군대를 이끌고 땅을 정복하도록 했다. 그리고 정복한 땅에 나라를 세운 제후들은 천자를 공경하며 정기적으로 조공을 바쳤다. 이와 같은 주나라 초기 분봉제(分封制)는 사실 자본금 없이 큰 이익을 얻을 수 있는 거래였다. 원래 자신의 것이 아니었던 토지를 장군들에게 '도급'으로 줌으로써 통치권과 더불어 천자의 권위까지 얻었던 것이다.

하지만 동주에 이르러서는 새로 분봉할 토지도 없었고, 제후들에겐 이미 수백 년 동안 통치해 온 자신들의 나라가 있었다. 그래서 주나라는 그들에게 더 많은 이익을 수탈할 능력도 명목도 없었다(오히려 주나라가 항상 제후들의 눈치를 보며 점령당할까 봐 두려움에 떠는 형편이었다). 이 때문에 천자는 자신이 직접 통치하는 영토에서 도시를 떼어내 제후들에게 분봉으로 줘야 했다. 이처럼 '주기는 쉽지만 받기는 어려운' 방법을 사용함으로써 천자가 직접 통치하는 영토는 점차 줄어들게 되었고, 천자의 지위는 더욱 급격하게 하락했다. 경왕 희귀가 집권하고 있었을 때 왕실의 재정은 이미 바닥이 나서 하다못해 예기(禮器)까지도 제후들에게 구걸해야 하는 지경에 처하게 됐다. 지위가 떨어질 대로 떨어진 천자는 제후국들에게 무시당하기 일쑤였다. 자신의 역사나 근본을 잊어버린다는 의미인 수전망조(數典忘祖)*도 바로 이때 천자와 진나라가 마찰을 겪으면서 생겨

---

* 진나라의 대부 적담이 부사로 주나라에 갔을 때 경왕이 물었다. "제후들은 모두 예기를 바쳤는데 어째서 진나라만 계속 바치지 않는가?" 이에 적담이 답했다. "제후들은 분봉을 받을 때 모두 천자로부터 보기(寶器)를 하사받았습니다. 하지만 진나라는 외진 곳에 위치한 탓에 천자의 은택을 받지 못하였고, 따라서 예기를 바칠 수 없는 것입니다." 이 말에 진노한 경왕은 주나라 왕실이 진나라에 하사한 기물을 하나하나 열거하며 "그대는 진나라 사관의 후손인데 어찌 이러한 사실을 잊을 수 있는가?"라고 말했다. 적담은 아무 대답 없이 고개만 조아렸다. 화가 풀리지 않은 경왕은 적담이 물러간 뒤 "적담은 후손이 없을 것이다. 과거를 예로 들면서 어떻게 자기 조상의 일을 잊고 있단 말인가!"라고 말했다.

난 고사성어다.

과거 휘황찬란한 영광을 누렸던 주나라는 끝없이 이어지는 제후들의 '하사품' 요구 때문에 난왕 희연*에 이르러서는 이미 낙읍의 성과 주변의 작은 마을만 남은 초라한 모습으로 전락한 상태였다. 게다가 이 성마저도 계승권 문제로 분열되어 '동주공'과 '서주공' 2명의 주나라 종친이 장악하고 있었다.

그리고 희연은 서주공 세력에 기대서 초라하게 천자의 명목만 유지하고 있었다. '천하의 주인'이라 불리며 위풍당당하게 세력을 떨쳤던 천자가 어찌 남에게 얹혀 연명하는 비참한 상황을 받아들일 수 있었겠는가? 이에 희연은 늘 다시 세력을 키울 기회를 엿보았고, 마침내 기회가 오자 즉시 행동으로 옮겼다. 하지만 희연의 바람과는 달리 오히려 상황이 더욱 악화되어 역사상 최초로 '국가부도 위기'에 빠지게 된다.

사건의 발단은 진나라와 조나라 사이에 발생한 '장평전투'였다. 전투에서 승리한 진나라 장수 무안군 백기는 조나라 포로 40만 명을 구덩이에 묻어 죽인 뒤 조나라 도성인 한단을 포위했다. 그러자 조나라와 혈맹인 위나라와 초나라에서 지원군을 보내왔고, 안과 밖에서 공격을 퍼부은 끝에 맹렬한 기세를 떨치던 진나라를 무찌를 수 있었다. 이로써 조나라는 가까스로 패망의 위기에서 벗어나게 된다. 이 전투는 전국시대 후기에 진나라가 기록한 몇 안 되는 패배 중 하나였다. 바로 이 전투로 인해 진나라 군대의 불패신화가 깨졌고, 이를 본 초나라는 희망을 품게 되었다.

당시 초나라 군주였던 고열왕은 상황을 진지하게 분석한 끝에 이번

---

* 희연은 기원전 314년부터 기원전 256년까지 재위한 동주 제26대 군주다.

과 같은 합종으로는 진나라를 무찌르기 어렵다는 결론에 이르렀다. 그 이유는 모두를 이끌 맹주가 없었기 때문이다. 각자 꿍꿍이가 있는 제후들은 상황이 위급해져야 마지못해 서로를 도울 뿐 진심으로 단결하지는 못했다. 그래서 상황이 조금이라도 안정되면 바로 자신들의 이익을 계산하기 급급했고, 상황이 악화되어도 누군가가 나서서 타개해 주기를 기다릴 뿐 앞장서서 나서려 하지 않았다. 이 때문에 진나라 군대에게 속수무책으로 당하며 하나하나 쓰러져갈 수밖에 없었던 것이다.

그렇다면 과연 누가 맹주가 될 것인가? 고열왕은 스스로 맹주가 되고 싶은 마음이 굴뚝같았지만 한나라, 조나라, 위나라가 그에게 맹주의 자리를 맡길 리가 없었다. 그들은 혹여 고열왕이 자신들의 영토를 노리고 있지 않을까 의심했기에 그가 맹주가 되는 것을 원치 않았다. 이에 고열왕은 지도를 살펴보며 깊은 고민에 빠졌다.

그렇게 한동안 지도만 바라보고 있던 고열왕의 시선이 지도 중앙의 한 점인 '낙읍'에 멈췄다. "그래, 낙읍이다! 전국칠웅은 모두 명목상 주나라 천자의 신하들이 아닌가? 천하의 맹주가 필요하다면 낙읍에 가서 얻으면 될 것 아닌가?" 여기까지 생각이 미치자 고열왕은 즉시 사신을 파견했다.

초나라 사신의 말을 들은 주난왕 희연의 마음은 부풀어 오르기 시작했다. 그동안 희연은 자기 아버지와 마찬가지로 허울뿐인 천자의 지위만 유지한 채 살고 있었다. 한 치 앞도 알 수 없는 전국시대에 자신의 '부하'인 제후들이 서로 싸우는 모습을 보면서 조금이라도 '존재감을 드러내기 위해' 이긴 쪽을 '방백'(方伯)으로 봉하고 특별한 문양이 고급스럽게 수놓아진 의복을 하사할 뿐이었다. 그마저도 여의치 않으면 세력도 군대도 기반도 없는 주나라 왕실로서는 그저 혼란스런 상황을 수수방관하고 있는 수밖에 없었다.

이런 상황에서 마침 초나라 고열왕이 나서서 주나라 왕실이 다시 천하의 무대에 나설 기회를 준 셈이니 희연의 마음이 두근대는 것은 당연했다. 희연으로서는 앞에 어떠한 위험이 있더라도 당장은 과감하게 승낙할 수밖에 없었다. 그는 기꺼이 합종으로 진나라를 토벌할 맹주의 칭호를 짊어지겠노라 승낙했다.

그렇게 잠깐 황홀한 꿈에 젖어 있었지만 초나라 사신이 떠나자 천천히 현실이 눈에 보이기 시작했다. 문득 희연은 맹주라는 칭호는 헛된 허울에 지나지 않으며 자신은 통솔력 없는 지도자라는 사실을 깨달았다. 게다가 초나라 사신은 경제적 원조에 대해서는 일언반구의 언급조차 하지 않았다. 맹주로서 최소한의 병력도 없다면 천하의 웃음거리가 될 게 뻔하지 않은가?

하지만 주나라 왕실에는 돈이 될 만한 것이 전혀 없었다. 왕실의 보고인 구정(九鼎)*을 녹여 화폐를 주조할 수는 있겠지만 이는 절대 있을 수 없는 일이었다. 상황이 어쨌든 구정은 과거 하(夏)나라 우(禹)임금이 주조한 천자의 상징이자 국가의 합법성을 증명하는 중요한 증거였기 때문이다. 희연은 어쩔 도리가 없다는 사실을 깨닫고 다급하게 서주공을 찾아갔다.

희연의 말을 듣고 한참 말이 없던 서주공이 갑자기 무릎을 치며 말했다. "천자께서는 저희가 있는 낙읍이 어떤 곳인지 아십니까?" 서주공의 뜬금없는 질문에 희연은 '내가 통치하는 유일한 곳인데 어찌 모를

---

* 구정은 진나라가 멸망한 이후 행방불명이 된 것으로 알려져 있지만 주나라 희연 때에 비밀리에 녹여 화폐를 주조했다는 설도 전해진다.

수 있겠나?'라고 생각하며 답했다. "주나라의 왕성* 아니오. 무슨 문제가 있소?"

그러자 서주공이 옅은 미소를 지으며 말했다. "낙읍은 천하의 중심이라 상업노선 중 절반 이상이 이곳을 거치고 있습니다. 그리고 상인들은 위험한 투자를 좋아합니다. 몇 년 전에도 여씨 성을 가진 상인이 서쪽에서 위험한 투자를 한 일로 떠들썩하지 않았습니까? 들리는 바에 따르면 결과도 꽤 좋았다고 합니다. 그러니 일단 부유한 상인들에게 돈을 빌린 뒤 전쟁에서 이기면 진나라의 배상금과 분배받은 토지로 빚을 상환하면 되지 않겠습니까." 서주공의 말을 들은 희연은 무척 기뻐하며 즉시 자신의 거처로 돌아가 공고를 쓰기 시작했다.

무릇 진나라는 과거 효왕의 마부인 비자의 후예다. 비자가 출중한 공을 세움에 따라 효왕이 땅을 분봉하고 부용국으로 삼았다. 이후 진나라는 과거 견융의 난이 일어났을 때 약간의 공을 세웠고, 또 평왕이 낙읍으로 천도할 당시에도 공을 세워 제후로 승격되었다. 그런데 오늘날 짐이 호경(낙읍을 말함-역주)에 머무르고 있는 동안 진은 몰래 산동의 토지를 강탈하였다. 게다가 아직도 과거의 은혜는 잊은 채 음흉한 마음을 품고 천하를 유린하고 있다. 이에 신과 인간에게 모두 미움을 받고 있으니, 어찌 이 사태를 그냥 두고 볼 수 있겠는가! 여전히 간악한 마음을 품은 채 국가의 보고를 호시탐탐 노리고 있지 않은가.

---

* 견융의 침략에 멸망한 이후 주나라 평왕은 낙읍인 성주로 천도하였는데 이 성주를 왕성이라 불렀다. 이후 주경왕은 즉위한 뒤 왕자 조의 세력이 강한 왕성을 버리고 은민의 거주지로 거처를 옮겼다. 이후 왕자 조의 난이 일어나자 진(晉)나라는 경왕을 위해 낙양 백마사 동쪽에 새 도성을 건설해 주고 '성주'라는 명칭을 그대로 사용하였다. 이에 낙양을 속칭 '동주'라 부르고, 과거 '왕성'인 낙읍을 '서주'라 부른다.

짐은 비록 출중한 재능은 없으나 주나라 왕실의 후손이자 천자이다. 이에 짐은 선황제의 성업을 받들어 여섯 나라의 중임을 짊어지고, 어지러운 형세 속에서 사직을 안정시키고자 한다. 아직 세상에 희망이 있으므로 천하의 마음을 모아 맹주의 깃발을 높이 치켜들고 잔혹한 이들을 소탕하고자 하노라.

제후들과 주나라 백성들, 그리고 주나라 친척들이여! 한 움큼의 흙이 아직 마르지 않았는데, 아직 젊은 천자가 어디에 몸을 의탁할 수 있겠는가? 왕실의 군대를 마련하는 데 적극적으로 돕는다면 짐이 어찌 이자를 갚고 영토를 분봉하는 데 인색할 수 있겠는가? 지금의 천하를 바라보라. 과연 누구의 천하란 말인가!*

공고는 많은 상인들의 이목을 끌었다. 주나라 왕실의 명성이 아직 민간에 남아 있어 그랬는지, 아니면 여씨 상인의 전설에 상인들이 고무되어 그랬는지는 알 수 없으나 아무튼 많은 상인들이 서주공과 희연이 '왕실의 군대'를 마련할 수 있도록 돈을 빌려주었다.

사실 초기 봉건시대에 국가가 돈을 빌리는 일은 흔치 않은 일이었다. 그 당시 국가는 상인들과는 비교할 수도 없을 정도로 많은 자본을 소유하고 있었고, 농업과 상업활동에 세금을 징수할 수 있었다. 국가는 징수한 세금으로 전쟁과 왕실유지 비용을 충당했고(춘추전국시대에 모든 관리들은 기본적으로 자기 봉지의 녹봉으로 생활했기 때문에 국고가 지출될 일이 없었다), 간혹 수리시설과 같은 토목공사에도 사용했다.

이 때문에 당시 국고는 항상 흑자였으며 재정 상황이 나빠질 경우에

---

* 이 공고문은 당나라 시인 낙빈왕의 「토무조격」을 각색한 것이다.

는 국왕과 대신들이 사치를 줄이거나 궁궐에 있는 문객을 해산시키는 것만으로도 어지간한 문제는 해결되었다. 이러한 모습은 현재 정부의 경영이념과는 확연히 다른 모습이다.

현대 정부는 대부분 공공 건설을 아주 적극적으로 추진한다. 그리고 각 정부마다 일정량의 외화를 보유하고 있으며, 비상 상황에 대비해 금과 같이 가치가 있는 자원을 비축해 둔다. 또 전쟁 공채, 건설 공채와 같은 다양한 채권을 발행하는데, 심지어 이미 만기된 공채에 발행하는 차환 공채도 있다. 이와 같은 공채들은 국가의 신용을 담보로 한다. 바로 이 점이 국가 채무와 기업 채무의 명확한 차이점이다.

만일 기업의 부채가 자산을 초과할 경우 해결 방법은 아주 간단하다. 파산 절차에 들어가 회사의 자산을 매각한 후 규칙에 따라 채권자의 손실을 상환해 주면 된다. 하지만 국가는 다르다. 국가가 빚을 안 갚는다고 해서 채권자가 마음대로 국고에 있는 재산을 매각할 수도 없고, 국영 발전소나 댐과 같은 각종 공공시설을 팔 수도 없다.

주권을 가진 국가를 상대로는 이러한 일들이 모두 불가능하다. 이처럼 국가는 부채를 갚지 않아도 매각될 위험은 없지만 반대로 무형자산인 신용이 손상된다.

신용이 손상되는 일은 국가에게는 실질적인 위협이 된다. 일단 채무 불이행이 발생해 국가에 대한 신용도가 하락하면 국내 투자자금이 철수된다. 또 해당 국가와 사업을 진행하는 기업도 더욱 신중을 기하게 되고 채권 수익률도 매우 높아진다.

그리고 이는 다음에도 채무불이행을 할 위험이 아주 크다는 것을 의미하므로 이후로는 상당히 높은 이율이어야만 비로소 금융시장에서 자금을 빌릴 수 있다. 이와 같은 부정적인 요소들은 대부분 수년이 지나야 겨우 진정되기 때문에 어떤 국가도 이러한 부정적인 요소를 감당하고 싶어 하지 않는다.

이 점에서 가장 전형적인 사례는 아이슬란드다. 2008년 글로벌 금융위기가 발생하기 전에 아이슬란드는 금융업이 발전한 아주 부유한 나라였다. 그래서 영국, 독일, 네덜란드 등 유럽 강국들도 아이슬란드의 은행과 금융기구에 대량의 금융 상품을 보유하고 있었다. 하지만 2008년 9월 15일 미국 리먼 브라더스가 파산함에 따라 아이슬란드도 금융위기의 암운을 피해 갈 수 없었다. 리먼 브라더스의 파산으로 인해 투자자들은 은행과 금융기구를 믿을 수 없게 되었고, 이에 대부분의 해외 투자자들이 자신들의 예금과 투자금을 환수하길 바랐다. 하지만 당시 아이슬란드의 은행은 이미 상환 능력이 없었다.

이때 아이슬란드에는 두 가지 선택이 있었다. 하나는 임의적으로 은행을 파산시키는 것이다. 하지만 이렇게 할 경우 아이슬란드의 은행 시스템이 붕괴될 수 있었다. 다른 방법은 은행을 국유화해서 국가신용을 담보로 시장을 안정시키는 것이었다. 이 두 가지 선택 중에서 아이슬란드는 두 번째 방법을 선택했다. 이 방법은 금융위기가 발생했을 때 종종 쓰이던 방법이었다.

하지만 아이슬란드는 미국과 달랐다. 미국 정부는 신용을 담보로 신속하게 시장을 안정화시킬 수 있었지만 아이슬란드는 그렇지 못했다. 오히려 시장이 더욱 악화되어 금융자산 가치가 하락함에 따라 아이슬란드 은행이 해외 투자자들에게 상환해야 하는 부채는 이미 국가 GDP의 열 배에 달해 있었다. 또 은행 국유화로 인해 아이슬란드의 국가신용도 채무에 발이 묶이게 되었다. 어찌해 볼 방법이 없어진 아이슬란드 정부는 결국 공식적으로 기한 내에 모든 채무를 상환할 수 없다고 밝혔

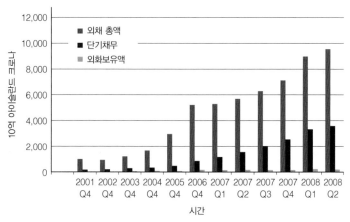

아이슬란드 외채 자산 그래프

자료 출처 : 아이슬란드 중앙은행 통계자료

고, 이는 간접적으로 아이슬란드 국가부도 사태를 알린 것이었다.

아이슬란드는 2015년까지도 기한이 만료된 채무를 꾸준히 상환해야 했다. 또 아이슬란드 정부도 계속해서 영국, 네덜란드 등 채권국들과 채무를 줄이기 위한 협상을 진행하며, 국제 금융시장에 복귀해 새로운 융자를 얻기 위해서 노력을 기울였다. 이처럼 국가는 채무불이행이 발생해도 매각되는 사태가 발생하지는 않지만 오랫동안 부정적인 영향을 견뎌야 한다.

채권자를 피해 달아난 주난왕 : 부채를 갚지 못하는 그리스

난왕 희연은 주나라의 정통 계승자였다. '천하에 천자의 땅이 아닌 곳이 없고, 사람 중에 천자의 신하 아닌 자가 없던'(『시경·소아북산편』-역주)

시대에 그는 주나라의 주권을 대표하는 사람이었다. 그렇기에 그의 채무는 곧 주나라의 채무였다. 게다가 채무의 목적이 진나라와의 전쟁이었으므로 전쟁 공채였다. 과거 주나라 천자가 누렸던 영광을 다시 되찾기 위해 희연은 과감하게 주나라 왕실의 신용을 걸고 막대한 채무를 진 것이다.

만일 주나라의 군사력이 강했던 무왕과 성왕 때였다면 전쟁에서 이길 확률도 높았을 것이고, 설사 진다 하더라도 조세로 충분히 채무를 상환할 수 있었을 것이다. 하지만 당시 주나라는 실질적으로 통치하는 영토 면적이 아이슬란드보다 크지 않았다. 그렇기에 이 전쟁은 절대 져서는 안 되는 위험한 도박이었다.

이처럼 잠재적인 위험이 많음에도 예전이나 지금이나 투기를 좋아하는 상인들은 항상 있게 마련이다. 그들에게 돈을 빌린 희연은 얼마 지나지 않아 5,000여 명의 '천자 친위대'를 모을 수 있었다. 서주공을 통솔 장군으로 임명한 뒤 희연은 직접 맹주가 되어 격문을 통해 산동 제후들*에게 '함곡관을 돌파해 함양성을 정복하고, 옛 수도를 되찾아 주나라 왕실을 부흥시키자'고 호소했다.

격문을 받은 초나라의 고열왕은 바로 경양을 장군으로 해서 대군을 파견했다. 하지만 주나라 사신을 본 다른 국가들의 태도는 달랐다. 그중 위나라는 희연이 가장 큰 기대를 품고 있던 나라였다. 상당한 지략을 가진 위나라 안리왕은 과거 연나라를 공격해 조나라를 구하기도 했고, 초나라를 물리치고 한나라를 정벌하기도 했다. 비록 진나라에 쓰디쓴 패

---

* 설명하자면 여기서 산동은 지금의 산둥성이 아니라 효산(진령산맥의 한 줄기)과 함곡관 동쪽의 제, 초, 연, 한, 조, 위 6국의 영토를 말한다. 또한 지금의 산둥성이 타이항산의 동쪽인 점을 볼 때 당나라 때 이래로 중국 행정과 경제의 중심이 동쪽으로 이동했음을 알 수 있다.

배를 여러 번 맛보았지만 다른 제후들과 비교하면 뛰어난 군주였다.

하지만 주나라 사신의 예상과 달리 안리왕은 천자의 요구를 완곡히 거절했다. 그에게는 천하의 안정보다 개인의 이익이 먼저였다. 사신의 말을 들은 안리왕의 머릿속에 가장 먼저 떠오른 생각은 자신이 직접 군대를 이끌고 출병할 수 없다는 것이었다. 그렇다면 군대를 이끌 장군은 신릉군밖에 없었다. 하지만 신릉군은 이미 조나라를 구하는 과정에서 많은 공을 세워 천하의 칭송을 받고 있었고 자신이 아끼던 신복 진비를 살해하기까지 했다. 만일 신릉군에게 군대를 주어 진나라를 토벌하게 했다가 공적을 세운다면 안리왕의 자리도 더 이상 안정적일 수 없었다. 하지만 이러한 고민을 주나라 사신에게 밝힐 수 없었던 그는 애매모호한 핑계를 대며 천자의 요구를 거절했다.

어쩔 수 없이 사신은 한(韓)나라로 향했다. 힘없고 작은 나라인 한나라는 위나라, 초나라, 진나라의 사이에 끼어 이러저러 시달리며 갈수록 영토의 면적이 줄어들고 있었다. 당시에도 진나라의 공격을 가까스로 막아내며 간신히 나라를 지키고 있는 상황이었다.

한나라 군주인 환혜왕은 사신에게 울상을 지으며 말했다. "정말 미안하오. 과인도 진나라를 공격하는 걸 돕고 싶지만 지금 우리가 진나라의 공격을 받고 있어 여분의 병력이 없소. 그러니 그만 돌아가시오. 만약 여분의 병력이 있다면 진나라를 공격하기보다는 나라를 지키는 데 쓰는 게 낫지 않겠소?"

위나라와 한나라에서 모두 거절을 당한 사신은 조나라로 향했다. 그런데 조나라 도성인 한단에 도착해 보니 거의 모든 집에서 장례를 지내고 있었다. 장평과 한단에서 두 차례 격렬한 전쟁을 치른 조나라는 국력이 상당히 쇠약해졌다. 더구나 장평전투에서 거의 모든 정예병을 잃은 탓에 지금 도성을 지키는 군대는 대부분 징발한 지 얼마 되지 않은 소년들이었다.

조나라 효성왕은 수심이 가득한 얼굴로 사신에게 현재의 어려운 상황을 설명했다. "조나라는 진나라에 깊은 원한을 갖고 있기에 나도 합종연맹에 참여하고 싶은 마음이 굴뚝같소. 하지만 대부분의 장병들이 장평전투에서 죽은 바람에 앞으로 수년간은 다른 나라를 공격할 여력이 없소." 효성왕은 진심으로 천자의 성공을 기원하며 천자의 군대가 승리의 깃발을 높이 들고 산동의 제후들을 호령할 수 있기를 바란다고 말했다.

연이은 거절에 사신은 풀이 죽은 채 제나라로 향했다. 오늘날의 산동성 일대에 속하는 제나라는 상대적으로 멀리 떨어져 있어 진나라와 국경을 맞대고 있지 않았다. 경제와 문예가 발달한 제나라 사람들은 형이상학적인 철학이나 예술을 즐겼다. 사신이 제나라에 도착했을 때에도 제나라 국왕은 직하에서 변론대회를 열고 맹자, 순자 등 철학자들의 강연에 열중해 있었다.

사신은 간신히 제나라 군주인 전건을 만날 수 있었지만 제나라 왕은 강연을 중단하려 하지 않았다. 결국 어쩔 수 없이 사신은 강연이 끝날 때까지 기다린 후 자신이 이곳에 온 이유를 설명했다. 그러자 제나라 왕은 바로 손을 내저으며 말했다. "됐소! 천자에게 돌아가시오. 제나라와 진나라는 수년 동안 전쟁을 치르지 않았고 우리는 지금의 평화를 깨고 싶지 않소."

이후 주나라 사신은 연나라에 도착했다. 외진 북쪽에 위치해 있는 연나라는 영토도 좁고 인구도 적은 나라였다. 이제 막 왕위에 오른 연나라 효왕은 매우 의욕이 넘쳤지만 안타깝게도 국력에 한계가 있었다. 그럼에도 그는 천자를 지지한다는 선언적인 의미로 장군 악한에게 병력을 주어 보냈다.

이렇게 사신이 여러 제후국을 주유했지만 연합에 참여한 것은 초나라와 연나라뿐이었다. 게다가 희연이 가진 병력도 고작 5만 명에 불과했다. 백성이 곧 군대였던 전국시대에는 '무기를 들고 사직을 지킨다'는 명목으로 걸핏하면 십수만, 많게는 수십만 명이 동원되어 피비린내 나는 격렬한 전투를 치렀다.

그러니 5만에 불과한 병력으로 함곡관을 공격하는 것은 맨몸으로 호랑이 굴에 뛰어드는 것이나 마찬가지였다. 30여 년 전에 일어난 '이궐전투'에서도 진나라 장군 백기가 한, 위, 동주 연합군 24만 명을 격퇴시킨 적이 있는데, 그런 진나라를 공격할 병력이 겨우 5만이라니!

냉정하고 이성적인 희연은 실패할 것이 뻔한 일을 할 수는 없었다. 그는 인내심을 가지고 몇 개월을 더 기다린 후 더 이상 군대를 보내줄 제후국이 없다는 사실을 깨달았다. 결국 그는 지금의 병력만으로 목숨을 걸고 싸울 것인지 아니면 국가부도 위기를 감수하고 계획을 철회할 것인지 선택해야만 했다. 고민을 거듭한 희연은 어쩔 수 없이 연합군에 해산을 선포한 뒤 군대를 철수시켰다.

이렇게 아무런 성과 없이 원점으로 돌아온 희연은 매우 난감한 상황에 처했다. 1만 냥을 들여 무기를 마련하고 국고를 탈탈 털어 군대를 동원한 희연은 심각한 국가부도 위기에 직면했다. 산더미처럼 쌓인 채무를 무슨 수로 상환한단 말인가!

만약 희연이 책임감 있는 국가 지도자였다면 매년 동주공과 서주공이 보내오는 '진상품' 중 일부를 채무를 상환하는 데 쓰고, 동시에 말주변이 좋은 사신을 보내 제후들을 설득해 합종연맹이 성공할 수 있도록 애썼을 것이다. 만약 그랬다면 설사 힘없는 천자라 할지라도 약간의 이득은 얻었을 수 있다.

　모름지기 파산한 국가는 허리띠를 졸라매고 부지런히 일해 돈을 갚아나가는 시련의 시기를 거치기 마련이다. 그리고 이렇게 채무를 깨끗이 청산해야만 국제 금융시장에 나와 새롭게 융자를 받아낼 수 있다. 그렇기에 아이슬란드도 오랜 시간 이러한 과정을 거쳤다.

　하지만 천하의 맹주가 되어 진나라를 토벌하겠다는 거창한 계획이 실패한 이후 희연에게는 책임감을 가진 대국의 지도자가 응당 갖춰야 할 의욕이나 인내심 같은 건 없었다. 그는 동주공과 서주공이 매년 보내주는 변변찮은 진상품으로는 수년이 지나도 채무를 갚지 못할 것이라고 여겼다.

　이미 궁궐 밖은 돈을 받으러 온 상인들로 인산인해를 이루고 있었다. 설상가상으로 서주공이 공개적으로 '주나라와 서주공의 공국은 완전히 독립된 경제체이며 특수한 국가와 국가의 관계'라고 밝혔다. 언제든지 궁 안으로 쳐들어올 것만 같은 상인들의 모습을 보며 희연은 그들 앞에 나서야겠다고 결심했다. 그는 이때까지도 여전히 희망을 품고 있었다. 왜냐하면 그의 머릿속에는 (2,000여 년이 지난 후에도 여전히 효과가 있는) 한 가지 방법이 계획되어 있었기 때문이다.

　"이전 채무는 진나라를 토벌하기 위한 것이었다. 그대들도 알다시피 산동 6국이 동조하지 않아 실패하였으므로 이는 짐의 잘못이 아니다! 그러니 짐이 제안을 하나 할까 한다. 그대들이 채무를 줄여주면 짐도 상환할 방법을 생각해 보도록 하겠다. 이렇게 서로 양보해서 얼마라도 받아야 좋은 게 아니겠는가? 그대들의 생각은 어떠한가?"

　"폐하, 그럼 얼마를 줄이라는 것입니까?" "이자는 받지 못하더라도 원금은 받아야 할 것 아닙니까!" 흥분한 상인들이 너도나도 다그치기 시작했다. 그러자 희연이 말했다. "7.5할을 줄여라. 짐은 2.5할의 손실만 부담할 것이다!"

예상치 못한 희연의 말에 상인들은 아우성치기 시작했다. 일부 혈기 왕성한 젊은 사람은 앞으로 나서다가 근위병에게 저지당하기도 했다. 이 모습을 지켜보던 희연은 더욱 단호한 목소리로 말했다. "짐은 오늘부로 이전 대출계약은 무효이며 채무의 7.5할을 감면할 것을 선포한다!"

말을 마친 희연은 몸을 돌려 궁전 후원으로 향했다. 그는 높은 누각에 이르러 조심히 사다리를 타고 올라가며 말했다. "역시 사전에 준비를 해두니 다 빠져나갈 방법이 있군. 전쟁에 실패할 경우 빚쟁이들을 피하기 위해 이곳에 식량을 비축해 둔 건 잘한 일이야."

이처럼 빚쟁이들을 피해 높은 누대에 숨은 희연의 행동에서 채대고축(債臺高築)이란 고사성어가 생겨났다. 하지만 그도 자신의 오리발 전략을 2,000여 년 뒤에 그리스가 그대로 재현할 것이라고는 예상하지 못했을 것이다.

수년간 경제위기가 이어져온 그리스는 2012년 거의 모든 채권단이 채무 50퍼센트를 탕감하는 것을 바탕으로 간신히 위기에서 벗어날 수 있었다. 그렇다면 채권단이 이렇게까지 양보했던 이유는 무엇이었을까? 사실 그리스는 앞의 희연과 같은 방법을 사용했다. 다만 좀 더 은밀하게 진행했을 뿐이다.

그리스 위기가 계속 가중되고 있을 때 유럽연합은 두 차례에 걸쳐 그리스 채무탕감 범위를 넓히고 또 기존 채권을 새로운 채권으로 바꾸는 채권교체 계획을 실행하기로 결정했다. 이로써 최종적으로 채무탕감 범위는 50퍼센트 이상에 달하게 되었다(이것은 단지 장부상의 범위이며 실제 채무

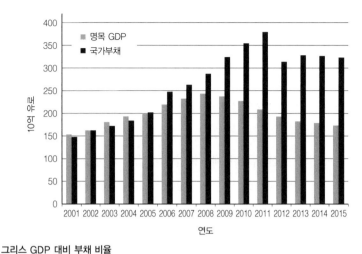

그리스 GDP 대비 부채 비율

자료 출처 : Market Realist-Investment Research & Analytics

는 이미 75퍼센트 정도 탕감되었다). 이에 민간 채권단도 채권교체 계획에 참여
할지 여부를 선택해야 했다.

당시 그리스 채권 수익률이 폭등하는 상황에서 절망에 빠진 투자자
들은 어쩔 수 없이 절반 이상의 채무를 탕감하고 새 채권으로 바꾸는
조건을 선택할 수밖에 없었다. 이와 동시에 그리스는 국내에서 '집단행
동조항'을 통과시켜 채권교체에 참여하는 채권단이 3분의 2 이상이 되
면 그리스가 강제적으로 3분의 1을 채권교체 계획에 참여시킬 수 있으
며, 그렇지 않을 경우 그리스는 '합법적'으로 지불을 거절할 권한을 가
지게 되었다.

최종적으로 95퍼센트 이상의 채권단이 울며 겨자 먹기로 탕감 계획
을 받아들일 수밖에 없었다. 이로써 그리스의 채무는 대폭적으로 줄어
들게 되었고, 이와 동시에 유럽이 승낙한 자금원조도 신속하게 이루어

졌다. 그리스는 첫 번째 디폴트 위기를 이렇게 일방적인 방법을 통해 벗어날 수 있었다.

하지만 그리스의 상황은 쉽사리 마무리되지 못했다. 2015년에도 그리스 위기는 점차 심각해져서 유럽의 큰손인 독일과 입씨름을 하는 지경에 이르렀다.

사실 주권을 가진 국가가 채무불이행 사태에 빠지는 경우는 국제사회에서 드문 일이 아니다. 하지만 그리스의 채무불이행은 역사와 전통을 가지고 있다. 과거 고대 그리스 도시국가에서도 신전의 돈을 빌린 뒤 제때 갚지 않는 일이 빈번하게 발생하곤 했다. 그리고 1830년대에 독립한 이후 그리스는 200여 년의 시간 중 거의 절반을 채무불이행 상태에 있었으니 이쯤하면 '채무불이행 전문가'라 할 만하다.

본론으로 돌아가서, 국가채권은 모든 면에서 기업채권보다 위험성이 적다. 국가는 기업처럼 진정한 의미에서 파산을 하지 않기 때문이다. 하지만 기업이 파산할 수 있다는 점에 다른 각도에서 주목해야 한다. 기업은 파산할 수 있기 때문에 오리발을 내밀 수 없다. 그럴 경우 강제로 파산 절차에 들어가 회사를 인수한 다음 회사 자산을 팔아 채권단의 채무를 상환할 수 있기 때문이다. 하지만 국가는 그렇게 할 수가 없다. 그래서 국가가 작정하고 오리발을 내밀며 채무를 갚지 않는다면 이를 효과적으로 막을 방법이 없다.

사회 규칙과 법률은 모두 국가로부터 제정되고 집행된다. 하지만 계약자가 국가라면 선수와 심판이 모두 한통속이 되는 셈이다. 그러니 국가의 채무불이행을 제약할 수 있는 어떠한 엄격한 법률이나 처벌도 없다. 더구나 신용이 아주 나쁜 국가나 금융가는 신뢰도나 명성이 손상되는 것에 별로 신경 쓰지 않는다. 즉, 그리스처럼 상습적으로 채무를 갚

지 않는 나라의 경우 신뢰도가 더 이상 손상된다 해도 별다른 타격을
받지 않는 것이다.

반면 미국과 같이 국제금융에서 유리한 지위에 있는 국가의 경우 투
자자는 미국의 달러를 대신할 적합한 상품을 찾기 힘들다. 그래서 미국
이 양적 완화를 통해서 일부 채무를 탕감해도 채권자들은 어찌할 도리
가 없다.

이 점은 희연이 살았던 전국시대나 2,000여 년이 지난 오늘날이나
조금도 다를 게 없다. 희연에게 돈을 빌려주었던 상인들이 본전도 받지
못한 채 발길을 돌려야 했던 상황은 영국-프랑스 전쟁에서 피렌체은행
과 페루자은행이 겪었던 상황과 비슷하다. 당시 전쟁에서 패배한 영국
이 돈을 갚지 않는 바람에 피렌체은행은 큰 타격을 입었고 페루자은행
은 파산해야 했다.

이제 다시 희연의 상황으로 돌아와보자. 이 상황은 오래지 않아 새로
운 국면을 맞게 된다. 끈질기게 귀찮게 하던 채권자들은 희연의 걱정만
큼 오랫동안 그를 괴롭히지 못했고, 국가부도 위기는 싱겁게 해소되었
다. 물론 희연에게 갑자기 채무를 갚을 만큼 큰돈이 생겼던 것은 아니
다. 진나라 군대가 쳐들어왔기 때문이다. 국가부도 위기가 사라진 것은
좋은 일이지만 채무를 청산하는 방식이 아니라 나라를 잃는 방식으로
해결되는 것은 결코 희연이 바라던 결과는 아니었다.

희연과 서주공의 군사계획은 진나라 통치자인 소양왕의 심기를 건드
렸고, 그 결과는 참혹했다. 진나라 군대가 파죽지세로 밀고 들어와 낙
읍을 공격하자 수도는 순식간에 혼란에 빠졌다. 희연은 재빨리 누대에
서 내려와 한나라나 위나라로 피신을 가려 했다.

이때 진나라 토벌 계획에 앞장섰던 장본인인 서주공이 그를 막아서

며 말했다. "상황이 이렇게까지 된 이상 진나라가 언젠가는 여섯 나라를 모두 집어삼킬 것입니다. 오늘 한나라나 위나라로 도망간다 해도 내일이면 두 나라 역시 멸망할 것이니 천자께서는 또다시 망국의 수모를 당하셔야 합니다. 그러니 도망칠 필요가 있겠습니까? 순순히 투항한다면 진나라도 우리를 함부로 하지는 못할 것입니다."*

기원전 256년 진나라가 낙읍을 초토화시키고 구정을 함양으로 옮겼다. 이로써 천하를 호령했던 주나라는 역사의 서막으로 사라졌다. 이미 고령이었던 희연은 진나라에 투항한 이후 처량한 신세가 되어 실의에 빠져 지내다 얼마 뒤 숨을 거뒀다.

『사기』에는 난왕의 '난'이 부끄럽다는 의미인 만큼 '난왕'은 시호가 아니라고 설명이 되어 있다. 그러나 망국의 왕인 희연이 선대를 볼 낯이 없었던 것은 사실인 만큼 실수로 시호에 오류를 범했다기보다는 고의적으로 비판한 것이라고 볼 수 있다.

고공단보가 나라를 세운 뒤 문왕이 나라를 발전시키고 무왕이 상나라를 정복하였으며 주공이 나라의 예를 정비하며 주나라의 황금기인 성강지치를 열었다. 그리고 선왕이 다시 주나라 초기 번성한 모습을 회복시켰고 평왕이 낙읍으로 천도하였다. 상나라를 정복한 무왕 때부터 근 800년간 이어져왔으며, 도읍을 천도한 평왕 이후로는 400여 년간 명맥을 유지했던, 중국 고대 역사에서 가장 길었던 왕조는 그렇게 희연의 죽음으로 슬픈 마침표를 찍었다.

---

* 서주공이 말했다. "과거에 태사 담이 말하길 '500년 후에 주나라와 진나라는 하나로 합쳐질 것인데 그때 새로운 패왕이 나타날 것이다'라고 하였습니다. 그때가 바로 지금인 듯싶습니다! 진나라가 막강한 힘으로 천하를 통일하고 있으니 삼진도 머지않아 진나라에게 굴복하고 말 것입니다. 그럼 그때 천자께서는 또 어디로 도망가시겠습니까? 더 이상 수모를 겪지 마십시오. 순순히 진나라에 투항한다면 진나라도 함부로 대하지는 못할 것입니다."-『동주열국지』

이후 난왕은 죽음과 동시에 환생해 아주 멀리 떨어진 초나라 패현의 평범한 농가의 아들로 다시 태어난 것일까. 셋째 아들로 태어난 그는 태어날 때부터 왼쪽 허벅지에 72개의 점이 있었다. 성격이 급하고 놀기만 좋아해 항상 아버지에게 야단을 맞는 집안의 골칫거리였던 그의 이름은 유방이다.

전국시대 환율 전쟁을 통해 보는 유로존

"진왕 천하를 쓸어버리고 범처럼 날카롭게 노려보니 기세가 웅장하다. 칼을 휘둘러 구름 사이를 가르니 제후들이 모두 서쪽으로 찾아오는구나(당나라 이백의 「진왕소육합」-역주)." 진시황은 꾸준하게 군사력을 기반으로 한 강압정치를 추진하였다. 기원전 221년, 35세의 유방이 패현에서 정장이란 작은 벼슬을 하고 있을 때 진시황은 이미 역사상 처음으로 실질적인 중원 통일을 완성하였다. 그리고 결연한 태도로 분봉을 거절하고 군주제의 서막을 열었다.

오늘날 일부 사람들은 선견지명이 있는 진시황이 유물사관에 입각해서 분봉제가 역사 발전 방향과 맞지 않는다는 점을 파악했기 때문에 중앙집권의 군현제를 실시한 것이라고 말한다. 하지만 실제로 진시황에게 이렇게까지 앞을 내다볼 줄 아는 안목이 있었던 것 같지는 않다. 그가 기존의 분봉제를 실시하지 않은 이유는 분봉제를 통해 권력이 분산되는 것을 두려워했기 때문이다.

진나라 이전에 하나라, 상나라, 주나라가 있었다고 전해지지만 그중 하나라는 흔적을 찾기가 어렵다. 이에 오늘날까지도 고고학자와 역사학자 사이에서는 하나라가 정말 존재했는지 여부에 대해 끊임없는 논쟁이 있다. 그리고 상나라의 경우 통치 지역이 지금의 허난과 산둥 일대로 매우 제한적이었으며, 주변의 크고 작은 나라들이 상나라 왕에게 복종하지 않았다.

앞서 살펴봤던 주나라의 경우 비록 공식적으로 인정된 '천하의 주인'이었지만 당시 주나라 왕실의 병력과 통신수단으로는 광활한 영토를 모두 통치하기에 역부족이었다. 이에 주나라가 직접 통치하는 지역은 기산 주위의 왕기와 낙양 일대뿐이었다. 그리고 나머지 영토는 무왕과 성왕 때 공을 세워 토지를 분봉 받은 장군과 친족들이 다스렸다.

무왕과 주공은 제후들이 천자의 명령을 거부하는 상황이 발생할 것을 염려해 보유할 수 있는 군대를 제한했다. 천자는 6군을 보유할 수 있었던 반면 큰 제후국은 3군, 그다음 제후국은 2군, 가장 작은 제후국은 1군만 보유할 수 있었다. 1군당 1만 2,500명이었으니 천자는 제후국보다 절반 이상의 군사적 우위를 점하는 셈이었다.

봉지에서도 차등과 제한이 있었다. 천자가 직접 관리하는 왕기는 1,000리, 공과 후는 100리, 백은 70리, 자와 남은 각각 50리였다. 이들 외에 영토가 50리가 못 되는 작은 제후국은 직접 천자를 만나 조공을 바칠 자격도 없는 부용국이었다.

주나라 초기에는 이러한 제도에 따라 왕실은 이론적으로 제후국보다 수배에 달하는 경제력과 동원력을 가지고 있었다. 그리고 이러한 능력은 당시 주나라 왕실에게 제후의 생사를 결정할 수 있는 권력을 가져다주었다. 예를 들면 주나라 이왕은 즉위한 뒤 기후의 중상모략에 넘어가 제나라 애공을 큰 솥에 넣고 삶아 죽였다.

하지만 왕실의 권력은 점차 쇠약해지고 영토 전쟁은 갈수록 빈번해지면서 제후국의 숫자가 급속도로 줄어들었다. 동시에 천자가 직접 다스리는 왕기의 면적도 줄어들었다. 왕실에 변고가 생길 때마다 제후국들은 천자를 옹립하거나 호위하며 공을 세워 왕실로부터 하사품을 얻어냈다. 그리고 이것은 제후국이 잠재적으로 세력 범위와 군사력을 확장시킬 정당한 이유가 되었다. 춘추전국시대 세력을 떨치던 제, 진(晉), 초, 진(秦), 오 같은 나라들은 군사력이나 면적에서나 모두 주나라 왕실을 능가할 정도로 커졌다.

예를 들면 춘추전국시대 패권을 손에 쥐었던 진(晉)나라의 경우는 큰 제후국이므로 정해진 규범에 따라 상, 중, 하 3군의 병력만 보유할 수 있었다. 하지만 3만여 병력으로는 중원을 가로지르며 초나라와 대항하고 제나라를 억압하기에 역부족이었다. 그래서 진나라 경공은 창의력을 발휘해 새롭게 신상군, 신중군, 신하군을 '발명'해 냈다. 이로써 표면적으로는 3군의 체제를 유지했지만 실제로는 6군을 보유해 천자와 대등한 군사력을 가지게 되었다.

이후 전국시대에 이르면 수십만 명이 목숨을 잃는 것이 흔한 일이 되었으며, 주공이 세운 제도는 유명무실해졌다. 비록 주나라는 동주와 서주를 합쳐서 800여 년간 존속했지만 마지막 몇백 년 동안은 싫어도 싫은 내색을 못 하는 '그림자' 같은 신세가 되어 나날을 보내야 했다. 여기서 주나라를 꼭두각시가 아닌 그림자 신세라 말한 이유는 무엇일까? 왜냐하면 꼭두각시는 조금이라도 가치가 있어서 뒤에서 조종하는 사람이 있지만 주나라는 그림자처럼 어떻게 되든 신경 써주는 사람이 없기 때문이다.

진시황과 그의 조상들은 예전부터 국운이 다한 주나라의 비참한 과정을 모두 봐왔기에 분봉제에 아주 큰 반감을 가질 수밖에 없었다. 그러고 보면 진시황이 완강하게 통일을 추진한 이유도 쉽게 납득이 간다. 하지만 분봉제를 폐지하고 얼마 되지 않아 진시황은 심각한 경제적 난관을 만나게 된다. 서로 통용되지 못한 채 뒤죽박죽으로 되어 있는 통화 제도 때문이었다.

전국시대 각 나라들은 모두 자신들의 화폐를 사용했다. 진나라, 조나라, 초나라를 예로 들자면 진나라는 전, 조나라는 포* 초나라는 패를 사용했다. 물론 초기 환율은 1 대 1 대 1이었다.

산서에 위치해 있는 조나라는 지세가 뛰어나 교통이 편리했으며, 더욱이 가죽과 견직물 제조업이 발달해 품질 좋은 모피제품을 진나라와 초나라에 수출했다. 하지만 이후 어찌된 일인지 진나라와 초나라가 더 이상 조나라의 제품을 수입하지 않았고, 조나라의 피혁 장인들은 불만의 소리를 내기 시작했다. 게다가 국왕이 전쟁을 일으키면서 세수도 제대로 걷히지 않았다. 어찌된 일이었을까?

진나라의 대량조**는 왕에게 다음과 같이 말했다. "우리는 많은 화폐를 주조할 수 있습니다. 진나라와 조나라의 환율이 3대 2가 될 경우 같은 진전 3냥으로 진나라에서는 3장의 가죽옷을 살 수 있는 반면 조나라에서는 2장밖에 사지 못합니다. 이 때문에 본국의 시장이 개발되지 못하는 것 아니겠습니까? 그러니 내수를 확장해 수입에만 의존하지 않게 하는 것이 왕도라고 봅니다." 또 이렇게 말했다. "게다가 이렇게 하면 같은 조나라 화폐로 진나라에서 더 많은 피혁 장인들을 고용할 수 있

---

* 한나라, 조나라, 위나라는 과거 진(晉)나라에서 갈라진 뒤에도 모두 진나라의 주격 모양의 금속 화폐를 사용했는데, 이를 '포'라고 불렀다.

** 대량조는 한나라에서는 실권이 없는 고위관직이었던 반면 진나라에서는 실권을 가진 직무로 상당히 큰 권력을 가지고 있었다. 과거 상앙이 변법을 실행했을 때에 맡았던 직위이기도 하다.

어 조나라 사람이 진나라의 피혁 장인을 고용해 제품을 생산하게 할 수 있습니다. 만약 이렇게 된다면 외국 자본을 끌어들여 생산을 확장할 수 있을 뿐만 아니라 취업 문제도 해결할 수 있으며, 더구나 조나라 사람의 기술력까지 훔칠 수 있으니 적은 비용을 들여 큰 이익을 낼 수 있습니다. 유일한 문제점이라면 조나라의 물건을 구입하거나 한단으로 가는 여행비용이 비싸진다는 점인데 매일 몰려와 항의하는 상인들에게 여행비용과 같은 작은 변화가 문제가 되겠습니까?" 대량조의 말을 들은 왕은 몹시 좋아하며 바로 화폐를 주조하라고 명령했다.

초나라의 영윤(재상에 해당함)도 초나라 왕에게 말했다. "우리 백성이 시장을 독점한 조나라 사람들을 원망하고 있습니다." 그리하여 초나라는 모래사장을 샅샅이 뒤져 각종 조개껍데기를 긁어모아 본국의 화폐 모형을 만들었다.* 그래서 결국 전국 범위로 작고 얇은 초나라 동패가 보급되었다. 이로써 초나라 화폐가 조나라 화폐보다 평가절하되는 데 성공하여 환율은 3 대 1로 변했다. 이에 진나라 화폐보다도 가치가 낮아지면서 초나라는 진나라와의 경쟁 문제를 고려해야 했다.

오래지 않아 조나라 사람들은 어쩐지 자신들의 물건이 잘 팔리지 않는다는 사실을 발견했다. 게다가 많은 작업장에서 진나라와 초나라 사람을 고용하는 바람에 조나라의 실업률이 급속도로 증가하고 있었다. 어떻게 된 일일까?

기술 발전이 느렸던 춘추시대에 상황이 이렇게 되자 조나라 재상은 다음과 같이 명령했다. "조나라 화폐를 지금의 절반 정도로 얇게 주조

---

* 초나라가 화폐로 사용한 조개껍데기는 보관하기 어렵다는 단점이 있었다. 그래서 오늘날 출토되는 유물을 보면 구리를 사용해 조개껍데기 모양으로 주조한 대용 화폐를 볼 수 있다.

하라." 얼마 뒤 진나라 사람이 물건을 구입하기 위해 상인에게 주렁주렁 꿴 동전을 한 움큼 꺼내 보였다. 그러자 초나라 사람이 코웃음을 치며 크고 작은 얇은 조개 모양의 동패를 한 꾸러미 꺼내 보였고, 마지막으로 그 모습을 전부 옆에서 지켜보고 있던 조나라 사람이 아무 말 없이 구리로 만든 포전 54장을 내던졌다.

나라와 나라 사이에 발전 불균형이 존재하는 한 반드시 무역수지 흑자와 적자도 존재한다. '흑'과 '적'이란 글자가 본래 가지고 있는 의미나 일반적인 이해와 관계없이 항상 흑자라는 말이 적자라는 말보다 듣기 좋다. 하지만 장기적으로 흑자가 지속되거나 장기적으로 적자가 지속되는 것 모두 좋은 일이 아니다.

앞에서 예시로 언급한 상황처럼 조나라가 초나라와의 무역에서 흑자를 보고 있을 때, 초나라 사람들은 '조나라 사람이 돈을 다 가져간다'고 원망한 반면 조나라 사람들은 '우리가 초나라 사람들을 대신해 일하고 있다'는 불만을 가지고 있었다. 이 때문에 가장 좋은 상황은 수지 균형을 맞추는 것이다. 하지만 발전은 항상 불균형하고, 산업 구조는 항상 불완전한 대칭을 이루고 있다. 그래서 국가와 국가 사이에는 항상 흑자와 적자가 존재할 수밖에 없다.

그래서 일단 이와 같은 상황이 발생할 경우 적자를 보는 국가는 자신의 통화가치를 하락시킬지 여부를 검토하게 된다. 통화가치를 하락시키면 외국인들이 더욱 저렴한 가격에 자국의 상품과 노동력을 이용할 수 있으므로 수출 촉진과 외국인 투자 유치 그리고 내수 확장의 효과를 볼 수 있다.

이러한 모습은 역사에서 거듭해서 발생해 왔으며, 심지어 국내 경제 문제를 전환시키는 수단으로 이용되어 왔다. 일단 경제 불황이 발생하면 즉시 자국의 통화가치를 하락시켜 수출을 늘리고 다른 나라에 투자되고 있는 자본이 국내로 유입될 수 있도록 유도한다. 그리고 이러한 통화가치 하락은 분명한 전염성을 가지고 있다. 왜냐하면 어느 나라도 자국의 자금이 다른 나라로 흘러나가는 것을 원하지 않기 때문에 주변 나라들도 함께 자국의 통화가치를 하락시키기 때문이다. 그렇다면 어떻게 이 문제를 해결해야 할까? 언뜻 보기에는 화폐를 통일하는 것이 가장 좋은 해결책 같아 보이지만, 정말 그럴까? 이에 대한 답은 최근 사례인 유로존에서 찾아볼 수 있다.

진시황이 여섯 나라의 화폐를 통일하는 데 투자한 시간과 효율을 만약 오늘날 유럽연합의 지도자들이 보았다면 아마도 허탈한 기분이 들었을 것이다. 왜냐하면 유럽은 여러 실력 있는 대통령과 총리들이 10년 동안 줄기차게 줄다리기를 한 끝에 겨우 유로존을 성사시킬 수 있었기 때문이다.

하지만 이후 안정적으로 실행되는 듯했던 유로존은 얼마 되지 않아 일부 국가들이 탈퇴하면서 또다시 혼란스런 상황에 빠져들었다. 이에 비하면 진나라는 원시적이고 거친 방법을 사용해 화폐 통일을 추진했다. 황제의 명령에 따라 기존에 사용되던 6국의 화폐들은 한순간에 모두 폐기되었다. 조개껍데기는 모두 버려졌으며, 금속화폐는 모두 함양에서 동상으로 주조되었다!

유로존의 경우 화폐 통일 이후 모든 나라가 자신들의 조폐권을 유럽중앙은행에 맡겼기 때문에 각 나라 사이에 의도적인 평가절하 현상은 더 이상 발생하지 않았다. 그리고 이 점은 자원의 유통과 무역에 도움이 되어 거래비용이 절감되는 동시에 유럽 국가에 대한 투자자들의 신뢰도가 더욱 높아지는 효과로 나타났다. 이로써 국제시장에서 거래와 융자가 더욱 편리해졌다.

하지만 화폐 통일은 양날의 검과 같다. 만약 화폐 통일이 긍정적인 효과만 가져온다면 전 세계가 통일된 화폐를 쓰고 있을 것이다. 통일된 화폐는 지역 간의 발전 불균형을 더욱 가속화시킨다는 문제점이 있다. 2009년부터 만연해진 유럽 재정위기는 바로 이 점을 분명하게 보여준다.

앞서 살펴본 3국의 환율 전쟁에서처럼 무역과 투자는 통화가치의 상승과 하락을 가져온다. 한 국가의 통화가 강세일지 여부는 결론적으로 생산력에 따라 결정된다. 생산력이 발전하면 더 많은 제품과 서비스를 제공할 수 있다(제품 범주에는 유형과 무형이 모두 포함된다. 예를 들면 특허권, 교육 등이 이러한 부류이다). 그러면 동일한 시간에 이 국가의 통화에 상응하는 제품과 서비스가 더 많아진다. 바꾸어 말하면 그 화폐로 구입할 수 있는 것들이 더 많아진다는 말이다. 그러므로 당연히 가치가 더욱 높아진다. 하지만 성과가 좋은 산업이 없는 국가라면 통화가치가 더욱 떨어질 수밖에 없다.

구매력과 무역도 서로 연관되어 있다. 앞서 언급한 대로 자국의 통화가치를 하락시킬 경우 외국인들의 국내 투자와 소비 비용이 줄어든다. 이에 부유한 국가의 자본과 제조업이 이동해 자국의 생산력이 발전하는 효과를 볼 수 있다. 그리고 반대로 통화가치가 상승할 경우 자본과 제조업이 해외로 유출되어 발전 속도가 지연될 수 있다. 이러한 가치 상승과 하락을 반복하면 국가와 국가 사이의 경제 격차가 줄어들게 되고, 동시에 경제 쇼크로 인해 받는 충격도 완화된다.

하지만 화폐가 통일될 경우 이와 같은 충격 완화 효과가 사라진다. 바로 이 점은 또한 세계에 다양한 화폐가 존재해야 하는 이유이자 여전히 필요한 이유 중 하나이다.

유럽 재정위기에서 그리스와 포르투갈은 원래 굳건한 공업 시스템을 갖추지 못해 유로존에 가입되지 않은 나라였다. 하지만 이후 유로존에 가입한 그리스는 유럽 경제 강국(예를 들면 프랑스와 독일)의 신용을 이용해 매우 낮은 이자로 국제시장의 자금을 빌렸고, 그 돈으로 복지를 개선하고 공공지출을 진행했다. 이런 의미에서 보면 그리스에게는 이득이었다 할 수 있다.

경제위기가 발생했을 때 만약 그리스가 유로존에 가입되어 있지 않았다면 자국의 통화가치를 하락시켜 수출을 증가시킬 수 있었을 것이고, 최종적으로 금융위기에서 자신들이 받는 직접적인 충격을 줄일 수 있었을 것이다.

그러나 '조폐권'을 이미 유럽중앙은행에 위탁한 이상 그리스 정부에게는 재정 곤란을 해결할 수 있는 방법이 없었다. '하늘의 도는 갚음에 있으니 조그마한 착오도 없다'는 말이 있는데, 바로 이러한 국가를 말하는 것이다. 경제가 호황일 때 즐긴 만큼 경제 쇼크가 닥쳤을 때 받는 충격도 큰 법이다.

2015년 새로운 재정위기를 맞이한 그리스는 진퇴양난의 상황에 빠졌다. 한편으로는 국내의 정치적 압력 때문에 정치가들은 채권단이 제시한 개혁안을 받아들이지 못했고 국회에서도 통과되지 못했다. 또 한편으로는 그리스의 무능력한 모습에 유럽의 다른 회원국과 채권단들의 인내심이 점차 한계를 보이기 시작했다. 그렇다면 유로존에 남아 무리하게 채무를 상환해야 할까? 아니면 직접적으로 모든 채무를 부인하고 유로존을 탈퇴한 뒤 다시 자신들의 화폐를 다시 사용해야 할까? 어려운 선택일 수밖에 없다.

그리스 국민들도 분노하기는 마찬가지였다. 일부 시민들은 채권국들이 개혁안을 제시하며 그리스 내정에 간섭하는 것에 항의하는 거리시위를 벌였고, 또 다른 시민들은 그리스가 유로존에 남아야 한다고 주장하며 거리시위를 벌였다. 이처럼 갈리는 국내 여론에 그리스 정치인들은 이러지도 저러지도 못하는 난감한 상황에 빠졌다.

여기서 아마도 '미국이나 중국도 유럽과 같은 대국인데 어째서 경제위기를 겪었을 때 이와 같은 일이 발생하지 않은 것일까?', '미국과 중국의 화폐는 통일될 수 없는 것인가?'라는 의문이 생길 수 있다. 하지만 미국과 중국은 유럽연합과 상황이 매우 다르다.

미국과 중국의 각 주와 성은 이미 서로 '상부상조'하는 관계에 있다. 비록 발전에서 불균형이 있지만 근본적으로 '번영과 쇠락을 함께 하는 공동체'이다. 그래서 경제가 불황일 때는 함께 위기를 맞고 번영일 때는 함께 호황을 누리며, 중앙은행의 통일된 화폐와 재정 정책이 모든 주나 성에 동등하게 적용된다. 또 주나 성의 잉여금을 다른 주나 성에 보태주기도 한다. 그래서 도의적으로나 법리적으로나 서로 쉽게 접촉할 수 있다.

하지만 유럽연합은 그렇지 않다. 비록 '마스트리히트조약'과 '리스본조약'에 모두가 '묶여' 있지만 유럽연합의 각 국가들은 여전히 독립된 국가이기 때문에 진정 하나로 통일되어 있지는 않다. 비록 일치된 통화 정책으로 인해 경기 변동도 점차 일치되고 있지만 이러한 과정은 오히려 유럽중앙은행의 딜레마가 되었다.

예를 들어 유럽 재정위기가 처음 불거져 그리스가 깊은 수렁에 빠졌을 때는 독일이 보기 드문 번영 단계에 놓여 있었다. 이런 상황에서 중앙은행이 어떤 통화 정책을 실행해야 유로존의 모든 상황에 대처할 수 있을까?

독일, 프랑스의 돈으로 그리스와 포르투갈을 돕자 자국 국민들이 불만을 표출하기 시작했다. 그리고 이러한 불만은 더 많은 자금이 투입될수록 커져갔다. 어쨌든 정치가의 정치생명은 자국 국민의 표로 결정된다. 이런 문제를 해결하기 위해서는 하나의 통일된 재정부가 필요하고 또 재정이 일치되어야 하며, 나아가서 최종적으로 유럽 정치가 통일되어야 한다. 하지만 이 모든 게 현실이 되기 위해서 얼마만큼의 시간이 걸릴지는 아무도 모른다. '한쪽을 돌보다가 다른 한쪽이 허물어지는 상황'에서 자기 집 상황을 신경 쓰면서 옆집의 상황까지 돌봐야 하는 모순이 빈번하게 발생하고 있다. 이럴 경우 가장 좋은 방법은 양가의 자식들을 결혼시켜 두 집안이 합치는 것이다.

진시황의 역사적인 개혁 정책

유럽에서 눈을 돌려 이제 다시 지속적인 투자로 통일 대업에 성공한 진나라로 돌아가보도록 하자. 진시황은 행정에 있어서는 제후국을 없애고 군현제를 실시하였고, '각기 다른 세상의 책들을 하나로 병합시켜' 문자를 통일하였으며 수레의 폭을 통일하였다. 경제에 있어서도 6국의 화폐를 모두 폐지하고 진나라 화폐만 사용하도록 통일시켰다. 그것은 진나라의 경제 순환으로 원래 6국의 경제 순환을 대신한 것이고, 진나라의 화폐와 재정 정책으로 6국의 화폐와 재정 정책을 대체하는 것을 의미했다.

하지만 전국시대에 진나라의 동쪽에 펼쳐져 있던 제, 초, 연, 한, 조, 위 6국의 경제 순환의 격차는 매우 컸다. 그중 연나라와 조나라는 동부에서 상대적으로 척박하고 외진 지역에 위치해 있었다. 그래서 '연나라와 조나라에는 불의를 보면 울분을 참지 못하는 비분강개한 인사'들이 많았다. '부드러움은 강함을 두려워하지만, 강함도 목숨을 걸고 죽기 살기로 달려드는 기상을 이길 수는 없는' 법이다. 또 위나라, 한나라와 인접해 있는 조나라 서부와 중부는 비교적 개발되어 있었다. 그리고 조나라 수도인 한단은 규모가 19제곱킬로미터에 달해 상업이 발전되고 인구가 많아 제나라의 수도인 임치와 비교해도 손색이 없었다. 당시 유명한 상인인 곽종과 탁씨도 모두 한단 사람이다.

이에 비해 위나라와 한나라는 중원에 위치해 있어 상업이 발달했지만 불운하게도 흉포한 진나라와 국경을 맞대고 있었다. 그중 위나라는 잠시 국력이 신장되어 세력을 떨친 적도 있었으나 주변 제후국들의 연합 압박에 시달리면서 세력이 약해졌다. 그리고 결국에는 진나라에게 영토를 계속 빼앗기다가 멸망한다.

반면 가장 작은 영토를 지녔던 한나라의 경우 항상 주변국들의 눈치를 보기 바빴으며, 또 상당 지역 관할 문제를 두고 조나라와 곤란한 상황에 처했다.* 이렇듯 힘이 없었던 한나라는 전쟁이 일어날 때마다 영토를 떼어 바치며 나라의 명맥을 유지해 나가는 상황을 거듭했다. 그리고 결국 제일 먼저 진나라에 의해 병합되었다.

초나라는 영토가 넓고 생산물이 풍부해서 전국칠웅 중에서 지리면적이 가장 큰 국가이다. 하지만 많은 지역이 원시적인 단계에 머물러 있고 발전이 불균형했다. 더구나 중원과 떨어진 이민족 출신 국가여서 오

---

* 한나라는 원래 오늘날 산시성 창즈현 일대에 해당하는 지역을 진나라에 주려 했다. 하지만 진나라에 귀속되고 싶지 않았던 현지 군수 풍정이 조나라에 투항하면서 진나라와 조나라 사이에 전쟁이 벌어지게 된다. 이것이 바로 유명한 '장평전투'의 시작이다.

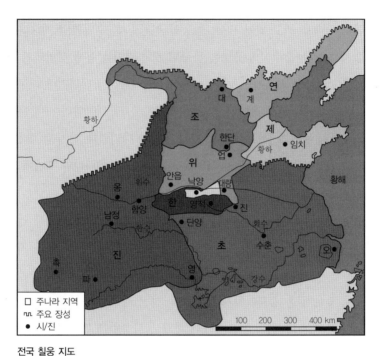

전국 칠웅 지도

그림 출처 : https://zh-yue.wikipedia.org/wiki/%E6%88%B0%E5%9C%8B

랫동안 중원 제후들에게 이민족으로 여겨졌다. 춘추시대에 강국으로 대두되었지만 국내의 복잡한 정치와 국왕의 권력 분산으로 인해 사돈인* 진나라에게도 멸시를 당해야 했다. 나중에는 초나라 회왕이 진나라에 억류되어 비참한 최후를 맞게 된다. 초나라는 나라가 망하는 순간까지도 승복하지 않았으며, 나라를 잃은 뒤에도 진나라를 원망했다. 이에 '초나라에 사람 사는 집이 세 집만 있으면 진나라를 망하게 할 수 있다'는 말이 생겨났다.

---

* 진나라와 초나라는 대대로 사돈지간이었다.

산과 바다를 끼고 있어 몇십 년 동안 전쟁을 하지 않았던 제나라는 가장 부유했다. 춘추시대 유명한 관중의 개혁 정치를 통해 상업화의 분위기가 만연했던 제나라는 매우 호화스럽고 개방적인 나라였다. 더구나 제나라는 춘추전국시대에 가장 많은 철학자를 배출한 나라이자, 문학과 예술 분야에서도 전국칠웅 중 가장 뛰어난 나라였다. 하지만 제나라 군대의 전투력은 그리 강하지 않았다. 이것은 또한 제나라가 후기에 줄곧 세력을 키우지 못했던 이유 중 하나다.

만약 진나라가 그대로 6국의 통화 제도를 답습했다면 사회가 안정됨에 따라 상업에 종사하는 사람들이 점차 많아지고, 각기 다른 지역의 화폐들이 경쟁적으로 평가절하되는 상황이 벌어졌을 것이다. 금속화폐의 좋은 점은 통화가치가 많이 하락하면 녹여서 농기구로 사용할 수 있다는 점이다. 하지만 초나라가 화폐로 사용한 조개껍데기는 용도가 제한적인 데다가 그 수량도 조개의 번식 속도와 사람들이 모래톱을 뒤져 얼마나 찾을 수 있느냐에 달려 있었다. 그래서 거품경제가 발생할 가능성이 아주 높았다. 초나라 사람들은 생산활동에는 종사하지 않고 조개껍데기를 주워 모아 다른 나라의 화폐와 교환하는 형식으로 다른 나라의 금속화폐를 구입했다.

아니나 다를까 진시황이 화폐 통일을 명령한 뒤 그동안 발생하지 않았던 거품경제가 발생하기 시작했다. 전국적으로 통일된 화폐인 진나라 반량전이 사용되기 시작했고, 반량전은 중국에서 처음으로 전국 범위에서 사용된 화폐가 되었다.* 이 이후로 청나라 말기까지 동전은 중국

---

* 문헌을 보면 진나라 화폐가 6국의 지역에 대량으로 유통되었다는 기록은 찾아볼 수 없다. 그 이유는 첫 번째로 당시 기술과 통신에 제한이 있었기 때문이며, 두 번째로 진나라의 수명이 짧아 이러한 정책을 효과적으로 추진할 수 없었기 때문이다.

에서 가장 광범위하게 사용하는 통화였다.

그렇다면 많은 금속 중에서 어째서 구리로 만든 화폐가 가장 많이 쓰였던 걸까? 이것은 결코 우연이 아니다. 화폐는 반드시 오랫동안 비축할 수 있어야 하고 휴대하기 편해야 한다. 게다가 편리하게 유통할 수 있을 만큼은 충분한 양이 공급되어야 하고, 너무 흔해서 가치가 떨어지지 않을 만큼은 공급이 제한적이어야 한다.

원래 희소성이 높은 금과 은의 경우는 인구가 증가함에 따라 희소성이 더욱 증가한다. 이렇게 되면 사람들이 금과 은을 비축하기 때문에 유통에 문제가 생길 가능성이 높다. 또 제련이 비교적 복잡해 청동기보다 발전 속도가 느렸던 철의 경우는 일단 제련기술이 발달한 이후에는 너무 많은 제품이 생산되었다. 그래서 물건을 사려면 아주 많은 철전이 필요했기 때문에 통화로 유통시키기에는 적합하지 않았다. 구리는 제련 난이도와 생산량에서 볼 때 당시 경제 규모와 유통 환경에 가장 적합한 소재였다.

여기서 짚고 넘어가야 할 점은 최근 몇 년간 급속히 발전한 비트코인으로 대표되는 암호화폐이다. 개발자는 컴퓨터 기술을 이용해 금이나 은 같은 귀금속의 특성을 모방하여 '인위적인 귀금속'을 만들어내려 시도했으며, 한편 지폐의 통화성과 분할성에 근접하려 했다.

비트코인의 개발자 사토시 나카모토가 쓴 글을 보면 그가 처음에 구상한 암호화폐의 이름이 비트코인이 아니었단 사실을 알 수 있다. 그는 처음에는 '비트골드'라는 이름을 사용하려 했으나 이 이름을 다른 웹사이트에서 소유하고 있다는 것을 알고 비트코인이라고 이름을 변경했다고 한다.

모두가 알고 있듯이 진시황은 아주 독특한 심미관(권력욕일 수도 있다)을 가지고 있었다. 그는 온 세상의 무기를 모두 몰수해 함양에서 무게가 1,000섬*이 넘는 대형 동상을 12개나 만들어 감상했다고 한다.** 무기는 몰수할 수 있고 식칼은 공동으로 사용할 수 있지만 화폐는 항상 제공되어야 했다. 그래서 진시황은 마지못해 동전을 주조해 모두가 사용할 수 있도록 했다.

만약 당시 인터넷이 있었다면 동상을 주조하는 취미가 있는 진시황은 분명 구리로 동전을 만드는 것이 아까워서라도 가상의 '진시황 코인'을 만들어 유통시켰을 것이다. 그리고 함양에는 아마도 업적을 과시하기 위한 더 많은 동상이 세워졌을 것이다.

하지만 화폐 통일을 구체적으로 실시하는 과정에서 보면 업적을 내세우기 좋아하는 진시황이 상당히 거칠게 일을 추진했다는 점을 알 수 있다. 화폐 통일은 전쟁보다도 더욱 백성들의 삶에 직접적으로 관련되어 있었기에 약간만 부주의해도 경제 발전에 큰 손실을 불러올 수 있었다.

설사 진나라가 모든 정치적 자원을 쏟아 부어 화폐 통일을 실행했다 하더라도 '말에 의지해 정보가 전달되고, 함성에 의지해 공지가 알려지고, 새김으로써 글을 남기던' 시대였던 만큼 수년, 심지어 수십 년의 세월을 쏟아 부어도 완성하기 어려운 과제였다.

더구나 진시황은 동쪽에는 만리장성을 쌓고 북쪽으로는 흉노족을 몰아내며 남쪽으로 월나라에 군사를 파견하고 서쪽으로는 파촉까지 길을 내는 등 대규모 사업을 벌이고 있었다. 그러므로 화폐 통일 정책에

---

* 진나라와 한나라 때에 1섬은 120근이었다. "24수를 1냥이라 하고, 16냥을 1근이라 하며, 30근을 1균이라 하고, 4균을 1섬이라 한다."-『한서·율력지』
** 일설에는 진시황이 천하를 안정시키기 위해서 무기를 몰수했다는 말도 있다. 가의는 『과진론』에서 진시황이 "천하의 병기를 거둬 함양에 모아 칼을 녹여 동상 12개를 주조해 천하의 백성을 약하게 만들었다"고 평가했다.

사용할 재정자원이 분명 적었을 것이다. 더구나 짧은 시간 내에 화폐 통일을 강행해야 했으므로, 민간의 자원을 대규모로 수탈했을 것으로 짐작해 볼 수 있다.

이와 동시에 진나라는 6국 화폐 통일에 따른 적응 기간 동안 노역을 줄이거나 세금을 낮추는 등의 조치를 취하지 않았다. 그렇다면 적응 기간이 꼭 필요했을까? 유럽을 예로 들어 설명하면, 장기적으로 봤을 때 하나로 통일된 유로존은 확실히 경제 강국과 상대적으로 낙후한 지역이 서로 부족한 부분을 채워주며 자본과 노동력이 더욱 빠르게 유통되는 효과가 있었다.

국가와 국가 사이의 경제관계가 점차 긴밀해짐에 따라 수십 년 심지어는 수백 년의 민족 융합과 소통 과정을 거쳐 국가와 국가의 경계가 점차 모호해질 때 화폐 통일의 부정적인 면은 점차 사라지고 긍정적인 영향이 점차 드러나게 된다.

하지만 유럽의 재정위기는 우리에게 다른 사실도 알려준다. 막 화폐를 통일한 후 단기적으로 낙후한 지역이 발전된 지역의 신용을 이용해 무절제하게 돈을 빌려 자금위기가 발생한다는 점이다. 또 이때 통화가치 하락과 같은 정책을 사용할 수 없으므로, 경기 부진을 피하지 못하는 현상이 생기게 된다. 더구나 이러한 부분 때문에 화폐 통일에 대한 국민들의 불만도 커질 수밖에 없다. 만약 이때 제대로 처리하지 못한다면 결국 원성은 정치인들에게 돌아가게 된다.

이러한 의미에서 진나라가 짧은 시간 동안 사방에서 전쟁이 계속됨에도 화폐 통일을 강행했던 것은 당장 혼란스럽더라도 역사에 길이 남을 개혁 정책이었기 때문이다. 사실 진시황의 적지 않은 '정책 성과'와 개혁 정치는 후세에 많은 영향을 미쳤지만 당시 백성들은 이루 말할 수 없는 고통을 겪어야 했다. 진시황 자신도 직접 누리지 못한 개혁의 성과는 다음 왕조인 한나라가 모두 갖게 된다.

진나라 경제를 악화시킨 디플레이션

진나라의 화폐는 상하 두 가지로 나뉘었다. 먼저 상등 화폐는 황금으로 일(鎰)을 단위로 했다. 1일이 20냥이었는지 아니면 24냥이었는지는 여전히 논쟁거리로 남아 있다(한나라는 24냥이 1일이었다. 진나라 냥은 비교적 가벼워 현재 단위로 16그램 정도다). 다음으로 하등 화폐는 동전으로, 무게가 반량이라 진반량이라 불렸다. 이 밖에도 4냥 무게의 권전은 반량전이 기준에 부합한지 여부를 재는 표준 저울추로 사용되었다.

진나라는 국가 소유의 중앙은행 제도를 실행해 민간에서 화폐를 제조하는 것을 금지했다. 당시 진나라의 화폐 제조 과정은 다음과 같다. 일단 중앙정부가 본보기 화폐인 '권전'을 주조한 후 각 지방 군현에 격문을 돌린다. 그러면 현지 관리의 감독하에 모든 나라에서 통용되는 반량전을 주조한 뒤 완성된 반량전 8개 묶음과 권전 하나를 저울에 올려 무게를 재서 기준에 부합한지 확인한다. 만약 기준에 부합하지 못할 경우 모두 유통되지 못했다.

진나라 사람들이 제조한 천원지방(하늘은 둥글고 땅은 네모지다는 뜻-역주) 모양의 동전을 후세 사람들은 '공방형'이라 불렀다. 그리고 이처럼 둥그런 원형 안에 사각형 구멍이 뚫린 동전 모양은 이후에도 크게 변하지 않고 청나라 말까지 이어졌다.

남북조시대 남조 양나라 문인 은운의 『소설』에는 여러 명의 상인들이 술집에 모여 잡담을 나누며 각자의 꿈을 이야기하는 구절이 나온다. 옆에서 누군가가 부자가 되고 싶다고 말하자 다른 사람이 신선이 되어 학을 타고 싶다고 말했다. 그러자 또 다른 사람은 양저우 지방 관리가 돼서 풍류를 즐기고 싶다고 말했다. 그러자 마지막 사람이 다음과 같이 말했다. "나는 허리에 10만 관의 돈을 차고 학을 타고 양저우로 놀러가고 싶네."

하지만 만약 진나라 때에 누군가 허리에 10만 관의 돈을 차고 있다면 사람들이 부러움이 아니라 경악과 연민의 시선을 보냈을 것이다. 왜냐하면 1관의 무게가 7.8킬로그램이고 따라서 10만 관은 780톤에 달하기 때문이다! 사람이 허리에 차기는커녕 그만큼의 동전을 다 모을 수도 없는 무게다. 당시 진나라의 생산력을 감안해 볼 때 그 당시 발행한 반량전을 전부 모은다 해도 10만 관이 될지 알 수 없다.

진나라 화폐는 수량도 적고 무거웠기 때문에 구매력도 자연히 상승할 수밖에 없었다. 오늘날 드라마에서 등장인물이 끈에 주렁주렁 묶은 돈 꾸러미를 내고 물건을 사는 모습을 볼 수 있는데, 사실 이러한 모습은 당나라나 송나라 이후에나 가능했던 일이다. 진나라 때에는 상당히 달랐다.

예를 들어 한나라 고조 유방이 황위에 오른 다음 공신들에게 봉작을 줄 때 소하에게만 식읍 2,000호를 더 주었다. 유방은 어째서 소하에게만 식읍 2,000호를 더 준 것일까? 그것은 과거 자신이 함양으로 노역을 하러 갈 때 주변 친지들은 3전을 준 반면 소하만은 5전을 주었기 때문이다!

황제가 된 유방은 그 당시의 고마움을 잊지 않고 마음속으로 계산을 했다. '2전이면 보통 쌀 일고여덟 되는 살 수 있지(진나라의 되는 지금보다 양이 적었으며, 지금의 단위로 계산하면 대략 200밀리리터 정도 된다). 그러니 당시 1전이면 오늘날 1,000호의 조세로 상환하는 게 맞아!'

어떤 의미에서 보면 진나라가 단명한 이유를 이 2전을 통해서 유추해 볼 수 있다. 멸망한 진나라와 이후 건국된 왕조들은 확연히 달랐다. 예를 들어 송나라와 원나라, 명나라는 실제 적과의 싸움에서 졌기 때문에 멸망한 것인데 위진남북조시대 약소국들은 대개 왕위찬탈로 인해서 망한 것이다.

하지만 천하를 통일한 뒤 멸망하기까지 14년 동안 진나라는 천하에 위세를 떨치며 군사력이 소실된 적이 없었다. 비록 내부에서 조고가 권력을 틀어쥐고 내분을 일으켰지만 이러한 일들은 궁정 안의 사정이었고 백성들의 생활에는 큰 영향을 미치지 않았다. 그러니 진나라 멸망의 원인은 외부적 요인보다는 내정에 있었다고 할 수 있다. 그리고 이 내정에서 가장 중요한 것이 재정과 통화 정책이다.

그렇다면 소하가 유방에게 남들보다 더 준 2전의 가치에서 볼 때 진나라 경제에 어떤 문제가 있었던 것일까? 물론 돈의 가치가 하락하는 것이 좋은 일은 아니다. 우리가 고생해서 번 돈의 가치가 하락하면 살 수 있는 상품이 줄어들기 때문이다. 사람들은 항상 자신이 가진 돈으로 더 많은 상품을 구입할 수 있기를 원한다. 그러나 돈의 가치가 지나치게 급격히 상승할 경우에는 어떠한 상품도 살 수 없게 된다.

만약 지구 밖에서 전 세계 경제를 살펴본다면 경제는 기업과 인간 두 부분으로 구성되어 있다고 볼 수도 있다. 기업은 사람이 통제하는 기계와 같다. 노동력과 자본으로 여러 제품을 생산한 뒤 판매해서 이윤을 얻는다. 그리고 이러한 이윤은 또한 사람이 가지고 있다.

사람들이 앞으로 통화가치가 하락할 것이라 예상하고, 또 실제로 평가절되될 경우 은행에 예금하면 아주 적은 이자만 얻을 수 있다. 그래서 위험을 감수할 능력이 상대적으로 높은 사람들은 회사를 창업하거나 주식을 구매하려 한다. 이렇게 하면 이윤이나 배당을 받을 수 있고, 또 은행 이율보다 기대수익률이 더 높기 때문이다. 만약 투자가 적절하거나 경영 상황이 양호할 경우에는 실제로 높은 수익을 얻을 수 있고 재산이 증가될 수 있다.

반대로 안정된 생활을 중요하게 생각해 위험을 감수하고 싶지 않은 사람의 경우 노동을 통해 얻은 수입으로 소비를 한다. 이럴 경우 수입은 상대적으로 안정적이지만 기대수익률은 사주나 투자자보다 낮다.

이렇게 사주(경영자)는 회사를 경영하고 노동자는 노동을 하고 투자자는 주식을 구입하는 등 각자 맡은 역할에 충실할 때 경제도 활성화될 수 있다.

그래서 통화가치 하락은 결론적으로 보면 긍정적인 효과를 발휘한다. 어쨌든 사회생산이 증가하고 사회총생산도 증가하는 효과가 있기 때문이다. 소비자가 예금한 돈의 실제 가치는 줄어들지만 회사가 풍성한 이윤을 냄에 따라 당기 임금도 증가하기 때문에 노동자는 더욱 많은 상품을 구매할 수 있는 구매력을 가지게 된다.

그러므로 적절하고 예측 가능한 인플레이션은 경제를 회복시킬 수 있는 핵심 동력이 되어 모두가 이익을 얻는 결과를 낼 수 있다. 물론 인플레이션이 지나쳐서는 안 된다. 위험을 감당할 능력이 있는 자본가조차 감당하지 못할 정도로 심각한 인플레이션이 발생할 경우는 화폐의 신용도가 무너지게 된다.

반면 사람들이 앞으로 통화가치가 상승할 것이라 예상하고, 또 실제로 평가절상이 되는 경우에는 위험을 감수할 능력이 되는 투자자까지도 돈을 투자하지 않고 그냥 은행에 넣어놓거나 심지어는 집 뒷마당에 돈을 묻어놓는다. 이처럼 은행에 넣어놓거나 심지어 집 안에 묻어두기만 해도 돈의 가치가 계속 높아지는데 굳이 힘겹게 경영하거나 신경 써서 투자를 해야 할까?

만약 모든 사람들이 은행에 돈을 묻어두고 대출이나 투자를 전혀 하지 않는다면 어떻게 생산해서 무역을 할 수 있으며, 또 어떻게 사람들이 물건을 구입할 수 있을까? 이 때문에 예전부터 디플레이션은 항상 실업과 대공황을 가져왔다.

유방과 소하가 살았던 시대에도 마찬가지였다. 이미 가치가 오를 대로 오른 진나라 화폐 때문에 상업은 급속도로 위축되었다. 원래부터 상업이 발전해 있었던 동부 연해 지방과 낙양 지방의 상인들이 연이어 파산했으며, 더구나 기존 6국 지역 백성들의 생활수준이 급속도로 악화되었다. 그러니 당시 함양 인근의 진나라 백성들은 아마도 동전이 부족한 현실에 대해 한탄하며, 도성에 세워진 12개의 동상을 원망스러운 눈으로 보았을 것이다. 그 동상들은 진시황이 천하의 무기를 몰수해서 만든 것이었다.* 번쩍번쩍 빛나는 동상을 바라보며 진시황은 자신의 천하가 영원할 것이라 득의양양할 뿐 이러한 행동이 백성들에게 심각한 영향을 미칠 것이라는 점은 예상하지 못했다.

게다가 진시황은 큰 업적을 세우는 걸 좋아했다. 이 때문에 항상 정벌과 노역이 끊이지 않았다. 군대를 모으는 일이나 궁을 짓고 만리장성 쌓는 일은 모두 대규모 재정과 노동력이 필요한 일이었으므로, 백성들

---

* 전국시대에 철로 만든 무기가 등장한 것으로 알려져 있지만 출토되는 유물을 보면 여전히 청동으로 만든 무기가 주류였음을 알 수 있다.

은 정상적인 생활을 할 수 없었다.

이 과정에서 사회의 자산이 대량으로 소모되었다. 사실 이것은 과거 두 차례의 세계대전을 치른 후 유럽이 겪은 대공황 상황과 같았다. 백성들은 계속되는 각종 노역을 힘겹게 감당해야 했다. 더구나 강압적으로 6국의 화폐를 폐기한 뒤 일련의 적응 과정이나 보상 조치가 전혀 없어 대량의 민간 자본이 소실되었다.

종합하자면 이와 같은 행동들이 모두 진나라 초기 디플레이션을 직접 초래했고, 이러한 디플레이션은 더욱 경제 상황을 악화시켰다. 그래서 진승과 오광이 대택향에서 봉기를 일으켰을 때 과거 6국의 백성들과 귀족들이 연이어 봉기에 참여하였던 것이다. 이로써 '한 사나이가 난을 일으키자 칠묘가 무너지면서'* 진나라는 진이세 때 멸망한다.

파부침주와 상업 전쟁

진승과 오광이 무장봉기를 일으키자 연이어 과거 6국의 귀족들도 각자 군대를 일으켰다. 두 사람은 진나라의 태자였던 부소와 초나라 장군 항연의 이름을 내걸고 연전연승하며 진현(지금의 허난성 화이양)에 장초** 정권을 세웠다. 그리고 진승은 스스로 진왕에 올랐다.

---

* 가의, 『과진론』
** 초나라 왕족의 성씨는 웅이었고, 왕족의 성씨는 미였다. 진승과 오광의 정권을 장초(張楚)라고 부른 이유에 대해서는 두 가지 관점이 있다. '장'을 하나는 '장대한 초나라'라는 의미, 다른 하나는 '뻗어나간다'는 의미로 해석하는 것인데 현재는 고대 사람들의 언어 습관을 연구한 관점을 주류로 받아들여, 장대한 초나라, 즉 대초(大楚)라는 의미로 해석한다. 이러한 점은 진승과 오광이 함께 "초나라가 흥성하고 진승이 왕이 된다"고 말했던 것과 부합한다.

비록 진승이 세운 초나라는 가짜였지만 봉기가 일어난 뒤 초나라 장군 항연의 아들인 항량, 조카인 항우도 회계(지금의 장쑤 쑤저우 인근)에서 군대를 일으켰다. 일순간에 함곡관 동쪽 곳곳에서 봉화가 올라왔다. 한편 과거 6국의 귀족들은 각자 자신들의 나라를 부활시키기 위해 당시 왕족의 자손이나 친척들을 찾기 바빴다. 그러자 진나라는 장군 장한을 파견해 동쪽을 정벌하고 반란을 잠재우도록 했다.

과거 주나라 초기 무왕과 강태공은 조가에 군대를 파견해 상나라와 목야에서 최후의 결전을 벌여 천하를 평정했다. 이후 무왕은 이복형제인 관숙과 채숙에게 조가를 감시하도록 했다. 하지만 2년 뒤 무왕이 죽자 조가에서 과거 주왕의 아들인 무경이 관숙, 채숙과 함께 공모해 반란을 일으켰다. 당시 새롭게 천자의 자리에 오른 성왕은 아직 나이가 어렸다. 오랫동안 계획해 온 반란으로 인해 천하의 민심이 흉흉해지기 시작했고, 관동 지역은 이미 주나라 땅이 아닌 것만 같았다. 이때 주공 희단이 혼란스런 상황을 수습하고, 반란군을 진압하기 위해 나섰다. 그는 3년 동안 이어진 힘겨운 싸움 끝에 조가(허난성 치현 지역의 옛 명칭-역주) 지역을 평정하고 진정한 주나라의 통치 기반을 확립했다.

사실 진나라의 상황은 과거 주공이 직면했던 상황보다 좋았다. 관동의 제후들은 여전히 진나라 군대를 두려워했고, 진승과 오광의 봉기도 주먹구구식으로 이뤄진 오합지졸일 뿐이었다. 과연 진나라가 군대를 파견하자 봉기군은 순식간에 무너졌고 진승과 오광도 사망했다. 심지어 항우의 숙부인 항량도 장한이 이끄는 군대의 기습을 받아 전사했다. 이후 연이어 전투에서 승리하며 반란군을 추격하던 장한의 군대와 과거 초나라를 점령한 명장 왕전의 손자인 왕리가 이끄는 국경 수비군이 거록성에 집결했다. 그리고 '조나라 왕' 헐과 '조나라의 승상' 장이가 있는 거록을 포위했다.

한단의 군대는 계속되는 승리로 사기가 오를 대로 올라 있었고, 왕리가 이끄는 군대는 당시 6국 제후들이 가장 두려워하던 진나라 야전군이었다. 그러니 이 전투는 단지 시간문제일 뿐 이미 결과는 정해져 있었다. 건국된 지 얼마 되지 않은 조나라는 다시 존폐의 위기에 처한 것이다. 오늘날 산시와 허베이 일대에 위치해 있던 조나라는 지리적으로 중원을 바라볼 수 있는 전략적 요충지였다.

일단 진나라가 다시 조나라를 점령한다면 용맹한 연조 지역의 장정들을 징발해 병력을 보충한 뒤 유리한 고지인 중원에서 산동의 제후들을 소탕할 수 있었다. 그리고 만약 그렇게 되었다면 진나라가 천세만세 유지되지는 못했더라도 최소한 2대 만에 멸망하지는 않았을 것이다.

하지만 이때 역사의 흐름을 바꿀 인물이 출현했다. 바로 항량의 조카인 항우이다. 항량이 죽은 후 항우는 힘겨운 나날을 보내야 했다. 당시 제후들의 공동 추천으로 옹립된 초나라 회왕은 큰 포부를 가지고 있었지만 선한 사람은 아니었다. 그는 항량이 죽은 후 지도자를 잃은 항씨 집안의 군대를 집어 삼킬 기회를 호시탐탐 엿보고 있었다. 항우가 세력을 펼치지 못하게 제약했으며, 심지어 출병 때 자신의 심복인 송의를 상장군으로, 항우를 부장으로 삼아 항우가 송의의 통제를 받게 했다.

회왕의 특명을 받은 송의는 거리낌 없이 항우를 억압했다. 그럼에도 항우는 꾹 참고 나서지 않았다. 하지만 송의가 공격은 하지 않고 매일 연회를 즐기며 병사들을 추위와 굶주림에 시달리게 하자 항우는 결국 반기를 들었다. 그는 송의를 죽이고 다시 군대의 전권을 되찾았다.

군권을 다시 빼앗은 항우는 공적으로는 조나라를 위기에서 구하기 위해, 사적으로는 숙부의 피맺힌 원한을 풀기 위해 즉시 거록으로 진군했다. 당시 상황은 매우 절망적이었다. 제후 지원군이 이미 도착해 있었지만 진나라 군사가 두려워 방어 태세를 갖추고 멀리서 지켜만 볼 뿐이었다.

기원전 207년 이미 몇십만*의 진나라 군대가 거록성을 물샐틈없이 포위하고 있었다. 이러한 진나라 군대는 두 갈래로 나누어져 있었는데, 그중 하나는 계속되는 승리로 사기가 올라 있는 장한의 군대였고 다른 하나는 왕리가 이끄는 북방 국경 수비군이었다. 당시 진나라 군대는 천하무적으로 위풍당당한 기세를 뽐내고 있었다. 이에 쉽게 국면을 타파할 수 없었던 항우는 결국 소모전 단계에 들어갔다. 전략 면에서 초나라 군대는 이미 패배한 것이나 다름없었다. 그러므로 항우가 국면을 타파할 방법은 속전속결로 승부를 보는 것밖에는 없었다.

항우도 이러한 상황을 알고 있었다. 이에 그는 먼저 당양군과 포장군에게 선봉으로 강을 건너게 해 약간의 승리를 맛보았다. 하지만 거록성에 갇혀 있던 조나라 군대는 이미 매우 급한 상황에 처해 있었다. 조나라 장군인 진여는 계속 지원군에게 빨리 장강을 건너 진나라 군을 공격하라고 독촉했다. 이에 항우는 초나라 군대를 이끌고 강을 건넜다. 강을 모두 건너자 그는 병사들에게 3일치의 식량을 준 뒤 취사도구를 모두 부수고, 배는 구멍을 내어 침몰시켰다. 그리고 장막도 모두 불태웠다. 이를 통해 그는 병사들에게 더 이상 돌아갈 곳이 없으니 용감히 진나라 군대를 향해 전진하라는 결사의 뜻을 보인 것이다.

항우는 마치 신과 같은 모습으로 맨 앞에서 군대를 이끌었다. 그렇게 용맹한 기세로 아홉 번의 전투에서 모두 승리하며 진나라 보급선을 끊

---

* 진나라 군대의 숫자를 현재 정확하게 고증할 수는 없다. 다만 항우가 나중에 투항한 병사 20만 명을 생매장시켰다는 점을 볼 때 당시 거록을 포위한 진나라 군대는 이보다 훨씬 많았을 것으로 추정된다.

고 장군 소각과 섭간을 죽이고 왕리를 포로로 잡았다. 다만 장한은 운 좋게도 항우의 진격 위치와 다소 멀리 떨어져 있어 상황을 미리 파악하고 철수할 수 있었다.

제후들의 군대는 항우가 우세에 있는 모습을 보고 조심스럽게 방어막을 풀고 진나라 군대를 공격하기 시작했다. 이 전투 이후 진나라 군대는 더 이상 관동에서 전투를 이어갈 수 없었다. 진나라의 전략도 반란을 평정하는 것에서 수도 방어로 바뀌었다. 항우는 역사에 기록될 전투에서 승리했고 후세에 파부침주(破釜沈舟)라는 고사성어를 남겼다.

'파부침주'에는 게임 이론이 바탕에 깔려 있다. 항우는 대적할 적수가 없는 용맹한 무장이었다. 하지만 장군에게 가장 중요한 것은 직접 전장에 뛰어들어 적을 무찌르는 용맹함이 아니다. 그보다는 수하들에게 본보기를 보이고 군대의 사기를 고무시키는 것이 더 중요하다. 몇 배에 달하는 진나라 군대를 보면서 항우 자신은 두렵지 않았을지 몰라도 수하들은 두려웠을 것이다.

이러한 두려움은 전투에 치명적인 영향을 준다. 만약 모든 병사와 군관이 한마음 한뜻으로 죽음을 두려워하지 않고 적과 싸운다면 승리할 확률이 가장 높아진다. 하지만 경험이 많은 장군이나 정예병도 상황이 수시로 변하는 전장에서는 승리를 확신할 수 없다. 그렇기에 병사들은 승리할 것이란 희망보다는 자신이 전장에서 죽을 수 있다는 생각에 사로잡혀 심리적으로 붕괴되기 쉽다. 이런 상황에서는 빨리 전장에서 벗어나는 것이 자신에게 가장 유리한 선택이다.

게다가 옆의 사람이 도망을 가면 원래 싸우려 했던 사람도 심리적으로 붕괴되면서 덩달아 함께 도망치게 된다. 그렇게 후퇴하는 사람이 많아지면 유리한 고지를 점하고 있었던 병사들도 더 이상 버티지 못하고 적에게 등을 보인 채 도망친다. 그렇게 진영이 무너진 병사들은 추격해 오는 적들에게 속수무책으로 도륙당하는 것이다.

이와 같은 상황에서 모든 사람들이 각자 자신의 이익에 맞는 선택을 한다면 결국 최악의 결과로 치닫고 만다. 그러므로 비극을 피하기 위해서는 사기를 올리는 것 말고는 방법이 없다. 전투를 하기 전에 사기를 최대한 끌어올려 승리에 대한 주관적 확신을 심어놓는다면 전투 중에 힘겨운 상황을 만나도 도망치지 않는다. 이것이 고대에 장군들이 사기를 목숨과 같이 생각했던 이유이다.

또 병사에 따라서 강한 적과 대면했을 때 보이는 반응은 각기 다르다. 다음의 두 가지 표를 통해 적과 대면했을 때 정예병과 일반 사병이 보이는 각기 다른 반응을 살펴보도록 하겠다.

정예병(사기 높음)[*]

진나라 군대 \ 항우 군대	공격		후퇴	
공격	2	5	10	1
후퇴	3	10	0	0

정예병은 공격을 선택할 때의 이득이 후퇴를 선택할 때의 이득보다 항상 많다. 그래서 사기가 높은 사병은 항상 공격하는 경향이 있다. 반

---

[*] 만약 아군(항우 군대)과 적군(진나라 군대) 모두 공격을 선택한다면 아군은 5의 이득을 얻고, 적군은 3의 이득을 얻는다. 만약 아군이 공격을 선택하고 적군이 후퇴를 선택한다면 아군은 10의 이득을 얻고 적군은 3의 이득을 얻는다. 만약 아군이 후퇴를 선택하고 적군이 공격을 선택한다면 아군은 1의 이득을 얻고, 적군은 10의 이득을 얻는다. 그리고 만약 양측 모두 후퇴한다면 교전이 발생하지 않았으므로, 아군이나 적군 모두 아무런 이득도 얻지 못한다.

면 일반 사병의 경우 적이 공격해 올 때, 특히 적이 맹렬한 기세로 공격해 올 때 쉽게 후퇴하는 경향이 있다. 이럴 경우 상대편은 추격해서 따라잡기만 하면 쉽게 이길 수 있다.

일반 사병(사기 낮음)*

진나라 군대 \ 항우 군대	공격	후퇴
공격	2 / 2	10 / 3
후퇴	3 / 4	0 / 0

일반 사병의 반응은 한마디로 '적이 공격해 오면 우리는 도망가고, 적이 도망가면 우리는 공격한다'이다. 만약 적군(진나라 군대)이 공격을 선택한다면 일반 사병은 후퇴를 선택해야 더 큰 이득을 얻을 수 있다(후퇴를 선택할 때 3의 이득을 얻는 반면 공격을 선택하면 2의 이득밖에 얻지 못한다). 그리고 적군이 후퇴할 때는 공격을 선택해야 한다(공격을 선택할 경우 4의 이득을 얻는 반면 후퇴를 선택하면 아무런 이득도 얻지 못한다). 즉, 일반 사병으로는 전면전이 불가능하다.

항우의 군대는 항량과 항우가 직접 선발한 정예병의 비율이 일반 군대보다 훨씬 높은 편이었다. 하지만 수십 년 동안 천하에 위세를 떨친 진나라 야전군과는 비교가 되지 않았기에 아무리 높은 사기를 가지고

---

* 적군이 공격을 선택했을 때 아군도 공격을 선택한다면 5의 이득을 얻지만 후퇴를 선택한다면 1의 이득만 얻는다. 또 적군이 후퇴를 선택했을 때 아군이 공격을 선택한다면 10의 이득을 얻는 반면 후퇴한다면 아무런 이득도 얻지 못한다. 그러니 어떠한 경우에도 공격을 선택할 때 더 많은 이득을 얻는다.

있다 하더라도 전투 중반 이후까지 모든 병사들이 사기를 유지할 것이라고는 확신할 수 없었다. 만약 사기가 떨어져서 후퇴하게 된다면 상당히 치명적이다.

이처럼 사기를 높이는 데 한계가 있을 경우에는 다른 방법을 사용할 수밖에 없다. 항우는 병사들에게 현실 가능한 위협을 가해 난관을 돌파하려 했다. 장군이 병사의 사기를 북돋아줄 때 항상 "오늘은 공격만 있고 후퇴는 없다. 적을 빨리 소탕하도록 하자"와 같은 말을 한다. 그리고 더욱 결연한 목소리로 "후퇴하는 자는 참수할 것이며, 나 역시 예외가 될 수 없다!"고 소리친다.

이런 엄포는 어느 정도 사기를 진작시키는 효과를 볼 수 있다. 더욱이 과거 전투에서 독전대를 따라 붙여 전선에서 후퇴하는 병사를 참수함으로써 기울어져가던 상황을 극복한 경우가 많았다. 하지만 만약 도망병이 우후죽순처럼 늘어난다면 장수들과 독전대도 모두 후퇴할 수밖에 없다. 결국 이미 패배가 정해져 있는 상황에서 목숨을 유지해 다시 재기를 노리는 것은 아무런 의미가 없다.

장군들이 사기를 북돋기 위해 하는 말이나 행동을 완전히 믿을 수는 없다. 병사들이 이 점을 알기 시작하면 장군이 아무리 엄격한 방법을 사용해도 병사들의 사기를 진작시킬 수 없다. 근거 없이 사람에게 믿음을 줄 수는 없기 때문에 눈에 보이는 장치가 필요했는데, 항우에게는 그것이 바로 파부침주였다.

항우는 모든 배를 침몰시켜 퇴로를 끊어버림으로써 후퇴를 선택할 수 없게 만들었다. 이러한 결정은 항상 공격하는 경향이 있는 정예병에게는 별로 큰 영향이 없을지 모르지만 일반 사병에게는 큰 영향을 끼친다. 여차하면 후퇴할 수도 있었던 일반 사병들이 후퇴를 선택할 수 없다는 것을 확실히 알게 되면 어쩔 수 없이 죽기 살기로 진나라 군대와 싸우는 수밖에 없다.

여기에다가 항우 군대에게 퇴로가 없어 죽으나 사나 공격을 할 수밖에 없다는 정보는 진나라 군대의 선택에도 영향을 미친다. 만약 앞의 표와 같이 항상 공격을 선택하는 정예병과 맞붙는다면 진나라 군대는 공격(이득 2)과 후퇴(이득 3) 중에서 선택을 해야 한다. 이런 상황에서는 진나라 장군은 당연히 접전을 피하는 쪽을 선택하는 것이 합리적 판단이 될 것이다.

하지만 항우의 군대가 일반 사병일 경우 진나라 군대의 선택은 복잡해진다. 왜냐하면 양측 모두 전면전은 부담스럽기 때문에 상대방이 후퇴하기를 바란다.* 그런데 항우의 군대가 퇴로를 차단했다고 하니 후퇴할 가능성은 사라진 뒤다. 그렇다면 진나라 군대는 후퇴를 선택하는 것이 이득이다(후퇴를 선택하면 3의 이득을 얻을 수 있는 반면 전투를 할 경우 2의 이득만 얻을 수 있다).

항우의 방법은 현대 기업의 상업 전쟁에서도 도움이 된다. 물론 기업주가 직원의 신분을 박탈하거나 직원의 자유를 제한하는 것은 아니다(이러한 행동은 오히려 정반대의 효과를 불러올 수 있으며, 법에도 저촉된다). 다만 기업주는 사전 조치를 통해서 경쟁자가 자신에게 불리한 행동을 하지 못하도록 확실하게 저지할 수 있다. 만약 자신이 어느 시장에서 독점기업을 운영하며 모든 이윤을 독차지하고 있는데, 갑자기 다른 기업이 침투해 오려고 한다고 해보자. 그럼 당신은 그 기업에게 가격 경쟁을 벌여서 양

---

* 이러한 상황은 게임 이론에서 혼합 전략 균형이라고 한다. 일반 사병의 표에서 아군, 적군은 10/11과 4/5의 확률로 공격을 선택할 가능성이 있다.

측 모두 이윤을 얻지 못하게 해버리겠다고 위협할 수 있다.

하지만 이러한 협박은 소심한 상대에게만 통할 뿐이다. 상대가 이성적인 기업이라면 이러한 위협을 믿지 않는다. 시장에 경쟁상대가 출현했다고 해서 가격을 원가까지 내리거나 심지어 원가보다 더 아래로 내리는 동시에 생산 규모를 확장한다면(가격을 낮추면 필연적으로 더 많은 사람들이 구입하게 되기 때문에 생산력을 높일 필요가 있다), 어떠한 이득도 보지 못하고 손해가 커지기 때문이다. 그래서 이성적인 기업이라면 적당히 가격을 내리는 선에서 경쟁하거나 양측이 가격을 상의해 함께 독점이익을 공유할 것이라고 생각한다.

그리고 만약 경쟁 기업이 갑자기 침투해 오는데도 이쪽에서 아무런 반응도 하지 않는다면 상대 기업은 시장에 진입해 이윤을 빼앗으려 할 가능성이 높다. 그럼 이때 항우의 지혜를 이용해 파부침주 전략을 활용할 수 있다. 경쟁자가 시장에 진입하기 전에 먼저 투자를 확장해 공장과 직원을 늘리는 것이다. 경쟁 기업이 볼 때 이쪽은 가격 경쟁을 위해 충분한 유휴 생산 능력을 갖추고 투자를 마친 상태이다. 경쟁 기업이 시장에 진입하기만 하면 당장 추가 생산력을 가동해 상대방의 생존 공간을 좁히고, 결국 아무 이익도 얻지 못하고 철수하게 만들어버릴 수 있다는 뜻이다.

그렇다면 경쟁자는 어떻게 해야 할까? 상업 전쟁은 어디까지나 국가 간의 전쟁과는 다르며, 경쟁상대는 진나라 군대가 아니다. 파부침주 전략을 써서 압박을 가한다는 것을 알면 경쟁자는 굳이 손해가 예상되는 상황을 만들 필요가 없다. 준비한 투자금을 다른 곳으로 옮길 가능성이 높다. 그러므로 당신은 비교적 작은 대가를 지불해서 자신의 이익을 지킬 수 있다.

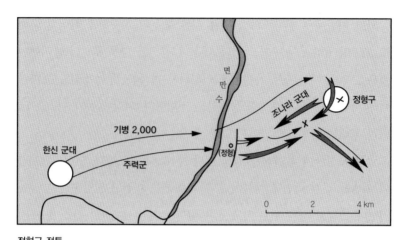

면
만
수

기병 2,000

한신 군대

주력군

정형
(정형)

조나라 군대

정형구

0　　　2　　　4 km

정형구 전투

그림 출처 : http://m.zwbk.org/lemma/206842

배수일전과 사면초가

———

몇 년 뒤 조나라 땅에는 또다시 치열한 전투가 벌어졌다. 이번에 조나
라와 맞붙은 상대는 한나라 군대였다. 군대를 통솔하는 장군은 유방이
새롭게 임명한 대장군 한신이었다. 파부침주와 달리 한 치 앞도 예측할
수 없었던 이 전투에서는 배수일전(背水一戰)이란 또 다른 고사성어가 생
겨나게 된다.

이 전투는 예로부터 지금까지 군사 요충지로 불리는 정형구(지금의 허
베이 징싱)에서 발생했다. 항우가 거록의 포위를 푼 이후 조나라는 줄곧
초나라에게 더 우호적이었다. 그러므로 항우와 천하를 두고 싸우는 한
왕 유방으로서는 조나라를 토벌해 혹시라도 받을지 모를 위협을 없앨
필요가 있었다. 동시에 하북과 산서의 병력을 취해 동쪽으로 내려가는
것은 유방의 패업을 이루는 데 중요한 부분이었다.

과거 이곳에서 진나라와 전투를 치른 항우와 비슷하게 한신의 군대도 조나라 군대보다 수가 적었다. 더구나 한신이 항우보다 더 불리했던 점은 그의 군대가 모두 유방에게 이전되어 병사를 새로 징집하는 바람에 병사들의 경험이 부족한 상태라는 것이었다. 대장 진여가 이끄는 조나라 군대는 전투력에 있어서 얕볼 수 없는 상대였다.

이러한 상황에서 한신은 결전 전날 부대 배치를 했다. 먼저 2,000명의 기병을 전장 측면에 매복시킨 후 주력군을 이끌고 면만수라는 강을 건넜다. 그리고 강을 뒤로 하고 진을 쳤다. 강을 뒤로 하고 진을 치는 것은 병법에서 아주 기피하는 전략이다. 왜냐하면 세밀한 전략을 펼칠 수 없고, 또 장군의 주관적인 판단을 실행할 기동성을 발휘할 수 없기 때문이다. 유리한 상황에서 후방에 있던 예비 부대를 투입해 우세를 밀고 나가야 하는데 그러지 못할 경우 군대의 투지가 꺾여 적에게 전부 몰살당할 수 있다. 사실 조나라 장군 진여는 연전연승을 한 한신에 대해 약간은 두려운 마음을 가지고 있었다. 하지만 한신이 배수진을 치는 것을 보고 그는 즉시 한나라 군대와 대치하려던 계획을 취소하고 섬멸전으로 수정한다. 이번 기회에 한신에게 본때를 보여주겠다고 결심한 것이다.

둘째 날 동틀 무렵 정형구 전투의 서막이 올랐다. 조나라 군대가 맹렬한 기세로 한나라 군대를 향해 돌진하기 시작했다. 그러자 숫자도 적고 훈련도 부족한 한나라 군대의 전선은 뒤로 밀리기 시작했다. 승기를 잡았다고 생각한 진여는 바로 모두 돌진해 한나라 군대를 강에 수몰시키라고 명령했다. 이때까지만 보면 조나라 군대가 계속해서 우위를 점하고 있었다. 상황이 이대로 끝났다면 정형구 전투는 수도 없이 많은 이름 없는 전투 중 하나로 묻히고 말았을 것이다.

계속해서 후퇴를 거듭하던 한나라 군대는 강가에 이르러 더 이상 후퇴할 곳이 없다는 사실을 발견했다. 상황이 이렇게 되자 한나라 군대는 조나라의 공격에 맞서 싸우지 않으면 모두가 강물에 빠져 죽을 것이란 사실을 깨달았다. 이렇듯 '세밀한 전략이 없었던 점'은 오히려 한신에게 도움이 되었다. 하지만 이것은 전투에서 승리하기 위한 게 아니라 군대가 붕괴되는 걸 방지하기 위한 전략이었으므로 확실히 위험한 승부수였다. 병사들은 승리에 대한 희망이 없음에도 불구하고 더 이상 후퇴할 공간도 재정비할 공간도 없었기에 어쩔 수 없이 싸워야만 했다. 이렇게 자포자기 상태가 된 병사들은 전쟁에 대한 두려움도 자연히 사라졌다. 한신이 배수진에서 노렸던 것은 바로 짧은 대치 시간 동안 조나라 군대의 병사들에게 어쨌거나 한나라 군대를 섬멸하는 수밖에는 없겠다는 생각을 심어주는 것이었다.

한신의 승부수는 사실 배수진이 아니라 그에 앞서 미리 매복시켜 둔 2,000명의 기병에 있었다. 그들은 조나라 군대가 쏟아져 나오자 후면으로 침투해 조나라 군대의 깃발을 모두 한나라 군대의 깃발로 바꿨다. 강변에서 한창 격렬한 전투를 치르고 있던 조나라 군대 병사들은 무심결에 자기들 진영에 한나라 깃발이 걸린 것을 보고 경악했다. 한나라 군대의 유인책에 걸려 본진이 이미 함락되었다고 생각한 조나라 군대는 급격히 사기가 떨어져 혼비백산 도망치기 시작했다. 이렇게 전투에서 승리한 한신은 조나라 왕 헐을 포로로 잡고 장군 진여를 참살했다. 이로써 건국된 지 얼마 되지 않은 조나라는 멸망했다.

한신의 전술은 가우가멜라 전투와 매우 흡사하다. 알렉산드로스 대왕은 자신의 병력보다 몇 배에 달하는 적군의 주의를 분산시킨 뒤 소수의 정예병으로 측면에서 적군의 중심부로 돌진해 페르시아 다리우스 왕국을 무너뜨렸다. 배수진은 사실 전술의 핵심이 아니라 구체적인 전술의 한 부분일 뿐이다.

항우의 파부침주와 한신의 배수일전을 비교해 보면 두 사람이 겨룬 대상과 조건이 근본적으로 달랐다는 점을 발견할 수 있다. 일단 항우의 군대는 사기도 높았고 자유자재로 전술을 구사할 수도 있었다. 그래서 항우가 배를 침몰시키는 모습을 보고 그들은 '승리를 하지 못하면 죽는다'는 불굴의 투지로 전투에서 승리한 것이다. 하지만 한신이 이끄는 수만 명의 군대는 이제 막 징집된 상태였고, 맞서 싸우는 적군은 20만 명의 정예병이었다. 그렇기에 배수일전의 목적은 약한 모습을 보여 적이 병력을 총동원하게 만들고 이를 통해 2,000명의 기병이 나서기 전까지 잠시 동안 조나라 군대의 시선을 '묶어두는' 것이었다.

그렇다면 한신과 항우가 전투를 벌인다면 과연 누가 이길까? 물론 두 사람의 전투도 역사에 기록되어 있다. 다만 아쉬운 점은 이 전투가 불공평했다는 점이다. 사면초가(四面楚歌)라는 고사성어는 항우의 대세가 이미 기울어졌다는 의미를 담고 있지만 사실은 그렇지 않다.

항우는 수년간 천하를 누비면서 거의 대부분의 전투에서 승리했다. 다만 수하 장군들이 유방만큼 뛰어나지 못했을 뿐이다. 항우는 매번 유방의 뒤를 쫓으며 승리한 반면 항우의 뒤를 지키는 장수들은 한신, 팽월과 같은 유방의 장수들에게 항상 패배했다.

초나라 군대가 해하에서 포위되었던 것도 항우의 영토가 전부 점령을 당한 것이 아니라 단지 퇴로가 포위되었기 때문이었다. 이때 초나라 군대는 양식도 부족하고 피로도 극심했다. 설상가상으로 날씨도 추워졌다. 이에 반해 한나라 군대는 양식도 풍부했고 사기도 드높았다. 양측의 싸움의 결과는 이미 정해진 것이나 다름없었다. 하지만 그럼에도 초나라 군대는 믿음을 잃지 않았다. 왜냐하면 그들을 이끄는 지도자는 천하무적 초패왕 항우였기 때문이다. 항우는 마치 8년 전 파부침주로 결사의 각오를 다졌던 때로 돌아간 듯 수하 장수들과 자신을 믿고 따르는 병사들에게 포위를 뚫고 나갈 수 있다는 믿음을 심어주었다.

그러자 한신은 초나라 군대와 전면전을 치를 병사 30만을 배치하고 양쪽에 20만 기동부대를 배치했다. 공격이 시작되자 항우는 원뿔형 진형의 맨 앞에 서서 직접 군대를 지휘했다. 마치 8년 전 그때처럼 직접 한신의 진영 한가운데로 돌진해 한신의 목을 베고 유방을 생포할 기세였다. 그 기세에 눌려 한나라 군대들이 갈대처럼 쓰러지기 시작했고, 항우 군대는 빠른 속도로 진격했다. 그러자 한신은 배수진을 치고 조나라와 맞서 싸웠던 그때처럼 계속해서 군대를 뒤로 후퇴시켰고, 최전선의 군사들은 몰살을 당했다.

아침부터 오후까지 계속된 전투로 한나라 군대의 앞쪽 진형은 완전히 무너졌고, 초나라 군대도 1만여 명이 죽었다. 항우도 상당히 지쳐 있었지만 여전히 한신의 진영 중심을 향해 돌진했다. 빠른 속도로 진격함에 따라 항우를 비롯한 기병들과 뒤에서 따라오는 보병들 사이에 거리가 점차 벌어지기 시작했다. 결국 보병들은 갑자기 물처럼 쏟아져 나온 한나라 군대에 포위되어 완전히 항우와 분리되었다.

이 기회를 줄곧 기다리고 있던 한신은 바로 깃발을 휘둘렀다. 그러자 양쪽에 잠복해 있던 한나라 군대가 일어나 기병과 분리된 4만여 초나라 보병을 학살하기 시작했다. 하나의 전장에서 정말 기이한 광경이 펼쳐졌다. 항우의 친위군은 한신의 마지막 보호막을 향해 돌격하고 있고, 뒤에서는 초나라 보병이 포위되어 한나라 기병에게 학살당하고 있었다.

결국 항우는 두 가지 중 하나를 선택해야 했다. 승리를 위해 보병을 버리고 계속 전진할 것인가, 아니면 말머리를 돌려 보병을 구하러 갈 것인가? 역사를 통해 우리는 이미 답을 알고 있다. 항우는 자신과 생사고 락을 함께한 병사들을 버릴 수 없었다. 그는 말머리를 돌려 정예 기병을 이끌고 보병을 구출하러 갔고, 한신은 비로소 안도의 한숨을 쉴 수 있었다. 그것으로 전투는 이미 끝난 것이었다. 이 전투에서 한신이 승리하고 항우가 패배함으로써 천하는 유방의 것이 되었다.

삼가분진*을 통해 보는 영국 브렉시트
—

『자치통감』은 주나라 위열왕 23년의 일부터 기록하고 있다. 사마광은 어째서 이 시기를 책의 시작점으로 삼은 것일까? 바로 이 시기에 진(晉)나라가 셋으로 쪼개지는 삼가분진(三家分晉) 사건이 발생했기 때문이다.

춘추시대에 웅장한 세력을 떨쳤던 진나라는 지금의 산시, 허베이 일대의 전략 요충지를 점유하고 있었다. 중원을 내려다보며 동쪽으로 확장하려는 진(秦)나라를 저지하고, 북쪽으로 진출하려는 초나라의 야심을 꺾었다. 게다가 진나라는 주나라의 겨우 남은 영토인 낙읍의 3면을 포위하고 있어 '천자를 끼고 천하를 호령'할 수도 있었다. 하지만 이렇게 천하통일에 필요한 조건을 모두 갖추고 있던 진나라는 전국시대가 채 막을 올리기도 전에 일찌감치 경쟁 무대에서 내려와야 했다. 무슨 일이 일어났던 것일까?

삼가분진의 시작은 진(晉)나라 문공의 아버지인 헌공 때부터 비롯되었다. 헌공의 총애를 한 몸에 받던 여희는 자신이 낳은 해제를 태자로

---

* 삼가분진은 주난왕 이전에 발생한 일이다.

올리기 위해 태자인 신생과 공자인 중이, 이오를 내쫓았다. 시간이 지나 여러 고초를 겪은 중이가 다시 진나라로 돌아와 춘추시대 패자의 자리에 오르게 되는데, 그가 바로 문공이다. 문공 이후부터 진나라는 더 이상 공자나 공손과 같은 종실에게는 분봉을 하지 않았다. 하지만 정권은 항상 누군가에 의해 장악되는 법이다. 종실에 분봉을 하지 않는다면 성을 바꿔 분봉을 받으면 그만이다. 그래서 조씨, 위씨, 한씨, 범씨, 중항씨, 지씨가 점차 진나라 국왕의 권력을 약화시키고 자신들이 실권을 잡기 시작했다. 이들을 바로 '진나라 육경'이라 부른다.

진나라의 경우는 역사의 수레바퀴가 봉건시대에서 중앙집권시대로 가는 과정에서 실패한 것이라 할 수 있다. 혈연을 기반으로 한 봉건시대에는 천자가 자기 친척에게 땅을 줌으로써 제후로 삼고, 또 제후가 자기 친척에게 땅을 나눠줌으로써 대부로 삼았다. 그래서 신분의 높고 낮음은 혈연관계가 가까운지 먼지를 의미했다. 이것의 장점은 정변이 일어나도 권력이 항상 같은 성씨에게 있다는 점이다. 하지만 능력과 관계없이 가까운 혈연만 등용하기 때문에 점차 국력이 약해질 가능성이 높다는 단점이 있다.

이에 비해서 후세의 중앙집권시대에는 종실을 우대하면서도 실권에 개입하지 못하게 했다. 그리고 추천이나 과거 제도를 통해 관료를 선발했기 때문에 유능한 인재를 등용할 수 있었다. 하지만 유능한 인재를 중심으로 반란을 일으킬 위험이 있었다. 그래서 황제는 권력을 세분화시켜 관료들이 서로를 견제하도록 함으로써 반란이 일어날 위험성을 줄였다. 안타깝게도 진헌공 이후의 통치자들은 자기 친척을 견제하기 위해 다른 성씨인 경대부들에게 분봉을 해줬는데, 이는 자신의 통치권, 군사권, 재정권 일부를 다른 사람에게 내어주는 것이나 다름없다. 결국

시간이 지나자 경대부들끼리 연합하고 합병하면서 세력을 키우기 시작했고, 세력이 약해진 진나라 군권은 누구를 견제하기는커녕 오히려 그들에게 귀속되었다. 결국 진나라는 셋으로 쪼개지게 된다.

진나라가 셋으로 쪼개져 생긴 나라가 바로 전국칠웅 중 조나라, 위나라, 한나라이다. 기원전 403년 세 가문의 대표들은 주나라 위열왕을 찾아가 자신들을 제후로 봉해줄 것을 청했는데, 이들이 바로 조열후, 위문후, 한경후이다. 사마광은 바로 이때를 춘추시대와 전국시대의 분기점으로 보고 있다. 이후 한나라와 조나라는 진나라의 마지막 영토를 분할하고, 이때 한나라 재상 한기가 진나라의 마지막 군주인 정공을 죽임으로써 진나라는 완전히 멸망한다.

이에 과거 사람들은 이 일을 이야기하며 천하를 호령하던 진나라의 멸망에 탄식하기도 했고, 세 가문이 진나라를 쪼개 나라를 세운 과정을 연구하기도 했으며, 넓은 시점에서 주나라 천자의 권력이 몰락한 이유를 분석하기도 했다(사마광이 바로 이런 경우였다). 하지만 여기서 놓치지 말고 생각해 봐야 할 문제가 하나 있다. 세 가문은 이미 진나라의 실권을 쥐고 있었고, 각자 자신의 영토에서 제후와 다를 바 없는 권력을 휘두르고 있었다. 그렇다면 왜 군이 진나라를 분할하려 한 것일까? 이 문제에 대한 답을 하기 전에 우리는 먼저 삼가분진에 대한 사마광의 견해를 알아볼 필요가 있다.

사마광은 이 일을 논평할 때 '명분'에 주목했다. 그는 주나라 천자가 삼가분진을 인정한 것이 주나라 쇠락의 시작이라고 보았다. 왜냐하면 '천자의 책무 가운데 예(禮)보다 큰 것은 없고, 예는 분수보다 큰 것이 없으며, 분수는 명분보다 큰 것이 없'는데, 주나라 천자가 세 가문을 제후로 봉한 것은 '천자가 스스로 명분을 무너뜨린 행위'라는 것이다.

사마광은 유학자라서 그렇게 볼 수 있는 일이지만 이 논리 전개에 대해서는 다시 한 번 짚어볼 필요가 있다. 사마광이 말한 인과관계는 다음과 같다.

주나라 천자가 세 가문을 제후로 봉함 → 삼강오륜의 명분이 무너짐
→ 주나라가 쇠락함

주나라 천자가 세 가문을 제후로 봉한 일과 주나라가 쇠락한 것은 객관적인 사실이지만 삼강오륜이 무너졌다는 것은 개념적 추론일 뿐이다. 사마광의 관점에서 보면 주나라가 쇠락하기 시작한 것은 삼강오륜의 명분이 무너졌기 때문이라는 것이다. 그러나 당시 상황에 비춰보면 주나라 천자의 영토는 세 가문에 의해 3면이 포위된 상태였다. 주나라 천자가 어느 날 갑자기 스스로 무너질 명분을 생각해 낸 것이 아니라 당시 상황에서 이미 일어난 사실을 인정할 수밖에 없었던 것이라고 봐야 한다. 그러므로 주나라 천자가 세 가문을 인정해 준 것이 주나라 쇠락의 원인이라고 보기보다는 그때 이미 주나라가 쇠락하고 있었기 때문에 어쩔 수 없이 세 가문을 인정한 것이라고 보는 것이 더 타당한 해석이다.

이렇게 봤을 때 사마광의 논리 전개에 오류가 있었다고 말할 수 있다. 이런 식으로 새롭게 논점을 정리해 보면 더욱 사실에 가까운 결론을 얻을 수 있다. 하지만 현실 경제에서는 여러 현상이 동시에 또는 앞다투어 정신없이 나타날 때가 있다. 혼란스런 상황에서 정확한 이해를 찾아내기란 쉽지 않다.

예를 들어 중고차 시장에서 품질이 낮은 차량만 거래되는 이유는 소

비자의 구매력이 부족해서일까? 아니면 소비자들이 특별한 종류의 차량만 선호해서일까? 둘 다 아니다. 믿을 만한 제3의 인증기구가 없기 때문이다. 중고차를 제대로 평가할 시스템이 없으면 비교적 좋은 품질의 차량도 나쁜 품질의 차량으로 혼동되어 제 가격에 팔리지 않게 된다. 그러면 좋은 품질의 차량을 소유한 차주는 이런 시장에 차를 팔려고 내놓지 않는다. 그러므로 품질이 나쁜 차량만 시장에 나오게 되고 거래되는 것이다. 이것이 바로 우리에게 경제학이 필요한 이유이다. 데이터는 우리에게 일련의 사실과 관련된 정보만 알려줄 뿐 다른 것은 말하지 않는다. 그리고 이러한 사실을 연결해 논리와 인과관계를 찾아내는 것이 바로 경제학의 역할이다.

다시 원래의 문제로 돌아가 진나라가 셋으로 쪼개진 이유를 알아보도록 하자. 먼저 정치적으로 볼 때 명분상으로는 군신관계를 명확히 하면서 실질상으로 지위가 높아지는 것이기 때문에 제후가 되는 것이 더 이득이다. 그렇다면 경제 측면에서 볼 때는 진나라로 통일되어 있을 때와 삼가분진 이후 상황의 차이점은 무엇일까? 이 문제에 대해서는 2016년 6월 영국이 국민투표로 결정한 브렉시트와 비교해 봄으로써 의미 있는 분석을 해볼 수 있다. 두 가지 모두 큰 연맹에서 분리되어 나온 행동이기 때문이다.

먼저 진나라에서 쪼개진 후 세 가문은 자기 영토에 속한 백성에 대한 구속력을 강화시켜야 했다. 비록 춘추전국시대에는 지금처럼 비자나 국경관리 제도가 없었지만 그럼에도 양국이 인접한 요충지는 지킬 필요가 있었다. 진나라가 쪼개지기 이전에는 모두 진나라 영토였으므로 군대를 파견할 필요가 없었지만 3국으로 쪼개진 이후에는 국경을 수비할 군대를 파견할 필요가 있었다. 자연히 인력과 자본을 움직이는 데 따른 비용이 증가했다.

이렇게 함으로써 다른 나라의 인재를 유인하기는 힘들어졌지만 자국의 인재를 보호하는 데는 도움이 되었다. 한 가지 더 들여다보자면, 대상인과 전국을 돌며 유세하던 책사(예를 들면 여불위, 소진, 장의 등)들은 국경 때문에 길이 막히지는 않았지만 소상인과 하층 노동자들은 그런 특혜를 누리지 못했다.

브렉시트의 경우에도 역시 고급 인재는 많은 영향을 받지 않지만 유럽 대륙의 블루칼라 노동자들에게는 영국의 노동허가 문턱이 높아질 수 있었다. 사실 영국은 유럽연합의 노동력 유입 정책에 대한 불만이 매우 컸다. 동유럽 블루칼라 이민자들에 대한 통제를 강화하지 않기 때문에 영국이 유럽연합 외의 이민자 비율을 줄일 수밖에 없다는 것이었다.

한층 더 깊이 분석해 보자면 삼가분진이나 브렉시트 모두 제도 경쟁을 이끌어냈다는 점에서 긍정적으로 평가할 수 있다. 삼가분진 이후 위나라가 가장 먼저 이회(李悝)의 개혁정치를 실행했고, 이후 한나라에서도 신불해의 개혁이 단행되었다. 그리고 조나라는 무령왕 때에 군사개혁을 추진했다. 이처럼 각 나라는 자신들의 상황에 맞는 부강 정책을 실시했고 필요한 인재를 유입했다.

한편 자유롭게 이동할 수 있는 유럽연합의 경우 제도를 혁신할 동기가 부족했다. 제도를 혁신하면 유능한 인재도 유입되지만 한편으로는 복지를 누리려는 사람들도 많이 들어오게 된다. 제도 혁신을 통해 눈에 띄게 앞서 번영을 누리게 되면 복지를 누리려는 이민자들이 벌떼처럼 몰려들게 된다. 그래서 국가는 제도 혁신에 너무 많은 동력을 쏟지 않는다. 반면 분열되어 독립된 이후에 무역 분쟁이 많아지면 국가도 그에 상응하는 동기를 가지고 '제도 경쟁'에 착수한다.

화폐에 관해 살펴보자. 독립된 국가는 화폐 발행권을 가지고 있다. 진나라가 쪼개지기 이전에도 한나라, 조나라, 위나라의 대부들은 이미 실권을 가지고 있었지만 통일된 화폐를 사용해야 하므로 화폐를 발행하는 것만큼은 상의해서 결정해야 했다. 만약 위나라 경제가 발전하고 있을 때 한나라 경제는 불황기에 놓여 있다면 통일된 화폐 안에서 적절한 통화 정책을 실행하기가 매우 어려울 것이다. 그러나 세 나라로 쪼개진 이후에는 각자 자신들의 상황에 맞게 재정과 통화 정책을 개혁할 수 있었다. 그리고 위나라는 이 방면에서 가장 탁월한 성과를 거두었다. 조나라와 한나라가 사용한 화폐는 최소한 모양에서는 과거 진나라에서 사용한 포전과 다르지 않았다. 반면 위나라는 화폐 모양을 둥근 원형으로 바꿔 형태에서부터 이전과 명확하게 선을 그었다.

반면 영국은 브렉시트를 단행하기 전에도 유로화를 사용하지 않고 있었다. 통화 정책에 있어서는 브뤼셀에 위치한 유럽연합 본부와 서로 타협을 해왔다. 그런 면에서 영국은 브렉시트로 인해 정책에서 더 많은 자율성을 가진 것은 분명하다.

외교에서는 어떨까? 세 나라로 쪼개지기 전까지 진나라는 국제사회에서 여전히 하나의 국가로서 다른 제후국들과 접촉했다. 비록 세 가문의 이익이 같을 수는 없었지만 그럼에도 대외적으로는 한 목소리를 내야 했고 출병할 때도 함께 출병해야 했으며, 국제계약을 맺을 때도 공동명의로 체결해야 했다. 그런데 나라가 쪼개진 이후에는 각자 자국의 상황을 우선시해 결정할 수 있게 되었다.

삼진(한나라, 조나라, 위나라를 합쳐 '삼진'이라 부른다)이 합쳐져 있을 때 진(晉)나라는 강국이었으므로 진(秦)나라, 초나라를 상대하면서 더 좋은 협상 조건을 가질 수 있었다. 그렇다면 쪼개진 이후에는 어땠을까?

이 문제도 두 가지 각도에서 볼 수 있다. 일단 삼진이 합쳐져 있을 때는 분명 쪼개진 이후보다 강력한 힘을 발휘할 수 있었고, 상대국에게 더욱 대접을 받을 수 있었다. 하지만 다른 면에서 보면, 쪼개진 이후 세 나라는 각종 외교 정책을 각자 자율적으로 진행할 수 있었다. 예를 들어 위나라와 진나라는 항상 하서 지방을 두고 싸웠다. 만약 과거 진(晉)나라였다면 진(秦)나라와 우호관계를 유지하기 위해서라도 영토 분쟁을 벌이기 어려웠을 것이다. 하지만 쪼개진 이후 위나라는 자신들의 세력 확장을 위해 진(秦)나라와 줄기차게 싸웠다. 반면 조나라는 동쪽의 중산국과 연나라로 영토를 확장해야 했기에 전략상 진나라와 계속 우호적인 관계를 맺어야 했다.

영국이 국민투표를 통해 브렉시트를 결정한 것에 대해서는 다음과 같은 관점으로 볼 수 있다. 6,000만 인구를 지닌 영국의 시장은 5억 인구를 보유한 거대한 유럽연합의 시장과 비교될 수 없지만 어떠한 점에서는 오히려 유리한 점으로 볼 수도 있다. 예를 들어 중국과 유럽연합의 투자협정이 타결되지 못했던 이유 중 하나가 유럽연합 내부의 관계가 복잡하게 얽혀 있어 여러 요소를 고려해야 한다는 것이었다. 그런데 만약 영국이 단독으로 중국과 투자협정을 진행한다면 더 빠른 결과를 얻을 수 있다. 아마도 유럽연합과 같은 지위에서 협상을 진행할 수는 없겠지만 서로의 이익이 부합하는 부분에서는 빠르고 유익한 성과를 거둘 수 있는 것이다.

삼가분진 이후에도 삼진은 상당히 오랜 시간 긴밀한 관계를 유지했다. 위나라 문후 때에도 삼진은 중요한 군사행동(예를 들면 제나라를 공격하고 초나라를 정벌하는 등)에서 여전히 일치된 모습을 보였다. 그러던 중 위나라 무후가 즉위한 이후에야 비로소 첫 번째 충돌이 발생했다. 이처럼 영국의 브렉시트도 마찬가지다. 영국과 유럽연합은 서로간의 필요에 따라 상당히 오랜 시간 긴밀한 관계를 유지할 것이다. 이에 영국, 프랑스, 독일의 중심적 지위도 유럽연합이 존재하는 한 본질적으로 바뀌지 않을 것이다. 그러므로 다른 각도에서 보면 브렉시트가 가져올 충격은 많은 사람들이 생각하는 것만큼 크지 않을 것으로 보인다.

사회생활을 하다 보면 필연적으로 여러 그룹이나 기관에 가입하게 된다. 그렇다면 가입한 회원과 비회원은 어떤 차이점이 있을까? 골프클럽을 예로 들어 보자. 골프클럽의 경우 회원으로 가입해 연회비를 납부하면 회원카드를 준다. 그리고 이 회원카드가 있으면 매번 골프를 칠 때 비교적 저렴한 비용으로 이용할 수 있다. 여기서 회비 납부는 회원이 되기 위해 부담해야만 하는 의무이고, 비용 할인은 회원으로 누릴 수 있는 권리이다.

만약 어느 한 사람이 다음과 같은 제안을 한다고 생각해 보자. "저는 여기 골프클럽의 회원카드는 받고 싶지 않아요. 그러니 저와 단독으로 계약을 하는 건 어떤가요? 매년 골프클럽 가입비와 같은 금액을 지불할 테니 일반 회원들과 같은 할인혜택을 누리게 해주세요." 클럽 측이 이 제안을 받아들일 경우 이 사람은 회원으로 등록되지 않고도 정식 회원들과 동등한 의무를 부담하고 동등한 권리를 누리게 된다.

같은 의미에서 영국은 비록 국민투표를 통해 유럽연합에서 탈퇴했지만 이것은 단지 영국이 유럽연합의 '회원카드'를 버렸다는 것을 의미할 뿐이다. 영국이 유럽연합과 논의한 '조항에서 벗어나는 것'이 실질적인 탈퇴가 될 것이다.

극단적인 상황도 상상해 볼 수 있다. 유럽연합을 탈퇴한 영국이 만약 과거 유럽연합에 가입되어 있을 때 담당했던 의무와 자금을 모두 부담한다면 마찬가지로 이전에 누렸던 모든 권리를 누릴 수 있을 것이다. 그렇다면 영국은 명목상으로는 유럽연합 회원국이 아니지만 실질적으로는 회원국인 것이나 마찬가지다. 다만 회원이 아닐 뿐 유럽연합과 영국의 관계에는 어떠한 변화도 발생하지 않는다.

물론 이러한 상황은 현실에서는 일어나기 어려운 매우 극단적인 가설일 뿐이다. 예를 들어 영국은 자국에서 가장 중요하게 생각하는 이민 문제에 대해서는 분명 유럽연합과 함께하지 않을 것이다. 그리고 유럽연합도 영국에게 회원국과 동일한 혜택을 제공해 줄 수 없다. 하지만 협상과 타협을 통해 브렉시트가 영국과 유럽연합에 안겨줄 충격은 줄어들 수 있다. 장기적으로 보면 브렉시트의 영향은 아마도 대부분 심리적 또는 명목상 영향에 그칠 가능성이 높다.

국민투표가 끝난 후 여러 기관에서 GDP 하락, 인플레이션 발생 등 비관적인 예측을 내놓았다. 반면 영국의 브렉시트가 모두가 만족할 수 있는 결과가 될 것이란 낙관적인 예측도 있다. 더구나 국민들의 입장에서 보면 자신들의 바람이 달성되고 존중된 셈이다. 또 정치가의 입장에서 보면 대체적으로 여전히 이전의 구조를 유지하며 단지 기술상에서 형식만 변화시킬 것이다. 어쨌든 정치는 타협의 예술이다. '유럽연합 탈퇴와 잔류 중 하나를 선택할' 때와 비교하면 정치가들에게는 상황을 조정할 여지가 많이 남아 있다.

제2장

한나라의 화폐 전쟁

어질고 효심까지 갖춘 한문제는 요·순·우 다음으로 성군이라 불린다. 금융 방면에서도 중국 역사상 처음으로 조폐권 자유화를 실현한다. 이것은 그로부터 2,000년 뒤 노벨 경제학상을 수상한 하이에크가 주장한 개념이다. 하이에크는 화폐 발행 자유화를 주장했다. 하지만 당시 '천재 학자'로 불렸던 가의는 한문제와 다른 관점을 가지고 있었다. 만약 일반균형 이론을 바탕으로 주장을 편 가의와 하이에크가 토론을 벌였다면 어땠을까?

유방의 어쩔 수 없는 선택

진나라가 디플레이션으로 인한 경기침체 문제를 해결하지 못하던 일은 이미 과거가 되어버렸다. 이후 벌어진 초나라와 한나라의 패권 다툼에서 유방은 한신, 소하, 장량 등 주변인들의 도움으로 마침내 최후의 승자가 되었다. 이로써 기원전 202년 정식으로 황제가 된 유방은 나라 이름을 한(漢)으로 정했으며, 역사적으로는 서한이라 불린다.

　하지만 천하를 얻은 이후 유방과 책사들 앞에는 많은 현실적인 문제들이 산적해 있었다. 그중 가장 급했던 것은 멸망한 진나라의 법률 철폐 문제였다. 유방이 함양에 막 들어섰을 때 곳곳에서 '진나라의 가혹한 법을 철폐시켜 달라'는 백성들의 외침이 들려왔다.

진나라는 상당히 엄격하게 문화를 통제했다. 고대 규범과 제도에 관한 서적들은 모두 국고로 몰수되었고, 진나라 말기 전란 중에 전부 소실되었다. 진나라의 서적은 대부분 의약, 재배, 사주 등 기술공학과 관련된 내용이었다. 진나라는 '관리를 스승으로 삼고, 법으로 백성을 가르친다'(『한비자·오두편』-역주)를 통치의 기본으로 삼고 있었다. 이에 관리들은 백성을 교화시키는 일을 담당하며 각종 법률과 제도를 교육시켰다. 바로 이 덕분에 진나라의 법률이 계속 유지될 수 있었다.

진나라 제도를 설계한 상앙은 진나라를 하나의 큰 기계로 보고 모든 백성을 기계에 속한 부품처럼 생각했다. 그래서 백성들은 나라를 원망하지 않고 빈틈없이 묵묵히 일하고 전투를 하며, 진나라가 천세만세 이어질 수 있도록 지탱하는 존재였다. 백성들이 '하나의 부품' 이상의 생각을 하는 것은 바람직하지 않았다. 만약 백성들이 '인생관, 가치관, 세계관' 같은 생각을 하기 시작하면 현실에 대한 생각과 분노가 생길 수 있기 때문이다. 이것은 기계를 지탱하는 부품에 문제가 생긴 것이나 다름없다. 이것이 바로 진시황이 분서갱유를 단행하고, 과거 6국의 역사서를 모두 불태운 원인 중 하나이다.

그 결과 진나라는 2대 만에 멸망했다. '분서의 연기가 채 사라지기도 전에 산동에서 난이 일어나니 책을 읽는 선비가 아닌 유방과 항우에 의해서였다'(장갈의 「분서갱」-역주). 분서갱유로 인해 유방은 이후 아주 큰 난관에 부딪쳤다. 왜냐하면 진나라 정부의 문건은 상당히 잘 보존되어 있는 반면, 참고할 수 있는 다른 규범이나 제도들에 관한 것은 남아 있는 것이 전혀 없었기 때문이다. 이에 유방은 어쩔 수 없이 진나라 규범과 제도를 '비판적으로 계승'하기로 결정했고, 이에 진나라의 화폐와 경제 제도도 그대로 계승되었다.

유방과 소하가 '진나라 반량전'에 대한 감정이 남달랐기 때문인지 한나라 초기 화폐는 반량전이란 이름을 계속해 사용했다. 나라가 모든 것을 통제하는 중앙집권 사회에서 자연히 유방은 중앙은행의 책임자였다. 반평생 천하를 두고 다툰 끝에 마침내 국가기구의 조폐권을 손에 넣을 수 있게 된 것이다! 하지만 기뻐할 틈도 없이 유방은 화폐를 주조할 구리가 부족하다는 사실을 발견했다.

구리는 식량과 같이 소모품이 아니기 때문에 유통되어도 사라지지 않는다. 진나라가 천하의 수요를 만족시킬 수 있을 만큼 화폐를 주조할 수 있었다면 한나라도 마찬가지로 할 수 있어야 한다. 그런데 어째서 한나라 정부는 구리가 부족했던 걸까? 이유는 바로 진나라와 한나라의 구조적 차이와 관련이 있다.

진나라는 상앙의 개혁정치 이후 군사 업적을 혈통보다 중요시하고, 학술 이론보다 형법과 실무를 중요시했다. 게다가 6국을 통일한 진시황이 봉건제를 폐지하고 군현제를 도입했기 때문에 과거 6국 귀족의 후예들은 물론이고 진시황 자신의 자손들까지도 군사 업적이 없으면 서민과 다를 바 없었다. 이러한 제도는 아주 공평해 보이지만 당시의 시대상황과는 맞지 않았다. 진나라 조정이 자신들에게 어떠한 특권도 주지 않는다는 사실을 깨달은 6국 귀족들은 이후 진나라를 무너뜨릴 기회만 호시탐탐 노리게 되었던 것이다.

하지만 한나라는 사정이 달랐다. 유방이 천하를 손에 거머쥘 수 있었던 것은 과거 6국 귀족들의 도움 덕분이었다. 개국공신 장량의 경우만 하더라도 과거 한나라 귀족의 후예였다. 유방은 나라를 세울 때 공신과 유씨 집안 친척들에게 영토를 나눠주고 제후로 봉했다. 그리고 중앙정부는 15개의 군만 직접 관할했다.

그러니 한나라 초기 황제의 권력은 천하를 통일한 진나라와 비교하면 형편없을 정도로 약했다. 진시황은 즉위한 이후 자신의 권력을 이용해 마음대로 정책을 펼칠 수 있었지만 유방은 그럴 수가 없었다. 한나라 천자는 자신이 원하는 정책을 펼치기 위해서는 천하에 분봉했던 권력을 먼저 되찾아 와야만 했다.

한나라 때 주요 구리 생산 지역은 지금의 쑤저우 일대이다. 중앙정부가 구리 수급에 어려움을 겪고 있는 상황에서 제후들은 황제가 자기 지역의 구리광산을 빼앗을까 봐 눈치만 보고 있었다. 어쨌든 구리가 없으면 충분한 화폐를 주조할 수 없었다. 그래서 한나라 중앙정부는 기존보다 가벼운 반량전을 주조해 전국에 발행했다. 이 동전은 기존의 동전보다 얇고 가운데 사각형 구멍도 더 커서 느릅나무 열매처럼 보였기에 유협전이라 불렸다.

이렇게 하는 것이 꼭 나쁜 일이었던 건 아니다. 한나라 초기에는 시행되어야 하는 일들이 많았고 큰돈이 사용될 경우가 많지 않았다. 백성들도 반량전을 정말 반량으로 사용하지 않고 실제 무게에 따라 약간 줄이거나 늘려서 거래했다.

하지만 문제는 돈을 주조하는 데 있어서 제후국과 한나라 중앙정부의 이익이 일치되지 않는다는 데 있었다. 자신이 가진 좁은 영토에서 나는 생산품으로 이윤을 내고 싶은 제후들은 중앙정부가 무게도 맞지 않는 화폐를 가지고 지역 생산품을 구입하는 것에 불만이 있었다. 제후들도 바보가 아닌 이상 유방이 일방적으로 이익을 챙기는 것을 두고 볼 수만 없었다. 성씨가 다른 제후들은 어쩔 수 없이 참고 넘어가는 부분이 있었지만 오나라 왕 유비(劉濞) 같은 종친들은 그렇지 않았다.

어느 날 오나라 왕 유비가 유방을 찾아왔다. 유방은 오나라 왕이 알현하러 왔다는 말을 듣고 무척 기뻤다. 최근 몇 년 동안 비록 겉으로는 평화로웠지만 외부로부터는 흉노족의 침략을 막아내야 했고, 내부에서는 나라에 위협이 되는 다른 성씨를 가진 제후들을 견제해야 했기에 여러모로 돈이 필요한 상황이었다. 게다가 한나라 건국 이후 처리해야 할 일들이 산적해 있어 유방으로서는 동전을 반으로 쪼개서라도 쓰고 싶은 심정이었다. 그런 그에게 조카의 방문은 가뭄에 내리는 단비와 같았다. 오나라는 산과 바다와 인접해 있고 큰 구리광산이 있어 분명 적지 않은 동기(銅器)와 동전을 진상품으로 가져왔을 게 틀림없었다.

"신 유비, 황제폐하를 알현합니다!" 유비가 알현하는 예절에 따라 공손하게 유방에게 절을 했다.

유방은 기대가 가득한 눈빛으로 그를 바라보며 화답했다. "너무 예를 차릴 것 없네. 일어나게나."

"폐하께서 바쁜 정사를 돌보느라 고생하시는 것을 알고 있습니다. 오나라는 별다른 특산품이 없어 다만 새로 주조한 동전* 50만 냥을 바칩니다. 소신은 폐하의 근심을 조금이라도 덜어드릴 수 있다면 죽음을 마다하지 않고 온몸을 바칠 것입니다!"

한껏 기분이 좋아진 유방은 마음속으로 '혈연만큼 믿을 만한 게 없다'고 생각했다. 그는 예의로 사양하는 말을 몇 마디 한 뒤 진상품을 받았다. 그리고 연회를 베풀며 담화를 나누고, 진나라 궁전에 있던 금은보화를 긁어모아 유비에게 하사했다. 그렇게 화기애애한 분위기 속에서 두 사람 모두 즐거운 시간을 보냈다.

그런데 황제가 불러 함께 배석하게 된 내사만큼은 시종일관 근심이

---

* 한나라 초기에는 제후국과 중앙정부 모두 화폐를 주조할 수 있었다.

가득한 표정이었다. 그 모습을 본 황제는 속으로 불쾌해하면서 생각했다. '유비는 유씨 집안사람이고, 오늘 이렇게 많은 동전을 가져와 국고를 채워줬는데 어찌 저놈이 저렇게 죽을상을 하고 있단 말인가! 내가 조카에게 하사품을 내려서 그런 것인가? 아니면 내가 자기를 대신해 국고를 관리했다고 그런 것인가?'

유방은 함박웃음을 지으며 오나라 왕을 배웅한 뒤에 바로 내사를 불러 진지하게 말했다. "오나라 왕은 짐의 조카이네. 게다가 이번에 많은 동전을 진상해 국고를 채워주지 않았는가? 그런데 내사는 짐이 약간의 하사품을 내린 것을 두고 그렇게 불편해하는 것인가? 천자인 나는 천자로서 갖춰야 할 체면이 있네!"

그러자 내사는 묵묵히 소매 안에 손을 넣어 청색의 둥그런 금속조각을 꺼내더니 공손히 유방의 옆에 있는 환관에게 건넸다. 그러자 환관이 다시 유방에게 건네주었다. 내사가 말했다. "폐하께서는 그것이 무엇인지 아십니까?"

영문을 모르는 유방은 한참 동안 금속조각을 바라봤다. 하지만 손 위의 금속조각이 너무 가볍다는 것 말고는 별다른 걸 발견할 수 없었다. 유방은 눈을 크게 뜨고 금속조각을 유심히 살펴보기 시작했다. 그렇게 금속 겉면을 뚫어져라 보던 유방의 눈에 '반량'이라는 두 글자가 들어왔다. 그 순간 유방은 자신이 유비에게 금은보화를 하사할 때 난감해하던 내사의 표정이 떠올랐다. 아연실색하며 유방이 말했다. "이게 설마 오나라 왕이 진상한 동전인가!"

"폐하, 그렇습니다." 내사의 대답에 그때까지 한껏 들떠 있던 유방의 마음이 산산이 조각났다. 그는 매미 날개만큼 얇디얇은 동전을 움켜쥔 채 몸을 부들부들 떨며 소리쳤다. "유비, 이놈! 다음에 다시 오면 가만

두지 않을 테다! 네놈이 가진 모든 것을 토해내게 만들겠다!"

유방의 보복은 신속하고 맹렬하게 이루어졌다. 중앙정부는 이전보다 훨씬 무게가 가벼운 동전을 주조했다. 그리고 이런저런 명목으로 제후들을 갈취하고는 하사품을 주는 용도로 그 가벼운 동전을 사용했다. 이런 싸움이 계속되면서 한나라 중앙정부와 제후들 수하에 있는 거의 모든 대장장이와 구리 장인들은 '동전 가볍게 만들기' 경쟁에 참여해야 했고, 이후 반량전은 상상할 수 없을 만큼 얇고 가벼워졌다.* 지금 출토되는 반량전 중 가장 가벼운 것은 저울에 놓고 무게를 잴 수 없을 정도이다. 두 조각을 합친 무게가 대략 0.1그램 정도 되지만 여전히 '반량'이라는 두 글자는 볼 수 있다. 오랜 시간 꾸준히 공들이면 쇠 절굿공이도 갈아서 바늘로 만들 수 있다는 속담처럼 2,000여 년 전 한나라 사람들의 금속공예 기술은 상당한 수준으로까지 발전했다. 그런 점을 볼 때 과거나 지금이나 사람의 마음은 항상 이익이 있는 곳으로 움직인다는 사실을 알 수 있다.

'윗사람이 좋아하는 것이 있으면 아랫사람이 더 심하게 좋아한다'(『맹자·등문공장구상』-역주)는 말이 있듯이 유방과 제후들의 경쟁은 갈수록 더욱 치열해졌다. 백성들도 뛰어난 기술이 없음에도 제각기 나름의 방법을 동원해 이 경쟁에 끼어들었다. 당시 사람들이 생각해 낸 방법은 한나라 때부터 지금까지 사용되어 온 방법으로, 바로 동전을 가는 것이다. 비교적 새로 주조된 동전을 단단한 물체에 대고 갈아 그 가루를 긁어모아서 새로운 반량전을 주조하는 것이다! 그러면 자본을 들이지 않

---

* 한나라는 초기에 잠시 동안 민간에서 화폐를 주조할 수 있도록 허가했는데, 이때 민간에서 유협전을 지나치게 가볍게 주조했다는 의견도 있다.

고도 이득을 얻을 수 있다.

정부가 이후에 동전 테두리를 돌출시키는 등 여러 복제방지 기술을 이용했지만 그럼에도 백성들은 항상 다른 방법을 찾아냈다. 그러던 중 근대에 이르러 첨단 인쇄기술을 이용해 지폐를 사용하게 되면서 비로소 동전을 가는 등의 행위가 중단되었다.

오늘날 지폐 위조방지 기술은 상당히 발전되었지만 그럼에도 여전히 지폐를 위조하려는 사람들은 있다. 최근에도 100위안짜리 지폐를 22조각으로 나눈 후 21조각을 붙여 지폐를 위조한 사건이 신문에 실렸다. 이런 방식으로 2,100위안을 2,200위안으로 교묘하게 위조했다고 하는데, 과거 동전을 갈아 위조동전을 만든 방법과 비슷하다고 할 수 있다. 그래서 혹시 범인이 한서를 읽고 영감을 얻은 건 아닐까 하는 의문도 든다.

조폐권을 개방한 한문제

한나라 초기 유방과 여후가 조정에 나와* 민생을 안정시킨 뒤 문제가 즉위한다. 문제는 당시 황위 경쟁자들 중에서 가장 유력한 후보였다. 여후 때에 유방의 자손들은 권력 쟁탈에 휩싸여 여러 고초를 겪으며 죽임이나 감금을 당해야 했다. 이에 한나라 초기 공신들은 여후의 세력

---

* 여후가 권력을 쥐면서 정치적으로는 분쟁이 끊이지 않았지만 전체적으로 보면 밖으로는 흉노족의 위협을 잠재웠고, 안으로는 민생을 보살폈다. 이에 『사기·여태후본기』에서는 다음과 같이 평가한다. "정치가 방 안을 벗어나지 않았지만 천하는 태평했다. 형벌을 쓰는 일도 드물었고, 죄인도 적었다. 백성들이 농사일에 집중할 수 있으니 입고 먹는 의식도 풍족해졌다."

이 두려워서라도 반드시 외척 세력이 약한 제후를 천자로 삼으려 했다. 이러한 이유로 주허후 유장은 비록 여후 일가를 주멸하는 공을 세웠지만 황제로 추대되지는 못했다. 반면 대왕(代王) 유항은 상당히 총명한데 어머니 박희가 별 볼 일 없는 집안 출신이었다. 더구나 경쟁하는 제후들 중에서 나이도 가장 많았다. 이러한 세 가지 조건을 가진 그는 여후 일가를 평정한 공신들의 도움을 받아 새로운 천자로 추대되어 기원전 180년 문제로 즉위했다.

하지만 천자의 자리에 올랐다고 해서 모든 일이 순조로웠던 것은 아니다. 황위에 오른 후 문제가 직면한 현실은 결코 낙관적이지 않았다. 먼저 내부적으로는 공을 믿고 거만하게 구는 공신들 때문에 권력을 회복할 시간이 필요했고, 외부적으로는 호시탐탐 황위를 노리는 제후들을 견제해야 했다.

더구나 문제는 천하를 제패한 태조 유방과는 달랐다. 태조가 있었을 때는 제후들 중 아무도 반기를 들지 못했지만 이제는 많은 제후들이 문제와 동년배였고, 일부는 숙부뻘이었다. 세력이 약한 제후들은 기회만 엿볼 뿐이었지만 세력이 강한 유비와 같은 무리들은 끝내 옥좌에 올라야만 만족할 것 같았다.

그렇기에 문제는 밖으로는 제후들이 세력을 키우지 못하도록 억압하고, 안으로는 공신들을 제압해야 했다. 먼저 그가 직면한 문제는 유방 때부터 계속되어 왔던 중앙정부의 구리 비축량 부족 문제였다. 이것이 해결되지 않는 이상 경제적으로 제후들에게 더 많은 영향을 끼칠 수 없었다.

한나라 정부의 통화 부족 현상은 2013년 중국의 통화 부족 사태와 비슷한 면이 있다. 중국의 통화 부족 사태는 주로 산업수익률의 구조적 불균형에서 비롯되었다. 당시 금융업 수익률은 기타 산업보다 훨씬 높았고, 이에 대량의 자금이 금융 산업에만 집중되었다. 그러자 상대적으로 수익률이 낮고 위험이 큰 다른 산업들은 적법한 방법으로 대출을 받기가 어려워졌다. 이에 중국에서는 금융업에는 대량의 자금이 순환되는 반면 중소기업은 대부분 자금난에 시달리는 기이한 현상이 펼쳐졌다.

반면 한나라 문제 때에는 다행히 아직 금융 산업이 제대로 모양을 갖추기 전이었다. 하지만 그럼에도 한나라에는 심각한 구조적 불균형이 나타나고 있었다. 바로 중앙정부와 제후국이었다.

한나라가 직접 관할하는 왕기 지역은 기본적으로 과거 진나라의 지역이었기 때문에 기질이 용맹하고 농업이 발달되어 있었으며, 천하의 정예병들이 모여 있었다. 하지만 어업과 염전, 광산업에서는 제후들과 격차가 컸다. 더욱이 과거 제나라 지역은 현재 산둥성 일대로 산과 바다를 끼고 있어 생산품이 풍부했다. 또 구리광산도 있어 대량의 화폐를 주조해 본국의 경기순환을 촉진할 수 있었다.

오나라와 초나라는 자국에서 생산한 대량의 동전을 유통시키고 있는데 한문제 자신은 존귀한 천자의 자리에 올라 있음에도 동전 보유량이 턱없이 부족한 현실을 눈 뜨고 가만히 지켜볼 수밖에 없었다.

이에 문제는 심사숙고한 끝에 과감히 새로운 역사의 장을 열었다. 바로 조폐권을 민간에 개방한 것이다(한나라 초기에도 잠시 동안 조폐권을 개방한 적이 있었다. 하지만 그것은 유방 말년에 폐지되어 영향력이 문제 때만큼 크지 않았다).

이것은 오늘날에도 많은 경제학자들이 열심히 연구하고 있지만 실행되지는 못한 일이다. 비록 많은 기업이 이미 사유화되었지만 화폐 발행만큼은 여전히 중앙은행에서 관리하고 있다. 게다가 현재 화폐 발행권을 기업이 가질 가능성은 전혀 없다.

경제학자이자 노벨상 수상자인 하이에크 박사는 줄곧 화폐 발행의 자유화를 주장했다.* 그는 일반 상품과 서비스 시장에서 자유로운 경쟁을 통해 가장 높은 효율을 이뤄내는 것을 보면서도 어째서 화폐 영역에서는 자유경쟁을 도입하지 않는 것인지 의문을 제기했다. 이에 그는 중앙은행 제도를 폐지하고 민간에서 자유롭게 경쟁하며 화폐를 발행할 수 있도록 해야 한다고 주장했고, 이럴 경우 경쟁 과정에서 자연스럽게 가장 좋은 화폐가 생산될 것이라고 보았다.

하이에크를 필두로 한 신자유주의자들이 기업화폐 발행을 지지하는 데는 다음의 두 가지 이유가 있다. 첫 번째로 기업은 파산을 할 수 있는 반면 국가는 사실상 파산하지 않는다. 제1장에서 살펴본 주난왕의 사례처럼 국가도 채무불이행 상황에 빠질 경우에는 그 대가를 치러야 한다. 하지만 신용을 통해 제제를 가하는 것 말고는 민간 채권단들이 동원할 수 있는 방법은 많지 않다. 더구나 신용을 통해 국가를 제약하는 데는 한계가 있다. 신용도가 낮은 국가나 거대 금융가들에게는 구속력을 별로 가지지 않기 때문이다.

반면 법률의 구속을 받는 기업은 파산 절차에 들어가 채무를 변제할 수 있다. 만약 어느 기업이 자신들의 채무를 줄이기 위해 무분별하게 화폐를 발행하며 인플레이션을 조장한다면 발행한 화폐를 다른 사람들이 사용하지 못하도록 제제를 가할 수 있다. 그러면 통화가치를 급속도로 하락시켜 부채를 줄이려는 목적을 달성할 수 없다.

두 번째로 기업과 기업 사이에는 경쟁이 존재한다. 모든 기업은 자신의 화폐를 널리 보급하고 경쟁자의 시장점유율을 축소시키기 위해 최

---

* 하이에크, 『화폐의 탈국가화(Denationalization of Money)』

선을 다할 것이다. 그리고 이 점은 모든 기업들이 좋은 신용을 유지할 수 있도록 자극한다. 왜냐하면 신용이 부족하면 상점에서 그 회사의 화폐를 받지 않을 것이기 때문이다.

하이에크는 파산에 대한 두려움과 수요 경쟁으로 인해 기업이 중앙은행보다 더 책임감을 가지고 자신들이 발행하는 화폐를 관리할 것이라고 보았다. 이와 같은 견해는 실행 여부를 떠나서 충분히 토론해 볼만한 문제이며, 현재까지도 학술계에서 의견이 분분하다. 하지만 이러한 것을 떠나 한문제는 천고의 성군이라 할 만하다. 기원전에 벌써 혁신적인 결단을 통해 민간, 제후 및 중앙정부가 공동으로 화폐 경쟁을 하게 했으니 말이다!

안타까운 점은 하이에크의 관점이 2,000년 늦게 나왔다는 점이다. 만약 기원전에 나왔다면 문제가 그를 초청해 당시 이 정책을 강하게 반대했던 가의와 토론을 하게 했을지도 모르는데 말이다. 가의의 입장을 들어보자. "민간이 화폐를 주조하게 한다면 분명 구리만 사용하지 않고 다른 불순물을 섞어 주조할 것입니다. 구리만 사용해 주조할 경우 이윤을 얻을 수 없지만 납이나 철을 조금만 섞어도 큰 이윤을 얻을 수 있습니다. 그러니 납이나 철을 섞어 화폐를 주조하면 묵형에 처한다고 아무리 법으로 규제하더라도 폐하께서 조폐권을 개방한 이상 백성들은 이를 따르지 않을 것입니다." 게다가 이와 같은 상황이 발생한다면 백성들

---

* "법에 의하면 천하 누구든 공개적으로 나라에 세금을 내고 구리로 화폐를 주조할 수 있지만 납이나 철을 함부로 섞는 자는 묵형에 처하고 있습니다. 그러나 화폐를 주조할 때 불순물을 섞지 않고서는 이득을 낼 수 없는 상황입니다. 게다가 조금만 섞어도 상당한 이익을 얻을 수 있습니다. 법을 어길 경우 묵형에 처한다고 말해도 백성들은 이를 멈추지 않을 것입니다. 과거에는 화폐 주조를 금지해 죽을죄를 짓는 자들이 많아지더니 지금은 조폐권을 개방해 묵형을 받는 자가 많아지고 있습니다."-가의, 「간주전소」

은 농사는 짓지 않고 모두 화폐를 주조하는 일에만 뛰어들 것이 분명합니다. 그럼 농사는 누가 짓겠습니까? 화폐는 점점 많아지는데 곡식은 날로 줄어들게 될 것입니다. 게다가 각 집에서 주조한 화폐마다 무게도 제각각입니다. 만약 이를 강제로 통일시키려 한다면 상당히 번거로울 것이고, 통일하지 않는다면 시장에 큰 혼란이 생길 것입니다. 그러니 소신이 생각하기로는 이는 현명한 처사가 아니라고 봅니다!"

그렇다면 조폐권을 민간에 개방해선 안 된다고 주장한 가의에게는 어떤 해결방안이 있었을까? 가의는 모든 상업은행을 국유화해야 한다는 규제경제학과 흡사한 '구리를 정부가 거둬들여 민간에 유포시키지 않는' 해결방안을 주장했다. 즉, 구리광산 소유권을 회수해서 국가에 귀속시킨 후 엄격한 중앙은행 발행 제도를 실행해야 한다는 것이다. 그는 이렇게 하면 큰 혼란을 피할 수 있을 뿐만 아니라 '일곱 가지 복을 누릴 수 있다'고 보았다. 이 일곱 가지 복은 황제가 국유화한 전국의 구리광산을 이용해 물가를 안정시키고, 동기를 제조해 국력을 신장시키는 것 등을 말한다.

국가가 구리광산의 모든 소유권과 조폐권을 독점해야 한다는 가의의 방안은 정말 효과가 있을지 없을지가 중요한 문제가 아니었다. 이 관점의 가장 큰 문제는 경제적으로는 가능할지 몰라도 정치적으로는 불가능하다는 점이었다. 정부가 천하의 모든 구리광산의 소유권을 회수하는 일은 아마 유방 때였다면 가능했을지 모른다. 하지만 황권이 약한 문제 때에는 실시하기도 전에 오왕 유비가 먼저 펄쩍 뛰며 반대를 하기 시작했다.

오왕 유비는 유방의 둘째 형 유중의 아들이다. 과거 유방이 구강왕 영포를 토벌할 때 여러 차례 공적을 쌓았다. 이에 유방에게 강소 일대를 분봉 받아 오나라 왕이 되었고, 이후 많은 신임을 받았다. 그래서 유비는 집안의 어른이자 자신에게 영토를 분봉해 준 유방을 함부로 거스르지 못했다. 사실 유씨 성을 가진 제후들은 간혹 교활한 방법을 사용해 자신의 이득을 챙길 때도 있었지만(예를 들면 앞에서 언급했듯이 돈을 얇게 주조하는 등) 대부분 유방이 제위에 있을 때는 정부의 법령에 순종했다.

하지만 문제 때에는 그렇지 않았다. 문제는 적장자가 아니라 정치상 균형을 유지하기 위해 추대된 인물이었다. 이 때문에 유씨 성을 가진 제후들은 그에게 진심으로 복종하지 않았다. 게다가 이후 설상가상으로 문제와 오왕 사이의 갈등이 더욱 격화되는 사건이 발생했다.

이 사건은 황태자인 유계와 유비의 아들이 함께 바둑을 두다가 싸우면서 발생했다. 두 사람 모두 황가의 자제들이었기에 누구도 쉽게 승복하려 하지 않았다. 그러자 결국 어리고 다혈질인 유계가 홧김에 바둑판으로 유비의 아들을 내리쳐 죽이고 말았다.

이 사건을 계기로 깊은 원한을 가지게 된 유비는 "늙어서 몸이 아파 못 간다!"라고 말하며 더 이상 장안으로 가서 황제를 알현하지 않았다. 문제도 어찌해 볼 방도가 없었다. 이후 문제가 사망하고, 황태자 유계가 즉위(한경제)했다. 경제는 하루 종일 유비의 영토를 어떻게 삭감할까를 고민했고, 유비는 황제에게 반기를 들 준비를 하고 있었다. 그렇게 서로의 마음을 드러낸 두 사람은 아무 말 없이 직접 병력으로 결전을 치렀다. 오나라를 중심으로 일곱 제후들이 연합해 한나라 중앙정부에 반기를 든 이 사건은 역사적으로 '칠국의 난'이라 불린다.

반란이 일어나는 것은 비록 이후의 일이지만 이런 점을 보면 문제 때에 오나라와 사이가 매우 긴장되어 있었음을 알 수 있다. 이런 상황에서 가의는 오히려 오나라 구리광산을 국유화해야 한다고 주장한 것이다. 만약 그럴 경우 반란만 더욱 가속화시키는 결과를 가져올 수 있었다. 하지만 그렇다고 오나라 구리광산을 내버려두고 중앙정부 직할의 12개 구리광산만 관리한다면 구리 부족 사태를 해결할 수 없고 오나라가 시장을 독점하는 것을 도와주는 꼴이 될 것이다. 물론 이리저리 많은 것들을 고려해야 하는 문제로서는 가의의 의견을 따를 수 없었다. 이에 그는 가의의 강력한 요구에도 묵묵부답으로 일관했다. 그렇다면 조폐권 개방은 어떤 결과를 가져왔을까? 천재라 불리는 가의의 경제 관점을 살펴볼 필요가 있다.

가의의 작은 식당과 일반균형 이론

비록 구리광산을 국유화해야 한다는 가의의 주장은 문제에게 받아들여지지 않았지만 그의 경제 관점은 국유화에만 국한되지 않았다. 곡물과 화폐 주조에 대한 그의 견해에는 확실히 주목을 끄는 점들이 있는데, 그 중에서도 현대 경제학에서 매우 중요한 개념인 '일반균형'이 담겨 있다는 점을 발견할 수 있다. 일반균형은 1874년 프랑스 경제학자인 왈라스의 저서 『순수경제학』에서 언급된 개념이다.

우리는 일반적으로 특정 시장이나 특정 문제를 볼 때 환경 중 어떠한 변수는 변하지 않는다고 가정한다. 예를 들면 어떠한 업종의 기업 숫자는 단기간에 변하지 않으며, 어떠한 상품의 비용가격도 변하지 않는다. 이러한 상황에서 절대적인 가격은 실질적인 역할을 가진다. 예를 들어 개인의 수입은 변하지 않는 상황에서 상품의 가격이 오른다면 개인이 그 상품을 구입할 수 있는 수량이 줄어든다.

하지만 일반균형의 세계에서 왈라스는 절대가격은 단지 숫자일 뿐이며, 진정한 것은 자원의 분배와 사회의 생산에 작용하는 물질의 상대적 희소성이라고 말한다.

가의와 함께 일반균형의 세계를 체험해 보자. 가의는 한나라가 배출한 첫 번째 인재라 할 수 있다. 어린 나이에 이미 뜻을 이룬 그는 21세 때 문제에게 박사(한나라 때 박사는 황제의 비서와 고문 역할을 하는 관직)에 오르고, 오래지 않아 태중대부 자리에 올랐다. 이처럼 젊은 나이에 조정에서 주목을 받기 시작하자 주변에 시기하는 이들이 생겨나기 시작했다.

하지만 그는 자신의 재능을 알아준 문제의 은혜에 감사해하며 정책이 성사될 수 있도록 적극적으로 도왔다. 이처럼 조언과 노고를 아끼지 않는 가의 덕분에 정부의 여러 법률들이 장안을 중심으로 적잖은 효과를 거두고 있었다.

문제는 가의가 얻기 힘든 인재라는 사실을 깨달았다. '하이에크'의 관점을 가진 문제는 '왈라스'의 관점을 가진 가의를 보고 단번에 그의 재능을 꿰뚫어 본 것이다. 이에 문제는 가의를 공경에 등용하려 했다. 만약 순조롭게 등용되었다면 가의는 황제를 보좌하는 기밀 비서관에서 장관급 실권자가 되었을 것이다.

하지만 주변 사람들은 더 이상 가의가 성장하는 모습을 두고 볼 수 없었다. 유방을 도와 한나라 건국에 일조한 개국공신인 강후 주발이 나서서 반대하기 시작했다. 그는 과거 권력을 독점한 여후 일가의 군권을 빼앗아 주살하고 문제가 황제의 자리에 오를 수 있도록 보좌한 인물이기도 했다. 그가 문제에게 말했다. "가의는 아직 어리고 학문도 미천하니 등용에 신중을 기해야 할 것입니다."

그럼에도 문제가 입장을 바꾸려 하지 않자 또 다른 공신인 의후 관영이 에둘러 말했다. "겉으로는 충성하나 안으로는 조정에 분란을 일으키는 사람이 있으니 폐하께서는 신중히 인재를 등용하셔야 할 것입니다." 과거 흉노족을 대파했던 동양후 장상여 등도 연이어 반대의 목소리를 높이기 시작했다.

원로 공신들의 반대가 거세지자 문제는 어쩔 수 없이 가의의 등용을 보류했다. 그러자 반대파는 더욱 기세를 높여 가의에 대한 험담을 늘어놓기 시작했다. 결국 문제가 어느 날 가의를 불렀다. "조정에 있은 지 얼마나 되었는가?" 가의가 머리를 조아리며 답했다. "4~5년 되었습니다." "그런가?" 문제가 웃으며 말했다. "4~5년이면 기반을 단련할 때도 되었지. 지금 장사왕 태부 자리가 비어 있네. 내가 보기에 애공이 그곳에 가면 좋을 것 같은데, 어떠한가? 이후 애공이 다시 돌아오면 반드시 중용하겠네."

가의는 이것이 미래를 위한 기반을 다지기 위한 것이 아니라 황제가 다른 사람들의 이간질에 넘어간 것이란 사실을 알고 있었다. 하지만 그는 머리를 조아리며 황제의 명을 따를 수밖에 없었다.

한나라 때 장사(長沙)는 명나라, 청나라 때 '후광 지역의 곡식이 익으면 천하가 풍족해진다'고 일컬어지던 장사와는 확연히 달랐다. 당시에는 덥고 습하고 위생 조건도 좋지 않았다. 게다가 가의는 하남 낙양이 고향인 전형적인 북방 사람이었다. 남방 음식이 입에 맞지 않았던 가의는 태부부에 작은 식당을 열어 직접 면요리를 만들어 먹기로 결정한다.

고객이 한 명밖에 없는 가씨 면요리점은 사장도 가의, 주방장도 가의, 손님도 가의 한 사람이다. 주방장인 가의는 자신의 업무와 휴식을 중요하게 생각하며, 가씨 면요리점에서 일을 해서 월급을 받는다. 그리고 고객인 가의는 자신의 월급으로 면요리 값을 지불한다. 그렇다면 이와 같은 폐쇄된 환경 안에서 면요리 가격과 요리사 가의의 수입은 각각 얼마일까?

물론 이러한 질문 자체가 아무 의미 없다고 생각할 수 있다. 스스로 만들어서 스스로 먹는 일에 무슨 거창한 의미가 있겠는가? 하지만 다르게 생각하면 우리도 하나의 지구 안에서 살아가고 있다. 만약 면요리를 만드는 게 일반적인 노동이고 가씨 면요리점이 일반적인 기업이라면 넓게 보면 세계경제도 물질과 노동력, 자금을 생산하는 회사와 개인 사이의 순환일 뿐이다. 그리고 회사 자체도 개인으로 구성된 조직이다. 그러므로 우리가 만약 '가의'를 생산자 개인을 대표한다고 본다면 스스로 생산해 스스로 소비하는 가씨 면요리점은 사실 모든 경제의 축소판이라 할 수 있다. '모래 한 알에 세계가 담겨 있고, 보리수 아래서 깨달음을 얻는' 정도의 심오한 의미가 담겨 있는 것은 아니다.

경제 이론으로 다시 돌아가보자. 균형을 이루려면 먼저 최소한 두 가지 조건이 만족되어야 한다. 첫 번째 면요리의 가격 총액이 주방장 가의의 월급과 같아야 한다. 왜냐하면 가의의 임금으로만 면요리를 사먹을 수 있기 때문이다. 다음으로 가씨 면요리점에서 판매하는 면요리의 수량은 고객 가의의 식사량과 같아야 한다.

그럼 면요리 가격은 어떻게 정해야 할까? 마음대로 정해도 될까? 답은 '가능'하기도 하고 '불가능'하기도 하다. 절대적 가격은 자연히 마음대로 정할 수 있다. 면요리 한 그릇 가격을 1억 원으로 정해도 문제가 없다. 하지만 하루는 24시간으로 제한되어 있기 때문에 업무시간과 휴식시간의 안배도 제한적이다. 그래서 만약 면요리의 절대가격이 높을 경우 휴식시간의 절대가격도 자연히 높아지게 된다. 업무의 창조적 가치와 휴식이 가져다주는 즐거움 사이의 비율도 여전히 변하지 않는다.

사실상 월급 자체가 휴식을 구매해 사용하는 대가이다. 그래서 주방장 가의가 받는 임금이 증가하면 사장인 가의가 주방장을 고용하는 비용도 높아진다. 결국 상대적 가격이어야만 비로소 의미가 있다.

총괄적으로 말하자면 단순한 순환에서 주방장의 월급과 면요리점의 이윤, 면요리 가격 사이의 비율은 완전히 면요리를 만드는 것과 휴식의 상대적 희소성에 의해 결정된다. 그러므로 최종적으로 휴식과 노동 시간은 더 이상 변동되지 않는다. 휴식이 늘어나면 가의가 배고픔을 느낄 것이므로 노동이 잠시 늘어난다. 그리고 노동한 뒤에는 더 이상 배가 고프지 않기 때문에 더 이상 노동을 할 필요가 없게 된다.

'큰 나라를 다스리는 것은 작은 생선을 삶는 것과 같다.' 앞의 이야기에서 가의는 휴식과 노동 두 가지가 상호 보조를 이루며 그 비율이 상대가격을 결정했다. 앞에서 언급했던 부분으로 돌아가 백성들이 화폐 주조와 농업 중에 무엇을 선택하는지에 따라 어떤 결과가 발생할지 알아보도록 하자. 당시 화폐 유통이 부족한 상황에서 화폐 주조는 분명 고수익을 거둘 수 있는 일이다. 거시적으로 보았을 때 조폐권을 개방하는 것은 사실상 백성들이 농업에 종사하는 시간을 줄이게 된다. 백성들이 주조한 화폐는 직접 소비할 수 없고 반드시 유통해서 곡물 등으로 바꾸어야 살 수 있다. 부족한 곡물의 가격은 더욱 올라가게 될 것이고 얼마 안 가 곡물이 절대적으로 부족한 상황이 될 것이다.

하지만 장기적으로 보면 화폐가 충분히 주조되고 곡물가격이 충분히 오르면 화폐 주조로 더 이상 이득을 얻을 수 없게 되므로 일부 사람들이 화폐 주조를 그만두고 다시 농업에 종사하게 된다. 농업에 종사하는 사람이 더 이상 부족하지 하지 않고 화폐를 주조하는 사람이 더 이상 증가하지 않을 때 사회에는 일반적인 이익률이 형성된다. 이에 농업, 화폐 주조, 상업의 평균수익률이 별로 차이가 나지 않게 되므로 사람들이 경쟁할 이유도 사라진다. 이때 잠시 동안 안정적인 균형을 이루고 모두가 자신의 업종을 유지한다. 사마천의 『사기』를 보면 역사적으로 평균수익률이 20퍼센트였음을 알 수 있다.*

　한나라 때는 19세기 서양에서 대두되었던 한계주의 경제학 관점이 나왔을 만큼 상당히 앞서 있었다. 하지만 중국의 상품경제의 발전과 유통에 대한 견해는 쇠락하기 시작했고, 송나라 때에 이르러서야 비로소 이전 수준을 회복할 수 있었다. 이런 점을 보면 가의는 정말 천재라 할 만하다. 만일 당시 일반균형 이론을 바탕으로 한 가의와 하이에크의 관점을 가진 문제가 서로 토론을 벌였다면 상당히 멋진 장면이 펼쳐졌을 것이다. 물론 그 결과를 우리는 이미 알고 있다. 하이에크의 관점을 가진 문제가 승리했고 조폐권은 개방되었다.

---

* "봉군은 조세로 생계를 유지한다. 해마다 1호당 200전이라면 1,000호를 가진 군주는 20만 전의 수입을 거두는 셈인데 황제를 알현하는 비용이나 접대비가 거기서 나온다. 서민인 농민과 상인은 대략 1만 전으로 2,000전의 이자를 얻을 수 있다. 100만 전을 가진 집일 경우 20만 전의 이자를 얻을 수 있는데 부역을 대신 맡기는 비용과 내야 할 세금이 거기서 나온다."-사마천, 『사기·화식열전』

제3장

한나라를 재정위기에서 구한
금융상품

제후들에 대한 한문제의 관용은 오랜 시간 평화를 이끌어내지 못했다. 문제가 사망하고 경제가 즉위하자 곧바로 오왕 유비를 필두로 한 오초칠국의 난이 일어난다. 갑자기 흉흉해진 사회 분위기 속에서 한나라에는 국방과 경제 분야에서 위태로운 조짐들이 연이어 발생한다. 국운이 경각에 달린 상황에서 현대의 금융가라면 오초칠국의 난을 평정할 군비를 마련하기 위해 어떤 방법을 활용할까? 한나라 시대 국채와 옵션 등 혼합금융상품에 대해 알아보자.

양화로 악화를 몰아내다

하이에크의 관점을 가진 한문제가 왈라스의 관점을 가진 가의를 마침내 이겼다. 그럼 이제 어떤 일이 발생할까? 하이에크의 말처럼 가장 좋은 화폐가 출현할까? 아니면 가의의 걱정이 현실이 될까? 아니면 16세기 잉글랜드 조폐국 국장 토머스 그레셤의 말처럼 악화가 양화를 몰아내게 될까?

'악화가 양화를 몰아낸다'라는 말은 지금도 널리 쓰이고 있어서 언급을 안 할 수가 없다. 16세기 영국은 상품경제가 발전함에 따라 귀금속 채굴량이 그 수요를 따라가지 못했다. 이에 정부는 어쩔 수 없이 화폐를 주조할 때 더 많은 불순물을 첨가했고, 갈수록 화폐의 품질이 떨어졌다. 그러자 사람들은 약속이나 한 듯이 과거에 주조되어 유통되던 품질이 좋은 화폐는 깊숙이 묻어두고, 나중에 발행된 품질 떨어지는 화폐만 사용하기 시작했다. 바로 이러한 상황에서 '악화가 양화를 몰아낸다'는 말이 나온 것이다.

얼핏 보기에는 조폐권을 개방한 한나라 초기의 상황도 이와 비슷하게 전개될 것처럼 보인다. 왜냐하면 사람들이 품질 좋은 화폐는 보관하고 품질이 낮은 화폐만 사용할 것이기 때문이다. 하지만 역사를 보면 한나라 초기에 이러한 상황은 발생하지 않았다. 잠시 동안 혼란스런 상황을 거친 후 두 가문이 빠르게 시장을 점유했기 때문이다. 바로 오나라 왕 유비와 태중태부 등통이었다.

유비가 다스리는 오나라는 3군 53성을 관할하였으며, 수도는 지금의 쑤저우 일대인 광릉이었다. 전체적으로 수로가 촘촘히 분포되어 있고, 어업과 염전이 매우 발달해 있었다. 게다가 구리광산도 있어 당시 채굴 능력으로도 거의 무한대로 구리를 채굴할 수 있었다. 그래서 유비가 거느린 오나라의 조폐 장인들은 부지런히 동전을 주조했다. 그런데 조폐 장인들이 본국의 화폐가 천하로 뻗어 나가게 하는 데 이처럼 열을 올렸던 이유는 무엇일까? 오나라에서는 오나라 화폐를 사용하고 한나라에서는 한나라 화폐를 사용해도 문제는 없지 않은가? 어째서 오나라 화폐 장인들은 화폐를 주조하지 않는 다른 나라들을 대신해 이렇게 열심히 화폐를 만들었던 것일까?

화폐의 국제화에는 미묘한 부분이 있다. 한나라 상황을 예로 들어 설명해 보자면, 만약 한나라가 직할하는 구역의 화폐를 한나라 현지에서만 사용할 수 있고 오나라 화폐는 두 나라에서 모두 사용할 수 있다면 어떤 결과가 벌어질까? 표면적으로는 한나라가 유리한 조건인 것 같다. 왜냐하면 한나라가 계속해서 상품을 오나라에 수출해 오나라의 화폐를 거둬들여 국제무역에서 흑자를 볼 수 있기 때문이다. 반면 오나라의 돈은 계속해서 중앙정부로 흘러들어가므로 오나라 사람들은 열심히 일해 다른 사람의 배만 불려주는 것처럼 보인다.

　한문제가 이와 같은 생각을 가지고 있었다면 오나라 왕 유비는 속으로 쾌재를 불렀을 것이다. 왜냐하면 오나라의 화폐가 외부로 유통된다고 해서 아무런 대가 없이 유통되는 것은 아니기 때문이다. 얼마이건 간에 돈을 지불했다는 것은 어쨌든 그에 상응하는 물자나 서비스를 매입했다는 의미이다. 다시 말해서, 한나라 초 각종 물자와 장비의 공급이 부족했을 때 마침 오나라 화폐가 정상적으로 유통되고 있었으므로 오나라는 자신들의 화폐를 사용해 물자와 장비를 얼마든지 자국으로 유입시킬 수 있었다.

　이렇게 세력을 확장한 오나라는 문제에 이어 황제의 자리에 오른 경제가 제후들의 영지를 삭감하려 할 때 6국과 연합해 거대한 반란을 일으킬 수 있었다. 이에 바람 앞의 촛불처럼 위태로운 상황에 처한 한나라 중앙정부는 명장 주아부의 활약으로 가까스로 위기에서 벗어난다. 주아부는 7국 반란군의 시선이 황제의 친동생인 양효왕 유무에게 쏠려 있을 때 반란군의 보급로를 끊고 혼란에 휩싸인 반란군을 제압했다. 여기에 대해서는 뒤에서 다시 다룰 예정이다.

　또한 오나라 화폐는 신용이 있어서 사용될 기회가 더 많았으며 다른 나라의 백성들이 '예비용'으로 비축해 둘 가능성이 있었다. 그래서 만약 오나라가 자연재해나 예기치 못한 사건으로 인해 긴급하게 대량의 자금이 필요할 경우 유비는 미국 연방준비제도이사회처럼 양적 완화를 실시할 수 있었다.

　그 시대에는 지폐가 아니었기 때문에 인쇄기를 돌릴 수는 없고 주조하는 동전의 품질을 낮추는 방법으로 단시간 내에 대량의 동전을 주조해 시장에 유통시킬 수 있었다. 이렇게 고의적으로 인플레이션을 조성해 자기들의 화폐가치를 떨어뜨리면 오나라 화폐를 보유하고 있던 다른 나라들이 자동적으로 손실을 감당하게 된다.

　이와 같은 두 가지 이점 때문에 유비는 천하 모든 사람들이 오나라 화폐를 사용할 수 있도록 기꺼이 대량의 동전을 유통시켰다. 이처럼 유비가 쾌재를 부르고 있을 때 어느 순간 등통이란 사람이 나타나 유비와 대립하기 시작했다. 마치 유로화와 달러가 서로 대치하는 것처럼 말이다.

　등통이 주조하는 등씨전은 영락없는 국유 기업이었는데, 그 배후에는 다름 아닌 문제가 있었다. 등통과 문제의 관계에는 아주 모호한 부분이 있다. 사마천은 『사기』에서 두 사람의 관계를 '미자하'에 빗대어 설명하고 있다. 미자하는 위나라의 대부로 군주 영공과 막역한 사이였다. 고대 동성애를 비유하는 고사성어인 분도단수(分桃斷袖)에서 복숭아를 나눠 먹는다는 뜻인 분도는 미자하와 영공의 일화에서 나온 말이다. 어느 날 미자하와 영공이 함께 복숭아밭에서 놀고 있었는데, 미자하가 복숭아를 따서 한입 먹더니 맛이 있어 영공에게 건넸다. 그러자 영공은 감동해 미자하가 먹던 것을 줬다는 사실도 개의치 않으며 "짐을 위하는 마음이 지극하구나"라고 말했다고 한다.

　『사기』에 기록된 바에 따르면 등통과 문제의 만남은 상당히 드라마틱하다. 어느 날 꿈속에서 문제는 하늘로 올라가려 하는데 올라가지 못하고 버둥거리고 있었다. 그런데 어디선가 사공이 나타나 하늘로 올라

갈 수 있게 등을 밀어줬고, 문제는 그 덕분에 비로소 하늘로 올라갈 수 있었다. 깨어난 뒤 문제는 꿈속에서 본 사공의 모습을 떠올려보려 했지만 허리띠를 등 뒤로 맸다는 것 말고는 기억나는 게 없었다. 다음 날 미앙궁 주위 연못을 거닐던 문제는 뜻밖에도 등통을 발견했는데, 꿈에서 본 사람과 생김새가 비슷했다. 게다가 매고 있던 허리띠도 똑같았다!

『사기』의 내용을 보면 문제와 등통이 전부터 알고 있는 사이였다는 점을 유추할 수 있다. 그리고 허리띠는 두 사람이 미리 상의해 둔 암호로, 문제는 꿈속에서 본 사람을 찾는다는 핑계로 사람들이 등통의 등장에 의문을 품지 못하게 막아버린 것이다.

만약 등통이 총애를 한 몸에 받는 신하였다면 문제는 대량의 돈과 재물을 주면 그만이었다. 하지만 등통이 문제에게 받은 것은 촉군의 구리광산이었다. 정말이지 문제의 기묘한 한 수라 할 수 있다. 이렇게 되면 화폐 발행권은 오나라와 중앙정부의 팔씨름 시합이 되고, 이 시합에서 중앙정부가 지는 일은 발생할 수 없었다.

중앙정부는 전국에 발행하기에는 부족한 구리를 소유하고 있었지만 그래도 다른 제후국과의 화폐 경쟁에서 영향력 있는 역할을 해야 했다. 가장 좋은 것은 오늘날 세계에서 미국 달러가 보유한 지위와 같이 다른 제후국이 믿을 수 있는 화폐를 가지는 것이었다. 더구나 중요한 것은 화폐 관리와 발행을 책임지는 자가 반드시 문제가 믿을 수 있고 직접 조종할 수 있는 사람이어야 한다는 점이다. 만약 그렇지 않을 경우 다른 제후국에 매수되어 중앙정부가 촉군 구리광산에 대한 통제권을 잃어버리는 최악의 사태가 벌어질 수 있었다.

그래서 문제는 고민 끝에 등통이 가장 적합하다고 보았다. 그는 뛰어난 재주는 없었지만 황제가 계획한 모든 일에 최선을 다해 따랐다. 그리고 조정에 아무런 기반도 없었기 때문에 문제의 통제에서 벗어날 염려도 없었다. 그럼 등통은 어떻게 그토록 황제의 눈에 들어 구리광산을 차지하게 된 것일까?

어느 날 문제가 등통의 집에 찾아가 놀고 있는데 웬 관상가가 찾아왔다. 평소 소심하고 신중했던 등통은 관상가를 내쫓지 않고 불러 자신의 관상을 보게 했다. 관상가는 등통의 관상을 보고 이렇게 말했다. "귀인의 상은 맞지만 가난에 굶어 죽을 상이니 천수를 다하지는 못할 것입니다!" 그러자 등통이 놀라며 말했다. "에이, 그게 무슨 소리인가. 다시 한 번 자세히 보게." 관상가는 다시 등통의 얼굴을 살펴봤지만 여전히 생각을 바꾸지 않았다.

이 모습을 옆에서 지켜보고 있던 문제가 말했다. "짐은 황제이다. 내가 부귀를 누리게 해주고 싶으면 누구나 부귀를 누릴 수 있다. 그런데 어찌 애공이 굶어 죽는단 말인가? 촉군 엄도의 구리광산을 하사할 테니 화폐를 주조하도록 하라!"

황제의 말에 등통은 화폐를 주조할 수 있게 되었다. 임무를 받은 등통은 역시나 신중하고 부지런히 화폐를 주조했다. 품질도 당시 전국에서 가장 뛰어났다. 품질이 좋다는 소문을 타고 등씨전은 급속도로 관중의 시장을 점유해 갔으며, 관동의 많은 상인과 농민들도 오씨전이 아닌 등씨전을 받기를 원했다. 고급 시장에서 등씨전은 확실히 오씨전을 눌렀다. 여전히 오씨전은 함곡관 서쪽의 광대한 지역에서 국제화폐의 지위를 가지고 있었지만, 오나라 화폐의 무서운 세력 확장을 문제가 잠재울 수 있었던 것은 확실하다. 점차 오씨전의 확장 속도는 늦춰졌고 이로써 한나라의 통용 화폐가 되겠다는 오씨전의 꿈은 사그라지게 되었다.

이 일은 문제에게는 일석이조의 성과라 할 수 있다. 국유 조폐국을 지원하고 통제함으로써 중앙정부가 화폐 통제력을 가진 지위를 유지할 수 있었다. 또 한편으로는 황제 자신이 친애하는 등통에게 부귀를 안겨 줄 수 있었다. 문제가 역대 황제들 중에서 뛰어난 군주로 평가받는 이유는 이 일을 통해서도 알 수 있다. 그는 어려운 화폐 문제를 치밀한 계획과 뛰어난 정치적 수완으로 빈틈없이 해결해 냈다.

다시 앞의 이야기로 돌아가자. 조폐권을 개방한 후에 악화가 양화를 쫓아내는 현상이 나타나지 않은 이유는 무엇일까? 이 질문의 답은 바로 '경쟁'에 있다. 16세기 영국에서 '악화가 양화를 쫓아내는' 일이 발생했던 것은 당시 영국 조폐국이 모든 걸 독점하고 있기 때문이었다. 조폐국은 악화에도 양화와 똑같은 가치를 부여하며 국가신용을 담보로 사용하도록 했다.

이처럼 악화든 양화든 모두 같은 가치를 지닌다면 화폐의 가치가 상승하는 현상은 발생하지 않는다. 더구나 일반 사람들도 어느 것이 순도 높은 은화이고, 어느 것이 불순물이 많은 은화인지 식별해 낼 수 있으니 자연스럽게 모두가 불순물이 많은 악화를 사용하고 순도 높은 은으로 만들어진 양화는 비축했던 것이다.

반면 한나라에서는 오왕 유비와 등통이 팽팽하게 경쟁하고 있었다. 그래서 만약 오나라가 화폐의 품질을 낮출 경우 사람들이 오씨전보다는 등씨전을 더 선호하게 될 것이고, 오씨전의 국제적 지위는 하락하게 될 것이다. 마찬가지 이유로 등씨전도 화폐 품질을 함부로 낮출 수 없었다. 그렇기에 두 가문은 모두가 인정할 수 있는 품질을 유지해야만 비로소 국제화폐 발행으로 생기는 이점을 누릴 수 있었다.

이것은 오늘날 국제사회에서 국제화폐가 대부분의 국가들에게 좋은 일로만 받아들여지지 않는 이유이기도 하다. 국제화폐인 유로화, 엔화, 파운드, 달러는 마음대로 자국의 화폐가치를 떨어뜨릴 수 없다. 위안화의 경우 세계 경제위기 속에서도 계속해서 화폐가치를 상승시키며 국제화폐로 인정받기 위한 대가를 지불해 왔다. 왜냐하면 자주 화폐가치를 하락시킬 경우 사람들이 사용하거나 비축하려 하지 않기 때문이다.

문제 때에 벌어진 화폐 경쟁에 대한 이야기는 등통의 최후를 이야기하는 것으로 마치겠다. 위나라 영공에게 복숭아를 나누어준 미자하의 경우 그의 미모가 시들면서 영공의 마음도 식기 시작했다. 결국 영공은 "이 오만방자한 것이 예전에 자신이 먹던 복숭아를 나에게 먹였다!"며 미자하에게 벌을 내렸다. 문제는 영공보다는 마음이 더 깊었던 듯하다. 등통은 문제가 죽을 때까지 계속해서 황제의 총애를 받을 수 있었다. 하지만 문제가 세상을 떠난 뒤 상황이 달라졌다. 문제에 이어 즉위한 경제는 등통을 좋아하지 않았다. 등통이 세력을 잃자 그가 한나라 국경에서 몰래 화폐를 주조해 나라 밖으로 빼돌린다는 고발이 들어왔다. 그러자 경제는 바로 그를 감옥에 가두고 집안의 모든 재산을 몰수했다. 이후 등통은 관상가의 말처럼 결국 가난에 허덕이다 죽었다고 한다.

백성의 부담이 줄어들지 않는 이유
—

조폐권을 개방한 것 이외에도 문제는 덕정을 베풀어, 유방이 통치했던 시기 15분의 1이었던 세금을 30분의 1로 줄였다. 하지만 여기에는 다른 꿍꿍이가 있었다. 이 이야기를 자세히 하기 위해서 먼저 토지에 담긴 역사를 자세히 살펴볼 필요가 있다.

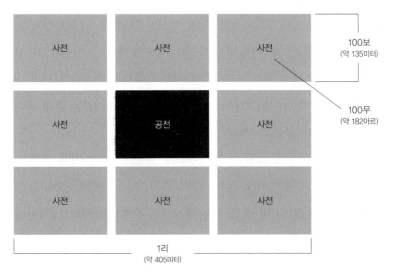

정전제

토지로 세금을 받는 전통은 상주시대까지 거슬러 올라간다. 전설에
따르면 그 당시에도 정전제(井田制)를 실시했다. 길이와 넓이가 300보인
토지를 정자로 나누어 길이와 넓이는 100보, 면적은 100무(오늘날로 치면
70아르에 해당한다)인 토지로 9등분했다.

이렇게 총 900무의 토지 중 바깥 여덟 칸은 여덟 농가가 각각 맡아
서 경작했다. 그리고 남는 중앙의 한 칸은 여덟 농가가 공동으로 경작
했는데 여기서 나오는 소출은 봉건영주에게로 귀속되었다. 이 밖에도
농가들은 각자 농지에서 나는 소출의 10분의 1을 세금으로 납부해야
했다.

앞에서 정전제를 설명하면서 '전설에 따르면'이라는 전제를 달았는데
여기에는 이유가 있다. 정전제는 아직 기술과 사회가 발전되지 못했던
상주시대는 물론이고 현대에도 완전하게 실현되기 어려운 제도이기 때

문이다. 생각해 보면 우리가 밟는 땅은 평지만 있는 게 아니다. 산도 있고 강도 있으며 커다란 바위도 있다. 그러니 어떻게 모든 땅을 아홉 칸으로 고르게 나눠 분배해 줄 수 있겠는가? 그래서 실증적인 역사 연구를 중요하게 생각하는 의고파(疑古派) 역사학자들은 정전제는 후세 사람들의 상상일 뿐이라고 주장한다.

하지만 『시경·소아·대전』에는 명백하게 "우리 공전에 비가 내리고, 마침내 나의 사전에도 비가 내리는구나"라는 문구가 적혀 있다. 또 상앙이 진나라를 개혁하면서 "정전을 폐지하고 천맥제를 시행했다"는 말도 전해져 온다. 만약 정전제가 없었다면 폐지할 것도 없지 않았을까?

사실 우리가 정전에서 '정'(井)이란 글자에 너무 구속되지만 않으면 이러한 모순에서 벗어날 수 있다. 생산력이 상당히 낮았던 상주시대에 네모반듯하게 정사각형으로 토지를 나눴다는 것은 상상하기 어렵다. 다만 당시 부락과 씨족의 생산단위 조직방식에 따라 공전과 사전이 존재했다고 이해하면 납득할 수 있다.

그 당시 귀족은 크고 작은 마을이나 씨족의 우두머리에 불과했다. 사람들은 지도자나 집단에 의지하려는 속성이 강하기에 자신의 토지를 경작하면서 집단에 속한 토지도 경작했던 것이다. 사실 이 토지는 집단 공동이 아니라 귀족 소유의 토지였으며, 농민들이 그 농지를 경작해 주는 것은 귀족이 우두머리로 있는 집단에 소속되는 데 대한 대가를 치르는 셈이다.

이러한 제도가 춘추시대 이전까지 유용하게 쓰였던 이유로는 다음의 두 가지가 있다. 첫째, 당시에는 생산력이 낮았기 때문에 노동력을 단결시키는 것이 농작물 생산에 더 유리했다. 둘째, 당시 사람들은 생활이 단조롭고 규칙적이었으며, 대부분 자신이 사는 곳에서 다른 곳으로 이동하지 않았다. 주나라 때 사람들은 대부분 아버지의 지위(귀족인지 평민인지)에 따라 직업이 결정되었고, 집안에서는 어머니의 지위(부인인지 첩인지)에 따라 서열이 정해졌다. 주나라 초기 주공, 소공의 직위도 대대손손 계승되었다. 설사 어느 대에 잘못을 저질러 파면을 당했다 하더라도 그들의 자손에게 잘못이 없다면 계속 작위와 영토가 계승되었다. 이와 같은 세습 제도가 청나라 때까지도 계속 이어졌다. 주나라의 이러한 정체된 사회구조 속에서 사람들의 행동도 수동적이게 되었고, 이에 공사전 제도도 수백 년 동안 유지될 수 있었던 것이다.

하지만 전국시대에 이르러 제후들이 대규모 전쟁을 일삼자 점차 사는 곳을 버리고 피난을 가는 백성들이 늘어났다. 자신도 제대로 돌볼 수 없는 혼란기에 피난을 가면서 친절히 귀족에게 "저는 피난을 가서 더 이상 공전을 경작할 수가 없으니 다른 사람을 찾으십시오!"라고 말해주지는 않았을 것이다. 그래서 당시 귀족들은 공전을 수확하기 위해 사람을 보냈다가 종종 공전이 황폐해져 있는 걸 발견하곤 했다.

공사전 제도는 이처럼 사회질서에 영향을 많이 받는다. 대대손손 긴밀하게 연결되어 있는 종법사회는 혈연과 지위에 따라 하나로 연결되어 있다. 그렇기에 모든 사람들이 많건 적건 무형의 도덕 제약을 받아야 비로소 제대로 유지될 수 있다(외부와 단절된 작은 마을이 오히려 치안이나 인심이 좋은 것도 이런 이유이다).

하지만 전국시대에는 걸핏하면 수십만의 대군을 동원해 대규모 전투를 치렀기 때문에 인구의 유동성도 증가했고, 인구수도 급격히 줄어들었다. 이에 공사전 제도도 더 이상 유지될 수가 없었다. 공전이 걸핏하면 황무지로 변하자 전국시대 제후들은 정전제 대신 수전제(授田制)를 실시하기 시작한다.

수전제는 국유화한 토지를 경작을 원하는 농민에게 분배하는 제도이다. 정부는 100무의 토지(토지마다 비옥한 정도가 달랐으므로 상태에 따라 기준이 달랐다. 비옥하지 않은 토지의 경우 200무, 심지어는 300무까지도 받았다)를 주고 비율에 따라 세금을 거뒀다.

진나라 상앙은 이 제도를 더욱 발전시켜 전투에서 세운 공로에 따라 작위를 하사하는 개념을 도입했다. 또 전투에서 공로가 일정 정도 쌓이면 더 많은 토지를 받을 수 있었다. 이에 혼자서 다 경작할 수가 없으므로 토지를 가지지 못한 농민을 고용해 경작할 수 있게 했다. 이처럼 적군의 목을 칠 때마다 자기 가문의 토지가 늘어났으므로, 진나라의 병사들은 더욱 투지를 가지고 적극적으로 적군을 토벌할 수밖에 없었다.

전쟁이 끊이지 않던 전국시대에는 세금 비율이 10분의 1로 정해져 있어도 초과할 때가 많았다. 그리고 천하를 통일한 진나라는 이 문제를 바로잡지 못한 채 멸망했다. 유방은 황제가 된 후 진나라의 제도를 대부분 계승했지만 세율만큼은 15분의 1로 개정하고, 대대적인 수전운동을 진행했다. 그리고 작위의 높고 낮음에 따라 토지를 보충해 줬다. 예를 들어 열후는 95경(9,500무), 작위가 없는 평민은 100무 정도의 토지를 받았다.

그리고 세금을 징수할 때 국가는 샘플 토지에서 수확을 한 뒤 소출의 15분의 1을 거뒀다. 공정하게 말하자면 유방의 이러한 정책은 백성들의 지지를 받을 만했다. 모든 사람들이 토지 100무를 가질 수 있었기 때문이다. 더구나 평균 생산량의 15분의 1 정도는 극심한 흉년이 드는 경우가 아니면 충분히 지불할 수 있는 양이었다.

하지만 문제는 재산권에 있다. 전국시대의 토지는 국가 소유였고, 가족 단위의 농업생산책임제를 실시했다. 그래서 농민에게는 경작권만 있고 재산권은 없었다. 만약 농민이 더 이상 경작을 할 수 없게 되면 국가는 토지를 환수해 다른 농민에게 줄 수 있었다. 상앙이 토지 사유화를 통해 군대의 투지를 고무시키는 방법을 사용한 이후 진나라와 한나라는 이러한 노선을 계속해서 유지해 왔다.

그래서 한나라 초기에는 일차적으로 토지를 나누어준 이후 경작자 없는 토지가 생기기도 했다. 수전 제도를 실시했지만 모든 농민이 고르게 100무를 받지 못했던 것이다.

후베이 징링 평황산 한나라 무덤에서 출토된 목간에는 문제 말년에 이르러 집집마다 30~40무의 토지가 있었다고 기재되어 있다. 이 점을 보면 이미 수전제가 원활하게 이루어지지 않았음을 알 수 있다. 그렇다면 이것이 30분의 1 세금과 어떤 관계가 있을까? 핵심은 바로 생산량의 30분의 1을 전세로 징수했다는 점이다.

고대 중국의 이러한 낮은 세금에 대해서는 의문을 가질 만하다. 동시대 로마와 비교해 중국의 세금은 굉장히 낮다. 이처럼 낮은 세율로 세금을 징수하면 다른 나라와의 전쟁에서 이길 수도 없고 공공 투자 역시 매우 제한적이 될 수밖에 없다. 하지만 이상하게도 한나라는 문제 때에 오초칠국의 난을 진압했을 뿐만 아니라 흉노족과의 몇 차례 소규모 전투도 순조롭게 진압했다. 어떻게 이게 가능했을까?

사실 고조 때부터 한나라 말기에 이를 때까지 정부는 항상 100무를 단위로 세금을 징수했다. 그래서 한 집에 몇 무의 토지가 있든 상관없이 모두 100무 기준으로 세금을 징수했다. 이것이 바로 문제와 경제가 선정을 베풀어 조세를 '30분의 1'로 줄였음에도 백성들의 삶은 항상 고단했던 이유이다.

한나라 무덤에서 출토된 목간에 기재된 바와 같이 20무의 토지만 있는 농가에서도 세금은 100무를 기준으로 내야 했다. 30분의 1만 세금으로 징수한다고 정해져 있지만 실제로는 6분의 1을 세금으로 내야 한다. 게다가 인두세와 노역도 부담해야 했다. 그래서 백성들은 예상치 못한 변고가 발생할 경우 경제적으로 큰 타격을 입어야 했고, 결국 얼마 없는 자신의 땅을 팔고 다른 지주의 소작농으로 들어갔다. 더구나 이와 같은 상황에서 불법적인 토지 겸병도 갈수록 심각해졌다.

순열은 『한기』에서 이 시기 '정부의 혜택은 삼대보다 뛰어나지만 부호의 횡포는 멸망한 진나라보다도 심한'* 원인에 대해 비판했다. 물론 문제가 조세를 30분의 1로 줄임으로써 백성들이 약간의 혜택을 봤다는 점을 부인할 수는 없다. 하지만 이 정책으로 정말 큰 혜택을 본 것은 오히려 방대한 토지를 소유한 귀족과 지주들이었다. 결국 백성들이 토지를 빼앗기는 악순환의 동력이 된 것이다.**

정부가 고심해 내놓은 정책이 실행 과정에서 오류가 발생하거나 이익과 결부된 사람들에 의해 왜곡되는 것은 예전이나 지금이나 다를 바가 없다. 그리고 이로 인한 피해는 고스란히 백성들의 몫으로 돌아간다. 서한 말년에 웅대한 포부를 품고 이 문제를 해결하기 위해 분투했으나 결국 처절한 실패를 맛봤던 사례를 살펴보도록 하자.

---

* "순열이 말하기를, '과거 10분의 1의 세율은 천하의 공정함이라 하였는데, 지금 한나라 백성들은 100분의 1로 세를 내니 흔치 않은 일이라 할 수 있다. 하지만 권력을 가진 부호들이 점유한 토지가 너무 많아서 부과되는 세금의 절반 이상을 백성들이 내고 있다. 이처럼 정부의 혜택은 삼대보다 뛰어나지만 부호들의 횡포가 멸망한 진나라보다도 심한 이유는 정부의 혜택이 백성에게 미치지 못한 채 권력을 가진 부호들에게 나누어지기 때문이다.' 그럼에도 인정할 점은 10분의 1보다 30분의 1의 세금이 당시 농민들의 부담을 대폭적으로 줄여줬다는 점이다. 여기서 순열이 지적한 문제는 한나라 때 전반에 걸친 고질적인 병폐였다."-『한기·효문황제기하권』
** 서한 전기(특히 문제 때)는 그러함에도 중화인민공화국이 성립되기 이전까지의 모든 시대를 통틀어 농민들의 부담이 가장 적었던 시기였다.

최초의 옵션과 국채

일찍이 여후가 권력을 잡고 있던 시기 정부는 중앙재정을 보조하기 위해 일부 공신들에게 하사하던 작위를 개방했다. 이에 사람들은 돈만 내면 더 높은 작위를 가질 수 있게 되었다. 한나라 때의 작위는 실질적인 권력을 지닐 수 있었던 진나라 때와 달리 권력은 주어지지 않았지만 여전히 매우 가치가 있었다. 작위를 통해 자신의 토지 보유 한계를 늘릴 수 있었고, 또 각종 부역을 피할 수 있었으며, 조세를 차감시킬 수 있는 등 혜택이 많았다. 황제는 즉위한 뒤 경축하는 의미에서 조세 감면이나 부역 감면을 해주고 그 외에도 모든 사람들의 작위를 한 단계 승급해 주기도 했다.

'이것이 바로 부패의 상징으로 악명 높은 매관매직이 아닌가?' 하는 생각을 가질 수 있다. 하지만 그것은 절반만 맞는 말이다. 한나라는 말기 영제 때를 제외하면 대부분 작위만 팔고 관직은 팔지 않았기 때문이다.

관리는 실권을 쥔 행정직이다. 그래서 관직 매매는 필연적으로 매우 많은 폐단을 불러온다. 그렇다면 실권은 없고 명예만 있는 작위를 매매할 경우에는 어떠한 현상이 벌어질까? 관직과 달리 작위 매매는 한나라 경제 발전에 상당히 오랫동안 긍정적인 역할을 해왔다.

문제 때에 나라가 대체로 안정되고 영토가 확장되면서 국경 병사들에게 상당히 많은 양의 식량을 운송해야 했다. 그래서 국가가 전적으로 군인과 말이 먹을 식량을 부담하기에는 한계가 있었다. 이에 문제가 골머리를 앓고 있을 때 조착(훗날 경제에게 제후의 영토를 삭감하라 권했다가 오초칠국의 난이 일어나면서 회유책으로 처형당함)이 자신만만한 표정으로 상소를 올렸다. 이것은 후세에 「논귀속소」라 불린다.

조착은 이 상소문에서 국경 병사들의 식량 문제를 해결하기 위한 방안으로 '우선 식량이 많아야 하므로 더 많은 사람들이 농사를 짓게 해야 한다'고 주장했다. 이처럼 더 많은 사람들이 농사를 짓기 위해서는 농민들의 지위가 상인들보다 높아져야 하고, 곡식의 지위도 금은보화보다 더 높아져야 한다. 그리고 곡식의 지위가 금은보화보다 높아지려면 곡식으로 직접 국가의 작위를 살 수 있어야 한다. 그래서 조착은 작위의 가격을 적당히 내려 더 많은 사람들이 살 수 있도록 판매를 하면 백성들이 더욱 적극적으로 농사를 짓게 되고 국가의 곡식도 점차 많아질 것이라고 제안했다.[*]

상소문을 읽은 문제는 아주 기뻐하며 즉시 시행을 반포했다. 과연 오래지 않아 국경 병사들의 식량 문제가 해결되었고, 조착은 이로써 황제의 신임을 얻었다. 그렇다면 조착의 「논귀속소」의 논리는 정말 올바른 것이었을까? 사실상 조착은 잘못된 논리를 이용해 정확한 해결방안을 제시한 것이라고 볼 수 있다.

곡식으로 작위를 살 수 있다는 것은 곡식의 용도가 더 다양해지고 유동성이 높아지고, 또 곡식을 생산함으로써 더 많은 이득을 취할 수 있다는 의미이다. 이로써 농업과 상업 사이에서 고민하던 사람들이 '농업에 더 전념'할 수 있게 하는 효과를 불러왔다. 그러나 이러한 영향은 제한적이고 부차적인 것이었다. 왜냐하면 곡식은 돈으로 살 수 있었기

---

[*] "지금은 먼저 백성들이 농업에 힘쓰도록 해야 합니다. 백성들이 농업에 힘쓰도록 하려면 곡식을 귀하게 여기도록 해야 합니다. 그리고 곡식을 귀하게 여기게 하려면 곡식으로 백성들에게 상과 벌을 내려야 합니다. 지금 관원에 곡식을 가져오는 자에게 작위를 주고 죄를 사면해 주십시오. 그러면 부자들은 작위를 얻을 수 있고 농민들은 돈을 얻을 수 있으니 곡식이 널리 분배될 것입니다. 곡식을 가져와 작위를 받는 사람들은 모두 여유가 있는 자들입니다. 그 여분의 곡식을 취하여 나라의 일에 사용하면 가난한 백성들의 세금을 줄일 수 있습니다. 소위 여분의 것을 덜어 부족한 것을 보충하는 방법이니 법령으로 반포하면 백성들을 이롭게 할 수 있을 것입니다."-조착, 「논귀속소」

때문이다. 그래서 이 정책은 대다수의 상인들에게 별다른 영향을 주지 못했다. 게다가 계절에 따라 수확하는 곡물은 수확기에는 가격이 낮아지는 반면 춘궁기에는 가격이 올라갔다. 그래서 영리한 상인들은 가격이 낮을 때 많은 곡물을 구입해 작위를 사는 데 사용했다.

그렇다면 이 정책이 효과를 볼 수 있었던 이유는 무엇일까? 경제학자의 시선에서 보면 조착이 제안한 방안은 영구적 국채와 토지 옵션, 개간 허가증을 하나로 묶은 혼합금융상품이라 할 수 있다. 금융은 원래 경기변동을 확대시키는 게 아니라 안정시키는 데 목적이 있다. 일반적으로 사람들은 자동차나 집을 구입하는 등 큰돈을 지출했을 때 '요즘 주머니 사정이 빠듯하다'고 말하곤 한다. 실질적인 재산이 줄어든 것은 아니고 단지 가지고 있던 현금이 부동산과 같은 고정자산으로 바뀐 것일 뿐이다.

그러므로 이 경우 실제로 부족한 것은 재산이 아니라 '유동성'이다. 유동성이 매우 높은 자산인 '현금'이 유동성이 상대적으로 낮은 '부동산'으로 바뀌었기 때문에 주머니 사정이 빠듯해졌을 뿐 실제 재산에는 변화가 없다.

다음 달에도 다음 해에도 계속 일을 하는 한 수입이 있겠지만 지금 당장 미래의 돈을 끌어다가 사용할 수는 없다. 바꾸어 말하자면 미래의 수입에 '유동성'이 부족해 수중의 '유동성'이 부족해진 것이다.

만약 금융이 없다면 이러한 유동성 문제는 해결되기 어렵다. 왜냐하면 사람들의 수입은 항상 안정적인 현금 흐름을 보이는 반면 지출은 불규칙하기 때문이다. 예를 들어 천재지변이 일어날 경우 갑작스럽게 대량의 유동성이 필요해진다.

중국의 개혁개방 초기에 미국과 중국을 다음과 같이 비교한 말이 있다. 중국인 할머니는 임종 전에 '내가 평생 모은 돈으로 마침내 집 한 채를 살 수 있겠구나'라고 말하는 반면 미국인 할머니는 임종 전에 '평생 모은 돈으로 마침내 집 대출금을 갚을 수 있겠구나'라고 말한다는 것이다. 물론 우스갯소리로 전해지는 말이지만 당시 중국인들은 돈을 저축하려는 성향이 강했던 반면 미국인들은 미래의 돈을 앞당겨 소비하려는 성향이 강했음을 알 수 있다.

사실 중국인들의 절약하는 습관은 중국인들이 가진 성향을 보여주는 것이면서 한편으론 당시 금융에 대한 인식이 부족했던 상황을 반영하는 것이어서 깊이 생각해 볼 가치가 있다. 그 당시에는 금융상품이 별로 없었기 때문에 사람들은 유동성이 필요할 때를 대비해 가능한 한 많은 돈을 모아둘 수밖에 없었다.

개인적으로 근검절약은 미덕으로 불린다. 하지만 사회 전체가 저축에만 열을 올리며 소비를 하지 않는다면 필연적으로 내수부족 현상이 발생해 오히려 상공업의 발전을 억제한다. 이때 금융의 역할이 구체적으로 드러난다. 만약 모든 개인이 담보대출이나 신용대출과 같은 금융상품을 통해서 자신의 미래의 유동성을 앞당겨 받을 수 있다면, 그리고 모든 기관이 채권, 주식, 옵션 등 다양한 금융상품을 이용해 자신의 유동성 수요를 만족시킬 수 있다면 굳이 소비를 하지 않고 여분의 유동성을 모아둘 필요가 있을까?

개인과 기관 모두 충분한 소비 의사가 있을 때 내수는 비로소 활성화될 수 있다. 얼마 지나지 않아 금융은 사업에 의지해 상업적인 금융보험의 수단이 되고, 시장 리스크의 '소음기'가 된다. 하지만 현대사회의 분업화가 발전함에 따라 금융상품과 관련된 파생상품이 점차 많아지면서 독립적인 금융 산업이 형성된다. 이처럼 금융이 자신의 생태권을 가지게 되면 일부 업무도 바뀌기 마련이다. 그 범위도 확장되고 자신만의 자본수익도 갖게 되기 때문이다. 그리고 이러한 자본수익은 종종 지나치게 상업적으로 변모하곤 한다.

이런 상황이 되면 대량의 화폐가 금융 산업 안에 모여 순환하게 되고 끊임없이 등장하는 금융상품들이 중앙은행의 대량의 유동성을 흡수하게 된다. 또 이러한 파생상품들은 모두 연관이 되어 있기 때문에 아주 경미한 사고로 시장에 혼란이 생길 경우에도 마치 전염병처럼 전체 금융시장이 타격을 입는다. 이때 금융은 오히려 시장의 혼란을 가중시키는 증폭기가 되는 것이다.

물론 이와 같은 금융의 장점과 단점은 현대 국가들이 모두 주시하고 있는 점이다. 당시 한나라는 오늘날처럼 금융시장이 발달한 상태가 아니었다. 그래서 문제가 내놓은 금융상품인 작위는 매우 큰 환영을 받았다. 그렇다면 작위는 어떤 형식의 금융상품이었을까?

먼저 작위의 국채성에 대해 말해보자. 한나라 초기 동전은 비록 장기간 비축할 수 있는 자산이었지만 여전히 잠재적인 위험을 가지고 있었다. 동전을 대량으로 비축해 둔 상태에서 국가가 갑작스럽게 화폐 제도를 변경할 경우 큰 손해를 입을 수 있기 때문이다. 물론 구리로 만든 동전은 지폐처럼 하루아침에 휴지조각으로 변할 위험은 없지만 그래도 손실은 크다. 곡물의 경우는 언제든지 활용할 수 있는 경통화(硬通貨)이긴 하지만 습기와 벌레에 취약해 장기간 보관하기가 어려웠다. 이러한 상황에서 사람들은 자연히 위험성이 낮고 가치가 안정적으로 유지될 수 있는 자산을 찾고 싶어 했다. 작위는 이 두 가지 특징을 모두 만족시킬 수 있는 상품이었다.

백성들이 보기에 작위는 명실상부 한나라의 제도였다. 한나라가 멸망하지 않는 이상 작위 제도는 계속 존재할 것이었다. 평민들이 오를 수 있는 등급은 기껏해야 제8등급인 '공승'까지였기 때문에 상류층이 무한정 증가할 우려도 크지 않았다.

평민들이 작위를 구입하는 이유는 일반적으로 토지 개간권, 부역 면제권, 조세 면제권 때문이었다. 게다가 백성들이 이 정책을 더욱 긍정적으로 받아들였던 것은 작위 구입비용이 일정하게 정해져 있어서였다. 한나라 때에는 조세가 비교적 낮은(사실은 명목상으로만 낮은) 편이었지만 여기에 각종 부역과 지방세가 붙어 백성들의 부담은 여전히 무거웠다. 그런 상황에서 이 모든 걸 한 번에 면제해 주는 작위라는 상품이 등장하자 백성들은 너도나도 구입하려 달려들었다.

역사서를 보면 이 제도를 백성들을 착취하지 않으면서 국고를 가득 채운 제도라며 긍정적으로 평가하는 말들이 많다. 하지만 이 세상에 무료인 것은 없다. 당시 한나라 정부가 판매한 것은 실질적으로 일부 부역 면제권과 조세 면제권, 그리고 합법적인 토지 개간권이었다.

이러한 작위는 사실 한 번 구입하면 영원히 회수되지 않는 무기한 국채나 마찬가지다. 작위를 가진 사람은 등급에 따라 매년 한나라 정부가 지불하는 배당금을 받을 수 있었다. 그리고 이 배당금이 바로 노역 면제와 조세 면제였다.

한문제 때 세율은 30분의 1일 때도 있고, 12 또는 15분의 1일 때도 있었다. 이를 평균적으로 계산하면 매년 1인당 15섬 정도를 세금으로 내야 했다. 또 성인 남자의 한 달 노역도 환산하면 15섬 정도였다. 바꾸어 말하면 한 사람이 매년 국가에 납입하는 조세는 30섬 정도였고, 그중 절반은 현금으로, 또 절반은 노역으로 부담했던 셈이다.

만약 유효한 납세 인구가 160만 명이라면(한나라 초 직할 지역은 비교적 적었다. 당시 전체 인구는 약 1,000만 명이었으며 한나라 직할 지역에는 약 6분의 1의 인구가 거주했다. 여기서 연령, 관직 등의 이유로 세금이 면제되는 인구도 제해야 한다) 1년 동안 한나라 중앙정부가 거둬들이는 재정수입은 대략 2,400만 섬이었다. 보기에는 상당히 많아 보이지만 정부에서 사용하는 양도 만만치 않았다. 계산해 보면 관리의 봉급, 군대 훈련비와 유지비 그리고 황실의 지출 용도로 쓰면 남는 게 없었다.

게다가 전쟁이라도 발생할 경우 재정 상황은 더욱 악화되었다. 한나라 문제 때 '곡식 600섬이면 상조를 얻을 수 있었고, 4,000섬이면 오대부, 1만 2,000섬은 대서장을 얻을 수 있었다.' 그럼 600섬으로 가장 낮은 작위인 '상조'를 얻는다면 얼마만큼의 수익이 주어질까? 이를 계산하기 위해서는 먼저 작위로 얻을 수 있는 혜택을 살펴봐야 한다. 여기에는 토지 2경의 보유권과 60세 이후 조세 절반 감면, 그리고 아들의 노역 감면 혜택까지 포함되어 있었다.

일단 조세는 제외하고 토지 개간권으로 얻는 수입만 계산해 보자. 한나라 때 1경은 100무였다. 평민들은 보통 수전으로 100무의 토지를 받아 매년 300섬 정도의 수익을 거뒀다. 그러니 상조 작위를 구입하는 데 필요한 600섬은 1경의 토지에서 자신이 소비해야 하는 곡식과 조세를 제하고 부지런히 2~3년을 경작해야 모을 수 있는 양이었다. 하지만 당시 농민이 평균 25~35년 정도 농사일을 할 수 있었던 점을 감안하면 600섬을 지불해 추가로 토지 1경의 개간권을 얻는 것은 절대 손해 보는 거래가 아니었다. 더욱이 작위는 다른 용도로도 쓰일 데가 많았다. 급히 돈이 필요할 때 팔거나 양도할 수 있었고, 죄를 지었을 때는 사면 받는 용도로 사용할 수도 있었다.

이처럼 평민들이 작위를 구매하는 이유는 주로 개간권에 있었고 상인과 부호들의 경우에는 작위의 옵션에 있었다. 작위는 그 자체로 최소한 자기 명의로 토지를 받을 수 있었다. 예를 들어 작위* '공승'의 경우 자기 명의로 최대 2,000무의 토지를 소유할 수 있었는데, 이는 평민이 가진 토지의 20배였다. 이것은 상인이 토지를 겸병할 수 있는 법적 근거가 되었다.

땅은 넓고 사람은 적었던 한나라 초기에는 토지가 싸고 동전이 귀해서 장사를 해서 돈을 벌기 좋은 시기였다. 이에 상인들은 작위를 구매해서 토지 개간권을 확보한 뒤에 사람을 고용해 토지를 개간하고, 자신은 안전하게 장사에 매진했다. 이후 문제와 경제 이후 인구가 대폭 증가하면서 토지가 귀해지고 작위로 가질 수 있는 토지 수량에는 변화가 없었다. 이에 상인들은 소농경제에서 벗어나 초보적인 집약화 생산에 진입하거나 또는 '현금교환 옵션'을 선택해 토지를 시장에 팔아 이윤을 얻을 수도 있었다.

『사기·화식열전』에서 사마천은 대농원을 소유했던 진양이 농업 생산을 통해 대부호가 되었다는 점을 언급했다. 이것도 어떤 면에서는 적합한 금융상품 도입이 생산량 촉진에 긍정적인 역할을 한다는 점을 설명하는 것이다.

이밖에도 상인들은 돈을 모아두었다가 토지 가격이 저렴할 때를 틈타 몇천 무씩 사들여 지주가 되기도 했다. 이처럼 작위가 가진 2,000무 토지 보유 옵션을 통해 상인들은 자신의 부를 더욱 확장할 수 있었다.

---

* 한나라 작위는 가장 낮은 공사부터 차례로 상조, 잠뇨, 불경, 대부, 관대부, 공대부, 공승, 오대부, 좌서장, 우서장, 좌경, 중경, 우경, 소상조, 대상조, 사차서장, 대서장, 관내후와 철후(한무제의 이름 유철을 피해 나중에 열후로 변경되었다)까지 총 20등급이 있었다.

이후 경제* 연간에 '오초칠국의 난'이 일어나 상황이 급박해지자 다시 효과적인 금융상품인 작위의 가격이 내려갔고, 더 많은 백성들이 작위를 구입할 수 있게 되었다. 이 두 가지 정책으로 경제는 대지주와 하층민 모두에게 지지를 얻으며 마침내 난을 진압할 수 있었다.

하지만 여기서 짚고 넘어가야 할 점은 한나라가 멸망한 뒤 한동안 상품경제와 화폐에 대한 사람들의 인식이 한나라 때만큼 발전하지 못했다는 점이다. 당나라가 가장 번성했던 성당 시기에도 한나라 때 이룩한 성과를 따라잡지 못했으며, 나중에 북송 때에 이르러서야 비로소 뛰어넘을 수 있었다.

만약 오늘날의 금융가가 타임머신을 타고 오초칠국의 난이 일어난 시대로 돌아간다면 이런 아이디어를 내놓을 수 있지 않을까? 먼저, 국가가 작위를 팔아 수입을 거둘 수 있으므로 작위 판매 수입을 담보로 해서 '한나라 전쟁 국채'를 발행할 수 있다. 즉, 공개적으로 7국의 전쟁 배상금으로 원금과 이자를 지급하며, 만약 상환하지 못할 경우 작위를 팔아서 모은 돈으로 상환하겠다고 밝히는 것이다. 그러면 한경제는 작위와 국채 두 가지로 수입을 거두게 된다.

이어서 금융가는 만약 백성들이 작위가 보장성이 없다고 생각할 경우 어떻게 할 것인지를 고려해 봐야 한다. 사실 한무제 시기에 작위를 구입한 사람들이 많아지자 일부 작위의 조세 면제 특권을 취소하는 등 기술적 약속 불이행을 실행한 바 있다. 그러므로 실제로 백성들이 이와 같은 우려를 가질 수 있었다. 그러므로 금융가는 이 점을 이용해 '작위

---

* 한나라 경제 유계는 문제의 다섯째 아들이자 무제 유철의 아버지다. 재위 기간은 기원전 157년부터 기원전 141년까지다.

면세 보험'을 발행해 채권 수입을 담보로 삼아야 한다고 건의할 수 있다. 한마디로 이후 정부가 약속을 이행하지 않을 경우 면책 특권을 받지 못해 발생한 손해를 채권 수입으로 배상해 주는 것이다. 그러면 경제는 이 보험 상품을 통해 더 많은 수입을 거둘 수 있다.

물론 금융가는 채권, 옵션, 보험과 같은 기본적인 금융상품을 시도하는 데서 그치지는 않을 것이다. 그는 또 '한나라 군대의 전쟁 배상을 증권화하자'는 대담한 건의를 내놓을 수 있다. 정부가 주식을 발행한 뒤 백성들에게 '주식을 구입해 7국 연합군에게 대항하자'고 호소하는 것이다. 처음에 전체 배상의 50퍼센트에 해당하는 주식 3만 주를 발행한다. 한나라 정부가 50퍼센트를 보관하고 나머지 50퍼센트인 3만 주를 3기에 나누어 판매하는 것이다. 백성들은 1주를 구입하면 전쟁 수익의 6만 분의 1을 얻을 수 있다. 그리고 한나라 전쟁 국채는 주식 판매 현금과 남은 50퍼센트의 전쟁 배상의 담보가 된다. 이로써 경제는 주식 판매로 네 번째 수입을 거둘 수 있다.

만약 7국의 위세가 대단해 한나라가 금방 진압할 수 없는 데다 패배 가능성마저도 있는 상황이 벌어지면 어떻게 해야 할까? 그러면 백성들은 정부가 전쟁에서 패배해 전쟁 배상도 못 받고, 작위를 팔아서 모은 돈도 다 써버리지 않을까 걱정할 수 있다. 이 문제는 해결하기가 좀 성가신 문제다. 왜냐하면 한나라 정부를 담보로 삼을 수 없기 때문이다. 이 경우 금융가는 경제에게 동생인 양효왕을 내세우자고 건의할 수 있다. 바로 양효왕이 '한나라 국채 신용부도 스와프 협정'을 내놓는 것이다.

국채 신용부도 스와프는 보험과 비슷한 것으로 집행 방법은 다음과 같다. 국채를 보유한 백성은 신용부도 스와프 서비스를 선택해 구입한다. 그리고 이후 전쟁 상황에 따라 정기적으로 일정한 보험금을 지급한다. 그러면 한나라 정부가 지불하지 않거나 지불할 수 없는 상황에 처할 경우 양효왕이 신용부도 스와프를 구입한 백성들에게 대신 보상을 해주는 것이다. 그리고 만약 한나라 정부가 승리해 기한 내에 빚을 갚을 경우 보험금은 자연히 양효왕의 호주머니 속으로 들어간다. 경제와 양효왕이 친밀한 혈육 관계인 점을 감안하면 이 수입은 한나라 정부의 수입이라 할 수 있다. 그러니 경제의 다섯 번째 수입이 되는 셈이다.

마지막으로 금융가는 한나라 백성들의 수용 능력을 고려해 아깝지만 몇 가지 아이디어들은 포기할 것이다. 그리고 장안에 증권거래소를 설치해 한나라 정부가 발행하는 주식, 채권, 보험, 신용부도 스와프를 모두 자유롭게 거래하게 한다. 그러면 한나라 정부는 매 거래마다 인센티브를 얻을 수 있으므로 경제는 여섯 번째 수입을 챙길 수 있다.

사실 모든 활동은 '경제가 7국과 싸울 돈을 마련하기 위한 것'에 불과하다. 하지만 그럼에도 금융가는 연금술사처럼 끊임없이 각양각색의 금융자산을 만들어낼 수 있다. 그리고 또 자산과 자산을 서로 담보하거나 조합시킴으로써 더 많은 부를 흡수할 수 있다.

이렇게 되면 한나라는 이미 전쟁 배상을 훨씬 넘어서는 금액을 빌리게 되는 것이다. 설사 전쟁에서 이긴다 하더라도 전쟁 배상으로는 빌린 돈을 모두 상환할 수 없다. 하지만 그럼에도 대대손손 이어질 한나라가 부채 때문에 망할 거라고 생각할 사람은 없다. 백성들에게 조세를 걷어 채무를 상환하면 되니 말이다. 이렇듯 나라가 존재하는 한 언제든지 상환을 받을 수 있으므로 사람들은 급할 게 없다. 오히려 거래소에서 자신이 가진 정보와 당시의 작황을 근거로 여러 자산들을 서로 거래하며 이윤을 남기려 할 것이다.

금융의 연금술은 언뜻 보기에 무에서 유를 창조하는 것처럼 보인다.

단기간 내에 한나라에게 대량의 유동성을 가져다주어 충분한 비용으로 전쟁에서 승리할 수 있도록 마법처럼 승리의 문을 열어준 것만 같다. 하지만 사실 이는 양날의 검이다.

왜냐하면 앞에서 소개한 모든 금융상품들이 가치를 가질 수 있는 이유, 그리고 대량의 예금인출 사태가 벌어지지 않을 수 있는 이유는 백성들이 '믿음'을 가지고 있기 때문이다. 이 믿음은 한나라가 전쟁에서 승리할 것이란 믿음이다. 그래서 일단 전쟁 상황이 조금이라도 불리해질 경우 상황이 위태로워질 수 있다. 실제로 역사를 보면 한나라 군대를 통솔했던 주아부 장군은 한동안 병사를 주둔시킨 채 싸우지 않았다. 전쟁에서 이길 수 있는 기회를 엿보기 위한 것이지만 백성들이 한나라 군대가 싸우길 두려워한다고 오해하기 충분한 상황이었다.

이러한 경우에 불안해진 백성들은 보유한 모든 주식과 채권을 투매하거나 예금을 인출하려 할 수 있다. 그러면 부채를 상환할 능력이 없는 한나라 정부는 사실상 파산 상태에 처하게 된다. 그리고 상황이 이렇게 악화될 경우 군대의 사기에도 영향을 미쳐 주아부가 전략을 제대로 운영하지 못하게 됨으로써 충분히 이길 수 있었던 전쟁에서 질 수가 있다.

다행히 재정 상황이 괜찮았던 한나라는 굳이 금융가가 타임머신을 타고 융자 방안을 제공해 주지 않아도 '오초칠국의 난'을 평정할 수 있었다. 역사적으로 문제와 경제가 통치했던 70년 동안 한나라는 사회가 안정되었고 경제가 발전했다. 긍정적인 화폐 경쟁을 통해서 백성들은 믿고 반량전을 사용할 수 있었고, 또 조조의 의견으로 영구적인 국채와 옵션을 구매할 기회도 가질 수 있었다. 이로써 한나라는 경제 질서가 안정되면서 가장 찬란한 시기를 맞이하게 된 것이다.

사마천은 한나라가 막 건국되었을 당시에 나라 상황이 몹시 어려워서 고조인 유방마저도 같은 색깔의 말 네 필을 찾을 수 없을 정도였다고 말하고 있다. 하지만 반대로 경제 통치 후기에는 나라가 풍요로워 거리 곳곳에 소와 말이 무리를 이루고 있고, 일반 백성들도 말을 타고 다녀 준마가 아닌 암말을 탄 사람은 창피해했다고 기록하고 있다. 또 국고에는 재화가 넘쳐흘렀고 곳간에는 양식이 가득해서 '돈을 묶은 줄이 썩어 문드러진 것이 너무 많아 헤아릴 수조차 없고, 묵은 곡식이 너무 많아 다 먹을 수 없었다*고 칭송했다. 그리고 연이어 그는 어떤 사물이든 발전하면 반드시 쇠퇴하는 법이라고 한탄하며, 발전이 극에 달한 시대를 무제가 통치했던 시기로 보았다. 소금과 철의 판매를 독점하고 곳곳에서 흉노족과 싸움이 일어나 국가의 상황이 갈수록 악화되었다는 것이다.

그렇다면 무제는 천하를 잘못 경영했던 걸까? 그 유명한 염철 전매 제도가 한나라를 쇠퇴하게 한 주요 원인이었을까? 하지만 경제학자의 시선에서 한무제를 살펴보면 확실히 일반인들과 다른 결론을 얻게 된다.

---

* "경사의 금고에는 억만금이나 되는 돈이 쌓여 있었는데 돈을 묶은 줄이 썩어 헤아릴 수가 없었다. 태창의 곡식이 차고 넘쳐 결국에는 밖의 길가에까지 쌓아두었다가 썩어서 먹지 못하는 지경에 이르렀다." - 사마천, 『사기·평준서』

제4장

한무제의 국영기업과 시장독점

한무제 때는 한나라의 국력이 가장 강력했던 시기였다. 원대한 포부와 지략을 가졌던 무제는 모든 물자를 쏟아 부어 흉노족과 대대적인 전투를 치른다. 계속되는 전쟁에 국가 부채가 눈덩이처럼 불어나자 재정대신 상홍양은 탁월한 수완으로 한나라를 붕괴 위험에서 구해내지만, 그의 경제사상이 담긴 염철론은 극심한 논쟁을 불러일으킨다. 소금 및 철에 대한 전매와 균수법, 평준법 등 국영기업의 시장독점 정책으로 인해 한나라 백성들의 삶은 어떻게 변화했을까?

국고를 소진한 한무제

한나라 초기 제후들이 중앙정부 통제에 불복하던 상황은 한경제 때에도 계속 이어졌다. 이에 경제는 봉지를 삭감하는 조치를 단행해 제후들의 힘을 와해시키려 했다. 그 뒤를 이어 황위에 오른 무제는 대내외적 갈등에 직면하게 된다. 외적으로는 고조 시기부터 계속 국경을 위협해온 흉노족이 문제였고, 내부적으로는 경제 발전에 의해 성장한 상인과 지주, 그리고 각종 관료집단이 문제였다.

내부 문제를 해결하기 위해 무제가 국내 경제에 실시한 기발한 조치들을 살펴보자. 무제를 언급하면 백성들이 지나친 노역에 시달려야 했다는 평가가 반드시 따라붙는다. 그렇다면 이러한 점들이 한나라에 어떠한 영향을 미쳤을까?

화폐의 조폐권과 발행권 방면에서 여러 차례 다양한 정책이 실시되던 것을 제외하면 기본적으로 한나라는 고조에서 문제에 이르기까지 '무리하지 않고 백성들과 함께 휴식하는' 재정 정책을 고수했다. 농업 발전을 중시하며 생산력이 향상될 수 있도록 격려하는 한편 상업과 수공업에 대해서는 자유롭게 내버려두었다. 상업 세금을 걷지도 않았고 엄격하게 관리하지도 않았다.* 이처럼 약간의 변동은 있었지만 무제 이전에 한나라는 대체적으로 고전파 경제학자들이 주장하는 '작은 정부'의 모습이었다.

『사기』에 따르면 한나라 초기에 비해 문제와 경제 시기에는 곡식의 가격이 약 500분의 1 정도 저렴해졌다. 500분의 1 저렴해졌다는 것이 무슨 의미인가 하면, 구권 500전을 가지고 가면 새로 발행된 신권 1전으로 바꿔준다는 의미이다.

이런 점에서 우리가 현재 사용하는 신용화폐인 지폐의 큰 문제점은 지폐 그 자체의 가치가 없다는 것이다. 그래서 신권을 발행한 뒤 신권과 구권을 일정한 환율로 정해도 정부의 신용에는 큰 영향을 주지 않는다. 하지만 동전을 화폐로 사용하던 한나라 시기에는 곡식의 가격이 중요했다. 왜냐하면 곡식의 가격이 곧 곡식과 구리의 환율을 의미하는 것이기 때문이다.

한나라 초기에는 유방과 항우가 오랜 시간 패권을 두고 싸우는 바람에 천하가 모두 황폐화되어 있었다. 그래서 곡식은 귀하고 구리는 많았기 때문에 곡식 1섬 가격이 1만 전에 이르렀던 것이다. 반면 이후에는

---

* 한나라 초기에는 주로 중농억상 정책을 실시해 상업과 수공업에 세금을 무겁게 매기지 않았다.

내정에 힘쓴 결과 곡식은 풍족해졌지만 매년 구리광산에서 채굴하는 구리의 양은 일정했다. 그래서 곡식의 가치가 구리보다 떨어지면서 농민의 삶이 악화되는 심각한 결과를 초래했다.

농민은 생산한 곡식 중 자기 가족이 1년 동안 먹을 양식과 다음 해 농사를 위한 종자를 뺀 나머지 곡식을 팔아서 생활한다. 가의의 일반균형 이론에 따르면 곡식의 가격이 매우 높을 때 소규모 수공업자와 소상인들이 직업을 바꿔 적극적으로 황무지를 개간했다. 만약 이때 정부가 문제나 경제 때처럼 아무런 간섭도 하지 않는다면 곡식 생산량은 곱절로 불어날 것이다. 왜냐하면 가혹한 세금이 없으니 생활이 안정되고 전쟁이 없으니 농사철을 놓칠 일도 없다. 게다가 곡물가격이 높아 이득이 되므로 많은 사람들이 농사일에 뛰어들 것이다.

물론 이러한 효과가 오래 지속될 수는 없다. 생산량이 늘어나 비축량이 증가하면 곡물가격은 내려갈 것이다. 그러면 생산량에 한계가 있는 개인 농민의 경우 소득이 점차 줄어들게 된다. 생필품과 농기구를 사려면 반드시 동전이 필요한데 곡식을 팔아서는 예전만큼 많은 돈을 벌수 없으니 매년 농민의 재산은 줄어들 수밖에 없다. 즉, 농민은 곡물가격 하락으로 인해 수입에 직접적인 타격을 입게 된다.

더구나 당시의 불안정한 생산량은 농민들의 삶을 더욱 피폐하게 만들었다. 곡식이 귀했던 초기에는 돈을 빌리더라도 이듬해 수확한 곡식으로 쉽게 빚을 갚을 수 있었다. 하지만 이후 곡물가격이 떨어지면서 천재지변이나 역병 또는 예기치 못한 상황이 발생해 곡식을 제대로 수확하지 못할 경우에는 빚을 갚을 수가 없게 되었다. 빚을 지고 갚지 못하는 농민들은 어쩔 수 없이 자신의 땅을 팔고 대지주의 소작농이나 상인의 하인이 되었다.

이에 반해서 높은 등급의 작위를 산 대지주와 거상들은 세금과 부역을 면제받으며 합법적으로 많은 토지를 보유했다. 그리고 이들에게 세금을 걷지 못하는 정부는 모자란 부분을 보충하기 위해 농민에게 더 많은 세금을 징수했고, 가혹한 세금을 버티지 못한 농민들은 소작농이나 하인이 되었다. 이러한 악순환이 끊임없이 계속되면서 사회 모순이 갈수록 심각해졌다. 이것이 바로 통치자들이 부호들의 토지 겸병 문제를 해결할 수 없었던 이유 중 하나이다.

사실 고대 중국은 이를 해결할 능력이 없었다. 그리고 이 점은 동시대인 로마제국도 마찬가지였다. 중국의 전체적인 역사를 보면 다음과 같은 양상을 보인다. 앞에서 말한 악순환이 계속되어 사회갈등이 절정에 이르면 더 이상 견딜 수 없어진 백성들은 '왕후장상의 씨가 따로 있느냐'라고 소리치며 혁명을 일으킨다. 이어 대규모 전쟁이 벌어지면서 인구수가 줄어들고 곡식은 귀해진다. 이 상황에서 정부가 승리할 경우 그 왕조는 다시 '부흥기'를 맞이하게 되고, 정부가 패배하면 새로운 왕조가 들어서면서 사회가 안정된다.

로마도 사정은 다르지 않았다. 황제가 전쟁을 치르려면 많은 비용이 필요했지만 정작 가장 부유한 귀족은 세금이 면제되었다. 이에 평민들이 모든 부담을 짊어져야 했다. 과중한 세금에 파산한 평민들은 어쩔 수 없이 자신을 팔아 귀족의 노예가 되었다. 이런 악순환이 반복되면서 로마 후기에 이르러서는 평민계급이 거의 사라지고 농촌은 퇴화하기 시작한다. 하지만 그럼에도 귀족들은 노예와 사병을 거느리며 대농장을 운영했다. 그리고 살길이 막막한 평민들은 면세 특권을 가진 귀족의 대농장 주변에 모여서 일을 하며 생계를 유지했다.

이것이 바로 이후 1,000년 동안 지속되었던 유럽의 봉건시대 모습이다. 반면 중국의 경우 오호난화(伍胡亂華, 한나라가 멸망한 이후 흉노, 선비, 저, 강, 갈 등 소수민족이 남하한 시기를 말함-역주) 시기에 여러 나라로 쪼개진 중원에서 전쟁이 끊이지 않았다. 만약 이때 수나라 문제가 퇴보해 가는 흐름을 돌이키지 않았다면 중국도 다시 봉건시대*로 돌아갔을 것이다.

한경제가 국고를 가득 채운 동전을 보고 기뻐하고 있을 때 한나라에는 이미 경제위기의 암운이 드리워져 있었다. 곡식이 동전보다 가치가 떨어진 것은 단순히 농민들의 수입 감소만을 의미하는 것이 아니다. 수입이 줄어들자 사람들은 동시에 한계저축성향을 보이기 시작했다.

중앙정부가 얼마만큼의 동전을 발행하든 상관없이 사람들은 곡식을 현금으로 바꿔 집안에 모아놓기 시작했다. 중앙정부가 아무리 열심히 동전을 주조해도 동전은 유통되지 않고 통화 부족은 갈수록 심해지기만 했다. 진시황 때처럼 디플레이션이 발생하기 시작한 것이다.

사실 우리에게는 디플레이션보다 인플레이션이 더 익숙하다. 일반적으로 사람들은 물가가 오르거나 주택 가격이 폭등하는 상황에 괴로워한다. 그러나 사실은 인플레이션보다는 디플레이션이 가져오는 결과가 더 참혹하다.

국가신용에 문제가 생겨 악성 인플레이션이 발생하지 않는 한 국가는 재정 축소, 중앙은행 화폐 발행 중단, 금리 인상 등 다양한 방법을 사용해 인플레이션을 합리적인 범위 안에서 통제할 수 있다. 금리가 인상되면 국민들이 저축을 선호하게 되기 때문에 소비가 줄어들고 공급

---

* 여기서 봉건시대는 분봉제가 실시되던 사회로, 중앙 왕조가 왕족 및 공신들에게 영지를 분봉해 주던 시기를 가리킨다. 중국은 진나라 시기부터 분봉제를 버리고 중앙집권제를 실시하기 시작했다. 하지만 일상적으로 우리가 알고 있는 '봉건사회'는 마르크스주의 학자들에게서 기원한 지주 또는 영주가 토지를 점유하고 농민과 소작농을 착취하던 사회를 가리킨다. 이 때문에 '봉건'이란 단어는 '보수적이고 시대 발전에 뒤처졌다'는 의미로 바뀌었다.

과 수요의 균형이 자연적으로 회복된다. 하지만 디플레이션이 발생할 경우 사람들은 물가가 더 내려갈 거란 생각에 수중의 돈을 움켜쥐고 쓰지 않는다. 이에 따라 저축은 증가되고 소비는 줄어들면서 시장이 위축되는 악순환이 반복된다.

더욱이 어려운 점은 디플레이션이 일정 정도에 이르면 국가가 무상으로 화폐를 공급해도 소용이 없다는 점이다. 일단 어떤 화폐든 시장에 투입되면 곧바로 저축되어 사라질 뿐 유통되지 않는다. 이처럼 금리 조정, 재정지출 확대 등 국가가 어떤 방법을 시도해도 효과를 거두지 못하는 상황을 '유동성 함정'이라 부른다.

다음의 그래프에서 왼쪽 부분과 같이 원래 이율과 화폐량은 반비례 관계이다. 정부가 화폐를 많이 발행할 경우 대출이 쉬워지고 대출의 금리도 상대적으로 낮아지기 때문이다. 하지만 오른쪽 부분을 보면 정부가 화폐를 얼마나 발행하든 상관없이 금리가 내려가지 않는 모습을 볼 수 있다. 사람들이 화폐의 가치가 더욱 오를 것이라는 기대를 갖고 있어서 정부가 발행한 화폐를 저축해 두고만 있기 때문이다. 이처럼 유동성 함정에 빠질 경우 정부의 통화 정책이 제 역할을 하지 못하게 된다.

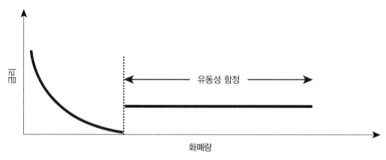

유동성 함정

유동성 함정은 유동성 선호라고도 불린다. 케인스는 화폐에 대한 사람들의 수요는 거래적 동기, 예비적 동기, 투기적 동기를 바탕으로 이루어진다고 보았다. 거래적 동기는 사람들이 지출해야 할 때를 대비해 화폐를 보유하려는 동기를 말한다. 예비적 동기는 사람들이 안정성을 중요시하는 데서 비롯된 것으로, 예기치 못한 자연재해나 인재에 대비해 유동성이 좋은 현금을 보유하려는 동기이다. 마지막으로 투기적 동기는 '돈으로 돈을 벌려고 하는' 동기이다. 여기서 유동성 선호와 직접적인 관련이 있는 동기가 바로 투기적 동기이다.

케인스는 유동성의 차이에 근거해 시장에는 유동성은 매우 높지만 이자가 없는 현금과 유동성은 비교적 낮지만 이자로 수익을 올릴 수 있는 채권, 이 두 가지 자산이 있다고 보았다. 금리가 매우 낮을 때 사람들은 앞으로 금리가 오를 것이라 예측한다.

금리가 오른다는 것은 고정금리인 채권의 현재 가치가 떨어진다는 의미이다. 그러므로 사람들은 중앙은행에서 얼마나 많은 화폐를 발행하든 상관없이 보유하고 있는 채권을 헐값에 팔아 현금을 보유하고 싶어 한다. 현금은 유동성이 가장 높은 자산이기 때문에 이러한 상황을 유동성 선호라 부른다.

오늘날 이러한 유동성 선호에 빠진 경우를 살펴보자면 일본이 대표적이라 할 수 있다. 일본의 디플레이션 사례를 살펴보면 현실적으로 깊은 의미를 지니고 있다. 일본은 제2차 세계대전 이후에도 계속해서 경제가 두 자릿수로 성장하는 황금기를 거쳤다. 이에 도쿄의 주택 가격과 토지 가격은 심지어 미국을 통째로 구입할 수 있을 정도까지 뛰었다. 1980년대 일본은 지금의 중국과 같이 모든 도시가 거대한 공사현장으로 변해 호화로운 고층 건물들이 우후죽순처럼 생겨났다. 하지만 1990년대 초반에 발생한 두 사건으로 인해 일본의 고속성장은 멈추게 된다. 하나는 엔화 폭등이었고, 또 다른 하나는 부동산 거품이 꺼진 것이다.

일본 경제는 1980년대에 상당히 강했다. 일본의 수출이 다른 나라의 취업률에 영향을 미칠 정도여서 미국, 영국 등 여러 서양 국가들이 실질적인 압박을 받아야 했다. 그러자 이러한 국가들은 서로 연합해 정치와 경제 면에서 엔화 가치 상승을 부추겼다. 게다가 일본 내에서도 본국의 화폐가치를 상승시켜 수입 원가를 줄여야 한다는 목소리가 끊이지 않았다.

이러한 내외적인 필요에 의해 1달러당 220엔이던 환율은 1년 사이에 1달러당 150엔까지 상승했다. 더구나 엔화가 국제통화가 되면서 다른 나라들도 엔화를 대량으로 비축하기 시작했고, 일본인들도 자국이 부유하다는 생각에 해외여행, 외제 차나 명품 구입 등 해외 소비를 대폭 늘렸다. 그리하여 일본 내에서 유동되는 엔화는 점차 줄어들기 시작했다.

모두가 알다시피 일본은 당시 세계 경제에서 두 번째로 큰 국가였다.

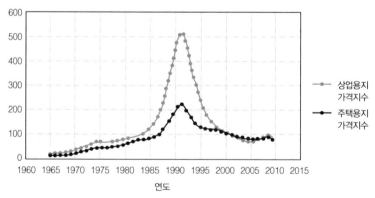

일본 부동산 가격지수

자료 출처 : http://www.huffingtonpost.com/bob-swarup/heard-about-bitcoin-nah-b_b_5016582.html

하지만 그 경제번영으로도 수도인 도쿄의 토지가격이 미국 전체 토지가격을 따라잡는 걸 지탱하기에는 역부족이었다. 바로 이러한 상황에서 거품이 생겨난다. 거품이 꺼지는 것은 시간문제다. 일본에서는 유통되는 엔화가 줄어들자 거품이 꺼지기 시작했다.

그래프에 나타나 있듯이 일본 부동산은 1991년부터 눈사태처럼 붕괴하기 시작한다. 부동산 투자자들은 더 이상 이전처럼 많은 돈을 벌 수 없다는 사실을 발견하자 자금을 철수하기 시작했고, 일련의 사태가 발생하면서 주택가격이 폭락하고 기업과 은행의 자금이 줄줄이 빠져나가기 시작했다. 바로 대공황이 시작된 것이다.

그러자 일본인들은 수중의 돈을 움켜쥐기 시작했다. 설사 은행에서 무이자 상품을 내놓아도 사람들은 돈을 쓰지 않았다. 이처럼 사람들이 소비를 줄이기 시작하자 생산된 제품이 팔리지 않았고, 자연히 기업들은 은행에서 대출을 받지 않았다.

유동성 함정은 일단 빠지면 벗어나기가 쉽지 않다. 일본 정부도 무이자, 마이너스 금리, 양적 완화 등 각종 수단을 동원했지만 디플레이션의 그림자는 오랜 시간 일본 상공을 맴돌며 쉽게 사라지지 않았다. 아베 신조가 총리가 된 이후 역사상 전례가 없는 양적 완화와 강력한 정부투자를 단행한 끝에 일본은 겨우 유동성 함정에서 벗어날 희망을 볼 수 있었다. 물론 일본이 장기적인 디플레이션에 빠진 데는 다른 원인도 있다. 예를 들어 노령화로 인해 심각한 국내소비 부진이 초래된 것과 거품이 꺼지기 전까지 일본 기업의 주식이 지나치게 고평가되었던 것도 원인으로 볼 수 있다.

한나라 때에는 금융상품이 제한되어 있었기 때문에 디플레이션의 충격이 일본처럼 크지는 않았다. 하지만 자금이 순환되지 않는 현상은 심각했다. 동전은 주조하는 즉시 사라졌고, 권력을 가진 지주들의 토지 병합은 갈수록 극심해졌다.

만약 이때 돈을 쓰기 좋아하는 군주가 출현하지 않았다면 필연적으로 농민 봉기와 전쟁이 발생했을 것이다. 신용화폐가 발명되기 전에는 기본적으로 인플레이션과 디플레이션이 반복되는 현상을 벗어나기 힘들었다. 수동적으로 실체가 없는 상대와 전쟁을 치르기보다 차라리 자신이 통제할 수 있고 분명한 목적이 있는 '전쟁'을 치르는 게 나았다. 국고가 바닥날 때까지 치열한 전쟁을 치른 뒤 만약 승리한다면 문제를 해결할 수 있었다. 전쟁 때문에 고향을 떠난 사람들이 많아 농사를 지을 사람이 부족하고, 시장에는 돈이 많아지기 때문이다. 이렇게 되면 디플레이션에서 벗어나 새로운 순환을 시작할 수 있다.

한무제가 흉노족과 대규모 전쟁을 치르면서 한나라의 호구는 절반으로 줄어들었다. 게다가 군인을 징집하면서 생산활동을 할 수 있는 인구가 부족해졌고 군대와 말이 먹을 군량미가 필요해졌다. 이에 남아도는 곡물을 가장 적합한 소비방식으로 사용할 수 있었다. 마침내 흉노족을 몰아냈을 때 한나라 국고는 텅 비어 있었고, 곡물도 다시 귀해졌으며 자연히 농민들의 소득도 증가했다.

물론 무제가 이러한 경제 원리를 알고 전쟁을 일으킨 것은 아니었지만 어쨌든 결과적으로 곡물가격은 다시 올라갔다. 그리고 만약 이렇게 되지 않았다면 이후 소제와 선제 시기의 '중흥기'는 오지 않았을 것이다.

무제의 이러한 행동은 천하의 물자를 부족하게 해서 나라를 궁핍하게 만드는 짓이었다. 그래서 단기적으로는 한나라에 부정적인 영향을 초래한 것은 사실이다. 하지만 장기적으로 보면 나라를 유지하는 데 꼭 나쁜 일이었다고는 할 수 없다. 왜냐하면 국내의 경제적 갈등이 심각했던 한나라의 상황은 마치 터지기 직전의 압력솥과 같았기 때문이다. 국력을 소모시킨 무제의 행동은 터질 것 같은 국내 갈등을 완화시켜 주었다. 만약 무제가 내치에만 힘을 쏟았다면 그때 당시에는 성군이라는 소리를 들었을지 모르지만 결국 걷잡을 수 없이 터지는 갈등 상황을 막을 수는 없었을 것이다.

이렇게 해서 한나라는 긴박하게 첫 번째 순환을 넘긴 뒤 이후 소제와 선제 때에 다시 경제를 회복시킬 수 있었다. 그리고 한나라 국고는 소제와 선제 시기부터 원제, 성제, 애제, 평제 4대에 걸치기까지, 그리고 이후 왕망이 황위를 찬탈했을 때까지 여전히 풍족했다.

동전의 등장과 비트코인

한나라 때부터 중국은 동전 시대에 진입한다. 그리고 이러한 흐름은 명나라 때에 은이 대량으로 유입되면서 은전이 함께 사용되기 시작할 때까지 줄곧 유지되었다. 물론 가끔 물물교환 시대로 쇠퇴할 때도 있었지만 중국은 거의 2,000여 년 동안 줄곧 동전을 화폐로 사용했다.

일반적 등가물로서의 기능을 가진 금속은 실물가치를 지니고 있고, 절단이 쉬우며 수량이 제한적이라는 장점을 가지고 있다. 그리고 동등한 무게의 금속과 곡식의 교환비율은 기본적으로 그 왕조의 흥망성쇠를 나타내는 지표였다.

하지만 금속은 아주 명확한 단점을 가지고 있다. 구리광산의 채굴량에 한계가 있어 대량의 화폐가 급히 필요할 때 어쩔 수 없이 규격에 맞지 않는 동전이 유통될 수 있다는 것이다. 규격에 맞지 않는 동전이 유통되면 동전의 품질에 따라 차익을 얻을 수 있는 공간이 생기게 된다.

경제가 호황일 때는 '실제 가치와 맞지 않는' 당오, 당십과 같은 화폐를 사용해서라도 상품 유통을 촉진해야 하며, 경제가 불황일 때는 규격에 맞는 화폐만을 사용해 생산력을 회복시켜야 한다는 점을 봉건사회 통치자들도 알고 있었다.

이러한 당오, 당십과 같은 화폐들의 실질적인 가치는 도저히 시장에서 받아들여질 수 없을 만큼 형편없었다. 하지만 그럼에도 그것들이 시장에서 유통되었다는 것은 '유통이 가능하다는 사실' 자체에 가치가 있다는 점을 설명해 준다.

이처럼 유통이 가능하기 때문에 가치가 부여된 화폐에 대한 연구는 그동안 제대로 이루어지지 않았다. 그러던 중 21세기 들어 몇 명의 기술자들이 고정 증가율의 전자화폐를 발명해 내기에 이르렀다. 그들은 이 화폐가 현재 주류 화폐들을 대체해 세계화폐를 통일시키기를 바랐다. 이러한 전자화폐가 법정화폐를 대체할 수 있을지는 모르겠지만 아무튼 유통이 가능하기 때문에 화폐의 가치가 부여되는 이유에 대한 연구를 진행하기에 좋은 기회임은 분명하다.

이 전자화폐 중 한 가지가 바로 P2P 시스템을 기반으로 한 비트코인이다. 베일에 싸인 인물인 사토시 나카모토*에 의해 2009년 세상에 모습을 드러낸 비트코인은 어떠한 은행이나 정부의 신용을 기반으로 운

---

* 비트코인 창시자가 누구인지는 아직도 베일에 싸여 있다. 그동안 사토시 나카모토에 대해서 여러 가지 의견이 분분했고, 많은 매체들이 로스앤젤레스에 사는 이 이름의 일본계 미국인에게 주목하기도 했다. 그러던 중 2015년 12월 어느 한 매체가 44세의 호주 학자인 크레이그 스티븐 라이트가 진짜 사토시 나카모토일 가능성이 있다고 보도했다. 그가 삭제한 블로그에는 심지어 비트코인이 발표됐을 때의 자세한 사정이 기록되어 있었다. 호주 경찰은 납세와 관련된 문제로 그의 사무실과 집을 수색하였는데, 경찰은 '수색은 그가 비트코인 개발자일 수도 있다는 매체 보도와는 무관한 일'이라고 입장을 밝히긴 했다.

영되지 않는다. 분포식 데이터베이스를 사용해 발행, 거래 및 각종 계좌 정보가 관리된다. 암호화 원리를 사용하는 비트코인은 소유한 사람만 사용할 수 있다. 그리고 일단 사용해 지불이 완료되면 즉시 소유권은 기존 소유자에서 새로운 소유자의 장부로 이전된다.

이러한 비트코인은 다른 사람에게 증여받거나 거래하는 것 외에 채굴(mining)로도 얻을 수 있다. 자신의 컴퓨터를 이용해 연산을 해서 비트코인을 얻을 수 있는 것이다. 채굴 원리는 무차별 대입 공격과 유사하다. 무차별적으로 대입시켜 암호를 해독하고 나면 '장부'를 생성할 수 있다. 모든 거래가 이 장부에 기록되는데, 장부를 발견할 확률 자체도 가변적이다. 왜냐하면 인터넷상에서 채굴에 참여하는 모든 컴퓨터들의 성능에 따라 확률이 달라지기 때문이다. 채굴에 참여하는 컴퓨터가 점점 더 많아지고 컴퓨터의 성능이 점점 더 높아질수록 한 개인이 채굴에 성공할 확률은 낮아진다.*

이러한 방식을 통해 유통되는 비트코인을 통제할 수는 있지만 그렇다고 더욱 많은 사람들이 더 좋은 성능의 컴퓨터로 채굴에 참가하는 것을 막지는 못한다. 게다가 비트코인의 채굴량은 제한되어 있다. 2140년 이후에는 모든 비트코인 채굴이 멈추게 되어 있다. 그 이후에 채굴된 비트코인에 대해서는 이체 등 거래 과정의 수수료를 채굴자가 지불해야 한다.

채굴에는 세 가지 역할이 있다. 첫째는 이익을 얻는 것이고, 둘째는

---

* 2014년 비트코인 열풍은 전자화폐뿐만 아니라 다른 여러 관련 산업에도 영향을 끼쳤다. 예를 들면 중국 인터넷쇼핑몰 타오바오에서는 비트코인 채굴과 관련된 부품들이 날개 돋친 듯 팔리기도 했다. 더욱 재미있는 점은 채굴의 열기로 인해 그래픽카드 제조업 같은 분야가 호황을 누리게 되었다는 점이다.

장부를 생성해 거래를 기록하는 것이며, 세 번째는 채굴 연산력을 이용해 거래의 유일성과 변경 불가능한 특징을 증명하는 것이다. 한 사람 또는 하나의 기관이 전체 참여자의 암호해독 연산력(computing effort, 해시파워) 51퍼센트를 장악할 경우에만 공격해 이전에 발생한 거래 기록을 삭제할 수 있다. 하지만 설사 이와 같은 초특급 연산력을 보유한 사람이나 기관이 있다 하더라도 그 성능을 이용해 거래 기록을 삭제하는 것보다 차라리 채굴을 하는 편이 더 이득이다.

이것은 또한 비트코인 암호화 방식의 가장 기발한 부분이다. 일반 은행의 암호는 최첨단 인터넷 보안시스템을 다루는 고급 네트워크 엔지니어를 고용해 지키는 용도로 사용된다. 하지만 해커가 허점을 찾아 내부로 들어올 위험이 항상 도사리고 있다.

반면 비트코인은 모든 장부가 공개되며 그 안의 모든 거래가 공개된다. 누구든 거래 내역을 쉽게 볼 수 있지만 수정할 수는 없다. 왜냐하면 비트코인의 장부는 모두 서로 연결되어 있기 때문이다. 만약 장부를 위조하려면 한 장부가 아닌 모든 장부를 위조해야 한다. 그러니 위조하는 사람의 연산력이 모든 연산력의 총합보다 월등히 높아야 한다. 하지만 아무리 유능한 해커라 하더라도 이와 같은 월등한 연산력을 보유하는 것은 쉽지 않다.

그래서 해커와 무정부주의자들을 포함한 많은 사람들이 비트코인의 미래를 긍정적으로 평가하고 있다. 그들은 앞으로 비트코인이 각국의 화폐를 대체하는 세계화폐가 될 것이라고 기대한다. 그렇다 하더라도 자동제어 알고리즘과 많은 엘리트들을 보유한 각 나라의 중앙은행들이 더 효율적으로 화폐 발행을 통제할 수 있지 않을까? 꼭 그렇다고 볼 수는 없다.

비트코인은 위조하기 매우 어려운 동전일 뿐이다. 비트코인은 동전이 가진 화폐의 속성을 모두 가지고 있다. 총량에 제한이 있고, 쪼개고 나누어 편리하게 유통할 수 있다. 간단히 말해서 비트코인은 디지털 방식을 이용해 지폐가 가진 일부 속성과 귀금속이 가진 일부 속성을 모방한 실험체이다. 동전과 비교했을 때 비트코인은 실물 속성이 없다. 동전은 쓸모가 없어지면 녹여서 그릇을 만들어 사용할 수 있다. 하지만 비트코인의 경우 사용하는 사람이 없어지게 되면 그저 일련의 숫자로 전락할 뿐이다.

그렇다면 만일 비트코인이 세계의 모든 화폐를 대체한다면 어떤 상황이 벌어질까? 일단 채굴이 상당히 어려워질 수 있다. 아마도 세계 각국의 정부가 최첨단 컴퓨터를 이용해 채굴에 나서는 상황이 벌어질 것이기 때문이다. 또 화폐의 증가 속도가 고정되어 있으므로 매년 새로운 화폐가 고정된 액수로 증가될 것이다.

이에 경기 과열로 화폐를 통제할 필요가 생겨도 중앙은행은 비트코인 발행을 중단하거나 줄일 수 없다. 왜냐하면 자국에서 채굴하지 않는 동안 다른 나라에서 화폐를 채굴해 가져가버릴 것이기 때문이다. 설사 유엔에서 각국을 하나로 규합해 모든 국가가 채굴을 중단하게 한다 해도 민간에서 비트코인을 채굴하는 것까지 막을 수는 없다. 그러므로 비트코인이 완전히 채굴될 때까지 매년 고정적으로 발생하는 인플레이션을 피할 방법은 없는 셈이다.

반대로 경기불황이나 디플레이션에 빠졌을 때에도 중앙은행은 양적완화를 통해 생산을 자극시킬 수 없다. 왜냐하면 알고리즘상에서 인위적으로 융통할 여지가 전혀 없기 때문이다. 동전은 많이 주조해 완화시키는 게 가능하지만 비트코인은 이러한 점에서는 조금의 융통성도 발휘할 수 없다.

이 때문에 만약 비트코인이 정말 유일한 법정화폐가 된다면 경제위기나 경기과열이 발생했을 때 정책은 아주 제한적인 조절 역할밖에 할 수 없게 된다. 다른 점은 논의할 필요도 없이 이 점만 보아도 비트코인은 현재 통용되는 화폐를 대체할 수 없다는 점이 분명하다.

물론 비트코인이 전혀 가치가 없는 건 아니다. 예를 들면 비트코인의 가치는 항구불변하다. 비트코인의 배경이 되는 블록체인 시스템은 현재 사용하고 있는 스위프트(SWIFT) 시스템보다 훨씬 편리하다. 이러한 편리성 향상은 인력과 자원의 비용을 절약할 수 있을 뿐만 아니라 오차율을 줄일 수도 있다. 동시에 고도의 위조방지 기술과 대체 계정의 익명성은 특수한 수요자의 눈길을 끌 수도 있다. 예를 들면 지하자금 세탁에 필요한 용도로 말이다. 이와 같은 점들 때문에 비트코인은 앞으로 오랫동안 금융자산으로 존재할 것이다. 하지만 비트코인이 세계화폐를 대체하는 건 사토시 나카모토의 주장에서나 가능한 일이다.

물론 밀턴 프리드먼은 매년 고정적인 인플레이션이 발생하는 것이 좋다고 말한 바 있다. 그렇다면 인플레이션은 문제가 없는 게 아닐까? 게다가 비트코인 채굴이 완료된 뒤에 새로운 디지털화폐를 발행해 인플레이션을 발생시킨다면 디플레이션 문제도 해결할 수 있지 않을까? 물론 질문은 가능하지만 이런 논리가 현실이 될 수는 없다.

이것은 하나의 역설이다. 만약 중앙은행이 새로운 화폐의 발행 여부와 발행 액수를 통제하고, 나아가 대량의 디지털화폐를 가지고 시장을 조정할 수 있다면 현재의 신용화폐와 다를 게 없지 않은가? 이것은 비트코인이 강조하는 탈중심화, P2P와 모두 맞지 않는다.

탈중심화와 P2P를 유지하려면 중앙은행은 존재할 수 없다. 그리고 중앙은행이 존재하지 않는다는 것은 화폐를 통제할 수 없다는 의미다. 그러면 우리는 경제주기와 화폐 발행 속도 조절의 문제에 직면하게 된다.

비트코인과 앞으로 발행될 라이트코인(litecoin) 등은 모두 매우 좋은 사회적 실험체이다. 왜냐하면 이러한 화폐들은 국가신용이나 실물가치가 없기 때문에 그것들의 가치는 완전히 유통을 통해서 결정된다. 즉, 투자와 거래를 원하는 사람이 얼마나 많은지에 따라 가치가 결정되는 것이다.

전통적 거시경제학 모형 중 솔로 성장 모형, 램지 성장 모형, 블랑샤르의 세대 중첩 모형 모두 통용되는 화폐 그 자체에는 가치를 부여하지 않는다. 이것은 경제 현상의 한계성 때문이며 이에 경제학자들은 이전에 제한된 범위 안에서 사용되는 화폐의 문제에 대해 깊이 고민하지 않았다. 하지만 비트코인은 경제학자들에게 이러한 새로운 현상을 관찰하고 연구할 수 있는 계기를 제공해 주고 있다. 이는 의심할 여지 없이 경제학계에 새로운 기회를 가져다준 것이다.

나라가 백성을 착취하는 방법

———

한무제 유철의 '국고 소진' 이야기는 잘 알려져 있다. 그는 서쪽의 촉까지 도로를 건설하는 토목사업을 벌이는 한편, 동쪽으로는 조선, 남쪽으로는 남월을 정벌하고 북쪽의 흉노족과도 대대적인 전쟁을 치렀다. 이처럼 대대적인 사업을 벌인 만큼 무제는 구체적인 전략 계획과 인재 운용에 일가견이 있었다. 서쪽의 밀림에서 여러 차례 불리한 전투를 치른 것을 빼면 동, 남, 북쪽에서는 모두 대대적인 성공을 거두었다. 그럼에도 무제는 항상 근심이 가득했다. 바로 돈과 곡식이 없기 때문이었다.

전쟁은 상당히 많은 양의 곡식을 소모한다. 수십만 병사들이 소모하는 군량미도 엄청나고 그들에게 군량미를 운송하기 위한 장비도 필요하다. 더구나 전쟁을 치를 군대를 징발하면 농사지을 인력을 빼내는 것이어서 남아 있는 백성들이 먹을 식량조차 생산하지 못한다. 이렇기 때문에 전쟁이 계속되면 나라의 곡창이 텅 비게 되고, 재화도 바닥을 드러내기 시작한다.

이런 가운데 곡식과 화폐의 교환비율 조정이라는 목적이 달성된 뒤에도 전쟁은 끝나지 않았다. 그래서 무제와 대신들은 머리를 쥐어짠 끝에 칙령을 발표했다. 가죽화폐와 백금화폐를 새로 만들고 철과 소금을 정부에서 전매하겠다는 등의 내용이었다.

앞에서 살펴보았듯이 한나라 초기 화폐의 이름은 반량전이었다. 무게가 기준에 못 미치는 것이 부지기수였지만 그래도 반량이라는 이름으로 유통되었다. 조폐권을 개방한 탓에 시장에는 중앙에서 발행한 동전과 제후국에서 발행한 동전, 그리고 민간에서 몰래 주조한 동전들이 마구 뒤섞여 돌아다니고 있었다. 그래서 무제는 기존의 모든 동전을 폐기하고 중앙정부가 주조한 삼수전만 사용해야 하며, 이를 위조해 주조하면 사형에 처한다고 반포한다.

무제가 실시한 조폐 금지령은 이전보다 훨씬 엄격했다. 이전에는 민간에서 개인이 주조하는 것은 금지했어도 제후국이 주조하는 것은 막지 않았다. 그런데 이번에는 제후국의 조폐권도 회수해 중앙정부에서만 화폐를 주조하겠다고 선포했다. 이는 중앙정부가 권력을 이용해 자신들의 모든 경쟁상대를 제거해 버린 셈이다. 이로써 전국의 구리광산은 모두 정부 소유가 되었다. 당연히 정부가 보유한 구리의 양이 증가했고,

따라서 재정 상태도 나아졌다.

하지만 삼수전이 너무 가볍고 위조하기 쉬운 탓에 얼마 지나지 않아 감옥에는 관련 범죄자들이 넘쳐나기 시작했다. 이에 무제는 이 상황을 해결하기 위해 동전의 무게를 5수로 변경했다. 이렇게 탄생한 오수전은 물량도 충분했고, 간단한 위조방지 기술도 갖추어져 있었다. 오수전은 평평한 이전 동전들과 달리 가장자리와 중앙의 구멍 테두리가 돌출되어 있다. 기존의 평평한 동전은 갈아서 위조동전을 만들 수 있었다. 동전의 글자가 없는 쪽을 갈아 가루를 모으는 방법으로 쏠쏠하게 이득을 볼 수 있었고, 한쪽을 약간 갈아낸 동전을 사용해도 사람들이 쉽게 알아채기도 힘들었다. 하지만 오수전은 위조방지 기술 덕분에 그럴 수 없었다. 오수전을 갈면 가장자리의 돌출된 곳이 갈려나가기 때문에 거래할 때 쉽게 눈의 띄어 거래하기 어려웠다.

냉정하게 평가하면 오수전이야말로 무제의 가장 큰 업적이라 할 수 있다. 오수전 이전에 고조 유방부터 무제 초기까지 금융 조치에 대한 지속적인 고민이 있어왔기에 이러한 조치가 실행될 수 있었던 것이다. 이후 오수전은 금융 혁신의 천재 왕망에 의해 잠시 무대에서 내려왔던 시기를 제외하면 서한과 동한에 이어 당나라가 건국될 때까지 큰 변화 없이 계속 이어져왔다. 그러므로 오수전은 춘추전국시대 이후 중국 역사의 전반을 대표하는 상징이라 할 수 있다. 그리고 이후는 오수전으로부터 파생된 각종 '통보'가 역할을 대신했다.

이 밖에도 무제는 두 가지 화폐를 더 만들었는데, 수명이 상당히 짧은 화폐였다. 그중 하나는 가죽화폐로 황제의 정원인 어화원의 흰사슴 가죽으로 만들었다. 작은 덩어리 하나가 40만 전이나 했고, 위조방지성도 매우 높았다. 이에 백성들이 위험을 무릅쓰고 어화원에 들어가 사습을 잡으려 했다. 하지만 가치가 너무 높은 그 가죽화폐가 민간에서 유통되기는 힘들었을 것이다.

사실 무제는 가죽화폐를 자신의 친척과 형제들을 착취하기 위한 용도로 사용했다. 무제는 가죽화폐를 만든 후 제후 종친들이 천자를 알현할 때 조공으로 바치는 옥벽에 반드시 가죽화폐를 깔아야 한다고 명했다.

이것은 노골적인 강매 행위였다. 하지만 제후들은 억울하지만 어쩔 도리가 없었다. '오초칠국의 난'이 평정된 이후 날이 갈수록 권세가 약해진 한나라 제후들은 무제 때에 이르러서는 황제의 노골적인 요구에도 싫은 내색을 할 수 없었다.

이 가죽화폐의 출현은 일련의 연쇄효과를 가져왔다. 재정을 담당하는 고위 관리가 감옥에 간힌 것이다. 당시 대사농에 있던 안이에게 어떤 사람이 물었다. "안사농은 가죽화폐에 대해 어떻게 생각하시오?" 안이는 별 생각 없이 대답했다. "제후들이 황제에게 진상하는 옥벽은 수천 전에 불과한데, 그 밑에 깔아야 하는 가죽화폐는 40만 전이나 되니, 배보다 배꼽이 더 큰 것 같소."

이 말이 무제의 귀에 들어갔다. 무제는 재정대신이 공공연하게 중앙정부의 의견과 반대되는 말을 하고 다니는 것이 몹시 불쾌했다. 이렇게 황제의 눈 밖에 났을 때는 경쟁자로부터 모함을 받게 마련이다. 황제가 안이를 못마땅해하기 시작했을 때 회심의 미소를 짓는 사람이 있었다. 바로 『사기·혹리열전』에 기록되어 있는 정위(한나라 때 관직으로 지금으로 치면 대법원장에 해당한다) 장탕이다.

장탕은 어떻게 안이를 죄인으로 몰았을까? 남송 때 명장 악비를 모함한 진회도 치졸한 방법을 썼지만 그래도 장탕에 비하면 약과다. 진회는 악비에게 누명을 씌울 때 회서를 구하지 않은 것과 산양의 수비를 포기해 함락시킨 것을 죄목으로 상세히 열거하기라도 했다. 하지만 장탕은 그런 근거조차 마련하지 않았다. 그는 황제에게 단지 이렇게 말했다. "성상이 법령을 내릴 때 안이는 아무 말도 하지 않았지만 입술을 삐죽거렸습니다. 조정의 고관인 자가 몰래 마음속으로 조롱한 것입니다. 이와 같은 중죄를 저지른 죄인을 살려두는 것은 너무 위험하니 사형을 내리셔야 합니다!" 그리하여 안이는 입술을 삐죽거려 '마음속으로 비판했다'는 이유로 관직과 목숨을 잃어야 했다.

무제가 만든 또 다른 화폐는 백금화폐였다. 물론 현재의 백금과는 달리 은과 주석을 섞어 만든 것으로, 이 백금화폐에는 용, 말, 거북이 문양을 새겨 각각 3,000전, 500전, 300전으로 사용했다. 은과 주석을 합금한 백금의 가치는 분명 액면 가치보다 낮았고, 당시 기술로도 쉽게 위조할 수 있었다. 이에 발행한 지 얼마 지나지 않아 위조화폐가 넘쳐나기 시작해 결국 몇 년 뒤 가치가 너무 떨어져 폐기되었다.

한무제의 조세 정책에 관한 이야기를 하기 전에 영국과 프랑스 전쟁에 대한 이야기를 해보자. 워털루 전투에서 영국은 필사적으로 저항한 끝에 나폴레옹에게 패배를 안길 수 있었다. 영국이 승리할 수 있었던 이유는 무엇이었을까? 군사적으로만 보자면 웰링턴 공작의 전투지휘가 훌륭했기 때문이거나 나폴레옹이 전략적 실수를 했기 때문일 것이다. 하지만 재정적 측면에서 보자면 영국이 승리할 수 있었던 것은 앞장서서 소득세 제도를 실행한 덕분이었다.

무제가 흉노족을 격파할 수 있었던 이유는 무엇이었을까? 사실 무제 때에도 영국처럼 이미 재산세와 소득세를 징수하고 있었다. 하지만 당시 이것은 불합리한 조치였기 때문에 결국 백성들에게 큰 재앙이 되었다. 이 재앙은 상인들의 재산에 눈독을 들이던 누군가가 무제에게 아이디어를 내면서부터 시작되었다. "폐하께서는 이렇게 근검절약을 실천하시는데 장사와 고리대금으로 돈을 버는 자들은 폐하의 뜻을 이해하지 못하고 있습니다. 그러니 마땅히 그들이 쌓아놓은 돈을 토해내게 하십시오! 장사를 하는 경우 상인이든 아니든 상관없이 6할을 세금으로 징수하고, 대장장이와 같은 수공업자들에게는 3할을 세금으로 징수하게 하십시오. 그리고 집안에 마차가 있으면 마차 1대당 120전, 배가 5척 이상 있으면 120전을 징수하고……."

이것이 바로 '산민'이라는 조세 정책이다. 이 자체로만 보면 세율이 지나치게 높았던 것은 아니다. 게다가 재산세와 소득세를 징수할 경우 축적한 재산만큼 세금을 내기 때문에 화폐와 실물자산을 축적하는 것을 방지할 수 있다. 이에 화폐 유통을 촉진시켜 디플레이션 위험을 감소시키는 효과도 볼 수 있다. 그러니 이것만 보면 완전히 잘못된 정책은 아니었다. 하지만 그 뒤에 이어지는 주장들은 놀랍다. "만약 자기 집안의 재산을 계산하지 않으려 하거나 적당히 숨기려 할 경우 1년 동안 국경을 지키는 벌을 내리고, 고발하는 사람이 있으면 몰수한 재산의 절반을 상으로 내리십시오. 그럼 모두가 충실히 세금을 납부할 것입니다." 이것이 바로 산민령을 제대로 따르지 않는 이웃을 고발하도록 백성들을 격려하는 '고민령'이다.

이후의 상황은 가히 짐작할 수 있다. 무제가 이 고민령을 반포하자 백성들은 서로를 고발하기 시작했고 사회 분위기는 갈수록 흉흉해졌다. 조금이라도 재산을 모은 사람들은 대부분 고발당했다. 게다가 고발을 직업으로 삼는 사람까지 생겨났다.

사람이 자기가 가진 것을 내놓기 아까워하는 것은 거의 본능적이라고 할 수 있다. 그래서 설령 모든 재산을 자기 나름대로 성실하게 신고한다 하더라도 누군가가 목적을 가지고 악착같이 파고들면 어디선가 고발당할 거리가 나오게 마련이다. 예를 들어 집에 소 세 마리가 있는 사람이 소 세 마리라고 재산을 신고했는데 그 이후에 송아지 두 마리가 태어났다면 고발 대상이 되는 것이다.

이런 법제들로 무제의 국고는 풍족해졌지만 백성들의 삶은 피폐해져 갔다. 사마천의 묘사에 따르면 당시 중산층 이상 상인들은 대부분 파산했으며, 사람들은 돈이 생기면 쓰려고만 할 뿐 돈을 벌거나 모아두려고 하지 않았다. 이유는 간단했다. 고정자산이 생기면 재산세를 내야 하고, 돈을 벌면 소득세를 내야 했기 때문이다. 고생해서 번 돈이 자신의 삶을 보장해 주기는커녕 오히려 화로 돌아올 수 있다면 무엇 하러 부지런히 일을 하겠는가?

이후 한나라는 철과 소금의 전매제를 실시해 재정 상황이 다소 개선되자 고민령을 점차 폐지했다. 고민령 폐지에서도 무제는 금융가의 풍모를 보여주었다. 정부 명령이 아니라 시장에서 자발적으로 폐지될 수 있도록 했던 것이다.

무제는 일정한 곡식을 납부하면 '고발 면제권'을 주겠다는 칙령을 반포했다. 그러자 평민과 상인들은 앞 다투어 고발 면제권을 사려 했고, 고발 면제권은 순식간에 작위보다도 더 인기가 좋은 옵션상품이 되었다.

이렇게 고발 면제권을 구입한 백성들이 갈수록 많아지자 고발인들도 점차 흥미를 잃기 시작했다. 노력에 비해 수익이 줄고 불확실해졌기 때문이다. 점점 고발하는 사람이 사라지게 되면서 유명무실해진 고민령은 자연적으로 폐지되었다.

당시 모든 사람들이 고발 면제권을 구입했을까? 그렇지는 않다. 왜냐하면 먼저 구입한 사람이 이후 사람들에게 부가적인 이익을 가져다주기 때문이다. 많은 사람들이 고발 면제권을 구입하자 고발하는 데 드는 비용에 비해 수익이 작아짐으로써 사람들이 더 이상 고발을 하지 않게 되자 이제 더 이상은 고발 면제권을 살 필요가 없게 된 것이다.

이것은 컴퓨터 바이러스 백신과 비슷하다. 우리는 일반적으로 바이러스 백신을 꼭 설치해야 한다고 생각한다. 하지만 컴퓨터가 바이러스에 감염될지 여부는 주변 사람들의 설치 여부에 달려 있다. 주변 사람들이 모두 바이러스 백신을 설치할 경우 본인이 설치하지 않아도 바이러스가 전염될 확률이 줄어들기 때문이다. 효율 면에서 보면 바이러스 백신을 설치하지 않아도 된다. 물론 주변 사람들이 모두 백신을 설치하지 않았다면 바이러스 백신의 필요도가 높아지므로 반드시 설치를 해야 한다. 여기서 '바이러스'는 무제의 법령으로 생겨난 고발인들이고, 바이러스 백신은 무제가 판매한 고발 면제권인 셈이다.

고민령은 확실히 잘못된 정책이었다. 무제가 이 정책을 실행하면서 처음에 가졌던 생각은 첫째로는 '재물을 모으는 것'이었고, 둘째는 부유한 상인을 공격하는 것이었다. 중국의 봉건시대 통치자들은 대부분 상인들이 가치를 창출해 내지 못한다고 생각했다. 싸게 사서 비싸게 팔고, 중간에서 부당한 이득을 취하는 욕심쟁이들로만 본 것이다. 그래서 항상 상인들에게 불리한 차별 정책을 실시했다.

하지만 국가를 하나의 신체로 비유한다면 수도 없이 많은 농민들은 신체를 구성하는 세포와 기관이라고 할 수 있으며, 상인은 혈관을 순환하는 혈액이라고 할 수 있다. 상품을 유통시킨다는 점에서 상인은 충분히 가치를 창출해 낸다. 두 가지 간단한 예를 들어 설명해 보자. 하나는 생산에 관한 것이고, 다른 하나는 소비에 관한 것이다. 먼저 생산의 경우 농민 갑과 수공업자 을 두 사람이 있다. 갑은 농사를 잘 짓지만 농기구를 만들 줄은 모른다. 그리고 을은 그 반대이다. 가령 두 사람이 서로 상품교환을 하지 않는 상태에서 농민인 갑은 품질이 떨어지는 농기구로 농사를 지어 30섬의 곡식을 수확한다. 그리고 을은 비록 좋은 농기구를 가지고 있지만 농사기술이 부족해 20섬의 곡식만 수확한다.

이때 만약 상인이 나타나 을이 만든 농기구를 갑에게 주고 을의 밭을 대신 경작하게 했다. 그렇게 해서 갑이 총 80섬의 곡식을 수확했다. 이전 총 수확량은 50섬이었으니 상품교환으로 30섬의 이익이 생겨난 셈이다. 갑과 을은 상인에게 최대 30섬까지 수수료로 주더라도 손해가 나지 않는 셈이다. 상인이 수수료로 20섬만 받기로 한다면 갑과 을은 10섬의 이익을 얻을 수 있다.

이 예는 생산과 관련된 것이지만 소비에 있어서도 마찬가지다. 갑은 보리를 가지고 있고, 을은 쌀을 가지고 있다. 두 사람은 서로 교환을 할 수 없을 때 각자 매일 두 근의 보리와 쌀을 먹으면서 상대방이 가진 음식을 먹고 싶어 한다. 갑은 보리 한 근 반으로 쌀 한 근을 교환하길 원하고, 을도 자신이 가진 쌀 한 근 반으로 보리 한 근을 교환하길 원한다. 이때 상인은 그들이 서로 교환할 수 있게 해준 후 나머지 보리 반 근과 쌀 반 근을 수수료로 챙길 수 있다. 그리고 갑과 을은 교환을 통해서 더 풍부한 식사를 하며 균형 잡힌 영양을 섭취할 수 있다.

이 두 가지 예는 모두 교환이 부를 창출하며, 또한 사람들의 만족도를 향상시키고 삶의 질을 개선시킬 수 있다는 점을 설명하고 있다. 이탈리아 경제학자 빌프레도 파레토는 19세기에 파레토 개선(Pareto improvement)이라는 개념을 제시했다. 이는 교환을 통한 자원배분으로 모든 사람들이 최소한 손해를 보지 않는 상태에서 일부 사람들이 이전에 비해 이득이 커지는 것을 가리킨다. 즉, 자원의 효율적인 배분을 이용해 사회의 효율 최대화를 달성하는 것이다.

그리고 현실 사회에서 이러한 교환은 상인들을 통해서 이루어진다. 교환 과정에서 숙달되는 전문성을 고려해 본다면 최종적인 개선 효과는 놀랍다. 오늘날의 생활조건이 한나라 때 황제보다도 좋은 것은 상업의 분담과 기술 향상이 가져다준 이득이다. 그렇다면 전문적인 업무분담이 기술 향상을 촉진시키는 이유는 무엇일까? 바로 전문 업무가 분담되어야 연구원들이 충분히 높은 보수를 받으며 연구에 매진할 수 있기 때문이다. 물론 한나라에도 총명한 인재는 있었다. 분업과 교환이 가져오는 이득은 앞으로 살펴볼 한나라 재정대신 상홍양을 통해서도 볼 수 있다.

상홍양의 경제 개혁 : 평준법과 균수법
—

상홍양의 총명함은 어릴 때부터 남달랐다. 암산을 잘하는 신동으로 유명해진 상홍양은 13세 때 궁에 들어가 시중이 되어 무제 유철을 보좌했다. 비록 경제학을 가르쳐줄 스승은 없었지만 상홍양은 독학으로 모든 걸 터득했다. 이로써 경제에 천부적인 재능이 있었던 그는 이로써 뛰어난 재정 관리자로 거듭났다. 앞에서 살펴본 무제가 실행했던 많은 정책들도 모두 상홍양과 관련이 있다.

비록 상홍양은 고민령 반포를 지지했지만 상공업의 중요성과 상인의 가치를 동시대 관료들보다 훨씬 중하게 여겼다. 그는 『염철론』에서 상인들을 변호하며 다음과 같이 말했다. "장인이 나오지 않으면 농사에 필요한 농기구가 부족해지고, 상인이 나오지 않으면 귀중한 재화의 유통이 끊어집니다. 그리고 농기구가 부족해지면 곡식이 자라지 않고, 귀중한 재화의 유통이 끊어지면 재물의 가치가 사라지는 법입니다." 또 그가 주장한 균수(均輸)와 평준(平準), 그리고 국가가 소금과 철을 독점하는 조치들은 명나라와 청나라 때까지도 계속해서 유지되었다.

상홍양의 출현과 후속의 일련의 정책들을 볼 때 한나라 정부의 경제사상은 자유주의를 중시하는 시카고학파에서 정부의 주도적 역할을 중시하는 케인스학파로 이동한 것으로 보인다. 즉, '거대 정부와 작은 사회'를 채택한 것이다.

상홍양의 균수법이 겨냥한 것은 제후국과 중앙의 국제무역이다. 당시 중앙정부는 제후국이 보내주는 공물로 물품이 넘쳐났지만 문제가 있었다. 남월국(지금의 베트남과 중국의 광둥성, 광시성)은 인삼이 매우 귀했기 때문에 무소뿔 10개로 인삼 한 뿌리를 사서 공물로 보내면서 조정이 매우 기뻐할 것이라고 기대했다. 반면 낙랑군(지금의 한반도)은 무소뿔이 귀해서 인삼 열 뿌리로 무소뿔 하나를 교환했다. 그들 각자의 관점에서 보면 가장 희귀한 물건을 구매한 것이지만 중앙정부의 입장에서 보면 심각한 자원 낭비였다. 그리고 그 원인은 바로 정보의 비대칭성에 있었다.

이에 상홍양이 한 가지 아이디어를 내놓았다. 먼저 모든 제후국에 균수관을 설치하고 제후국이 공물을 지역의 특산품으로만 진상하도록 한다. 그런 뒤 중앙정부가 남월에서 운송해 온 무소뿔을 낙랑에 팔고, 낙랑의 인삼을 남월에 판매하는 것이다. 그러면 중앙정부는 필요한 물건을 국내에서 가장 저렴한 곳인 균수관에서 구입할 수 있다. 이렇게 하면 제후국은 낭비를 줄일 수 있고, 중앙정부는 추가 수익을 거둘 수 있다.

이처럼 균수법의 의미는 국가가 조정을 통해 효율 개선을 진행하는데 있었으므로 민생에 대한 역할은 그렇게 크지 않았다. 반면 평준법의 경우는 민생과 밀접한 관련이 있어 많은 논쟁이 끊이지 않았다. 평준법은 한나라가 세운 국영 백화점이라 할 수 있다. 중앙정부가 임명한 총지배인은 평준령에 따라 중앙의 상품 재고를 통일해 관리한다. 가격이 비쌀 때 팔고 저렴할 때 사면서 물가 수준이 크게 요동치지 않도록 유지하는 것이다. 이 점만 보면 평준법이 백성들에게 도움이 된다고 생각할 수 있다. 앞에서 살펴봤듯이 곡물가격이 너무 떨어져 농민들이 피해를 볼 경우 평준법이 모든 상품의 가격을 안정시킨다면 백성들의 삶에도 도움이 될 수 있다.

사실 평준법이 가진 의미는 매우 좋다. 예전이나 지금이나 물가가 심각하게 요동치면 민생에 타격을 주기 마련이다. 하지만 과연 국가가 이 역할을 맡는 게 적합한 것일까? 시장에 맡겨두면 좋게 될 일도 국가가 간섭하면 다르게 흘러가는 경우가 종종 있다. 평준법의 경우도 굳이 무제가 법령을 반포하지 않더라도 민간 상인들이 그 역할을 했을 것이다. 당장 눈에 띄는 효과를 보지 못하더라도 말이다.

상인들은 국가처럼 많은 정보를 장악하고 있지도 않고, 일부 상인들이 흑심을 품고 사재기함으로써 상품의 가격을 지나치게 높일 수도 있다. 하지만 강력한 행정력을 가진 정부가 직접 매매에 개입할 경우 민간은 매매에 목소리를 낼 수가 없다. 이렇게 되면 심각한 재정 구축 효과를 초래할 수 있다. 구축 효과란 정부의 투자가 민간투자를 점거하는 것을 말한다.

장안은 농기구가 부족해 하나에 10전인 반면 성도는 농기구가 남아돌아서 하나에 5전이라고 예를 들어보자. 성도에서 장안까지 정부가 운송할 경우는 운송 단위원가가 3전이고 민간상인이 운송하면 단위원가가 1전이다.

민영기업은 국영기업보다 항상 효율이 더 높다. 첫째 이유는 국영기업의 경영인은 회사가 자신의 것이 아니기 때문에 투지가 부족하다는 것이고, 둘째 이유는 국영기업은 여러 비경제적 목표를 가지고 있다는 것이다. 이러한 점은 예전이나 지금이나 다를 게 없다.

만약 평준령에 따라 성도에서 농기구 1,000개를 장안 평준창으로 운송한다면 표면적으로 보면 국가는 2,000전의 수입을 거둘 수 있다. 하지만 만약 민간상인에게 거래를 하게 한다면 단위원가가 1전밖에 되지 않으므로 4,000전을 벌 수 있다. 게다가 이 4,000전은 경영 자금으로 쓰일 수 있다. 그러니 평준령은 객관적으로 2,000전의 순손실을 초래할 뿐만 아니라 상인들의 일을 빼앗는 결과를 불러온다.

만약 무제와 상홍양이 오늘날 대통령과 총리였다면 아마도 평준령이 실시되고 나서 많은 소상인들이 미앙궁으로 찾아와 "평준령을 폐지하고, 민간상인 생존권을 보장하라!"라고 소리쳤을 것이다.

그렇다면 정부가 평준령을 실시해 수입을 거두면서도 구축 효과가 발생하지 않게 하려면 어떻게 해야 할까? 1991년 노벨 경제학상을 수상한 로널드 코스라면 무제에게 '재산권의 범주를 확정하고 매매를 허가'하라는 의견을 내놓았을 것이다. 먼저 무제는 성도의 농기구를 장안으로 운송해 판매하는 권리를 국가가 소유하며, 개인적으로 거래할 경우 유배나 노역에 상응하는 처벌을 내린다고 선포한다. 그리고 연이어 만약 상인이 생계를 위해 어쩔 수 없이 거래해야만 할 경우 100전을 내고 매매 허가증을 구매하라고 발표하는 것이다. 10명의 상인이 허가증을 구매한다면 국가는 한 번에 1,000전의 수입을 거둘 수 있다.

관리가 정부를 속이지 못하게 하는 방법
___

상홍양이 한나라에 국영 백화점을 건설한 것은 본질적으로 계획경제 체제라 할 수 있다. 계획경제는 정보 전달이 매우 효율적이고 상하 소통에 장애가 없으므로 모두가 같은 마음으로 협력한다면 시장경제보다 더 많은 효율과 성과를 거둘 수 있다. 하지만 2,000년 전 한나라 때는 말할 것도 없고 오늘날에도 이익 충돌이 발생하는 상황에서는 효과적으로 소통이 이루어지기가 불가능하고 당연히 효율이 떨어질 수밖에 없다.

대사농 상홍양은 소금의 제조원가를 알아보고자 진나라의 전 문서들을 조사하다가 소금의 제조원가가 제각각이라는 사실을 발견했다. 이에 시장가격을 정하기 위해서 염관에게 "소금 한 근의 원가가 얼마인가?" 하고 물었다. 전문가인 염관은 소금 한 근의 원가가 10문(文) 정도된다는 사실을 알고 있었음에도 속으로 자신의 이익을 먼저 따지기 시작했다. '만약 내가 한 근에 10문 정도라고 솔직하게 말한다면 대사농은 분명 가격을 너무 싸게 책정할 것이다. 그럼 내 이익이 없어질 테니한 근에 100문이라고 말하자. 그러면 소금가격이 올라 대사농도 많은 세금을 거둬들일 수 있고 황제도 더는 조사하라고 하지 않겠지.' 그리하여 염관은 "소금 한 근에 100문 정도입니다"라고 답했다.

생각보다 높은 금액에 놀란 상홍양은 급히 머릿속으로 계산해 봤다. 한 근에 제조원가가 100문이라면 관료기관의 비용을 더할 경우 소금가격은 한 근에 370문 정도여야 한다는 결론이 내려졌다. 상홍양은 낙담하며 생각했다. '만약 원가가 10문 정도라서 가격을 270문까지 낮출 수 있으면 좋을 텐데. 그렇게 되면 백성들이 소금을 곱절로 많이 구매할 것이고 정부도 더 많은 세금을 거둘 수 있을 것이 아닌가.' 역사상 이러한 대화가 정말 있었을지는 알 수 없지만 이와 비슷한 일은 국영기업에서 수도 없이 있어왔다. 그리고 이것이 아마 국영기업이 같은 규모의 민영기업보다 효율이 낮은 이유일 것이다.

만약 메커니즘 디자인 이론을 발전시켜 2007년 노벨 경제학상을 받은 에릭 매스킨이 상홍양의 옆에 있었다면 어떻게 조언했을까? 적합한 동기부여 메커니즘을 제공하지 않는다면 상홍양의 '대리인', 즉 염관은 계속 정확하지 않은 답변만 제공할 것이고, 따라서 사회적으로 효율이 심각하게 손실될 것이라고 말했을 것이다.

염관이 사실대로 말하게 하기 위해서는 상홍양은 염관에게 효율적인 임금을 제시할 필요가 있다. 만약 염관이 원가를 비교적 낮게 대답한다면, 예를 들어 10문이라고 한다면 염관에게 임금 일부를 상여금으로 주는 것이다. 설령 낮은 원가와 염관의 본래 역할이 아무 관계도 없다 하더라도 상여금은 반드시 지급한다. 이러한 비용은 진실을 위한 대가이므로 '정보의 대가'라고 할 수 있다. 말 그대로 염관은 상홍양이 모르는 정보를 가지고 있고, 이에 상홍양은 별도의 대가를 지불해 필요한 정보를 얻어야 한다.

그렇다면 정보의 대가를 가장 적게 지불할 수 있는 방법은 무엇일까? 소금의 원가가 10문일 가능성과 100문일 가능성은 각각 절반이다. 만약 원가가 10문일 경우 소금의 정가는 270문으로 책정되고, 국가는 100만 금을 순수익으로 거둘 수 있다. 반면 원가가 100문일 경우 소금의 정가는 370문으로 책정된다. 하지만 비싼 가격에 구매량이 대폭 줄어들어 국가는 순수익으로 50만 금밖에 거둘 수 없다. 그리고 소금 원가의 진실은 염관만이 알고 있다. 만약 원가를 높여서 보고할 경우 염관은 중간에 30만 금을 착복할 수 있다.

가격과 판매량 사이의 관계(가정)는 다음과 같다.

소금 한 근당 가격(문)	정부 수입(만 금)
70	35
170	50
270	100
370	50
470	35

이 때문에 가장 직접적인 방법은 상홍양이 다음과 같은 임금 제도를 사용하는 것이다. 염관이 원가를 10문이라 보고할 경우 30만 금의 격려금을 제공해 주는 반면, 원가를 100문이라 보고할 경우 조금도 주지 않는다. 이런 동기부여 메커니즘은 매우 직접적이고 효과적이므로, 우리는 염관이 항상 진실을 말할 것이라 예측할 수 있다.

만약 염관이 거짓말을 할 경우 전체 사회가 창출하는 재산은 80만 금(정부의 수입 50만 금과 염관 자신의 수입 30만 금)이다. 반대로 동기부여 메커니즘을 이용해 염관이 진실만 말할 경우 사회의 순수입은 100만 금(정부의 순수입)이다. 그러므로 확실히 사회의 순손실이 줄어드는 것을 알 수 있다.

하지만 좀 더 개선할 방법은 없을까? 좀 더 적은 금액으로 염관이 진실을 말하도록 할 수는 없을까? 상홍양이 가격을 충분히 통제할 수 있다면 가격을 구실로 잡아 진실을 말하게 할 수 있지 않을까?

물론 그럴 수 있다. 상홍양이 다음과 같은 성명을 밝힌다고 가정하

자. '원가가 10문일 경우 소금가격은 270문인 반면 원가가 100문일 경우 소금가격은 370문이 아니라 470문이다!' 이렇게 가격이 높아질 경우 염관은 거짓 보고를 하더라도 중간에 착복할 여지가 줄어든다. 왜냐하면 백성들이 소금을 구매하는 수량이 줄어들어 염관이 중간에서 착복할 수 있는 돈도 줄어들기 때문이다.

이렇게 염관에게 지불하는 정보의 대가를 조금 줄일 수 있겠지만 소금의 원가가 여전히 100문이라면 오히려 정부에게 손해가 아닐까? 에릭 매스킨은 그렇다고 대답할 것이다. 정보의 비대칭이 발생할 때 우리는 이 손실을 부담할 수밖에 없다. 이것이 우리가 도달할 수 있는 최상의 상태이기 때문이다.

황제가 천하를 다스리는 중앙집권제에서 상급과 하급 사이에 많든 적든 기본적으로 이익 충돌이 있기 마련이다. 그래서 모든 계급이 상응하는 정보의 대가를 지불할 필요가 있다. 그리고 이렇게 한 계급, 한 계급 누적될 경우 국영 백화점의 효율은 극히 낮아질 것이다.

관리학에서 이야기하는 조직의 평준화와 경제학에서 이야기하는 시장 운영도구의 핵심은 하나로 통일된다. 바로 정보를 얻고 전달하는 과정에서 최대한 오차와 효율 왜곡을 낮추고 중간 부분을 줄이는 것이다. 그리고 이 점은 몇천 년 동안 국영기업이 민영기업의 효율을 따라잡지 못했던 중요한 원인이다.

경쟁자가 없는 시장독점

소금과 철의 독점판매가 상홍양의 아이디어라고 말했지만 사실 상홍양

이전에도 무제는 소금과 철의 독점판매를 시도하려 했다. 그러자 당시 대농원은 무제에게 소금과 철의 판매를 국가가 운영해서는 안 된다고 반대했다. 품질에 대한 백성들의 불만이 많고 일부 지방에서는 강제매매가 이루어질 수 있다는 이유에서였다. 몇천 년 이후에도 고쳐지지 못한 국영기업의 이러한 고질적인 문제를 한나라가 해결할 수는 없었다. 그래서 당시 대농원은 정부가 경영할 경우 이득을 얻기는커녕 손해를 볼 것이므로 소금과 철을 생산할 권리를 민간에 줘야 한다고 주장한 것이다.

하지만 나라 안에서 소금과 철을 판매하는 회사가 각각 하나밖에 없는데 어떻게 손해를 본다는 것일까? 이 점을 납득하지 못했던 무제는 상홍양의 주도로 개혁을 진행하게 했다. 상홍양은 꼼꼼히 조사를 거쳐 각 군현을 연구한 끝에 국가 독점판매가 손해를 보게 되는 원인을 알아냈다. 효율이 아니라 지역 간 경쟁이 문제였다.

이론적으로는 경쟁은 좋은 일이다. 앞에서 살펴보았듯이 경쟁은 오씨전과 등씨전의 품질을 높여 좋은 화폐가 나올 수 있게 했다. 한나라는 국토가 넓어서 소금과 철을 생산하는 지역이 한 곳에만 있지 않았다. 이에 지방의 염관과 철관들은 성과를 올리기 위해 서로 경쟁했다.

한 국가에 소속된 기업이더라도 경쟁을 통해서 발전할 수 있지 않을까? 실상은 그렇지 않았다. 당시 상황에서 경쟁을 통한 긍정적인 발전은 불가능했다. 왜냐하면 염관과 철관들이 효율을 높일 생각은 하지 않고 무리하게 가격을 깎는 경쟁을 벌였기 때문이다. 소금처럼 기술함량이 비교적 낮은 분야는 그나마 괜찮았지만 철제품의 경우 가격을 낮추면서 자연히 품질이 떨어졌고, 백성들의 원망은 높아졌다.

문제의 원인을 발견한 상홍양은 과감한 개혁을 시작했다. 그는 제후국 염관과 철관들의 가격 결정권을 회수해 국가가 생산부터 판매까지 모든 부분을 관리하도록 했다. 이로써 소금과 철의 가격이 대폭 올랐고, 한나라 정부는 대규모 전쟁으로 인한 재정적 어려움을 해결할 수 있었다. 이러한 상홍양의 방법은 현대 무역용어로 말하면 '재판매가격유지'로 오히려 경쟁을 낮추는 효과가 있다.

철기 제품은 생산업체와 공급판매업체를 거쳐 최종적으로 소비자에 이를 때까지 중간에 두 번의 거래를 거쳐야 한다. 원재료를 생산하는 제철소의 수량은 제한되어 있다. 쉽게 이해할 수 있도록 다음과 같이 가정해 보자. 국영 제철소가 하나밖에 없고, 철관이 있는 제후국이 양나라와 오나라밖에 없다고 말이다. 정상적인 상황에서는 제철소가 두 제후국 철관에게 반가공품을 판매할 때 합리적인 이윤을 거둘 수 있다. 예를 들어 철을 채굴해 철기를 제작하는 단위원가는 3전이다. 이것을 철관에게 4전에 판매하면 제철소는 1전을 이윤으로 거둘 수 있다. 이후 철관의 원가는 철기 재료원가 4전에 노동원가 1전이 추가되므로 5전이 된다. 그리고 각 제후국의 철관들은 경쟁을 하므로 최종가격을 너무 높게 책정할 수가 없다. 이에 최종적으로 철기는 6전에 판매된다. 그럼 철관과 제철소가 거둬들이는 이윤은 각각 1전이다. 그러니 만약 1,000개를 판매한다면 중앙정부(제철소)와 지방정부(철관)는 각각 1,000전을 이윤으로 거둬들일 수 있다.

이 상태에서 상홍양은 철관의 가격 결정권을 박탈하고 제철소가 최종가격을 정하게 한 뒤 판매수익을 국가에 귀속시킨다. 국가에 제철소가 하나밖에 없을 경우 경쟁이 없으므로 완전독점으로 가격을 결정할 수 있다. 이에 가격을 기존 6전에서 10전으로 올린다. 가격이 올라감에 따라 구매하는 사람이 상대적으로 줄어들어 800개를 판매하였다면 정부의 총수입은 8,000전이 된다. 여기에 철기 하나당 3전의 최초 제조원가 및 철관의 노동원가 1전을 제외하면 총이윤은 4,800전이 된다! 한마디로 두 배 이상의 수익을 거둘 수 있는 것이다. 게다가 여기에 중앙정부가 철관에게 지불하는 1,000전의 임금을 빼면 순이익은 3,800전이 된다.

이것이 재판매가격유지의 장점이다. 원재료를 생산하는 기업이 적으면 소매상인들 사이에 경쟁이 심화되기 쉽다. 재판매가격유지는 이러한 경쟁을 억제하고 독점이윤을 증가시키는 데 효과가 있다. 그리고 이것은 또한 재판매가격유지가 현대 서양사회에서 쉽게 고소당하는 이유이기도 하다.

2010년 애플은 새로운 스타일의 아이패드를 출시한다고 발표하면서 동시에 대형출판사 6개사와 '대리점 모델' 협의를 한다. 아이패드로 읽을 수 있는 도서의 정가를 일괄적으로 출판사가 정하게 하는 대신 애플은 30퍼센트의 수수료를 가져가는 조건이었다. 하지만 이전에 출판사와 전자책 판매상 사이에는 전통적으로 '도매점 모델'이 있었다. 출판사는 도매상과 거래를 할 뿐이고, 도매상이 최종적으로 사용자에게 얼마를 받을지는 완전히 자유였다. 하지만 애플이 대리점 모델을 내놓자 얼마 지나지 않아 대형출판사들이 아마존 인터넷서점에도 대리점 모델을 도입하라고 압박하기 시작했고, 결과적으로 2010년부터 2011년 말까지 2년 동안 전자책 가격은 이전보다 20~30퍼센트 상승했다. 그러자 미국 사법부는 신속하게 애플과 대형출판사 6개사에 소송을 제기했고, 기존의 도매점 모델로 다시 돌아가 출판사는 더 이상 가격을 통제하지 않게 되었고 전자책 가격도 이전의 수준을 회복했다.

애플의 사례에서 알 수 있듯이 독점에 대한 시장의 반응은 즉각적이다. 소금과 철을 독점판매한 상홍양의 방법이 본질적으로 사회의 자산을 증가시켰다고 할 수 없다. 그는 그저 사회의 자산이 정부에 더 많이 집중될 수 있도록 했을 뿐이다.

이와 같은 몇 가지 중대한 경제정책으로 인해 무제는 국고를 가득 채울 수 있었지만 민간 상업활동은 돌이킬 수 없는 없는 지경까지 황폐해졌다. 그리고 이처럼 눈앞의 이익만 생각한 방법들은 무제 통치 말년에 '천하가 궁핍해지는' 원인이 되었다.

제5장

공신의 운명과 게임 이론

무제는 과감히 봉지 삭감을 단행하고, 삼국시대 유비의 선조인 유정은 예상치 못한 불운에 작위마저 박탈당한다. 하지만 이 일로 인해 유정의 봉지 지역 경제 는 오히려 새로운 활기를 띠기 시작한다. 유정의 봉지에서 발생한 승수 효과는 무엇일까? 한편 여러 차례 전쟁에서 공로를 세운 대장군 위청은 말년에 갈수록 의심이 심해지는 무제 때문에 목숨을 위협받는데, 당시 공신들이 겪어야 했던 숙명을 게임 이론을 통해 살펴본다.

폭군과 혼군에 숨겨진 의미

반평생 동안 국고를 소진하던 한무제는 말년에 이르러서야 백성들의 힘 을 너무 많이 소모시킨 것을 반성하기 시작했다. 무제는 승상 전천추를 부민후에 봉하고 조과를 등용해 백성들에게 농사짓는 법을 가르치게 하며 농업을 발전시키는 데 힘을 쏟았다.

기원전 89년에 상홍양 등 대신들이 무제에게 다시 세금을 걷어야 한 다고 상소를 올렸다. 오늘날 신장 룬타이현 일대에 병력을 보내 흉노족 의 침입에 대비를 해야 한다는 것이었다. 하지만 무제는 반대하며 오히 려 무제 자신의 잘못을 자책하는 조서를 내렸다. 이 조서에서 무제는 당장 중요한 일은 군대를 일으켜 오랑캐를 토벌하는 것이 아니라 농사에 힘쓰고 백성들의 삶을 회복시키는 데 있다고 밝혔는데, 이를 '윤대의 조'라 부른다.

얼마 뒤 무제는 또 전천추에게 괴로운 심정을 털어놨다. "짐이 젊은 시절 너무 오만하여 천하를 궁핍하게 만든 것이 너무 후회스럽소. 백성의 삶이 힘들어지고 천하가 궁핍해지는 폐정을 저질렀으니 이를 어쩌면 좋단 말이오!"

그로부터 2년 후인 기원전 87년에 무제는 54년간의 통치에 대해 후회만 남긴 채 눈을 감는다. 무제는 태조 유방부터 자신의 할머니인 두 태후까지 이어져온 무위이치(無爲而治)의 '작은 정부'를 버리고 오수전 발행, 소금과 철 전매, 균수법, 평준법 등 일련의 재정 정책을 실시했다. 그리고 이렇게 한나라 때 정해진 대체적인 틀은 이후 왕안석, 장거정 같은 개혁가들이 내놓은 상당히 구체적이고 혁신적인 방안들 속에서도 유지되었다.

여기서는 무제의 일생을 살펴보면서 한 가지 문제를 다뤄보고자 한다. 케인스주의의 견해에 따르면 경기가 불황일 때 정부는 더 많은 '힘'을 가지고 투자를 확대해 화폐 유통을 적극적으로 촉진시켜야만 한다. 그래야 전체 경제가 불황에서 벗어날 수 있다. 한마디로 더 큰 적자를 통해 최종적으로 적자를 줄이는 것이다.

그렇다면 무제가 통치하는 동안 국가는 점점 부유해진 반면 천하는 빈곤해졌던 이유는 무엇일까? 백성들의 부담을 줄이는 작은 정부는 언제나 경제를 호전시킬 수 있는 것일까? 케인스가 옳았던 것일까? 아니면 고전경제학파가 옳았던 것일까?

과거 천하가 빈곤해지고 국고가 비는 것을 오늘날 상황으로 말하자면 경제 적자가 심각해지고 실업률이 매우 높은 상태에 해당한다. 이는 유럽 재정위기 때 스페인, 이탈리아 같은 국가들이 처했던 상황이다. 그러면 이러한 국가들은 확대재정 정책을 실시해 지출을 늘려야 할까? 아니면 긴축경제 정책을 선택해 지출을 줄여야 할까? 이 점은 서양 국가들 사이에서 논쟁이 끊이지 않는 문제다.

더욱이 유럽 재정위기에 심각한 영향을 받고 있는 국가들은 높은 세금, 재정지출 축소를 통해 빚을 상환해야 할까? 아니면 허리띠를 바짝 조여 모은 돈을 국내에 투자해 일자리를 확대해야 할까? 유럽 중앙은행의 경우 전자를 지지했고 이탈리아, 스페인, 포르투갈의 국민들은 후자를 지지했다. 어쨌든 돈을 아껴 빚을 상환하는 빡빡한 삶은 누구도 살고 싶어 하지 않는 법이다.

이 문제는 단순히 옳다고도 그르다고도 답할 수 없는 문제다. 국가의 상황을 면밀히 분석해서 감축이 가능한 공공지출이 무엇인지 살펴야 한다. 먼저 우리는 '경제 발전'에 대해 명확히 할 필요가 있다. 본질적으로 말하자면 경제 발전이 가리키는 것은 전체 사회의 생산량이 많아지는 것이다.

정부가 국민을 '힘들게 한다'는 것은 종종 정부가 거액의 자본을 하나 또는 몇 개의 항목에만 집중해서 투입하고 있다는 의미이다. 고대에는 주로 두 가지 방면에 집중되었다. 그중 첫 번째는 군주 개인의 향락이다. 화려한 궁전을 건설하거나 정원을 조성하거나 진귀한 금은보화를 총애하는 신하나 후궁에게 하사하는 등 제한 없이 지속적으로 많은 자본을 소모하는 것이다. 두 번째는 대외 전쟁이나 내부 권력 다툼으로 인한 군비 지출이다.

일반적으로 향락으로 국고를 탕진한 군주는 '혼군'이라 불렸고, 군비 지출로 국고를 소진한 군주는 만약 전쟁에서 여러 차례 승리를 거두고 국가가 발전 단계에 있었을 경우는 비교적 좋은 평가를 받았다. 사람들은 이러한 군주를 '웅대한 포부를 지닌 지략가'라 평가했기 때문에 죽은 뒤에도 대개 시호에 '무'(武)자가 붙었다. 반면 운이 부족해 직접적으로 나라를 망하게 한 경우 시호에는 '걸'(桀)이나 '양'(煬)과 같은 글자가 붙었고, 이후 사관들은 이런 군주들을 '폭군'의 전형적인 모습으로 묘사하였다. 사료를 보면 이런 군주들에게는 항상 '천하를 궁핍하게 만들었다'는 글귀가 적혀 있는 것을 볼 수 있다.

'혼군'이나 '폭군'이 통치하던 시기에 백성들의 삶은 피폐했을까? 꼭 그렇다고 할 수는 없다. 춘추전국시대 제나라에 큰 흉년이 들었다. 그러자 제경공은 재상 안자를 파견해 누대를 짓는 일에 이재민들을 대량으로 고용하게 했다. 큰 흉년이 3년 동안이나 계속되자 누대의 건설도 3년 동안 끌면서 백성들이 먹고 살 수 있도록 하였다. 흉년으로 삶이 어려워진 백성들이 누대 건설 수입으로 기근을 이겨낼 수 있도록 한 것이다.

전쟁과 침략을 일으킨 범위로만 보자면 영국의 빅토리아 여왕은 손꼽히는 폭군이라 말할 수 있다. 영국은 네덜란드를 격파하고 프랑스와 독일에 중대한 타격을 입힌 끝에 세계 구석에 위치한 작은 섬나라에서 해가 지지 않는 제국으로 성장했다.

19세기 전반기 영국의 군대와 전함은 세계 곳곳을 휘저었다. 1840년과 1856년 두 차례에 걸친 아편전쟁으로 중국을 개방시켰고, 1858년 일본을 무력으로 개방시켰으며, 1857년과 1861년에는 이란, 터키와 각각 협정을 맺었다. 이러한 일련의 전쟁을 벌이며 무력을 남발하던 빅토리아 여왕 이후 시대에도 영국은 재정곤란 상태를 겪지 않았다. 오히려 세계의 패권을 공고히 하며 더욱 풍족해졌다.

그래서 혼군이든 폭군이든 국민의 입장에서 보면 반드시 나쁜 일은 아니다. 그렇다면 혼군이나 폭군에 담긴 구체적인 의미는 무엇일까? 대규모 가뭄이나 홍수가 발생해서 농민과 소규모 생산자들이 큰 피해를 입었을 때 정부가 그들을 구제하는 가장 직접적인 방법은 머무를 수 있는 장소를 마련해 주고 연명할 음식을 제공해 주는 것이다. 하지만 상당히 많은 인원의 이재민들이 몇 개월 또는 더 오랜 시간 동안 무기력하게 있다 보면 각종 사건이 발생할 수 있다. 이런 사건과 불만들을 제대로 처리하지 못하면 확대되어 민중 봉기가 발생하는 계기가 될 수도 있다. 이것이 역대 통치자들이 이재민들을 엄격하게 통제했던 이유 중 하나이다.

현대 여러 선진국들이 실행하고 있는 '요람에서 무덤까지' 복지 제도는 최종적인 구제 형식이라 할 수 있다. 배우지 못하고 노동을 하지 못하는 사람이라 할지라도 국가는 최소한 국민이 굶어 죽거나 얼어 죽는 극단적인 상황에 처하지 않도록 기본 생활을 보장해 준다. 하지만 그럼에도 우리는 경제가 불황일 때 시민들이 거리에서 시위를 벌이거나 심지어 폭동을 일으키는 광경을 볼 수 있다. 2005년 파리에서 발생한 폭동은 사실 프랑스 국민들이 먹을 게 없거나 집이 없어서 발생한 게 아니었다. 취업할 직장이 없고, 게다가 앞으로 취업할 수 있을 거란 희망도 보이지 않았기 때문에 폭동이 일어난 것이다. 인간은 예전이나 지금이나 변함없이 사회적 동물이다.

생산력이 발달하지 않은 2,000여 년 전에 조정은 지금의 선진국들처럼 완벽하게 이재민들을 구제할 수 없었다. 이에 그 당시 가장 이상적인 선택은 이재민을 고용해 수로, 교량, 도로와 같은 시설을 건설하는 것이었다. 이렇게 할 경우 이재민을 구제할 수 있을 뿐만 아니라 이재민의 노동력으로 기반시설을 개선해 재해가 지나간 이후 더 좋은 수확을 기대할 수 있다.

하지만 적합한 공공 프로젝트가 없을 때는 어떻게 해야 할까? 케인스는 정부가 사람을 고용해서 아무 의미 없는 구덩이 파고 메우는 일이라도 시켜야 한다고 말한다. 그렇게 노동자들이 임금을 받아 소비하고 기업이 상품을 판매해야 자금이 돌아가 전체 경제 불황을 해결할 수 있다는 것이다.

고대 사회에서는 군주의 사치 욕구를 충족시키는 데에도 이재민의 노동력을 이용할 수 있었다. 그렇게 하는 것이 무의미하게 구덩이를 팠다가 메우는 케인스의 방법보다는 낫다고 볼 수도 있겠다. 시키는 일을 해야만 최소한의 임금이라도 받을 수 있기 때문에 이재민은 사회적 혼란을 일으킬 위험이 줄어들고 노동의 대가로 받은 임금으로 힘겨운 시기를 넘길 수 있다.

하지만 진정한 혼군일 경우 국가는 큰 불행에 빠질 수 있다. 이런 군주는 농민이 바쁘든 한가하든 상관없이 내키는 대로 인력을 동원해 자기 욕구를 채우려 든다. 송휘종의 화석강이 대표적인 예다. 이러한 동원은 농민들의 농사주기를 완전히 망가뜨리고 사회 자산에 직접적인 손실을 초래해 천하를 궁핍하게 만드는 원인이 된다.

이번에는 전쟁을 일으키기 좋아하는 폭군에 대해 이야기해보자. 천하의 물자를 끌어다가 흉노와 전쟁을 벌인 무제는 어째서 싸우면 싸울수록 가난해졌던 걸까? 빅토리아 여왕은 전쟁을 벌이면 벌일수록 부유해졌는데 말이다.

흉노족을 정벌하려는 무제의 목적은 두 가지였다. 하나는 흉노족을 토벌해 국가 영토가 침범당할 위협을 완전히 없애겠다는 현실적 고려였고, 다른 하나는 개인적으로 자신의 조상인 유방과 여후가 흉노족으로

부터 받았던 치욕을 갚아주기 위해서였다. 이 두 가지 목적은 훗날 어느 정도 달성된다. 무제가 흉노족을 몰아내고 국경을 안정시킨 공로는 오늘날에도 높이 평가되고 있다.

흉노족은 물과 풀을 따라 이동하는 유목민족이라 비교적 가진 게 없었기에 토벌해도 얻을 게 없었다. 하지만 이것이 무제가 싸울수록 가난해졌던 이유는 아니다. 빅토리아 여왕이 식민지를 건설했던 17~18세기에 아메리카와 아프리카의 발전 수준은 흉노족과 다를 바가 없었다. 하지만 그럼에도 영국은 돈을 벌 수 있었다. 무제가 이득을 얻지 못했던 가장 중요한 이유는 흉노와 서역을 정벌한 뒤에 지도에 한나라 소유라 표시한 것 말고는 중앙과 관계를 강화할 수 있는 어떠한 조치도 취하지 않았다는 데 있다. 전쟁에서 이겨 획득한 지역에 병력을 주둔시키고 역참을 설치하는 것만으로는 부족했다. 현지에서 충분한 지지를 받지 못하고 단지 억압으로만 복종시키려 한다면 언제라도 상황이 뒤집어질 수 있기 때문이다.

이것은 당나라는 물론 그 이후의 왕조들도 모두 겪었던 문제였다. 나라가 번성해 군사력이 강할 때는 국가 영토가 확장되었다가 국가가 쇠락해지면 바로 분열되어 영토를 빼앗겼다. 결과적으로 보아도 백성들을 이주시킨 지금의 주취안, 장예 일대는 한나라의 확실한 통제를 받았던 반면 한반도 일대에 설치한 낙랑군의 경우 통치 기반을 충분히 다질 수 없었다. 이 때문에 훗날 다시 고구려와 전쟁을 치러야 했다.

당시 흉노족의 영토는 현재 몽골과 네이멍구, 신장 일대에 해당한다. 드넓은 고비 사막이 있는 이곳은 개간해 농사를 짓기보다는 채광과 방목에 적합해서 화북 평야의 농경지역과 서로 필요한 물품들을 교환할 수 있었다. 무제가 만약 흉노족과 전쟁을 벌여 굴복시켰을 때 상업 교역을 대대적으로 발전시켜 중원의 수공예품과 생활용품을 유목민족에게 팔고, 가축과 광물을 수입했다면 초원과 중원의 관계를 공고히 할 수 있었을 것이다. 그리고 아마도 몇 세대에 걸친 국경 문제를 해결하고 속국으로 만들 수 있었을 것이다.

그저 이기기 위해 싸우는 것이나 복수를 위해 싸우는 것은 갈수록 빈곤을 가속화시킬 뿐이다. 싸우기 위해서는 무기와 갑옷, 그리고 청장년층의 노동력이 필요하기 때문이다. 영국은 싸움에서 승리한 직후에 상대방에게 항구를 개방하라고 요구하거나 다른 여러 가지 조건을 요구했다. 배상금으로 최대한 많은 은화를 요구하며 전쟁에서 패한 국가들을 막다른 골목으로까지 내몰기도 했다. 힘이 없는 패전국들은 어쩔 수 없이 영국이 자국의 시장을 개방해 마음대로 은화를 긁어모아 영국으로 가져가는 것을 지켜볼 수밖에 없었다.

또 영국은 무력으로 자국의 상인들이 다른 나라의 상인들과 유리한 조건에서 거래를 할 수 있도록 보장해 주면서 그들이 얻는 이득 중 일부를 세금으로 걷어갔다. 그 돈으로 군사들에게 더 좋은 무기를 제공하고 훈련을 시켜 영국의 군사력을 향상시켰다. 반면에 중국은 주나라부터 청나라까지 몇천 년 동안 항상 유목민족의 위협을 받아왔음에도 단한 번도 이처럼 성숙한 처리를 한 적이 없었다. 서한 말년 명신 엄우는 다음과 같은 상소를 올렸다.

신이 알기로 흉노의 피해는 아주 오랫동안 계속되어 왔으나 이전 시대에도 완전히 정벌하지 못했습니다. 후세에 주나라, 진나라, 한나라가 모두 흉노를 정벌하려 하였지만 상책(上策)을 펴지는 못했습니다. 주나라는 중책(中策)을 실행했고, 한나라는 하책(下策)을 실행했고, 진나라는 무책(無策)을 실행하였습니다. 주나라 선왕 시대에 험윤이 침략해 경양까지 이르자 장수들에게 토벌을 명령하니 변경까지 몰아냈다가 돌아왔습니다. 야만족의 침입을 마치 모기나 등에 쫓듯이 쫓아내기만 할 뿐이었습니다. 이에 천하에서 명석하다고 평가했으나 상책은 못 되고 중책이라 할 수 있습니다. 한나라 무제는 장수를 선발하고 병사를 훈련시켜 간단한 무기와 가벼운 양식으로 깊숙이까지 침투해 국경을 수비하였습니다. 이처럼 비록 승리하는 공을 세웠으나 흉노가 곧바로 보복에 나서 전쟁이 30여 년간 계속되었습니다. 이에 한나라도 많은 것을 소모하고 흉노 역시 크게 상처를 입게 되어 천하에서 '무력을 휘둘렀다'라고 말해지니 하책이라 할 수 있습니다. 그리고 진시황은 작은 수치심을 참지 못했고 백성의 힘을 가벼이 여겨 만리에 이르는 장성을 세웠습니다. 이에 바다부터 시작해 국경의 경계는 확실해졌으나 나라의 힘을 모두 소진시키고 사직을 잃었으니 아무런 성과도 없는 무책이라 할 수 있습니다.

이 글에는 주나라, 진나라, 한나라가 흉노를 어떻게 대했는지가 담겨 있다. 엄우는 흉노를 다루는 방법에 있어서 주나라는 중책을 사용했고, 한나라는 하책을 사용했고, 진나라는 무책을 사용했다고 평가했다. 주나라는 영토와 백성의 안전을 지키며 흉노족이 침입했을 때에만 병사를 파견해 몰아냈을 뿐 그 후에 대한 대책을 세우지 않았다. 흉노족의 침입을 모기가 무는 정도의 가벼운 소란으로 보았기 때문에 일시적으로 몰아내는 데만 중점을 둔 것이다. 이러한 방법은 백성의 힘을 지나치게 소모시키지 않는다는 장점이 있었다. 그래서 천하에서 명석하다는 평가를 받은 것이다.

반면 무제는 정예병으로 사막 깊숙이까지 침투해 승리를 얻었으나 이후 흉노족의 빠르고 맹렬한 반격에 결국 30여 년 넘게 전쟁을 지속해야 했다. 양측은 계속 국력을 소모시키며 치열한 전투를 치를 수밖에 없었고, 이에 천하에서 무력을 휘둘렀다는 평가를 받은 것이다.

마지막으로 흉노족의 침입을 절대 두고 볼 수 없었던 진시황은 군대를 일으켜 동쪽과 서쪽을 정벌하는 한편 만리장성을 세웠다. 하지만 국력을 소진해 국경에 만리장성을 건축하고 난 뒤에 곧 나라도 멸망했으니* 무책이라고 평가한 것이다.

엄우는 시대적 한계 때문에 상책이 무엇인지 찾지 못했다. 17~18세기 산업혁명 이후 사람들은 마침내 전쟁으로 산업을 양성하고, 또 산업으로 전투력을 향상시키는 해결방안을 찾아냈다. 즉, 정복한 지역을 자국의 산업망과 연결시켜 군사력이 강할 때 경제적 사슬로 묶어버리는 것이다. 그러면 독립한 후에도 경제적으로는 여전히 종주국에 의지하게 된다.

언젠가는 국력이 쇠락하기 마련이니 군사력으로 위협하는 것은 일시적인 해결방법일 뿐이다. 긴밀한 연계를 통해 상대방의 의존성을 키우는 것이야말로 영구적인 해결책이라 할 수 있다. 이 점에서 가장 뛰어났던 나라는 영국이며 그다음으로는 프랑스와 독일을 들 수 있다.

반면교사로 삼아야 할 나라는 스페인과 포르투갈이다. 스페인과 포르투갈도 국력이 강했을 때 거대한 식민지를 건설했지만 그들은 식민지

---

* 진시황이 오랑캐를 토벌하기 위해 그렇게까지 국력을 소모시킨 것은 "진나라를 멸망시키는 것은 호(胡)일 것이다"라는 예언을 들었기 때문이다. 이에 그는 흉노족의 침입을 두려워하며 반드시 후환을 제거하려 했다. 그는 예언에서 말한 '호'가 오랑캐라고만 생각했을 뿐 자신의 아들 '호해'를 말하는 것이라고는 생각하지 못했다.

를 착취하는 방식으로만 운영했다. 남아메리카의 막대한 양의 황금은 모두 유럽으로 운송되어 왕실과 귀족들의 사치품으로 팔렸다. 하지만 이후 영향력이 약해져 남아메리카 국가들이 연이어 독립하자 종주국의 영향을 더 이상 받지 않게 되었고, 세계에서 두 나라의 영향력도 약해 졌다.

반면 영국의 식민지는 모두 영국의 전 세계 산업망과 긴밀히 연결되 어 있었다. 그래서 영국은 이후 핵심민족의 인구수가 너무 적어 식민지 에 대한 영향력이 약해졌음에도 여전히 영향력을 행사할 수 있었다. 오 늘날에도 전 세계에는 영국연방에 소속된 나라들이 많이 있으며, 그중 호주와 캐나다 같은 나라들은 여전히 엘리자베스 2세가 명목상 국가원 수로 되어 있다. 영국과 영국연방 회원국은 여전히 경제적·정치적으로 밀접하게 연관되어 있다. 게다가 영국은 아직까지도 이러한 과거 식민지 들에 일정한 영향력을 행사하고 있다.

유씨 제후들의 승수 효과

대외 정책에서 원대한 포부를 가졌던 무제는 자기 친척들에게도 인정 사정없는 군주였다. 당시 곤경에 처했던 한나라 제후들의 상황을 살펴 보도록 하자.

육성정후 유정은 자신의 당숙이자 한나라 천자인 무제가 중요한 제 사를 개최한다는 말을 듣고 장안으로 달려갔다. 한나라는 오락거리가 매우 적었기 때문에 유정은 이러한 행사를 무척 좋아했다. 이번 제사를 위해 그는 자기 봉국의 체면을 살려줄 최상의 황금도 준비했다.

장안에 도착해 천자를 알현했을 때 천자는 유정과 그의 형제들에게 봉국의 상황을 물은 뒤 몇 마디 격려를 해줬다. 유정과 형제들은 자신들이 준비해 간 황금을 제사 공물로 진상했다. 그런데 어찌된 영문인지 제사 전날 알현하러 갔을 때는 천자의 안색이 어두웠다. 유정과 형제들은 무엇이 잘못되었는지 몰라 불안에 떨었다. 그러자 천자가 손을 내저으며 환관들 앞에 놓인 쟁반을 가리켰다. 쟁반에는 제후들이 가져온 황금이 담겨 있었다.

천자가 말했다. "우리 집안은 예부터 효를 중요시해 왔다. 그래서 태종문황제(문제를 말함)와 선제(경제를 말함)의 시호 앞에 모두 '효'자가 들어가는 것이다. 그런데 그렇게 뛰어난 분들에게 어찌 너희와 같은 변변치 못한 자손들이 있을 수 있단 말이냐! 심지어 제사에 쓸 황금도 가짜를 섞어 가지고 오다니. 오늘 이렇게 명명백백한 증거가 있는데도 발뺌할 속셈이냐? 짐이 이것을 보고도 어떻게 참을 수가 있겠느냐! 관직을 삭탈할 것이니 돌아가 근신하며 반성하도록 해라!"

유정은 고개를 숙이고 아무 말도 하지 못했다. 눈앞에 놓인 황금을 바라보며 "이건 내가 가져온 게 아닙니다!"라고 큰 소리로 말하고 싶었지만 천자 앞에서 차마 입이 떨어지지 않았다. 과거 삭번에 저항했다가 처참한 최후를 맞이했던 숙부와 백부들의 모습이 떠올라 그는 감히 항변을 할 용기조차 내지 못했다.

겁에 질려 급히 돌아간 유정은 살던 집에서는 계속 살 수 있었지만 기존에 사용했던 수레와 가구, 의복들은 더 이상 사용할 수 없었다. 그것들은 모두 왕후만 사용할 수 있었는데, 그는 이미 평민으로 강등되었기 때문이다. 이에 그는 이전에 저축해 둔 돈으로 집안 물품들을 구매하기 시작했다. 우선 가장 시급하게 필요한 것이 마차였다. 유정은 아내와 첩, 그리고 자녀들이 타고 다닐 여러 대의 마차를 구입해야 했다. 그래서 그는 16만 전을 집사에게 주고 1대에 1만 전인 마차 16대를 구입하라고 말했다.

집사에게 종종걸음으로 달려온 마차 상인은 큰 거래에 매우 기뻐하며 돈을 받았다. 그가 주판을 두드려보니 원금인 4만 전을 빼고도 12만 전이나 이득이었다. 남편이 큰돈을 벌었다는 말을 들은 마차 상인의 아내가 진주를 사달라고 조르기 시작했다. 기분이 좋은 마차 상인은 진주 상인에게 12만 전을 모두 주고 진주를 샀다. 진주 상인은 무척 기뻤다. 진주의 원가는 2만 전밖에 되지 않았기에 10만 전을 번 셈이었다. 신이 난 진주 상인은 이번에 번 돈으로 온 가족이 새 옷을 지어 입기로 결정했다. 그는 10만 전을 들고 포목전으로 가 좋은 옷감으로 가족 모두에게 화려한 옷 한 벌씩 지어달라고 말했다. 포목전 주인은 원가 2만 전을 들여 진주 상인의 마음에 드는 새 옷을 지어줬다. 마차가 필요했던 그는 남은 8만 전을 들고 마차 상인을 찾아갔다.

이러한 순환을 계속 예측해 보면 마차 상인은 2만 전의 원가를 사용해 마차 8대를 만들고 6만 전의 이득을 얻는다. 그리고 마차 상인은 다시 진주 상인에게 가서 원가 1만 전인 진주를 6만 전에 구입한다. 진주 상인은 다시 포목전에 가서 옷을 지어 입고, 포목전 주인은 4만 전을 들고 마차 상인에게 간다.

그러면 우리는 마차 상인의 총이윤을 다음과 같이 계산해 볼 수 있다. 첫 번째 순환으로 마차 상인은 12만 전의 이윤을 얻는다. 두 번째 순환으로 마차 상인은 6만 전의 이윤을 얻는다. 세 번째 순환으로 마차 상인은 3만 전의 이윤을 얻는다.

이를 등비수열로 계산해 보면 마차 상인의 총이윤은 12/(1−1/2)=24,

즉 24만 전이다! 같은 원리로 진주 상인과 포목전 주인의 총이윤은 각각 20만 전과 16만 전이므로, 세 기업의 순이익을 합해 보면 24+20+16=60, 즉 60만 전이다.

이를 보면 유정의 집사가 경제권에 던진 16만 전은 호수의 잔잔한 수면을 깨뜨리는 돌멩이와 같다고 할 수 있다. 그 돌멩이 하나로 일어난 물결은 처음보다 훨씬 더 큰 규모로 퍼져 나간 것이다. 그래서 유정의 실각은 오히려 봉지의 민간경제 번영을 불러왔고, 사람들 사이에서는 "유정이 세력을 잃으니 모두가 배불리 먹는구나!"라는 말이 퍼졌다. 유정은 불행한 일을 당한 제후들 중 한 명일 뿐이었지만 그로부터 몇백 년이 지난 후 그의 후손 중에서 유명한 영웅이 탄생한다. 자신을 중산정왕의 후손이라고 밝힌 이 영웅은 바로 삼국시대 천하를 호령했던 유비다. 유정은 중산정왕 유승의 아들이니 유비의 직계 조상이 된다.

어쨌든 이 예에서 짚고 넘어가야 할 점은 거시경제학에서 매우 중요한 개념인 승수 효과가 소개되었다는 점이다. 원래 유정의 금고에 보관되어 있던 16만 전을 유정이 자기 봉국의 경제 사이클에 투입한 결과 민간에서는 일련의 경제활동이 우후죽순처럼 일어났고 그 결과 더 많은 자산이 형성되었다.

만약 유정을 정부로 본다면 이 거래가 가져다주는 일련의 효과들은 케인스학파가 항상 강조하는 승수 효과로 볼 수 있다. 그리고 바로 승수 효과로 인해서 정부의 공공투자는 투자한 애초 금액보다 더 큰 경제적 파장을 일으킬 수 있다. 정부의 투자는 농사와 같다. 씨앗을 뿌린 뒤 순환을 거쳐 수확할 시기가 되면 최초의 투자보다 몇 배로 불어나 있다. 그리고 이런 방법을 사용하는 것이 가혹한 세금을 걷는 것보다 훨씬 효과적이다.

이것은 바로 앞에서 언급했던 '적자로 적자를 메꾸는' 이론의 기초이다. 물론 실제로는 수출입, 환율 등 고려할 요소들이 많이 있어서 이 예보다 훨씬 더 상황이 복잡하다. 그러나 기본적인 원리는 똑같다.

반대로 시카고학파의 자유주의자들은 정부가 개입하는 것은 좋지 않으니 시장의 결정에 맡겨야 한다고 주장한다. 이에 승수 효과에 대해서도 근거가 없는 이론이라고 평가한다. 정말로 정부가 투자를 할수록 좋은 것이라면 아예 모든 돈을 정부가 투자하도록 맡기는 편이 낫지 않겠느냐는 것이다.

케인스학파의 관점과 반대되는 사례도 얼마든지 있다. 무제는 전쟁 이외에도 수리 공사를 진행하고 촉나라까지 도로를 건설하는 등 대규모 공공투자를 진행했지만 백성들의 삶은 윤택해지기는커녕 더욱 빈곤해졌다.

시카고학파와 케인스학파의 관점은 둘 다 틀린 것이 아니다. 케인스가 공공투자 승수 효과에 대한 관점을 제시했던 1930년은 대공황 시기였다. 그 시대가 가지고 있던 몇 가지 조건을 보면 승수 효과는 타당한 관점이었음을 충분히 알 수 있다. 바로 이러한 숨겨진 조건들이 승수 효과가 발휘될 수 있는 필수 조건이다. 하지만 무제는 한나라가 이러한 조건에 부합하지 않는다는 사실을 소홀히 했고, 결국 몇십 년에 걸친 무분별한 낭비로 백성들의 삶을 궁핍하게 만들었다.

승수 효과의 숨겨진 조건이란 이런 것이다. 첫 번째 조건은 앞에서 상홍양을 소개하면서 언급했던 '투자구축 효과'와 관련이 있다. 방금 유정의 예를 보면 민간에 아무런 유통이 없는 상황에서 유정의 돈을 통해 유통이 촉진될 수 있었다. 그렇다면 여기에 또 다른 상황을 가정해볼 수 있다. 만약 이미 너무 많은 주문이 밀려 있어서 추가근무를 하고 있는 마차 상인에게 다른 모든 일을 멈추고 유정을 위한 마차를 먼저 만들라고 요구하는 상황이라면 이 효과는 있을 수 없다. 왜냐하면 유정의 주문으로 다른 소비자들의 주문이 배제되어 사회의 총재산이 승수 효과를 볼 수 없기 때문이다.

또 다른 조건은 사회의 생산율이 일정하게 보장되어야 한다는 것이다. 과학기술이 발달한 오늘날에는 일부 사람들만으로도 전체 인구가 먹을 식량을 생산할 수 있지만 한나라 시대에는 그렇지 않았다. 평화로울 때는 괜찮았지만 재해나 변란이 발생할 경우 술을 빚을 곡식이 부족했다. 이에 한나라는 소금과 철에 이어 술에도 전매를 실시한다.

삼국시대 유명한 장수인 여포는 수하 송헌과 위속이 몰래 하비성의 군량미로 술을 빚은 것을 알고 심하게 화를 냈다. 그리고 결국 이 일로 앙심을 품은 수하들의 배신으로 하비성 백문루에서 비참한 최후를 맞는다. 이처럼 농업 생산성이 낮았음에도 한나라는 공공투자를 진행했다. 대규모 수리 공사나 전쟁에는 모두 대규모 인력자원이 필요했다. 하지만 농민들을 모두 노역에 동원하면 농사는 누가 짓는단 말인가?

이와 같이 승수 효과는 아무 조건 없이 이룰 수 있는 게 아니다. 사회에 대량의 잉여자금과 잉여인력이 있을 때만 비로소 제대로 된 효과를 발휘할 수 있다. 1920~1930년대 세계 대공황 시기에는 대량의 실업자와 재고품이 있어 승수 효과의 조건에 부합했기에 바로 효과가 발휘될 수 있었던 것이다. 하지만 무제 시대에는 이러한 조건이 맞아떨어지지 않았다.

그러므로 케인스학파의 이론은 본질적으로 대공황 경제학이라 할 수 있다. 현대 사회에서도 대규모 경제공황에 빠졌을 때 정부의 투자가 최상의 효과를 발휘하곤 한다. 양호한 경제 발전을 보이는 상황에서 대량의 투자를 진행할 경우 오히려 반대의 결과를 초래할 수 있다.

유럽의 'PIGS' 4개국(포르투갈, 이탈리아, 그리스, 스페인)은 심각한 재정위기를 겪은 뒤 거대한 재정적자에 몸살을 앓아야 했다. 이에 유럽연합은 '허리띠를 졸라매고 부채를 상환해야 한다'와 '적자를 무릅쓰고 투자해 성장을 촉진시켜야 한다' 사이에서 방향을 잡지 못한 채 갈팡질팡했다. 하지만 허리띠를 졸라매는 것과 적자로 성장을 촉진하는 것은 결코 모순되는 정책이 아니다.

유럽 재정위기는 신뢰와 유동성의 위기이다. 대부분의 국가들은 국제시장에서 채권 만기가 되기 전에 기존 채권을 새로운 채권으로 교체할 수 있다. 하지만 4개국의 경우 투자자들의 신뢰가 없기 때문에 충분한 자금을 유통시킬 수 없었고(그리스의 경우 채무탕감 협의가 달성되기 전에 국채 수익이 거의 100퍼센트 이상이었다. 이 때문에 그리스인들은 금융시장이 절망적이라 보고 높은 이자에도 그리스에 돈을 대려 하려 하지 않았다) 채무상환 기일은 다가오고 있었다. 국가의 자금줄이 곧 끊길 위기에 처하자 국내 기업들도 자금순환이 막히게 되었다.

이때 만약 무턱대고 긴축을 감행하며 과학연구와 생산성 공공투자를 모두 동결시켰다면 오히려 역효과가 일어났을 것이고 국가의 장기적인 경쟁력도 손상되었을 것이다. 실업률은 더욱 높아지게 되고, 직업이 없는 국민은 기업이 생산한 제품을 구매할 수 없기 때문이다. 대공황이 발생할 때 주로 나타나는 현상이다.

그러므로 이때 정부는 산업과학기술 연구에 계속 투자하면서 낮은 신용과 경기부진으로 인해 민간 영역의 투자가 감소된 부분을 보조해 주어 국내 기업의 자금순환을 해소시켜 주어야 한다. 경제가 다시 활력을 찾기 시작하면서 모든 것들이 순차적으로 해결될 수 있다.

이때가 바로 승수 효과가 발휘될 수 있는 절호의 때이다. 거시경제학에서 넓게 말하는 '경제 성장'은 각종 상황에서의 성장 모델을 연구한 것이다. 충분한 경제 성장 흐름이 있고 투자자들의 신뢰가 있으며, 국가가 시장에서 가장 낮은 이자로 국채를 빌려 더욱 원활한 자금순환으로 투자를 진행한다. 이러한 선순환에 들어갈 때 경제위기도 점차 줄어들 수 있다.

하지만 경기불황에 따른 지원금만 제공하고 실질적인 생산활동은 보장해 주지 않는 일부 부적절한 복지 지출은 거액의 공공자금을 소모한다. 이러한 지원은 겉으로는 적극적으로 지원하는 것처럼 보이지만 실제로는 정부의 책임 없는 행동이다. 그리고 이렇게 재정을 갉아먹을 경우 정부 재정예산이 더욱 악화된다. 더구나 힘든 상황에 처한 기업과 기업주들은 실질적인 도움을 받지 못하면서 사람들의 직장을 구하려는 적극성은 떨어진다. 그러므로 이런 지출은 반드시 줄여야 하는 것이다.

그러므로 정부의 투자 확대와 지출 감축은 결코 충돌하지 않는다. 경제위기일 때도 생산 연구개발과 상업유통 방면의 투자는 계속 이어져야 한다. 하지만 비생산적인 복지와 이전지급 방면은 절약해도 괜찮다. 한마디로 경제위기에 처한 국가는 재조정할 필요가 있다. 정부의 재정지출은 절대적 수량이 아니라 정부가 임의적으로 조정할 수 있는 부분이다.

다시 한나라 무제의 상황으로 돌아가 보자. 한나라는 농업이 주축인 국가였고, 생산성에 대한 정부의 투자는 한계가 있었다. 그래서 가장 좋은 방법은 허리띠를 졸라매고 백성들의 부담을 줄여주는 것이었다.

기원전 81년에 무제가 세상을 떠난 뒤 어린 나이에 황제의 자리에 오른 소제는 고명대신 곽광의 주도하에 소금과 철의 전매권에 대한 회의를 연다. 전국 각지의 학자들이 한자리에 모여 어사대부 상홍양과 승상 전천추와 함께 논의를 했다. 그 결과 다음과 같은 재정 정책을 확립한다.

전국 각지에서 몰려든 학자들은 비록 노벨 경제학상을 받은 시카고 학파의 경제학자 프리드먼과 루카스의 이론을 알지 못했지만 공자와 노자의 이론에 근거해 정부의 정책을 비판했다. 특히 소금과 철, 술의 전매 정책에 대해 맹렬한 공격을 퍼부었다. 그들은 국가가 지나치게 깊이 관여해서 상업경영에 직접 참여하는 것은 국민과 이익을 다투는 일이라고 보았다. 이에 상홍양은 자신의 정책에 대해 변호하며 자신의 방법이야말로 백성에게 증세하지 않고 천하를 풍족하게 할 수 있는 정도라고 주장했다.

이러한 논쟁은 결국 결론을 얻을 수 없었다. 논쟁이 깊어질수록 양측의 의견 차이는 더욱 벌어질 뿐이었다. 곽광은 비록 논쟁에는 참여하지 않았지만 원래 상홍양과 의견이 달랐다. 무제가 말년에 내린 윤대의 조를 지지한 그는 백성을 휴식시키는 것이 정도라 생각했다. 이처럼 그는 학자들의 의견에 가까웠지만 그렇다고 해서 그들처럼 무제의 윤대의 조 이전의 정책을 모두 부정하지는 않았다. 이에 그는 다시 군대가 일어날 가능성은 없으니 농가에서 술을 주조할 수 있게 해주자는 중재안을 내놓았다.

1년 후 '연왕의 반란'이 발생하자 상홍양은 연왕 유단과 함께 반란을 공모한 죄로 곽광에게 죽임을 당한다. 그렇게 한 시대를 풍미한 천재는 정쟁에 휘말려 무대를 떠나야 했다. 하지만 상홍양이 죽은 뒤에도 그의 정책은 계속 이어졌다. 그가 남긴 평준법과 균수법 그리고 소금과 철 전매 정책은 이후로도 유지되며 한나라 재정수입에 일조했다.

미국의 상평창

소제[*]가 세상을 떠난 후 선제 시대가 시작되었다. 이때 대사농승 경수창은 상홍양의 평준법에서 한 단계 더 나아간 상평창(常平倉) 제도를 제안한다. 이 제도 역시 후대 왕조에서도 계속 사용된다. 상평창이란 국가가 곡물가격을 조정하기 위해 설치한 기구로, 공개시장조작(open market operation) 방식을 통해 곡물가격을 안정화시키는 것이 목적이다. 흉년이 들었을 경우에는 국가가 비축하고 있는 곡물을 비교적 낮은 가격에 시장에 내놓아 사람들이 굶주리지 않도록 가격을 조정한다. 또 풍년이 들었을 경우에는 비교적 높은 가격에 곡물을 사들여 곡물가격이 지나치게 떨어져 농민들의 수입이 줄어드는 것을 방지한다.

1938년 뉴딜 정책에는 상평창과 비슷한 계획이 있었는데 다음과 같은 규정들이 담겨 있다. 미국 연방정부가 농장주에게 저금리 대출을 제공하고 농장주는 미래 작물 생산량을 저당으로 잡는다. 농장주는 국가의 요구에 따라 상응하는 작물을 심을 필요가 있으며, 계획량보다 초과한 생산량은 연방정부가 농장주를 대신해 비축한다.

이렇게 되면 풍년이 들어 시장가격이 지나치게 낮아졌을 경우 농장주는 직접 정부에 농작물을 맡겨 손해를 보지 않을 수 있으며, 시장가격이 너무 높을 때는 자신의 작물을 시장에 팔아 연방정부에게 상응하는 돈과 이자를 주고 나머지 수입은 자신이 가질 수 있었다.

경수창이 살았던 시기부터 뉴딜 정책이 실행되기까지 2,000년의 간격이 있지만 농업을 촉진하고 농민의 이익을 보호하는 정책이라는 점에

---

[*] 소제 유불릉은 무제의 여섯 번째 아들로 8세에 즉위해서 21세의 나이에 병으로 세상을 떠난다.

서는 근본적으로 매우 비슷한 모습이다. 미국도 현대판 상평창 제도를 실시하고 얼마 되지 않아 농업이 점차 활력을 띠기 시작했다.

상평창 방식은 곡물에만 한정되지 않는다. 중앙은행이 금리와 환율을 통제할 때도 상평창과 비슷한 방식으로 시장을 조작한다. 이 점은 과거 한나라 문제의 중앙정부와 오나라를 예로 들어 설명할 수 있다. '오초칠국의 난'이 일어날 기미를 보이고 있을 때 오나라 화폐는 한나라를 대신해 강세를 보이고 있었다. 이에 사람들은 한나라 화폐를 팔아서 오나라 화폐로 바꿨고, 시장에는 한나라 화폐보다 오나라 화폐가 더 많게 되면서 기존의 환율을 유지할 수 없게 되었다.

이때 만약 한나라가 자신의 화폐와 오나라 화폐의 기존 환율을 유지하려 한다면 중앙정부는 대량의 곡물을 팔아 정부 화폐를 사들여야 한다. 그런 다음 명장 주아부가 오나라 군대의 보급로를 끊고 사지로 몰아넣으면 사람들은 앞다투어 오나라 화폐를 팔아 한나라 화폐로 바꾸려 할 것이다. 이에 한나라 화폐의 가격이 치솟기 시작할 때 비축하고 있던 화폐를 팔아 곡식을 사들이면 환율을 상대적으로 안정화시킬 수 있다.

이처럼 상평창 정책에 긍정적인 효과가 있음에도 어째서 역대 왕조들은 항상 이 정책의 실행을 두고 논쟁을 벌였던 걸까? 상평창 정책을 반대했던 사람들은 모두 상인들의 하수인이었던 걸까? 그렇지는 않다. 우리가 앞에서 이야기했던 정보의 비대칭성 때문이다.

상평창이 가진 의도는 분명 좋았다. 하지만 황제나 대사농이 이 일을 직접 관할할 수 없었기에 매매의 권리를 특정 관리에게 위임해야 했다. 그럼 상평창 가격 결정과 매매권을 위임받은 관리는 자신의 권력을 이용해 사리사욕을 채울 수 있다. 예를 들면 풍년일 때 싼 값에 곡물을 사들여 흉년일 때 비싼 값에 파는 것이다. 결국 시장가격을 조작해 폭리를 취하는 대상이 상인에서 정부 관리로 바뀌자 백성들은 더욱 가혹한 수탈에 시달렸다. 좋은 생각이 실제로 백성들에게 도움이 되게 하려면 좋은 제도가 뒷받침이 되어야 한다. 하지만 안타깝게도 2,000여 년 전 중앙집권 국가에는 효과적인 상벌 제도가 많지 않았다.

상평창은 국가가 비축하는 것이기 때문에 보통은 효과적으로 물가, 환율, 금리를 안정화시킬 수 있다. 하지만 그렇다고 이 정책이 항상 성공했던 것만은 아니다. 가장 대표적인 실패 사례가 '검은 수요일'이다. 1992년 영국은 경제적으로 많은 어려움에 처해 있었다. 하지만 '마스트리히트 조약'에 의해 환율 변동 폭이 고정되어 있어 파운드의 가치를 독일 마르크보다 평가절하할 수 없었다. 그러자 세계적인 투자의 귀재라 불리는 조지 소로스는 파운드가 겉으로는 마르크보다 안정적인 것처럼 보이지만 실제로는 취약하다는 점을 간파하고 1주일 동안 100억 달러를 동원해 파운드를 투매했다. 이에 맞서기 위해 영국 은행은 외환보유액 200억 달러를 동원해 파운드를 사들였지만 파운드가 마르크보다 떨어지는 것을 막을 수 없었고, 결국 유럽 환율 메커니즘(ESM)에서 탈퇴했다. 현재까지도 영국인들은 유로존에 대해 두려워하며 자신들의 파운드화에 변동환율을 사용하고 있다. 한마디로 자라 보고 놀란 가슴 솥뚜껑 보고 놀라는 셈이다.

공신의 숙명

———

말년에 의심이 심해진 무제는 항상 누군가가 자신의 자리를 노리지 않을까 노심초사했다. 그렇게 의심이 또 다른 의심을 낳으며 결국 그는 자기 아들까지도 의심하는 지경에 이르렀다. 그러던 중 총애하던 강충으로부터 태자가 그를 해하려 한다는 말을 듣고 태자의 거처를 수색했는데 저주할 때 사용하는 인형이 발견되었다! 인형의 몸에는 여러 개의 바늘이 꽂혀 있었고 무제를 저주하는 부적도 붙어 있었다.

일단 황제가 누군가를 의심해 조사하게 하면 그 혐의는 사실이 된다. 황제가 누군가가 반역을 했다고 말하는 순간 그 사람은 반역자가 되고, 그의 집에서는 용포, 무기, 저주 인형과 같은 물증들이 나오는 법이다.

태자도 예외가 될 수 없었다. 태자는 생전 본 적도 없던 저주 인형이 자기 침대 밑에서 나오는 것을 보고 당황했다. 상황이 이렇게 된 이상 태자는 강충을 죽이지 않고는 자신이 살 수 없다는 점을 깨닫고 그를 죽이기로 마음을 먹는다. 하지만 태자가 강충을 죽이려는 혼란을 틈타 내시 소문이 몰래 감천궁으로 도망가 무제에게 태자가 반란을 일으켰다고 보고했다. 무제는 승상 유굴리에게 진압을 명령했다. 화를 피하기 위해 군대를 일으켰던 태자는 어쩌다 보니 진짜 반란을 일으킨 셈이 되었다. 군심과 민심 모두 태자의 편이 아니었다.

대군의 공격을 피해 태자는 급히 호현으로 도망쳤다가 결국 자살하였고 황손들도 살해당했다. 나중에 진상을 알게 된 무제는 몹시 후회하며 태자의 반란을 진압하는 데 참여했던 유굴리와 소문 그리고 호현 현령 등 관계된 모든 사람을 처형하고 강충의 집안을 멸족시켰다. 하지만 어떻게 해도 아들과 손자의 생명과 바꿀 수는 없었다. 더구나 황후 위자부는 태자가 도망친 직후에 독약을 먹고 자살했다. 그러니 무제는 스스로 자신의 아내와 아들, 손자를 모두 죽인 셈이다.

강충 등의 사람들이 감히 태자 유거를 모함할 수 있었던 것은 태자의 생모이자 황후인 위자부가 세력을 잃었기 때문이었다. 황후는 남동생인 대장군 위청이 병사함으로써 더 이상 지지해 줄 세력이 없는 데다가 황제의 총애를 잃고 있었다. 이 반란 사건으로 위청의 아들도 화를 입어 죽임을 당해야 했다. 안타까운 점은 위청은 생전에 무제를 위해 전장에서 공을 세운 공신이었다는 점이다. 그는 생전에 죽음을 무릅쓰고 흉노족과 치열히 싸우며 한나라를 지켰지만 정작 사후에 가족을 지킬 수는 없었다.

이처럼 한나라가 공신과 그들의 후손을 푸대접한 일은 이전부터 있어왔다. 한나라 초기 공신인 소하, 장량, 한신 등을 보아도 알 수 있다. 세 사람 중에서 가장 대범했던 장량은 유후의 봉직을 요청한 뒤 은거한 채 하루 종일 신선 수행을 하며 태평한 삶을 살았다. 반면 소하는 승상의 자리까지 오르지만 이후 유방의 심기를 건드려 감옥에 갇혔다 풀려나기도 했다. 마지막으로 유방에게 많은 총애를 받았던 한신은 세 사람 중 가장 비참한 최후를 맞이한다. 유방은 제나라 왕이던 한신을 초나라 왕으로 임명했다. 그리고 천하 주유를 핑계로 초나라 변방에 있다가 한신이 맞이하러 왔을 때 붙잡아 회음후로 강등시키고 경성에 압송했다. 이후 진희가 반란을 일으켜 유방이 직접 군대를 이끌고 출병하자 여후와 승상 소하는 한신이 경성에서 반란을 일으킬까 두려워 승전보를 위조해 한신을 유인했다. 결국 승전을 축하하러 온 한신은 참살되었고 3족이 멸해졌다.

진희의 난은 공신들을 숙청하는 도화선이 되었다. 유방은 얼마 지나지 않아 양나라 왕 팽월이 반란 평정을 소홀히 했다는 이유로 서인으로 강등시키고 사천으로 유배 보냈다. 유배를 가던 길에 여후를 만난 팽월은 한신을 죽인 주범이 여후라는 사실은 까맣게 모른 채 자신의 무고함을 호소했다. 여후는 일단 거짓으로 팽월을 위로하며 낙양으로 데리고 온 다음 바로 유방에게 그가 모반을 꾀했다고 모함했다. 결국 사형에 처해진 팽월의 시신은 잘게 저며져 제후들에게 나눠졌고, 가족들도 모두 죽임을 당했다.

한신과 팽월의 죽음으로 회남왕 영포는 큰 두려움에 휩싸였다. 그러던 중 소금에 절여진 팽월의 시신이 도착하자 더 이상 참지 못하고 반기를 들었고, 중병을 앓고 있던 유방은 어쩔 수 없이 또다시 군대를 이끌고 영포의 난을 진압해야 했다. 그리고 영포의 난 이후 장사왕 오신도 유인해 죽였다. 결국 초나라를 멸망시키고 한나라를 건국하는 데 결정적인 역할을 한 공신인 한신, 팽월, 영포는 3년 안에 모두 죽임을 당했다.

이와 같은 상황은 한경제 때에도 있었다. '오초칠국의 난'이 일어났을 때 한나라는 명장 주아부의 도움으로 위기에서 벗어날 수 있었다. 이후 주아부는 공로를 인정받아 태위, 승상을 지내며 명성을 떨쳤지만 경제와 마찰을 겪으면서 결국 반란을 일으키려 했다는 모함을 받게 된다. 몰래 무기를 사들이며 반란을 계획했다는 것이 죄목이었다. 경제는 주아부를 잡아들이고 정위를 보내 문책하게 했다. 주아부가 말했다. "한평생을 전쟁터에서 보냈지만 이제는 늙었소. 이번에 사들인 무기와 갑옷들은 모두 순장품인데 무슨 반란이란 말이오?" 하지만 정위는 더욱 심하게 문책하며 말했다. "그렇다면 죽은 뒤에 지하에서 반란을 일으키려 한 것이 아닌가!" 황당한 말에 말문이 막힌 주아부는 아무런 말도 하지 못했다. 성품이 곧은 주아부는 단식을 통해 자신의 결백을 증명하려 했지만 결국 굶어 죽었다. 그리고 그 소식을 접한 아내는 3척의 흰 비단으로 스스로 목숨을 끊었다. 참으로 비극적인 일이라 할 수 있다.

무제에 이어 제위에 오른 소제는 나이가 어렸기 때문에 곽거병의 동생 곽광이 보필했다. 이후 소제가 요절하자 곽광은 과거 무고의 난으로 죽은 태자의 손자를 찾아갔다. 당시에 갓난아기였기 때문에 화를 피할 수 있었던 손자는 이후 사면되어 풀려난 뒤 민간에서 유병이라는 이름으로 길러지고 있었다. 곽광은 유병이를 궁으로 데리고 와 소제의 제위를 잇게 했는데 바로 선제다.

곽광이 살아 있을 때 선제는 그를 매우 공경했다. 하지만 곽광이 세상을 떠나자 바로 궁궐에는 피바람이 불기 시작했다. 선제는 과거 곽광이 자기 딸을 황후로 만들기 위해 황후 허평군을 독살한 일을 문제 삼아 곽광의 재산을 몰수하고 가족을 참형시켰다. 그리고 심지어 곽씨 집안의 사위들까지 모두 죽였다.

이처럼 많은 이들을 죽음으로 내몰았음에도 선제나 유방, 경제는 잔혹한 황제로 불리지 않고 있다. 심지어 경제는 '문경치지'를 이룩한 성군으로 칭송을 받고 있고, 선제도 한나라를 중흥시킨 황제로 평가받고 있다. 하지만 그 업적을 이룩하는 데 일조한 공신들에게는 정말 가혹하게 대우했던 것이 사실이다.

황제들이 이렇게 공신들을 홀대했던 이유는 무엇일까? 사실 이것은 황제의 문제라고만은 할 수 없다. 황제와 공신 간 게임 때문이라고 해야 옳을 것이다. 황제의 입장에서 보면 자신을 위해 공을 세운 공신과 그의 가족을 처벌할 이유는 없다. 공신을 잘 대우하면 더 많은 사람들에게 충성을 독려할 수 있기 때문에 옆에 두는 게 더 이득이다. 그래서 황제들은 공신이 충성스럽다는 확신이 들 경우 잘 대우하며 모범으로 삼으려 한다.

공신의 비극은 대부분 모함에서 시작된다. 한신과 팽월은 실제로 반란을 일으키지 않았음에도 모함에 의해 3족이 주멸당해야 했다. 그리고 영포의 경우에도 만약 두 사람이 그렇게 처형되지 않았다면 봉기를 일으키지 않았을 것이다. 천하가 안정된 후에 공신들이 반란을 계획한다는 것은 상식적으로도 납득이 되지 않는 일이다. 왜냐하면 공신들이 가장 원하는 것은 공을 인정받아 자신의 신분과 지위를 유지하고 가업을 지키는 것이기 때문이다.

황제는 공신을 제거하고 싶어 하지 않고, 공신은 황제에게 반기를 들고 싶어 하지 않는다면 어째서 황제와 공신이 서로를 미워하고 죽이는 비극이 계속 되풀이되는 것일까? 바로 정보의 비대칭성 때문이다. 황제는 공신을 잘 대해주고 싶지만 만약 공신이 정말로 찬탈을 하려고 하는 경우에는 먼저 제거해 후환을 없앨 수밖에 없다. 황제에게는 자신의 황위와 가문을 보호하는 것이 가장 중요한 목표이고, 군신의 모범을 세우는 일은 부차적인 문제이기 때문이다.

하지만 황제는 누가 정말 충성스러운 공신이고 누가 찬탈을 꿈꾸는 공신인지 알지 못한다. 게다가 두각을 나타낸 공신의 경우 자연스럽게 권력과 명성을 가지게 되면서 황제의 권력을 제어할 수 있는 인물로 부상하게 된다. 이에 황제가 진정한 충신을 가려내는 일은 더욱 더 어려워진다.

그래서 황제는 다음과 같은 몇 가지 방법들로 공신들을 시험해 보게 된다. "내가 반란을 토벌하러 가는데 자네도 군사를 이끌고 참여하지 않겠는가?"[*], "내가 자네 봉국의 변경을 순시하려 하는데 맞이하러 나오겠는가?"[**], "내가 일부러 그대에게 젓가락을 주지 않은 것이 상당히 불

---

[*] 유방은 진희를 토벌할 때 팽월에게 군대를 파견하라 명령했다.
[**] 유방은 거짓으로 운몽을 순시하며 초나라 왕 한신에게 영접하러 나오라고 명령했다.

만인가 보오?" 시험의 결과가 긍정적이었다면 황제는 경계하면서도 슬그머니 상황을 넘긴다. 그러나 시험의 결과가 부정적이라면 황제는 즉각 행동에 나서 좌천이나 감금을 시키거나 심지어는 가차 없이 숙청하기도 했다.

공신의 입장에서 보면 황제가 자신을 시험해 본다는 것은 매우 부정적인 신호다. 자신이 조금이라도 잘못 대처할 경우 감옥에 갇히거나 자신과 가족이 모두 죽임을 당할 수 있다. 이처럼 위험한 상황에 처한 이상 자신이 바라는 조용하고 안락한 삶은 이미 물거품이 되어버린 셈이다. 그러니 가만히 앉아 죽음을 기다리느니 아예 박차고 일어나 위험한 도박을 해보는 게 나았던 것이다.

더구나 충심이 강한 신하들은 황제가 자신을 의심할수록 더욱 신중하게 행동하고 빈틈없이 일을 처리했다. 그러한 행동이 오히려 의심을 악화시킨다는 사실을 그들 자신은 알지 못했다. 황제가 신하를 의심하는 것은 신하가 명성과 권력, 민심을 가지고 있어 자신에게 위협이 되기 때문이다. 그러니 계속해서 훌륭한 처신과 뛰어난 능력으로 명성을 쌓을수록 황제의 의심도 더욱 깊어질 수밖에 없다.

그러니 의심을 받고 있는 상황에서는 차라리 원칙을 크게 거스르지 않는 범위 내에서 위신을 떨어뜨리는 잘못을 저지르는 게 나았다. 진시황이 초나라를 멸망시키는 데 가장 큰 공을 세운 왕전과 유방의 승상인 소하는 노골적으로 재물에 욕심을 보여 살아남은 군신들이다.

왕전은 진나라 전국에서 끌어 모은 병사 60만을 이끌고 초나라 정복

---

* 경제는 주아부를 불러 같이 식사를 하면서 일부러 젓가락을 주지 않았다. 주아부가 불편해하며 젓가락을 가져오게 하자 경제가 "이 자리가 마음에 들지 않는 모양이오?"라고 말했고 주아부는 사죄를 했다.

에 나섰다. 왕전은 자기가 무사히 살아남을 수 있는 방법을 머리를 싸매며 연구한 끝에 진시황을 직접 만난 자리에서 뜻밖의 요구를 했다. "폐하, 소신은 너무 늙었습니다. 제가 최근에 함양의 전답과 저택을 봐두었는데 폐하께서 하사해 주시기를 간청합니다. 그러면 소신도 편안히 여생을 보낼 수 있고 자손들도 안락한 삶을 영위할 수 있습니다." 그러자 진시황은 크게 웃었다.

이후 출병해 싸우는 와중에도 왕전은 수차례 진시황에게 상소를 올려 전답과 저택을 내려달라고 요구했다. 그러자 왕전의 옆에 있던 장수가 보다 못해 말했다. "이렇게까지 노골적으로 요구하실 필요가 있습니까? 초나라를 멸망시키면 대왕께서 당연히 섭섭지 않게 대접해 주시지 않겠습니까?"

그러자 왕전이 수염을 쓰다듬으며 말했다. "진왕은 의심이 많소. 더구나 지금은 전국의 군대가 모두 나에게 있는 상황이오. 만약 이때 내가 전답과 저택을 요구하지 않는다면 대왕은 내가 다른 걸 바란다고 생각하고 분명 나를 의심할 것이오."* 과연 초나라를 멸망시킨 왕전은 이후 제후로 봉해져 편안한 여생을 보냈다.

한편 소하의 경우 더욱 직접적인 방법을 사용했다. 그는 유방이 영포의 반란을 진압하러 간 틈을 타 장안 주변 백성들의 전답과 저택을 거의 강제로 뺏다시피 아주 낮은 가격에 사들였다. 이윽고 난을 진압한 유방이 돌아오자 백성들이 길을 막고 소하의 일을 고했다. 최고 통치자로서 유방은 승상이 권력에 기대 강제로 전답을 구매한 일은 분명 화

---

* "진왕은 거칠고 사람을 믿지 않소. 더구나 지금 진나라 군대를 모두 끌어다 내게 맡겼는데, 만약 내가 자손의 생업을 위해 전답과 저택을 잔뜩 요구함으로써 내 의지를 보여주지 않는다면 진왕이 오히려 나를 더욱 의심하지 않겠소?"-사마천, 『사기·백기왕전열전』

를 내야 하는 일이었고 엄정하게 처리해야 옳았다. 하지만 유방은 크게 웃으며 소하에게 "상국, 백성을 아끼고 보호하는 게 옳소!"라고 가볍게 지적하고 넘어갈 뿐 어떠한 처벌도 내리지 않았다.

기존 경제학자들의 이론으로는 이 문제를 설명하기가 매우 어렵다. 황제는 어째서 신하들에게 '큰 포부를 지닌 천하의 인재'라고 높이 칭찬하면서도 한편으로는 그들이 마음속에 포부를 품지 않기를 바라거나 심지어는 탐욕스럽고 부패하기를 바라는 것일까? 황제에게 자신의 충성심이나 능력을 보이고 싶다면 어떻게 해야 할까?

경영 전략의 관점에서 이와 같은 황제와 군신의 복잡한 관계를 설명할 수 있다. 황제가 보기에 신하는 야심과 능력이라는 아주 비밀스러운 속성을 가지고 있다. 야심지수와 능력지수가 어느 정도인지는 신하 자신만 정확하게 알고 있을 뿐 황제는 명확하게 알지 못한다. 더구나 신하에게는 명성이라는 공개적인 속성도 있다.

황제는 자연히 능력은 있지만 야심은 없는 사람을 가장 선호한다. 황제에게 그런 사람으로 보이기 위해서 노련한 장군과 새내기 신하가 가져야 하는 태도는 확연히 다르다. 공개적인 속성인 명성에서 구분을 해 보면 공을 세운 장군의 경우는 명성이 높은 반면 새내기 신하들은 명성이 낮다. 능력과 명성이 반드시 비례하는 것은 아니지만 관계가 없다고도 할 수도 없다. 전쟁에서 공을 세워 능력을 검증받은 장군이 능력이 높은 사람일 가능성이 높기 때문이다. 그리고 알려지지 않은 새내기 신하들 사이에 분명 숨겨진 보석이 있겠지만 거의 대다수는 역사에 이름을 남기지 못하는 평범한 관리가 될 확률이 높다.

그래서 새내기 신하들에게 가장 중요한 것은 자신의 능력을 드러내는 일이다. 그들은 황제의 눈에 띄어 등용되기 위해서 자신의 성실한 태도와 업무 효율을 보여주려 노력한다. 그리고 만약 그중에 횡령하고 착복하는 관리가 있다고 해도 황제는 그를 처벌해 반면교사로 삼아 다른 관원들을 바로잡으려 하지 않는다. 어차피 능력도 없고 명성도 낮은 사람은 황제에게 별 가치가 없기 때문이다.

반대로 공을 세운 명장의 경우 굳이 황제에게 능력을 인정받으려 할 필요가 없다. 오히려 그들에게 절박하게 필요한 일은 자신이 아무런 야심도 없는 사람이라는 점을 어필하는 것이다. 왜냐하면 황제에게 가장 필요한 것은 백성과 관리들의 지지이다. 그런데 어느 신하가 일을 너무 잘해서 황제가 가져야 할 존경과 지지를 받는다면 그 신하 자신은 아무런 야심이 없다 하더라도 의심을 살 수밖에 없다. 그래서 항상 좋은 신하로 남으면서 편안하게 일생을 보내기 위해서는 주변 사람들에게 비난을 살 만한 '잘못'을 저질러 황제에게 자신이 야심이 없다는 것을 보여야 한다.

이와 같은 모습은 일상생활에서도 쉽게 볼 수 있다. 평범한 직원들은 쉽게 친해질 수 있지만 그들을 관리하는 상사는 언제나 굳은 표정을 지어 자신의 권위를 드러내며 직원들과 거리를 두려고 한다. 반면 기업 전체의 경영을 책임지는 CEO는 의외로 친근한 모습인 경우가 많다. 왜냐하면 그들은 이미 지위와 자산을 가지고 있기 때문에 굳이 엄숙한 표정을 지으면서까지 권위를 드러낼 필요가 없기 때문이다.

취업을 위한 자기소개서를 쓸 때도 마찬가지다. 가장 우수한 학생과 가장 부진한 학생의 자기소개서는 내용이 매우 간략한 반면 보통인 학생의 자기소개서는 내용이 상세하고 풍부한 것을 종종 볼 수 있다. 왜냐하면 적을 내용이 별로 없는 부진한 학생과 자신을 구분해서 봐달라는 메시지를 고용자에게 보내기 위해 보통인 학생은 되도록 많은 내용을 적는 것이다. 반면 가장 우수한 학생의 경우는 이미 다른 방면에서 확연한 구분을 지었기 때문에 그럴 필요가 없다. 그래서 그들은 보통인 학생과 자신을 구분되어 보이게 하기 위해 오히려 자기소개서를 간략하게 써서 반대 신호를 준다.

제6장

황금과 백옥으로 장식된 칼

소제와 헌제 시대에 한나라는 중흥기를 맞이하지만 그리 오래가지 못하고 국운이 기울기 시작한다. 애제와 평제 때에 계속해서 쇠퇴해 결국 왕망에 의해 멸망한다. 한나라를 멸망시키고 신나라를 세운 왕망은 오늘날의 관점에서 보아도 굉장히 급진적인 개혁파이자 이상주의자였다. 하지만 왕망의 드넓은 포부와 달리 신나라는 개국한 지 10여 년 만에 무너지고, 왕망 자신도 처참한 최후를 맞게 된다. 그렇다면 왕망의 경제 정책이 가진 문제점은 무엇이었을까?

갑자기 불어 닥친 개혁의 바람

한나라는 선제 이후 원제, 성제, 애제, 평제까지 4대에 걸쳐 지도층의 권력 다툼이 계속되었다. 성제가 총애했던 조비연, 조합덕 자매는 성제의 자식을 낳은 후궁들을 모두 죽이는 만행을 저질렀고, 애제는 미소년 동현에게 빠져 국사를 멀리 했다. 앞에서 언급했던 '분도단수'에서 소매를 자른다는 의미인 단수(斷袖)는 이 둘 사이에서 나온 고사이다. 이러한 혼란 속에서 민생 관련 정책에서는 전대의 규범을 그대로 실행했다. 통치자로서 업적을 세우기보다는 별다른 변동 없이 소제와 선제 시대의 정책을 그대로 답습한 것이다.

그러던 중 평제 유간이 제위에 오르면서 마침내 사건이 발생했다. 한나라 시대에 외척들은 항상 황제의 총애를 받아왔다. 그래서 황후의 집안사람들은 일반적으로 조정에서 높은 벼슬에 오르고 많은 하사품을 받았다. 이러한 외척들은 기본적으로 토지 1,000경에 비옥한 양전(良田) 1만 무를 보유하며 막강한 부와 권력을 휘둘렀다. 그래서 한편으로는 권력에 기대 무소불위의 권력을 휘두른다는 질타를 받아야 했다. 하지만 이러한 비판에도 외척들의 전횡은 습관처럼 굳어져 갔다. 이처럼 부패와 횡포가 가득하던 황가에 갑자기 성현이 등장하는 사건이 발생한 것이다.

어째서 성현이라고 말하는 것일까? 성현이 후왕이던 시절 자신의 아들이 노예를 죽이는 일이 생겼다. 당시에는 명망 있는 가문의 자제가 아랫사람을 죽이는 일은 너무도 흔한 일이었다. 하지만 성현은 목숨으로 대가를 치르라며 아들을 호되게 나무랐다. 이후 대사마에 오른 그는 사리에 얽매이지 않고 법대로만 일을 처리했고 직언도 서슴지 않았다. 또 항상 절제하며 조정에서 주는 상도 사양하고 관직도 여러 번 거절했다.

그는 항상 어질고 유능한 관리들과 친하게 지내며 권세를 누리는 호족, 지주들과 싸웠다. 홍수나 가뭄이 발생해 백성들이 굶는 일이 생기면 자신의 무능을 탓하며 거친 음식만 먹었고, 평소에 문학을 사랑하고 유생들과 친했다. 집권했을 때는 학자들이 학문에 전념할 수 있도록 별장을 건설하고 봉록을 주기도 했다.

평제가 중병에 걸렸을 때에는 태산에 제사를 지내며 금등을 작성해 황제 대신 자신에게 병을 내려달라 빌었다! 비록 주공을 모방한 점이 없지 않았으나(과거 주공도 성왕이 병이 났을 때 이와 같은 일을 했다) 당시에는 이와 같은 행위가 진짜 효과가 있다고 믿었으므로 쉽게 하기는 어려운 일이었다.

한나라가 세워진 이후 200년 동안 이처럼 인품과 능력이 완벽한 인물은 없었다. 심지어 태황태후 왕정군도 성현에게 직접 조서를 내려 '치우침이 없고 당파가 없어 왕도가 평탄하다'고 칭송했다.

당시 정부와 민간에서 이처럼 칭송을 받았으니 '차라리 이런 인물이 백성들을 다스린다면 하, 은, 주 3대 이후 나타나지 못했던 행복한 유토피아를 건설할 수 있지 않을까!' 하는 생각을 하는 사람도 있었을 것이다. 그래서 이 성현은 처음에는 안한공으로 불렸으나 나중에는 섭황제, 가황제로 불렸다.

그러자 가짜 황제가 진짜 황제가 되기를 바라는 조정과 민간의 요구가 빗발치기 시작했다. 그러던 중 유방이 숨겨두었던 함이 발견되었고, 그 안에는 서안이 담겨 있었다. 서안에는 성현의 이름뿐 아니라 국정을 보좌할 대신들의 이름도 모두 적혀 있었는데, 이 서안을 발견해 바친 사람도 국정을 보좌할 대신 중 한 명이었다.

유방이 200년 전에 이미 한나라의 천하가 이 성현에게 넘겨질 것이라 예측했다 하니 그 누가 반대를 할 수 있었겠는가? 그리하여 과거 요임금이 순임금에게 선양할 때의 규범에 따라 천하를 넘겨받은 성현은 나라 이름을 '신'(新)으로 바꿨다.

신나라가 세워지자 자연히 모든 것들이 더욱 새로워졌다. 모든 일에 의욕적이었던 성현은 원대한 정치적 포부를 가지고 자신의 이론을 현실로 바꾸기 위해 방대한 사업을 진행하기 시작했다. 그는 한나라가 도탄에 빠진 이유는 역대 황제들의 사상이 일치되지 못했기 때문이라고 보았다. 초기에는 프리드먼, 루카스의 이론과 같은 자유주의가 만연해지면서 자유시장을 실시했고, 문제 때에는 하이에크의 이론과 같이 민간에 조폐권을 개방했다. 하지만 이후 무제 때가 되자 이전의 것들을 모두 버리고 케인스주의의 이론처럼 정부의 역할을 키워 백성들을 지나치게 수탈하였다.

그는 이러한 것들이 모두 중용의 도에서 벗어난 것이라고 보았다. 그렇다면 올바른 방법을 어디서 찾아야 할까? 이전의 방법들이 모두 틀렸다고 본 성현은 모든 걸 국유화해 모두가 평등하게 누려야 한다고 주장했다. 그러면서 그는 『상서』와 『예기』를 근거로 내세웠다.

상고시대 책인 『상서』에는 하나라부터 주나라까지의 정치적 내용들이 담겨 있었고, 『예기』는 성현의 우상인 주공이 지었다고 전해지는 책이었다. 물론 지금은 고증을 통해 『예기』가 전국시대에 지어진 책이라는 것이 밝혀졌다. 하지만 성현은 이 사실을 몰랐다. 더구나 『예기』에는 주나라의 생활이 기록되어 있는데, 그중에는 경제 제도에 대한 내용도 포함되어 있고, 성현은 특히 정전제에 깊은 감명을 받았다.

성현은 과거 순박한 제도가 한나라가 실시하고 있는 지주, 자작농, 소작농이 융합된 제도보다 더 평등하고 온화하며 인정미가 있다고 보았다. 그래서 과감하게 과거의 제도를 모방하기로 결심한 그는 천하의 모든 토지를 국유화하겠다고 선포했다. 그리고 토지를 많이 보유한 지주들에게 여분의 토지를 친척들에게 나눠주게 했고, 명령을 어긴 사람은 국경 밖으로 유배를 보냈다. 명령이 떨어지자 당시 성현을 지지했던 많은 지주들은 망연자실했다. 하지만 성현을 황제로 지지한 자신을 탓하며 묵묵히 따르는 수밖에 없었다.

언뜻 보기에는 성현의 명령으로 권문세가와 대지주들이 가장 큰 피해를 봤을 것 같지만 사실은 그렇지 않았다. 명령을 집행하는 과정에서 가장 심각한 피해를 본 계층은 일반 지주와 자작농들이었다. 어째서 성현이 가장 도와주고 싶어 했던 계층에서 오히려 가장 큰 피해를 입게 되었을까? 성인은 『주례』를 통해 국유화를 배웠지만 유가 경전에는 게임 이론의 '동기 상쇄(countervailing incentives)' 개념은 나와 있지 않아서 이와 같은 일이 벌어진 것이다. 즉, 호의가 가장 큰 재난이 될 수 있다는 점은 몰랐던 것이다.

성현은 경작을 하는 농부가 토지를 소유하기를 바랐다. 한나라 후기 토지 겸병은 아주 심각한 문제로 대두되었다. 그래서 강제로 토지를 나눠 분배함으로써 소작농과 자작농이 충분한 토지를 갖게 해야 한다는 것이 성현의 생각이었다. 하지만 군현 관리들은 그의 명령을 제대로 수행하지 않았다. 관리들에게 토지 측정을 위임한 것이 문제였던 것이다.

가난한 백성과 소작농들은 애초에 가진 게 없었기에 새로운 정책으로 인해 바뀔 게 아무것도 없었다. 반면 권문세가와 대지주들은 그렇지 않았다. 더구나 그들의 자손이나 친척 중에는 군현이나 중앙정부에 진출한 경우가 적지 않았고, 심지어 천자와 직접 소통할 수 있는 지위의 사람도 있었다.

이에 그들은 자신들이 가진 권력과 재산을 이용해 현지 관리들을 매수하거나 협박했다. 경제 학술용어로 말하자면 그들에게는 외부 선택이 비교적 많았다. 그래서 현지 관리들은 함부로 대지주들을 건드릴 수 없었다. 이에 지주들이 마음대로 명부상에만 존재하는 친척에게 토지를 나눠주는 것을 눈감아줄 수밖에 없었다. 그들은 관리들에게 두루 뇌물을 주며 자신의 이익을 지켰고 파산하지 않을 수 있었다.

가장 비참한 상황에 처했던 것은 한나라의 중산층 계급인 자작농과 중소지주들이었다. 사회 안정을 유지하는 주체 세력인 이들은 자급자족이 가능한 지금의 상태가 계속 유지될 수 있기를 바랐다. 하지만 그들은 관리를 매수할 방법이나 재력이 없었고, 또 그들이 가진 조그마한 재산은 관리들의 눈길을 끌기에 충분했다. 그래서 관리들은 기준보다 조금이라도 많은 토지를 보유한 자작농이나 중소지주의 재산을 가차 없이 수탈했고, 그들은 결국 파산할 수밖에 없었다.

동기 이론은 사람들은 유형에 따라서 서로 다른 외부 선택을 한다는 점을 알려준다. 예를 들면 고용주는 직원에게 가장 낮은 임금을 주려 한다. 하지만 직원 입장에서는 더 좋은 외부 선택을 놔두고 굳이 그 고용주의 밑에서 일할 이유가 없다. 만약 성현이 정말로 정전제를 효과적으로 집행하고 싶었다면 그것을 뒷받침해줄 제도를 갖추었어야 했다. 먼저 정전제로 인해 일부 토지를 잃는 대지주들에게 다른 경제적 이익을 제공하고, 아울러 토지가 그다음으로 많은 중소지주와 자작농에게도 일부 이익을 제공해야 한다. 그런 뒤에 소작농들에게 토지를 제공해 상황을 개선시키는 것이다. 한나라는 황제의 힘이 수도에만 집중되어 있었기 때문에 전국적인 정책을 실시하기 위해서는 반드시 지주와 지방 호족의 지지가 필요했다. 그러니 황제가 지주와 지방호족이 받는 손실을 충분히 보상해 주어야만 비로소 정전제를 효과적으로 실시할 수 있었던 것이다.

하지만 당시 한나라에서 이러한 이익 교환 방법을 생각해 낸 황제는 없었으며, 성현도 마찬가지였다. 그러니 이 개혁은 시작부터 실패할 수밖에 없었다. 이해관계자의 이익을 존중하는 것은 개혁이 본래 의도대로 순조롭게 진행되기 위해 필요한 핵심 조건이다.

지금도 미국 공화당과 민주당이 증세와 감세에 대해 토론할 때 '동기 상쇄' 원리를 사용하는 점을 볼 수 있다. 미국의 경우 일반적으로 부자들에게 더 많은 세금을 걷어야 한다고 주장하는 민주당은 약간은 평등

주의에 입각해 있는 반면 공화당은 시장 중심적이다. 그래서 공화당에서 대통령이 선출될 경우 자연스럽게 따라오는 것이 세금 감면이다.

두 정당의 토론에서 민주당은 중산층과 저소득층의 이익은 돌보지 않은 채 오로지 부자들의 이익만 돌보려 한다고 공화당을 질책하면 공화당은 '우리는 결코 중산층과 저소득층을 소홀히 하지 않으며, 증세야말로 중산층에게 더욱 안 좋은 결과를 가져올 것'이라고 반박한다. 부자들은 다양한 자산과 해외 계좌를 가지고 있다. 즉, 세금을 많이 걷을수록 부자들은 세금을 피하기 위해 더욱 노력한다는 것이다. '반면 중산층의 경우 대부분 자신의 일을 통해 수입을 얻기 때문에 세금을 피할 방법이 거의 없다. 그리고 세금을 많이 걷는다고 해서 반드시 세금의 총액이 증가해 저소득층에게 혜택이 돌아갈 수 있는 것도 아니며, 오히려 중산층의 세금 부담을 가중시켜 양극화를 가속화시킬 수 있다'고 그들은 주장한다.

이런 점을 보면 성현의 생각이 짧았다고 탓할 것도 없다. 2,000년이 지난 지금까지도 여전히 '동기 상쇄'의 문제점은 해결되지 못했으니 말이다. 하지만 성현의 사회실험은 이후 황제들에게 신선한 교훈을 주었다. 그 이후로 어느 왕조, 어떤 황제도 다시는 정전제를 실시하려 하지 않던 것이다. 그러니 성현이 가져다준 교훈이 매우 컸음을 알 수 있다.

그럼 만약 이러한 문제들을 모두 해결했다면 정전제는 정말 좋은 제도가 될 수 있었을까? 주나라와 주나라 이전 시대에는 모르겠지만 한나라 시대에는 분명 아니었다. 상나라와 주나라 초기 중국은 막 원시부락을 탈피해 국가 형태로 발전해 가고 있었다. 조직 구조가 초보적이었음은 말할 것도 없고 농사법도 초기 모색 단계라서 대부분 화전 경작을 하였는데 생산력이 매우 낮았다. 이러한 상황에서는 여러 집이 대략

300보의 토지를 함께 경작하는 제도를 실행하는 게 효과적이다. 이것을 규모 효과라 부른다.

나폴레옹은 이집트 원정을 갈 때 맘루크 기마병(이집트 정예 기마병) 1명이 3명의 프랑스 기마병을 대적할 수 있는 반면 프랑스 기마병 100명은 300명의 맘루크 기마병을 이길 수 있다고 말했다. 나폴레옹이 이렇게 자신만만했던 이유는 무엇일까? 당시 프랑스 기마병들은 훈련을 통해 단결의식이 강했던 반면 맘루크 기마병들은 각각 전투 능력은 뛰어났지만 단결의식이 없었다. 즉, 맘루크 기마병들은 협동을 통한 시너지 효과를 낼 수가 없었다.

규모 효과를 구현한 것이 '규모의 경제'인데, 일정한 범위에서 생산량의 증가에 따라 평균생산비가 내려가는 것을 말한다. 구체적으로 설명하자면 주나라 초에 한 사람이 밭 하나를 경작해 매년 곡식 5섬을 수확했다면 곡식 1섬당 평균생산비는 5분의 1섬이다. 반면 8명이 서로 협력해 8개의 밭에서 매년 곡식 48섬을 수확한다면 곡식 1섬의 평균생산비는 6분의 1섬으로 줄어들게 된다.

바로 이 규모의 경제 덕분에 상고시대 사람들은 아주 원시적인 생산도구를 이용하면서도 상대적으로 많은 곡식을 생산할 수 있었다. 그리고 이를 통해서 국가와 민족이 점차 발전해 나갈 수 있었다. 그러니 정전제는 그 당시로서는 좋은 제도였다고 할 수 있다.

규모의 경제가 생산비를 줄일 수 있는 것은 단순히 서로 돕고 협력해서가 아니라 시장의 거래비용을 낮출 수 있기 때문이다. 하지만 그렇다고 비용 절감이 무한대로 계속되는 것은 아니다. 간단한 예를 들어 설명해 보자. 회사가 막 설립되었을 때는 필요한 업무의 적재적소에 직원을 고용해서 조직화하고 부서를 나누어 전담하도록 하는 것이 이윤 향상에 도움이 된다. 하지만 규모가 어느 정도에 이르면 부서 간 협력 자체가 갈수록 복잡해져서 내부 관리비용이 증가하게 된다.

직원과 부서 간 협력관계와 상품 공급망을 관리하는 데 많은 비용이 들게 되면 더 이상 직원을 고용하고 부서를 나누는 것이 이윤 향상에 도움이 되지 못한다. 이때는 회사의 핵심 경쟁력을 보존한 채 나머지 구체적인 업무는 하청에 맡겨 시장에서 이루어지도록 하는 것이 더 좋은 방법이다.

우리 사회에 크고 작은 기업들이 존재하는 이유는 무엇일까? 조직이 없이 모든 사람들이 개별적으로 시장에서 거래를 하는 것도 이론적으로 불가능한 건 아니다. 하지만 가령 황제가 조직 없이 시장만 있는 사회에서 궁전을 짓는다고 생각해 보자. 어떤 상황이 발생할까? 먼저 그는 충분한 수의 건축가를 찾아야 한다. 그리고 각 건축가들과 단독으로 임금과 업무시간을 협상해야 하며, 또 누군가가 일을 하지 못하게 될 경우 다른 사람으로 대체하는 등의 사무를 처리해야 한다. 다음으로 벌목꾼을 찾고 각 벌목꾼들과 개별적으로 협상을 벌여야 한다. 다음으로 미장이에게 연락을 해야 한다. 미장이들은 대들보를 전문으로 하는 사람도 있고, 담장을 잘 쌓는 사람도 있기 때문에 황제는 일의 진행 상황과 각종 예외의 상황을 고려해 고용을 해야 한다. 마지막으로 궁전의 각종 장식을 위해 각각에 맞는 사람을 고용해야 한다. 이와 같이 복잡한 과정을 전부 시장에서 개별적으로 해결하는 것은 거래비용(여기서는 협상과 문의 비용 등을 말한다)이 너무 높아지기 때문에 현실적으로 불가능하다.

그래서 우리는 조직을 만들어 일부분을 시장에 내재화시킬 필요가 있다. 건축가는 건설팀을 만들고, 벌목꾼은 벌목팀을 만든다. 그러면 황제가 궁전 건축을 책임질 담당자에게 대략적인 구상을 설명하면 궁전

건축은 여러 '팀'들의 협력에 의해 체계적으로 진행될 것이다.

앞에서 말한 것과 같이 만약 시장과 조직의 경계를 구분 짓는 요소가 조직 안과 시장 밖의 거래비용 비율이라면 자연적으로 하나의 결론에 이르게 된다. 과학기술로 생산력이 향상됨에 따라 조직 안의 거래비용이 상대적으로 안정될 때 시장 밖의 거래비용이 내려가 규모의 경제의 상한선에 갈수록 쉽게 도달하게 할 수 있다.

이처럼 작고 전문화된 조직 구조가 최근 몇십 년간의 주요 추세였다. 즉, 핵심 업무 이외의 부분을 하청에 맡기고 조직을 평준화하는 것이다. 이 점은 경영난에 시달리던 거대기업 IBM이 춤을 출 수 있게 된* 이유이기도 하다.

같은 원리로 한나라에 이르면 철제 농기구가 이미 보편화되어 있었고, 농민들은 이미 가축을 이용해 농사를 짓는 방법을 터득하고 있었다. 그래서 가구마다 각자의 밭을 경작할 수 있는 상황이었다. 앞에서 언급했듯이 생산력과 과학기술의 발전은 조직 규모를 축소시킨다. 그렇다면 한나라 때는 협력해 경작해도 이전보다 더 많은 수익을 얻을 수 없다.

2,000여 년 동안 과학기술이 발전함에 따라 오늘날의 기술력에서 보면 사람 몇 명이서 몇천 무의 농지를 함께 경작하는 것도 가능하다. 그러니 기술이 계속 발전함에 따라 조직의 규모도 계속 작게 변하는 것이다. 하지만 만약 상호 보완 정도가 낮아져도 상호 보완의 효과는 여전히 존재한다면 그 연합은 어느 정도 이익을 볼 수 있다. 이 때문에 정전제가 한나라 시대에 적합하지 않았던 이유를 규모의 비경제 때문이라

---

* 루이스 거스너, 『코끼리를 춤추게 하라』

고만은 할 수 없다. 중요한 것은 조직 내부의 거래비용이 급속도로 증가했다는 점이다.

상림원에서 생긴 일 : 공유지의 비극

상나라, 주나라와 비교했을 때 한나라는 이미 사유재산권에 대한 의식이 분명했다. 상고시대에는 협력을 하지 않으면 생존할 수가 없었다. 그래서 중앙의 왕전을 농민들이 힘을 모아 함께 경작했다. 하지만 한나라의 경우 계속 정전제를 실시한다면 앞에서 말한 바와 같이 규모의 경제를 통한 이득이 줄어들 수밖에 없다. 게다가 오히려 '공유지의 비극'이 심각해져서 정전제의 협력 체제가 비효율적이 될 수 있다.

공유지의 비극이란 무엇일까? 한나라 초기로 돌아가서 한나라 황가의 동산인 상림원에서 발생한 일을 살펴보도록 하자. 유방은 상림원에서 노는 걸 무척 좋아했다. 하루는 상림원에서 즐거운 시간을 보내고 있는데 승상 소하가 급히 달려왔다. 무슨 일이냐고 유방이 묻자 소하는 잠시 숨을 고르고 말했다. "폐하께서도 아시다시피 장안은 수도입니다. 그런데 지금 수도의 집값이 천정부지로 솟구쳐서……."

소하의 말하려는 의도를 유방은 이해할 수 없었다. 수도의 집값이 비싼 것이 두 사람에게는 전혀 문제 될 것이 없었기 때문이다. 유방은 장안궁에서 살고 있고 소하는 승상부에서 살고 있었다. 그런데 어째서 이 일을 황제에게 말한단 말인가?

소하는 말을 계속했다. "토지가 너무 적어 집값이 떨어지지 않는 바람에 백성들이 집을 사고 싶어도 살 수가 없습니다. 이에 반해 이곳 상림원은 너무 넓어 어떤 장소는 폐하께서 찾지 않아 황폐화되고 있습니다. 그러니 차라리 상림원을 개방해 황무지인 곳을 개발할 수 있게 해준다면……." 유방은 더 이상 참지 못하고 소리쳤다. "뭐라! 도대체 뇌물을 얼마나 받아먹었기에 나의 상림원까지 건드리려고 하는 게야!" 놀란 소하가 연신 머리를 조아리며 죄를 빌었지만 화가 난 유방은 그를 감옥에 가두라고 명했다.

이후로도 화가 풀리지 않은 유방이 말했다. "과거 진나라 승상 이사는 좋은 일은 황제의 공으로 돌리고, 나쁜 일은 모두 자신이 짊어졌다. 이것이야말로 좋은 신하라 할 수 있지 않겠는가? 그런데 지금 소하는 좋은 일은 자신의 공으로 돌리고 만일 결과가 나쁠 경우 나에게 덮어씌우려 하는 심보가 아닌가?" 이때 옆에 있던 제후 위위가 말했다. "폐하, 진나라는 2대 만에 망했으니 이사는 망국의 신하가 아니옵니까?" 위위의 지적에 자신의 잘못을 깨달은 유방은 소하를 풀어주고 상림원을 개방했다.

시간이 지나면서 유방은 이 일을 잊었고 한동안 상림원을 찾지 않았다. 그렇게 2년의 시간이 지난 뒤 자신이 아끼는 척부인과 술을 마시던 유방은 갑자기 자신이 과거에 펼쳤던 선정의 결과가 보고 싶어졌다. 이에 마차를 준비시켜 상림원으로 향했다.

잠시 뒤 마차가 멈춰 서자 유방은 고개를 내밀고 밖을 내다봤다. 그런데 어찌된 영문인지 눈앞에는 민둥산밖에 보이지 않았다. 이에 유방이 물었다. "왜 멈춰선 것인가? 짐이 상림원으로 가자고 하지 않았느냐." 그러자 옆에 있던 시중이 공손하게 답했다. "폐하, 여기가 바로 상림원입니다."

유방이 마차에서 내려 주변을 살펴보니 도처에 도끼질을 한 흔적이 보였다. 쓸 가치가 없는 작은 나무들까지도 깡그리 베어가 버려 더 이상 황가의 동산이라고 할 수도 없었다. 유방이 대노하여 소리쳤다. "이게 어찌된 일인가?"

물론 이건 설명을 위해 지어낸 이야기이다. 실제로 상림원은 제한된 기간에 몇십 호만 거주할 수 있게 했고, 이후 문제 때에 그마저도 다시 회수했다. 또 무제 때에는 인공호수를 건설하기도 했다. 유방이 이 일로 소하를 잠시 감옥에 가뒀던 것은 사실이지만 이후 개방해서 무분별한 벌목이 이루어지는 일은 실제로 발생하지 않았다. 왜냐하면 유방은 자신의 재산권을 내주지 않고 단지 백성들이 거주할 수 있게만 해줬기 때문이다.

다만 이 이야기 속에서 유방이 상림원을 개방한 이후 그곳이 황폐화된 이유가 무엇인지 살펴볼 필요가 있다. 이것은 유방이 상림원의 재산권을 내놓아 이곳을 공유지로 만들었기 때문이다. 이로써 백성들은 누구나 이곳을 이용할 수 있게 되었지만 구체적으로 숲을 어떻게 관리해야 할지에 대한 명확한 규정이 없었다. 그러니 누구든 자신의 이익을 위해 숲의 나무를 벨 수 있었고, 설사 누군가가 묘목을 보호하고 싶어 한다 할지라도 다른 사람이 베는 것을 막을 수 없었다.

이런 상황이 계속되자 사람들은 자기만 공짜 나무를 베지 않아 손해를 입는 게 싫어서 너도나도 채 자라지 않은 묘목까지 모두 베어가기 시작했고 결국 민둥산으로 변해버린 것이다. 이것이 바로 공유지의 비극이다. 동산의 재산이 개인 소유일 때 사람들은 계획적으로 벌목하며 동산이 지닌 가치를 계속 유지시킨다. 하지만 동산이 공유지라면 사람들은 나무가 남지 않을 때까지 무분별하게 벌목을 한다.

정전제 중심에 있는 공전은 바로 재산권이 명확하지 않은 상림원의 나무와 같다. 사람들은 모두 명목상 공전을 관리할 책임이 있지만 명확한 의무를 가지지는 않는다. 그러니 필연적으로 자신의 사전은 정성껏 경작하면서도 중앙의 공전은 아무도 거들떠보지 않게 되는 것이다. 정전제에 따르면 국가의 세금은 중앙의 공전에서 나오는데 이럴 경우 세금이 제대로 징수될 수 없었다. 그러니 성현이 실시한 정전제는 시작부터 실패가 정해진 셈이었다.

정전제가 반포된 이후 성현은 한나라의 조세 제도에 대수술을 단행한다. 그는 30분의 1이었던 전세를 폐지하고 거래세와 소득세를 징수하기 시작했는데, 그 징수 비율이 10분의 1이었기 때문에 십일세라고 불린다. 이 제도도 역시 『주례』에서 근거한 것이지만 실제로 주나라가 이 제도를 실행했는지에 대해서는 쟁론이 있다.

만약 성현이 1,000년을 앞질러 가 중세 유럽을 보았다면 교황이야말로 진정 자신과 뜻이 통하는 지기라고 생각했을 것이다. 왜냐하면 중세 유럽 사람들도 교회에 십일조를 바쳤기 때문이다. 그러고 보면 유학이나 기독교나 사람들에게 세금을 걷는 방식은 별반 차이가 없는 것 같다.

성현은 분명 좋은 의도로 시작한 일이었다. 30분의 1의 세금을 걷었던 문제 때에는 농민이 실제로 토지를 가지고 있건, 얼마만큼의 토지를 보유하고 있건 상관없이 과거 토지를 받은 적이 있으면 세금을 내야 했다. 당시의 일반적인 생산량에 따라 계산해 보면 토지 1경에서 생산되는 양은 대략 100섬이다. 그러면 1인당 3섬(30분의 1)의 곡식을 세금으로 내야 한다(인두세는 별도로 계산해야 한다).

풍년이 들었을 때는 실제 1인당 평균 토지가 100무가 되지 않는다 할지라도 모든 사람들이 3섬의 곡식을 세금으로 낼 수 있었다. 하지만 흉년이 들거나 집안에 일이 생겼을 경우에는 어쩔 수 없이 농지의 일부를 팔아야 했다. 게다가 시간이 지남에 따라 인구수는 많아졌지만 토지는 증가하지 않았다. 이에 토지가 없는 사람들은 어쩔 수 없이 대지주나 귀족 밑에서 일을 하면서 소작료로 10분의 5를 내야 했다.

성현은 이러한 폐단 때문에 십일세를 통해 한나라의 제도를 철저하게 개혁하려 한 것이다. 이상적으로 실행된다면 전국적으로 지주가 사라지게 된다. 정전제에 따라 사람들은 모두 최대 100무의 토지만 보유하고 나머지 토지는 다른 사람에게 분배되기 때문이다. 그리고 사람들은 '자기 땅'에서 경작을 하며 더 이상 지주에게 소작료를 지불하지 않고, 국가에 10분의 1의 생산량만 지불하면 된다. 그러니 정말 이렇게 실행될 수만 있었다면 이상적인 사회가 펼쳐졌을 것이다.

하지만 이러한 급진적인 개혁은 국민의 요구 없이 지도자의 명령에 의해서만 실시될 경우 제대로 된 결과를 얻을 수 없기 마련이다. 반면 국민의 자발적 요구로 인한 혁명은 서로 다른 집단의 이익 충돌로 발생하기 때문에 다툼이 매우 격렬하고, 심지어는 유혈 전쟁까지 초래될 수 있다. 이처럼 두 집단 사이의 극명한 입장 차이로 격렬하게 다투면서 과거 집단이 실행한 제도에 손상을 입힐 수 있기 때문에 오히려 충돌을 통해서 제도가 집행되고 안착될 수 있다.

국가 및 관료집단이 이미 형성된 상태에서 새로운 제도가 실시될 경우에는 다르다. 만약 새로운 제도가 모든 관료집단의 이익에 손해를 끼치는 것이라면 사회에 도움이 되는 제도라 할지라도 제대로 실행될 수 없다.

서한의 정치유산을 계승했기에 당시 조정에는 기존의 관료체제가 그대로 유지되고 있었다. 그러니 개혁이 이루어진들 실패할 수밖에 없었던 것이다. 위에서 정책을 내리면 아래에서는 교묘히 피해가거나 오히려 정반대의 결과를 만들어냈다. 민생은 전혀 나아지지 않고 지주와 같은 관련 이익집단의 불만만 커져갔다.

과거 성현들의 책을 탐독한 성현은 결국 3년 뒤 다시 토지 양도와 매매를 허락하며, 간접적으로 자신의 개혁이 실패했음을 인정했다. 손을 부들부들 떨며 토지양도허가 조서에 황제의 옥새를 찍는 그 순간 그는 무척이나 외로웠을 것이다. 왜냐하면 1,000년 전 주나라도 아니고, 1,000년 뒤 중세도 아닌 당시 시대에서는 그의 마음을 알아주는 지기가 없었기 때문이다. 그러고 보니 여태 이 성현의 이름을 말하지 않았다. 당시 이상향에 젖어 유토피아를 건설하려 했던 성현의 이름은 바로 왕망이다.

칼을 휘둘러 양적 완화를 실행하다

유방이 봉기를 일으키기 전 패현의 정장으로 있을 때였다. 어느 날 술을 먹고 큰 연못가에 이르자 수행원이 말했다. "앞에 큰 뱀이 있어 돌아가야 할 것 같습니다." 유방이 눈을 부릅뜨고 말했다. "장사가 뭐가 두려워서 길을 돌아가!" 그리고 검을 집어 들고 성큼성큼 앞장서 나갔다. 과연 앞에는 거대한 흰 뱀이 길을 막고 있었다. 유방이 술기운을 빌려 검으로 뱀을 치려고 하자 뱀이 갑자기 말을 하기 시작했다. "네가 나의 목을 베면 네가 나라를 세울 때 큰 화가 생길 것이고, 네가 나의 꼬리를 베면 네 자손이 끊길 것이다!"

그 말을 들은 유방은 예사 뱀이 아니라 생각하며 뱀의 중간을 베어 두 동강을 내었다. 그때 갑자기 노파가 하늘에서 내려와 유방에게 말했다. "적제(赤帝)의 아들아, 어째서 나의 아들을 죽였느냐? 내 아들의 목숨을 돌려줘라!" 너무 놀라 술기운도 싹 달아난 유방이 급히 도망치자 뒤에서 노파가 계속 따라오며 말했다. "내 아들을 돌려줘라!" 노파의 목소리가 계속해서 유방을 쫓아왔다. 그렇게 한동안 정신없이 도망을 치던 유방은 고개를 돌려 뒤에 대고 소리쳤다. "평지(平地, 평제[平帝]와 발음이 같다-역주)에 이르면 다시 와라!" 그 말에 노파의 목소리가 다시 들리지 않았다.

이 이야기는 고조가 흰 뱀을 죽이고 봉기를 일으켰다는 이야기에 사람들이 평제의 시호를 이용해 추가로 덧붙인 이야기이다. 기원전 1년 유명한 동성애자인 애제 유흔이 후사를 남기지 않고 서거했다. 이에 태황태후 왕정군과 대사마 왕망의 지지를 받은 유흔의 사촌동생 유간이 황위를 계승했는데, 그가 바로 평제다. 황위에 올랐을 때 나이가 여덟 살이었기 때문에 태황태후가 섭정을 했고, 자연히 국가의 모든 권력이 외척인 왕씨 손아귀에 들어갔다. 왕망의 딸이 평제의 황후로 책봉되었다.

하지만 평제도 오래 살지는 못했다. 14세 생일을 보내고 얼마 지나지 않아 사망했는데, 사인을 두고 병사했다는 의견도 있고 왕망이 독살했다는 의견도 있다. 왕위 찬탈은 절대 있어서는 안 되는 대역무도한 일로 여겨져왔기에 동한 시대부터 청나라에 이를 때까지, 심지어 현대에서도 왕망은 항상 위선자로 낙인 찍혀왔다. 그리고 왕망이 평제를 독살하였다는 이야기가 기정사실처럼 여겨지고 있다.

그러나 이러한 견해들은 『한서』의 「평제기」나 「왕망전」의 기록과 상반된다. 여기에는 평제의 죽음과 왕망이 연관되어 있다는 어떠한 기록도 없다. 하물며 자신의 목적을 달성한 뒤에 돌변하는 위선자들과 달리 왕망은 황제가 된 후에도 이전과 다름없이 행동했다. 그는 항상 학자들을 가까이하며 자신에게 엄격했다. 그는 주공을 모범으로 삼은 이상주의자였다. 이러한 이상주의자가 황제를 독살하는 일을 벌이기는 쉽지 않다. 반대로 평제가 병사함으로써 '하늘의 운명이 나에게 왔다'는 왕망의 환상이 더 확고해졌을 수 있다.

그래서 왕망은 평제의 조카인 유영을 왕으로 세우고 자신은 주공처럼 섭정을 시작했다. 하지만 이후 각지의 인사들이 왕망에게 도참과 위서를 내세우며 직접 천자가 되라고 끊임없이 요청했다. 이에 기원후 8년 왕망은 선양의 방식으로 한나라를 계승한 뒤 국호를 '신'(新)으로 바꿨다. 이로써 그는 역사를 통해 고증할 수 있는 첫 번째 선양을 통해 황권을 얻은 사람이 되었다. 이전에 요임금, 순임금, 우임금 3대에 걸친 선양은 전설로 『상서』에 기록되어 전해질 뿐이다. 이후 위문제 조비, 진무제 사마염, 송무제 유유가 왕망을 모범으로 삼아 기존 황제에게 구석(九錫)을 하사받는 형식으로 황권을 선양받았다.

왕부지는 『독통감론』에서 "과거 나라들은 약해서 망했지만 한나라는 강해서 망했다"라고 말한 바 있다. 비록 동한의 경우를 말한 것이었지만 서한에도 적용된다. 애제와 평제 때에 한나라는 사회적 갈등이나 관료사회 사이의 갈등이 멸망할 정도까지 심하지 않았다. 교체 과정에서도 대규모 내전이 발생하지 않았다. 그러므로 왕망이 황권을 인수 받았을 때 한나라는 국토가 황폐화되고 사회적 문제가 팽배하기보다는 오히려 천하가 태평하고 국고가 가득했다.

비록 당시 소수의 사람들은 비통해하기도 했지만 그보다 대다수의 사람들이 현세의 성인이 도래해 주기를 바랐다. 그렇다면 그들은 존귀한 성인이 자신들을 더욱 눈부신 미래로 인도해 주기를 바랐던 것일까? 여러 생각들을 구상해 두었던 왕망은 정책 발표 속도 면에서는 신나라가 망할 때까지 사람들을 실망시키지 않았다. 즉위하고 얼마 되지 않아 왕망은 다음과 같은 금융 개혁안을 발표했다. 한나라의 낙후된 귀금속 화폐 본위 제도를 철폐하고 전국 범위에서 전면적으로 신용화폐 제도를 실시한다는 것이었다. 게다가 양적 완화를 통한 대규모 인플레이션을 통해 경기를 회복시키겠다고 선언했다.

1973년 미국을 필두로 한 브레튼우즈 체제가 붕괴된 이후 달러, 파운드 등 세계 주류 화폐들은 완전하게 귀금속 사이의 고정 환율에서 벗어나게 되었다. 그런 점을 보면 왕망은 예리한 안목으로 2,000여 년 이후의 미래에 일어날 일을 간파해 냈던 것이다.

그렇다면 그는 어째서 신용화폐 제도를 추진하려 한 것일까? 먼저 왕망이 황제가 되기 전에 시범적으로 추진했던 금융 개혁인 대전(大錢)과 도포(刀布)를 살펴봐야 한다. 한나라는 건국 초기에 진나라 반량전을 계속 사용했다. 이후 무제 때에 오수전을 주조한 이후 한나라는 말기 때까지 농업, 공업, 상업에서 오수전을 줄곧 사용해 왔다. 하지만 왕망은 이것이 불만이었다. 그는 순임금 이후 하늘의 뜻을 부여받은 현인으로서 한나라를 선양 받은 자신이 조잡한 한나라의 제도를 계속 사용한다는 것을 용납할 수 없었다.

유학과 『주례』를 신봉하는 왕망은 항상 먼지가 두텁게 쌓인 오래된 고서들 속에서 개혁 방안을 찾으려 했다. 그러던 중에 그는 『국어』에서 주나라가 '상호 보완의 목적으로 두 가지 화폐를 사용'했다는 사실을 알게 되었다. 왕실에서 가벼운 화폐와 무거운 화폐 두 가지를 주조해 발행했던 것이다. 만약 재정 적자가 심해지면 무거운 화폐를 발행해 비싸진 물건을 구매할 수 있게 함으로써 무거운 화폐로 가벼운 화폐와 균형을 이룰 수 있게 한다. 반대로 재정이 흑자일 때는 가벼운 화폐를 발행해 무거운 화폐와 함께 병행해 사용하면서 균형을 이루게 하는 것이다.[*] 현대 경제학의 용어를 사용해 말하자면 적절한 인플레이션과 디플레이션을 통해 국고와 민간경제의 균형을 조정했던 셈이다.

이에 왕망은 한나라 제도가 옛것을 본받지 않았으므로 철저하게 뜯어 고쳐야 한다고 결심했다. 이후 그는 동전 모양의 전폐(錢幣)와 칼 모양의 도폐(刀幣)를 총 세 가지 종류로 제조해 유통시켜 한나라 법을 보충했다. 전폐의 무게는 12수였으며 위에는 '대천오십'(大泉伍十)이라는 글자가 새겨져 있었는데, 기존 50전의 가치를 지닌다는 의미였다. 그리고 도폐는 계도(契刀)와 착도(錯刀) 두 가지 종류였다. 그중 계도에는 '계도오백'(契刀伍百)이라는 글귀가 새겨져 있었고, 착도에는 '일도평오천'(一刀平伍千)이라는 글귀가 적혀 있었는데, 여기서 평은 '가치'의 의미를 가지고 있다.

글자 그대로 왕망은 시범적으로 실행한 개혁에서 5,000, 500, 50과 기본단위인 오수전을 함께 사용했다. 그중 가장 높은 가치를 지닌 착도의 경우 위에 새겨진 글자가 모두 황금으로 상감되어 있었다. 이에 육유는 자신의 시에서 "황금으로 도금한 칼을 백옥으로 장식하니 밤중에도 창문을 뚫고 빛을 내는구나"라고 말한 바 있는데, 착도가 얼마나 화려했으면 남송 시대에 활동한 시인까지 동경했을지 상상해 볼 수 있다.

여러 단위의 화폐를 발행하면 거래하는 데 편리하므로 부정적으로만 볼 수는 없다. 이전에는 5,000전을 가지고 다니려면 마대에 동전을 꾹

---

[*] "화폐 중 무겁고 큰 것을 모(母)라고 하고, 가볍고 작은 것을 자(子)라 합니다. 화폐가 가벼워 물가가 오르면 무거운 화폐를 주조해 시장에 유통시키면 됩니다. 그러면 무거운 화폐가 가벼운 화폐와 균형을 이룰 수 있습니다. 또 화폐가 무거워 물가가 너무 내려가면 가벼운 화폐를 주조해 시장에 유통시키면 됩니다. 그러면 무거운 화폐와 함께 균형을 이룰 것입니다. 다만 이때 무거운 화폐를 폐기해서는 안 됩니다."-좌구명, 『국어·주어』

꾹 눌러 담아 무겁게 들고 다녀야 했던 반면 이제는 황금으로 화려하게 상감된 칼 모양의 동전 1개만 있으면 되었다. 그러니 더욱 실용적이고 편리하게 사용할 수 있게 된 것이다!

하지만 안타까운 점은 이처럼 이상적인 장면이 민간에서 출현하지 않았다는 것이다. 바뀐 제도에 처음에는 갈팡질팡하던 사람들이 이후 고집스럽게 오수전만 사용하기 시작했다. 지금도 통용되는 이 제도가 당시에 실패했던 이유는 무엇이었을까?

위조방지 기술의 중요성

예를 들어 우리가 지금 100원짜리 지폐와 1원짜리 지폐만 사용한다고 생각해 보자. 두텁게 쌓인 1원짜리 지폐 100장의 물리적 가치는 분명 100원짜리 지폐 한 장보다 높다. 하지만 최첨단 위조방지 기술로 만든 100원짜리 지폐는 종이부터 인쇄 과정까지 모두 엄격한 통제하에서 만들어진다. 위조가 불가능한 것은 아니지만 위조를 하려면 전문기술과 도구가 필요하다. 게다가 위조한다 하더라도 사람들이 위조화폐를 쉽게 분간해 낼 수 있다.

중앙은행은 최첨단 기술을 이용해 지폐 발행 원가를 높임으로써 사람들이 지폐를 위조할 생각 자체를 단념하게 만들었고, 이로써 신용화폐의 가장 기본적인 신용을 건립할 수 있었다. 하지만 왕망이 살았던 시기에는 인쇄기술이 그렇게 발전해 있지 않았다. 왕망의 정책은 당시의 기술 조건을 고려하지 않았다. 더욱이 한나라는 과거에 민간에 화폐 발행권을 개방했던 나라였다. 이런 상황에서 물리적 가치와 부합하지 않는 신용화폐 제도를 강제로 추진할 경우 매매 차익으로 인해 기본 신용이 붕괴할 위험이 있다.

매매 차익이란 어떠한 자산이 두 가지 가치를 동시에 가지고 있을 때 싸게 구입해서 비싼 값에 판매함으로써 적은 자본으로 많은 수익을 거두는 것을 말한다. 왕망의 화폐 개혁 사례에서 대천오십은 두 가지 가치를 가지고 있었다. 하나는 화폐로서의 가치인 50전이었고, 두 번째는 12수 구리 합금이 가진 가치였다. 반면 기존 오수전은 5수의 구리 합금의 가치를 지니고 있었다. 그래서 오수전 12개를 녹여서 대천오십 5개를 주조할 경우 오수전 250개에 달하는 가치를 얻을 수 있었다.

이에 따른 이익률을 다음과 같이 쉽게 계산해 볼 수 있다. (250-12)/12 = 19.8, 대략 20배이다. 이 정도의 이익이라면 모든 비용과 민간에서 화폐를 주조하다 체포될 위험까지 모두 계산해 보아도 적지 않은 사람들이 달려들 게 불 보듯 뻔하다. 그리고 신나라의 상황이 바로 그랬다. 왕망이 민간 화폐 주조를 금지하는 매우 엄격한 법령을 제정했지만 매매 차익을 노리는 행위는 사라지지 않았다.

이처럼 오수전을 녹여서 대천오십을 만들어 20배의 이익을 얻을 수 있다면 계도와 황금착도의 경우는 더 많은 이득을 얻을 수 있었을 것이다. 하지만 출토된 문물을 보면 황금착도는 많이 보이지 않는다. 이에 대해서는 두 가지로 추측해 볼 수 있다. 하나는 황금착도의 기술자본이 높아서 민간 화폐 제조상들이 주조를 하지 못했을 가능성이다. 그리고 또 다른 하나는 황금착도가 유통될 기회가 매우 적어서일 수 있다.

이러한 논리에 따라 시장에서 매매 차익이 가능할 경우 균형에 이를 수 없다. 그렇다면 균형을 이룰 수 있는 상황은 어떤 상황일까? 이것은 앞에서 말한 바 있는 '악화가 양화를 쫓아내느냐 아니면 양화가 악화를 쫓아내느냐'의 문제이다. 악화와 양화를 모두 사용할 수 있는 상황에 서라면 의심의 여지 없이 악화가 양화를 쫓아내게 된다. 왜냐하면 다른 사람은 악화를 사용하는데 나는 양화를 사용할 경우 나만 손해를 보게 되기 때문이다. 이 때문에 이론적으로 오수전은 점차 사라지고 시장에는 착도만 유통될 것이다! 그리고 착도의 가격을 완전히 시장 조절에 맡긴다면 최종적으로 실제 제작원가로까지 떨어질 것이다. 이렇게 된다면 아마도 과거 진나라보다도 더 혼란한 상황이 초래될 수 있다. 만약 이때 유방이 패현에서 함양으로 부역을 가게 된다면 아마도 착도 1개로 모든 여비를 충당할 수 있었을 것이다.

더욱 심각했던 점은 착도의 경우 정부가 정한 액면 가격이 5,000전으로 고정되어 있었다는 점이다. 이처럼 액면 가격이 변하지 않는 상황에서 시장이 착도의 구매력을 합리적인 범위로까지 하락시킬 것을 요구할 경우 인플레이션 발생은 피할 수 없다.

게다가 정전제의 경우처럼 기득권 세력의 이익에 동원될 수도 있었다. 액면 가격과 실제 가격의 격차가 관리와 지주들이 결탁할 수 있는 공간을 마련해 주기 때문이다. 예를 들어 하층민들에게 임금을 줄 때는 큰 화폐 단위로 주고, 소작료를 걷을 때는 작은 단위 화폐만 받는 것이다. 다행히 이런 일은 발생하지 않았다. 한나라 사람들은 자신의 경험에 의지해 다른 균형을 선택했다. 바로 이러한 매매 차익이 있는 악화를 아예 받지 않고, 계속해서 오수전만 사용해 대전의 사용가치를 떨어뜨리는 것이다.

그리하여 왕망의 첫 번째 개혁은 난관에 부딪치게 되었다. 하지만 왕망은 자신의 정책에 문제가 있어서 실패한 것이 아니라 자신이 황제가 아니라서 제대로 추진할 수 없었기 때문에 실패한 것이라고 생각했다. 이에 황제가 된 이후 왕망은 과감히 무게가 1수밖에 되지 않는 소전(小錢)을 기존 오수전의 가치로 사용할 수 있게 했다. 그리고 이듬해에는 귀중품으로 제조한 화폐를 유통시켰는데 오물육명이십팔품(伍物六名二十八品)이라 불린다.

여기서 오물은 화폐의 다섯 가지 재료인 금, 은, 동(구리), 패(조개껍데기), 귀(거북 등딱지)를 말한다. 그리고 육명은 금, 은, 패, 귀, 전, 포를 말하는데, 그중 전과 포는 모두 구리로 주조했다. 마지막으로 이십팔품은 스물여덟 종류의 액면 가격을 말한다. 가장 저렴한 것은 1수 소전(당시 오수전으로 사용했다)이었고, 가장 비싼 것은 1근에 1만 전의 가치를 지닌 황금이었다. 그리고 그 중간에는 은, 귀, 패, 포, 전 등 다양한 단위가 있었는데, 오늘날 세계 대부분의 국가들보다도 화폐 단위가 다양했다.

현재 중국에서 사용하고 있는 위안화(RMB)의 '위안'(元)은 여섯 가지의 단위가 있다. 요즘은 거의 사용하지 않는 '쟈오'(角)와 '펀'(分)까지 모두 합쳐도 열두 가지 단위에 그친다. 이 점을 비춰보면 당시 스물여덟 종류에 달했던 왕망의 화폐 단위가 얼마나 많은 것인지 짐작해 볼 수 있다.

이렇게 많은 단위에 거북 등딱지나 조개껍데기와 같은 재료로 만든 화폐가 등장하자 백성들은 경악했다. 그렇게 한 차례 혼란기를 겪은 뒤 사람들은 여전히 계속해서 오수전을 사용했다. 정부가 어떤 계획을 내놓든 상관없이 매매 차익의 기회가 여전히 존재하는 이상 시장에서는 고집스럽게 실제 가치와 맞지 않는 악화를 사용하지 않았다.

자신의 예상과 다르게 상황이 흘러가자 황제인 왕망은 매우 분개했다. '백성을 위해 과감한 개혁을 실시했는데 어째서 따라주지 않는단 말인가?' 그렇게 괴로워하던 왕망의 마음속에서 서서히 케인스의 '큰 정부'가 떠오르기 시작했다. 왕망은 강제적으로 화폐 제도를 추진하기로 결심했다. 오수전을 사용하는 사람과 정전제를 비방하는 사람은 모두 변경으로 유배를 보내겠다는 엄령을 내린 것이다. 방법이 없어진 백성들은 왕망이 진행한 재정 실험에 따라 인플레이션과 화폐가치 하락에 시달리다 결국 파산에 이르렀다.

현대 사회가 비교적 높은 인플레이션을 견딜 수 있는 이유는 자금 흐름이 매우 빠르기 때문이다. 그래서 인플레이션으로 명목 임금이 상승해 사람들에게 소득이 증가했다는 착각을 불러 일으켜 소비를 촉진하고, 더 나아가 생산을 촉진시킬 수 있는 것이다. 하지만 당시에는 상품 거래와 자금 흐름이 상대적으로 느렸기 때문에 인플레이션으로 인한 경기 자극이 손실을 상쇄시켜 주지 못했다.

인플레이션은 사실 감추어진 세금으로 볼 수 있다. 돈이 많다는 것은 중앙은행에서 발행한 화폐를 정부가 투자로 사용하거나 은행에서 대출로 사용했다는 의미이다. 그리고 이처럼 많은 구매력은 국민들의 구매력이 손실되는 대가로 이루어지는 것이다.

예를 들어 시장에 6만 개의 오수전이 유통되어 있다고 해보자. 이때 왕망이 6만 개의 오수전에서 10분의 1인 6,000개를 가지고 '대천오십'을 주조할 경우 2,500개를 만들 수 있다. 여기서 원가 6,000전과 인건비 4,000전을 공제하면 인플레이션이 발생하지 않은 상황에서 왕망은 11만 5,000전의 이득을 볼 수 있다.

만약 인플레이션을 고려해 시장의 상품이 일정하다고 가정해 보면 원래 6만 전의 구매력이 현재는 17만 9,000전(2,500×50+54,000=179,000)인 것을 계산해 볼 수 있다. 환율도 계산해 볼 수 있다. 기존 1전과 현재 1전의 구매력 비율은 1 대 0.335이다. 그래서 왕망이 얻을 수 있는 구매력은 약 3만 8,500개(115,000×0.335)의 오수전에 해당한다.

이처럼 한 차례의 화폐 개혁을 통해서 왕망은 거의 민간 자산의 절반에 해당하는 구매력을 가져올 수 있었다. 물론 실제로 집행되는 과정에서 관리들의 부정부패와 민간의 물물교환으로 인해 실제 가져오는 자산은 이에 한참 못 미쳤지만 그렇다 해도 상당한 규모였다. 당연히 사회 혼란이 가중되었고, 민간에서는 '식량과 재물이 모두 황폐해졌으며 백성들은 길거리에 주저앉아 눈물을 흘렸다.'*

왕망과 김정일

고민을 거듭하던 왕망은 갈수록 백성들의 원망이 높아지자 자신이 실시한 정책이 너무 복잡하다는 사실을 깨달았다. 이에 각종 이익집단의 압력에 따라 사람들을 경악하게 만들었던 패, 귀, 포와 같은 화폐 종류를 점차적으로 폐지하고, 소전과 대전만 계속 유통시켰다.

이로써 백성들의 숨통도 조금씩은 트이기 시작했다. 하지만 몇 년 지나지 않아 기원후 14년에 자신의 신용화폐가 시대를 너무 앞서간 조치였다는 점을 깨달은 왕망은 과감하게 소전과 대전을 폐기했다. 그리고 실제 중량과 동등한 가치를 지닌 25수 '화포'(貨布)와 5수 '화천'(貨泉)을 사용하게 했다.

게다가 왕망은 대전이 한나라 말기부터 유통되어 왔음을 감안해 백성들에게 불편을 주지 않도록 대천오십을 향후 6년간은 계속 사용할

----

* 반고, 『한서·식화지』

수 있게 해주고 가치를 5수인 화천과 동등하게 낮췄다. 이로써 대천오십이 50개의 오수전과 동등한 가치를 지니게 되면서 대천오십을 가지고 있던 사람들의 재산은 순식간에 원래의 50분의 1로 줄어들었다. 더구나 6년 뒤에는 사용이 불가능한 화폐여서 거래하길 원하는 사람이 없다는 것도 문제였다.

왕망은 무의식중에 새로운 금융 실험을 단행한 셈이다. 현재 금융에서 (마이크로소프트사의 주가가 0에서 2달러 사이에서 오르락내리락 하고 있다는 가정에서) 만약 어떤 사람에게 1달러 주당 가격에 마이크로소프트사의 1만 주의 주식을 구매할 권리가 있다고 해보자. 그런데 여러 원인으로 인해 그 사람이 자신의 권리를 행사하고 싶지 않다면 그는 자신이 가진 권리를 다른 사람에게 팔 수 있다. 하지만 현재 가정하고 있는 '1달러 주식 구매'의 권리는 2개월이 지나면 폐기될 예정이다. 그렇다면 얼마를 주고 이 권리를 구입해야 할까?

금융상품의 가격을 결정하는 것은 매우 복잡하다. 예를 들어 이러한 상황에서는 마이크로소프트 주식의 현재 가격, 미래 예측, 기업이 취할 수 있는 조치 등을 고려해 봐야 한다. 이 권리는 만기일이 지나면 가치가 없어진다. 하지만 만기일이 되기 전에 모든 일이 발생할 가능성이 있다. 항상 배제할 수 없는 것은 마지막 날에 마이크로소프트사의 주식 가격이 배로 뛰는 경우이다. 그러면 현금 교환 권리를 사용해 주식시장에서 큰돈을 벌 수 있다. 또한 반대로 권리를 행사한 이후 마이크로소프트사의 주식이 폭락해 가치가 없게 되는 경우도 배제할 수 없다. 일반적으로 마지막 날이 다가올수록 권리의 가격도 낮아지고 가격의 상하 폭도 증가된다.

가격의 변동이 매우 극심하다 하더라도 그것은 별처럼 무수히 많은 금융상품 중 하나일 뿐이기 때문에 경제활동 주류에 심각한 영향을 미치지는 못한다. 하지만 화폐인 대천오십은 그렇지 않았다. 왕망의 금융 실험은 대천오십의 가치를 하락시켰을 뿐만 아니라 동시에 가치의 변동 폭을 증가시켰다. 시간이 지남에 따라 대천오십은 겨우 호떡 하나 사먹을 수 있는 정도까지 가격이 떨어졌다가 며칠 후에는 비단 한 필을 살 수 있을 정도까지 올랐다(예를 들어 왕망이 대천오십의 가치를 다시 올린다는 소문이 돌 경우). 그다음 주에는 또 차 한 잔 마실 수 없을 정도까지 폭락했다.

이렇게 되자 이 화폐는 절대다수의 정상적인 경제 교환과 생산에 심각한 타격을 주었다. 그도 그럴 것이 몇천 년이 지난 지금도 만약 화폐의 가치가 선물 옵션처럼 유동적이게 된다면 사람들은 생산에 집중할 수 없을 것이다. 그나마 다행이었던 점은 신나라가 이번 화폐 개혁을 실행하고 얼마 되지 않아 동한에게 멸망당해 왕망이 자신의 금융 실험을 계속할 수 없었다는 점이다. 이후 광무제 유수는 기존의 오수전을 다시 부활시켰다. 과거 진나라는 단명했지만 그 제도는 그대로 한나라에 계승되었고 이후 당나라, 송나라, 명나라, 청나라 때에도 계속해서 그 흔적을 찾아볼 수 있는 반면, 왕망이 수십 년간 실시한 제도 개혁은 동한 시기에 말끔히 지워졌다.

그리고 2,000년이 지난 후 북한에서 화폐 개혁이 선포되었다. 100 대 1의 비율에 따라 기존 화폐 10만 장을 신권으로 교체하며, 교체하지 않은 나머지 화폐는 기간이 만료되면 전량 폐기된다는 내용이었다. 더구나 계획이 실행되는 동안 임금을 변화시키지 않은 채 신권 화폐로 지급하면서 임금이 순식간에 100배로 치솟았다.

이전 신나라에서 발생했던 모든 일들이 그대로 북한에서도 발생하기 시작했다. 시장은 거의 동결되었으며, 모든 상점들이 문을 닫고 신권과 새로운 가격이 나오기를 기다렸다. 시장이 완전한 냉각기에 접어든 것이다. 그리고 충격에서 점차 빠져나온 사람들이 수중에 가진 구권을 암시장에서 달러나 위안화로 바꾸려 했다. 그러자 며칠 만에 상품 가격이 몇십 배로 폭등했고, 구권과 달러의 환율은 기존의 135 대 1에서 2만 대 1로 상승했다. 이후 여론이 안 좋아지자 정부는 제한액을 10만에서 50만으로 올리고, 나머지 구권에 대해서는 은행에 예금하는 방식을 통해 교환할 수 있게 했다. 하지만 이미 취약한 화폐 체제가 심각한 타격을 입은 뒤였다.

개혁 속도에서 보면 왕망의 개혁이 더 빨랐다. 유로화는 1999년 독일, 프랑스 등 11개 나라에서 정식 사용을 시작한 이후 3년이 지난 다음에야 정식으로 기존의 화폐를 대체하기 시작했다. 게다가 이후에도 유럽연합의 각 나라들은 은행에서 본국의 화폐를 유로화로 교환해 주도록 했다. 여기에 비하면 왕망의 개혁 추진 속도는 비교할 수 없을 정도로 빨랐다. 신나라가 존속했던 14년 동안 왕망은 길게는 5~6년 짧게는 1~2년에 걸쳐 네 차례 대규모 화폐 개혁을 실시했다. 매번 개혁은 높은 명목 가치를 지닌 화폐로 낮은 명목 가치를 가진 화폐를 대체하는 형식으로 이루어졌기 때문에 실물 가치와 명목 가치의 격차는 갈수록 커졌다.

그리고 이로 인해서 세 가지 현상이 초래되었다. 첫 번째는 인위적인 인플레이션으로 인해 민간 자산을 대규모 수탈함으로써 백성들이 줄줄이 파산하게 되었고, 다음으로 화폐의 허술한 위조방지 기술로 인해 생활이 어려운 사람들이 불법적으로 화폐를 위조하기 시작했다. 마지막으로, 계속되는 금융 실험으로 사회의 정상적인 생활 질서가 심각하게 무너졌다.

중국 역사에서 유일하게 학자 출신 개국황제인 왕망은 이상주의자였다. 안타깝게도 경제·정치 제도와 당시 시대적 한계성에 의해서 그의 노력은 의도했던 것과 달리 실현될 수 없는 환상으로 끝나고 말았다.

제7장

광무제의 등장과 동한의 운명

동한을 건국한 광무제 유수는 토지 측정과 조세 제도 등 모든 일을 직접 주관하며 의욕적으로 나라의 기반을 마련한다. 하지만 마원은 광무제에 대해 의미심장한 평가를 남긴다. 모든 일을 꼼꼼하고 완벽하게 처리하는 광무제보다 어딘지 빈 구석이 있어보이는 고조 유방이 더 나은 군주라고 말한 이유는 무엇일까? 한편, 영제는 뛰어난 비즈니스 감각을 발휘해 관직 판매에 열을 올린다.

토지 측정과 조세 제도

신나라 말년 정전제와 다양한 화폐 개혁이 실질적으로 많은 사람들에게 손해를 끼치면서 천하는 순식간에 요동치기 시작했다. 그러자 각지에서 토지를 빼앗긴 지주들과 몰락한 전 왕조의 황족들이 들고 일어났다. 이러한 혼란 속에서 맨 마지막에 웃은 사람은 유씨 왕족의 후예인 광무제 유수였다. 25년 황위에 오른 유수는 수도를 낙양으로 정하고, '한'이라는 국호를 다시 사용했다. 이에 과거의 한나라와 구별하기 위해 이때의 한나라를 역사적으로 '동한' 또는 '후한'이라 부른다.

　황제가 된 유수는 왕망이 주나라를 모델로 삼아 실시한 각종 제도들을 신속하게 폐지하고, 과거 한나라의 오수전과 30분의 1 세금 제도를 다시 부활시켰다. 그런데 수전제는 계승하지 않았다. 예전 한나라의 제도를 부활시키면서 수전제는 어째서 실시하지 않은 것일까? 과거 고조 유방이 한나라를 건국하면서 수전제를 실시했듯이 개국황제인 유수도 수전제를 실시해야 했던 게 아닌가? 살 곳을 잃고 떠도는 백성들에게 경작할 땅을 나눠주지 않는다면 세금을 걷을 방법이 없지 않을까? 사실 유수는 백성들에게 땅을 나눠줄 필요가 없었다. 왜냐하면 그는 경작할 땅이 없는 백성들에게서도 세금을 걷을 수 있는 방법을 가지고 있었다.

앞에서 설명했듯이 한나라 이전에 조세 제도는 100무를 기준으로 30분의 1이었다. 하지만 대다수의 백성들은 100무가 채 되지 않는 토지를 분배 받았다. 그리고 후기로 갈수록 부담이 가중되면서 흉년이나 재난이 발생할 경우 터전을 버리고 떠나거나 지주의 소작농으로 들어가는 경우가 많아졌다.

그동안 지주들은 암암리에 교묘한 방법으로 농민들의 토지를 빼앗았다. 관부의 은폐 아래 오랫동안 지속된 토지 겸병으로 국가가 징수하는 세금은 갈수록 줄어들었다. 게다가 왕망의 경제 금융 실험과 말년에 벌어진 대규모 혼란에 지주들은 연이어 병력을 키워 스스로를 보호하기 시작했고, 얼마만큼의 토지를 보유하고 있는지 제대로 기록하지 않았다.

황위에 오른 유수가 한나라를 계승한 것은 고조 이후의 정치적 유산을 계승하고, 더구나 사람들의 마음속에 있는 한나라의 위용을 빌려 쓰기 위해서였다. 하지만 전대 왕조의 지주, 호족과 정부가 밀접하게(몇몇은 직접적으로 한나라의 황후나 태후의 가족관계였다) 관련되어 있었기 때문에 대담하게 봉기를 일으키며 "지방 호족을 몰아내고 토지를 나누자"고 외치는 농민들의 말에 귀 기울일 수 없었다.

겉으로는 태평해 보였지만 많은 백성들이 여전히 경작할 땅이 없었다. 고민을 거듭하던 유수는 자신이 수전제를 실시할 수는 없지만 땅을 다시 측정할 수는 있다는 생각이 들었다. 이에 그는 천하의 토지를 새로 측정하라는 명령을 반포한다. 그는 강건책과 온건책을 함께 사용하며 토지 측정을 진행하는 한편 매년 집집마다 토지 현황을 기록하게 했다.

이렇게 해서 새로운 통계 자료를 받아본 유수는 다시 머리가 아파오기 시작했다. 백성들의 토지는 적으면 몇 무가 전부였고, 많은 경우에도 20~30무를 넘지 않았다. 정말 100무를 보유한 경우는 극소수였다. 더구나 이전 왕조 때 세력을 키운 지주 호족들의 경우 전국 범위로 가진 토지가 헤아릴 수 없이 많았다. 만약 과거 서한의 규범에 따라 세금을 징수할 경우 이러한 농민들은 몇 년 지나지 않아 지주의 소작농이나 유랑민으로 전락해 버릴 게 뻔했다.

한참을 고민하던 유수는 얼마 전에 자신이 쓴 족자에 적힌 '백성의 부담을 줄여주는 것은 한나라 중흥의 기반이다'라는 글귀를 바라봤다. 이에 그는 '지금부터 한나라는 구체적인 무에 따라 세금을 징수한다!'라는 칙명을 쓰고, 엄중하게 황제의 옥새를 찍었다.

무에 따라 세금을 징수하는 제도를 실행하고 나서 한나라 말 농민들이 살 곳을 잃고 떠돌던 상황은 상당히 호전되었고 국가도 다시 활력을 띠기 시작했다. 하지만 주목해야 할 점은 건국하고 기반을 마련하던 유수 시대는 물론이고 이후 인구가 절정에 이르렀던 안제 때에도 국가의 총인구가 서한 후기를 넘지 못했다는 점이다.

인구수 감소에는 여러 가지 이유가 있지만 유수가 실시한 새로운 세금 정책도 그 원인 중 하나였다. 여기서 서한과 동한의 세금 제도의 차이점을 알아보고, 이것이 농민의 출산율에 어떠한 영향을 주었는지 살펴보도록 하겠다. 서한은 고정된 세금 제도를 실시했다. 인두세와 토지세는 모두 고정되어 있었고, 더구나 백성들은 일반적으로 100무가 넘는 토지를 보유할 가능성이 크지 않았다. 그래서 백성들은 적극적으로 더 많은 토지를 개간하고, 아이를 많이 낳아 노동력을 확보하려 했다. 왜냐하면 세금 이외의 부분은 완전히 자기 소유가 되었기 때문이다. 고정된 세금 제도에서는 세금이 과중하더라도 여분의 곡식만 있으면 충분히 생활이 가능했기에 농민들은 열심히 밭을 일궜다. 그리고 황무지를 개간하고 '더 많은 아이를 낳아 농사력을 보충'하려 했다.

물론 고정된 세금의 경우 그 위험성도 매우 분명하다. 일단 흉년이나 재난이 발생하면 아무리 알뜰히 계획해도 1년 동안 가족들이 먹을 곡식이 나오지 않을 경우가 있었다. 이럴 경우 농민들은 역대 봉건 제후들이 가장 두려워했던 '유랑민'이 되었다. 백성들이 유랑민이 되어 떠돌기 시작하면 정부는 백성들이 다시 정착할 때까지 상당히 오랜 시간 동안 토지에 대한 세금을 거둘 수 없다.

이에 반해 동한은 무에 따라 세금을 징수했다. 그래서 농민이 열심히 황무지를 일구어서 농지 1무를 개간했을 경우 다음 해에는 토지 측정 후 1무만큼의 세금을 더 내야 했다. 즉, 농민은 힘들게 농지를 개간해도 서한 시대만큼 많은 수익을 얻을 수 없었다. 그러므로 고정된 세금을 걷었을 때보다 농민들의 적극성이 낮아지게 되었고, 자연적으로 출산율도 이전보다 낮아지게 된 것이다.

하지만 이에 따른 좋은 점도 분명 있었다. 10여 무의 작은 땅을 경작하는 농민도 30분의 1만큼의 세금을 낸 뒤 여분의 곡식을 가질 수 있었다. 그래서 단 한 톨도 건지지 못하는 최악의 상황이 아닌 이상 농민의 생활은 안정적으로 유지됐다.

종합해 보자면 두 가지 조세 제도 모두 장단점이 있다. 서한 시대 조세 제도는 고정된 세금으로 농민들의 적극성을 높여주었고, 동한 시대 조세 제도는 생활의 안정성을 높여주었다.

광무제와 한고조의 차이점

유수가 무에 따라 세금을 징수하는 방법을 선택한 것은 호족 출신인 그가 민간의 폐단을 이해하고 있었기 때문이다. 유방과 같이 개국황제이고, 똑같이 '한'이라는 국호를 사용했지만 유수가 처했던 상황은 유방과 완전히 달랐다.

『후한서·마원전』에는 다음과 같은 이야기가 기록되어 있다. 유수가 아직 천하를 통일하지 못했을 때 지금의 간쑤성 톈수이시 일대를 할거한 제후 외효에게 투항을 권하며 친한 친구인 마원을 보내 설득하게 했다. 친한 사이였던 두 사람이 편안하게 담소를 나누던 중 외효가 직설적으로 마원에게 물었다. "자네가 생각하기에 지금의 천자(유수)와 고제(유방)를 비교하면 어떠한가?"*

이때 마원은 상당히 의미심장한 말로 대답했다. "고제만 못하네. 고제는 '되는 것도 안 되는 것도 없었지만' 지금의 천자는 절도 있게 행동하며 실무적으로 처리하지. 게다가 항상 관리들의 일을 깊이 이해하고 있고 술을 좋아하지 않네."

외효는 마원의 모순된 말을 곰곰이 생각하다가 말했다. "자네의 말대

---

* 유수는 제위에 오른 뒤에도 천하를 통일하기 위해 약 12년 동안 정복 전쟁을 치러야 했다.

로라면 고제와 비교했을 때 지금의 천자가 더 대단한 것이 아닌가?"[*]

이 이야기를 읽은 사람이라면 누구나 외효와 똑같은 생각을 할 것이다. 어떻게 보아도 완곡하게 유수를 칭찬하는 내용이기 때문이다. 기록된 내용은 여기까지라서 그다음에 마원이 뭐라 답했는지는 알 수가 없다.

'좋을 것도 없고 나쁠 것도 없다'는 마원의 말은 공자가 자신을 평가한 말에서 인용한 것이다. 마원은 유방의 경우 전체적인 국면에서 일이 원칙에서 벗어나지 않는지만 살폈을 뿐 자세한 사항이나 진행 과정은 신경 쓰지 않았고, 또 각종 규정에 얽매이지 않고 모든 일을 아랫사람에게 맡겼다고 평가했다. 반면 유수의 경우 용기와 지략을 가진 데다 많은 서적을 탐독하였지만 '어떠한 일이든 직접 관여하고, 트집을 잡길 좋아한다'고 평가했다.

어째서 꼼꼼하게 일을 처리하는 황제보다 대충대충 일을 처리하는 황제가 나은 걸까? 한나라의 선량한 관리인 전숙을 통해 서로 다른 지도자 밑에서 관리가 어떻게 변할 수 있는지를 살펴보자. 퇴역한 장군인 전숙은 과거 전투에 참여해 몇 가지 공적을 세웠으나 큰 공을 세우지 못해 제후로 봉해질 수 없었다. 이후 천하가 태평해지면서 군대가 많이 필요없게 되자 전숙은 고향에서 군현의 크고 작은 안건을 판결하고 처

[*] 외효가 마원과 함께 잠자리에서 일어나면서 동쪽 지역의 소문과 수도의 득실에 대해 묻자 말하였다. "이전에 조정에 갔을 때 황상이 나를 불러 수십 차례 만나보았는데, 그때마다 오랜 시간 편안하게 대화를 나누었습니다. 재주가 뛰어나고 밝으며 용기와 지략을 겸비해 견줄 자가 없습니다. 게다가 숨기는 것 없이 마음을 열고 진심을 드러내며 활달하고 절개를 중요시하니 고조와 비슷한 점이 있습니다. 경학에 박식하고 글로 가려 정사를 처리하니 앞 세대와 비교가 되지 않습니다." 외효가 말했다. "그렇다면 경이 보기에 고조와 비교하면 어떠하오?" 마원이 답했다. "같지 않습니다. 고제는 되는 것도 안 되는 것도 없었지만 지금의 황상은 관리들의 일을 살피는 걸 좋아하고, 절도 있게 행동하며 음주를 좋아하지 않습니다." 그러자 외효가 속으로 달가워하지 않으면서 말했다. "경의 말과 같다면 오히려 더 나은 것이 아닌가?"-『후한서·마원전』

벌하는 일을 맡았다. 오늘날로 치면 지방의 법원장이라 할 수 있다.

그의 판결에 원고와 피고가 모두 인정하면 사건은 순조롭게 해결되었다. 하지만 만약 어느 한쪽에서 불복해 항소를 하게 되면 그 사건은 중앙정부의 정위가 다시 심사를 진행했다. 법률에 대한 이해도가 깊은 정위가 만약 재심리에서 판결을 뒤집는다면 자신의 판결이 틀렸다는 의미가 된다. 비록 가진 재능은 얼마 없었지만 성취욕이 강했던 전숙은 이와 같은 일이 생기는 걸 바라지 않았다.

전숙은 가진 경험이 별로 없었지만 진나라가 남긴 방대한 사례를 참고해 볼 수 있었다. 하지만 참고한 사례와 실제 사건이 약간씩은 차이가 있었기 때문에 항상 전숙은 자신의 직관에 따라 안건을 처리해야 하는 경우가 많았다. 이럴 경우 전숙에게는 두 가지 선택이 있었다. 이전의 사례에 따라 그대로 똑같이 판결해야 할까? 아니면 이전의 사례를 참고해 달리 판결해야 할까?

보기에는 아주 간단해 보인다. 평범한 군현 관리인 전숙은 규율에 따라 과거 사례 그대로 판결하는 쪽을 선택했다. 원고와 피고에게도 공평한 선택이었다. 하지만 문제는 다른 데 있었다. 자신의 미래에 대해 명확한 계획을 세우고 있는 전숙은 적극적으로 승진하기 위해 노력했다. 그는 승진을 해서 군수까지 오르는 목표를 가지고 있었다.

평범한 관리들은 모두 이전의 사례에 따라 판결을 하는 반면 날카로운 안목과 민첩한 두뇌를 가진 관리는 다른 판결을 내릴 수 있다. 예를 들어 어떠한 안건을 판결하던 중 이전의 사례가 지금과 미묘하게 다르다는 사실을 발견하고 기존과 완전히 반대되는 판결을 내놓는 것이다. 이처럼 '기존의 규율을 지키지 않는 행동'이 오히려 자신의 능력을 드러내는 행동이 될 수도 있었다.

만약 전숙이 고조 유방이 제위에 있던 때의 관리였다면 그는 황제가 법률을 잘 알지 못한다는 것을 알았을 것이다. 그리고 황제가 사건의 흐름을 보고 원고와 피고 중 불복한 경우가 있는지, 그리고 정위는 어떻게 판결을 했는지에 근거해 두각을 나타낸 관리를 등용할 것이라는 점도 알고 있었다. 이에 전숙은 자신이 이전과 다른 판결을 내려 스스로 유능한 관리라는 것을 보여줄 수 있을지에 대해 고민했다. 심사숙고하던 그는 결국 그럴 수 없다고 생각했다.

왜냐하면 전숙 자신이 안건에 대해 자세히 알고 있지 못하는 상황에서 이전의 사례와 다른 판결을 내린다면 원고나 피고가 항소할 확률이 높았다. 그러면 정위가 다시 심사를 할 것이고 거기서 법률 해석에 따라 모든 것이 명백하게 밝혀지게 될 것이었다. 그때 만약 자신의 판결에 심각한 잘못이 드러난다면 치욕을 당할 뿐만 아니라 책임을 져야 할 수도 있었다.

반대로 예전 사례에 따라 판결을 내린다면 항소할 확률도 비교적 적어진다. 그리고 항소를 당하지 않는다는 의미는 자신이 현재의 자리를 계속 유지할 수 있다는 의미였다. 이런 생각 끝에 전숙은 더 높은 자리로 승진하는 것보다 차라리 현재의 자리를 유지하는 게 더 낫다는 결론에 이르렀다.

이로써 한평생 성실하고 순종적인 관리로 살아온 전숙은 한중의 태수로 발탁되었으며, 청렴하고 농업을 장려하며 학문에 힘쓰는 관리로 명성을 얻었다. 비록 많은 재주는 없었지만 한중을 질서정연하게 다스렸다.

그런데 만약 전숙이 광무제 유수가 제위에 있던 시기의 관리였다면 어떤 생각을 가졌을까? 유수는 법률에 정통하고 모든 일을 직접 처리했다. 그래서 항소 여부와 상관없이 그는 모든 문서를 검토해 판결이 잘 되었는지 여부를 살폈다. 이처럼 뛰어난 군주의 밑에서라면 관리들도 더욱 성실하게 일하지 않았을까?

『한서·혹리열전』의 기록을 보면 이와 정반대의 결과를 확인할 수 있다. 가혹한 관리로 기록된 수가 광무제 시대에 가장 많기 때문이다! 사실상 관리의 업무를 황제가 면밀히 살펴볼 경우 약점이나 허점을 찾아낼 확률이 비교적 높다. 반대로 유방의 시대에는 과거 사례에 따라 판결하는 것이 상대적으로 안전한 선택이다. 왜냐하면 항소가 일어나지 않는 이상 천자는 관리들이 제대로 일하고 있다고 생각할 것이기 때문이다. 이것은 관리들이 자신의 평범한 재능을 감추는 데 도움이 되었다.

반면 유수 시대에는 자신이 과거 사례를 따르든 말든, 원고와 피고가 항소를 하든 말든 상관없이 천자는 거의 모든 안건을 살펴보고 판결이 잘 되었는지 여부를 판단했다. 이처럼 원래 안전했던 선택이 더 이상 안전하지 않게 되자 관리들은 '과거 사례를 따르지 않고' 일부러 이전 왕조와 다른 판결을 내리기 시작했다. 물론 이럴 경우 관리들이 파면을 당할 확률도 높았지만, 이전처럼 과거 사례에 따라 판결을 해도 파면될 확률은 마찬가지로 높았다. 그렇다면 관리들은 왜 이렇게 과감한 판결을 내리기 시작한 걸까?

만약 모든 관리들이 뛰어난 자질을 가지고 있다면 조정의 효율도 매우 높겠지만 이건 불가능한 일이다. 대부분의 관리들은 평범한 자질을 가진 사람들이었고, 이 때문에 그들은 과감한 도박을 시도하게 된 것이다. 게다가 당시에는 서민들이 군현의 판결에 불복해서 직접 어전에 항소를 하는 일은 거의 일어나지 않았다. 결국 이로 인해 지방 오심 사건이 많아지면서 백성들이 피해를 봐야 했음을 짐작해 볼 수 있다. 마원은 바로 이러한 관점에서 '좋을 것도 없고 나쁠 것도 없는 것'이 '관리의 일을 잘 아는 것'보다 낫다고 평가한 것이다.

관리들은 항상 윗사람에게 유능한 관리로 인정받고 싶어 한다. 그리고 보통은 이를 위해 더욱 노력하므로 긍정적인 일이라고 할 수 있다. 그리고 윗사람이 빈틈없이 치밀하게 모든 걸 평가할 경우 아랫사람의 능력이 출중하다면 발탁될 가능성이 높다. 하지만 평범한 사람이라면 아무리 노력해도 유능한 관리인 척할 수 없기 때문에 오히려 노력할 동기를 잃게 된다. 이 경우 차라리 위험을 감수해서라도 과감한 행동으로 윗사람의 눈에 띄고 싶어 하는 것이다.

이에 평범한 관리들은 고조 유방 시대에는 성실하고 순종적으로 행동했던 반면 광무제 시대에는 위험하고 과감한 시도를 했다.『후한서』에는 광무제의 통치에 대해 다음과 같은 비교적 적절한 평가를 했다. '진실과 거짓을 두루 꿰뚫을 줄은 알았지만 관리들이 너무 각박하게 일하게 함으로써 나라를 제대로 중흥시키지 못했다', '물이 너무 맑으면 물고기가 살 수 없고, 사람을 너무 살피면 따르는 무리가 없다'는 말이 있는데, 여기에는 철학적인 의미만이 아니라 경제학의 원리도 담겨 있음을 알 수 있다.

황제가 환관을 총애하는 이유
—

광무제 시대 이후 동한은 상당히 긴 시간 동안 평온하고 보수적인 시대를 보냈다. 서한의 황제들에 비해서 소극적이었던 동한 시대 황제들은 마치 마음을 비우고 순리에 따른다는 도가의 '청정무위' 사상에 깊이 심취되었던 것처럼 보인다. 하지만 사실은 그렇지 않다. 동한의 황제들이 소극적이었던 것은 뭔가를 하고 싶어도 할 수 없었기 때문이다.

동한은 '태감(太監), 명사(名士)의 천하'라고 불린다. 여기서 명사는 일반적으로 현이나 군 단위의 거대 가문의 자제나 황제 외가 친척을 가리킨다. 한나라는 과거 제도가 없어서 관리가 되려면 일반적으로 고위 관리의 추천이나 심사를 거쳐야 했다. 이러한 상황 속에서 명문세가들은 위로는 중앙정부를 장악하고, 아래로는 군현과 향촌의 실제 권력자로 군림하면서 황제도 함부로 할 수 없을 정도로 세력을 키웠다. 그래서 황제가 명문세가의 이익을 침해하는 대규모 정치 개혁을 진행할 경우 강력한 반대에 부딪쳐 좌초되기 일쑤였다.

동한이 건국된 이후 광무제의 아들인 명제는 서한 시대 제도인 '상평창'을 건립하려 했다. 하지만 명령을 반포하자마자 조정에서 들고 일어났다. 개국공신이자 수만 무의 땅을 소유하고 있는 태부 등우부터 몹시 불쾌해하며 진언을 하기 시작했다. 그는 명제에게 상평창이 백성을 이롭게 한다는 명분하에 실상은 백성을 착취하는 기구이며, 사회에 심각한 부정적인 영향을 초래하므로 심사숙고해 주길 바란다고 말했다. 명제가 등우를 설득하려고 하자 이번에는 남양의 명문대가 출신인 태위 조희가 진언하기 시작했다. 그는 상평창은 나라를 망치는 일이니 이대로 가다가는 국가와 백성의 막중한 피해를 볼 것이라고 말했다.

명제의 시호가 '밝을 명'(明)인 점을 보면 알 수 있듯이 그는 아둔한 사람이 아니었다. 신하들의 말 속에 담긴 뜻을 간파해 낸 그는 깊은 탄식과 함께 명령을 취소했다. 동한의 전반기는 대체로 이런 식이었다. 명사와 외척들이 지방과 중앙을 모두 장악한 상태에서 황제는 그저 흘러가는 대로 상황을 지켜볼 수밖에 없었다.

이러한 흐름 속에서 황위에 오른 환제는 변화를 도모하기 시작했다. 당시에도 외척이 권력을 장악하고, 조정의 관리들이 각종 이익을 독차지하고 있는 상황이었다. 이에 환제는 몰래 환관 5명과 결탁해 정변을 일으켜 외척 양기를 처단하고, 외척을 소탕하는 데 공을 세운 5명의 환관들을 제후로 봉했다.

환관은 역사에서 항상 비난과 경멸의 대상이다. 과거 악명 높은 부정부패와 각종 수탈은 거의 대부분 환관과 관련이 있으며, 이들을 총애하는 황제도 혼군이라는 불명예를 피할 수 없다. 그래서 한나라와 당나라의 역사서에서 황제가 환관을 총애해서 일어난 사회 혼란을 통렬하게 비판한 글들을 보면 마치 황제가 환관만 배척하면 조정의 모든 일이 말끔히 해결될 것처럼 보이기도 한다.

여기서는 도덕적 토론은 배제한 채 진화경제학의 관점에서 환관의 행동이 관리들과 어떤 차이가 있는지 분석해 보도록 하자. 만약 모든 사람이 자신의 물질적 이익만을 우선시하는 '경제인'이라면 사람들은 죽기 전까지 모든 재산을 사용하려 할 것이다. 왜냐하면 죽은 뒤에는 아무리 재산이 많아도 쓸 수가 없기 때문이다. 하지만 실제 사람들은 이렇게 행동하지 않는다. 대부분의 사람들은 자기 유전자를 물려받은 자손에게 재산을 물려주려 한다. 지방 호족들이 관리가 되고 제후가 되려는 이유도 이런 각도에서 해석해 볼 수 있다. 즉, 자신의 자손들이 계속 세금을 걷어 생활할 수 있도록 지방 백성들을 보살피고 관리하는 것이다. 자손을 보존하려는 경향이 강한 사람일수록 더욱 장기적인 안목으로 신중하게 행동하며(자신의 안전이 자손의 안전을 보장하는 것이기에) 다른 사람에게도 더욱 인자하게 행동한다.

하지만 자손이 없는 환관은 사후에 어떤 평가를 받을지에 신경 쓰지 않는다. 이 때문에 필사적으로 권력을 탐하고, 권력을 얻은 뒤에는 백성을 수탈하는 행동으로 연결되기 쉽다. 삶의 방식도 훨씬 모험적이라고 할 수 있다(모험적일수록 더 많은 이득을 얻을 수 있으므로).

또 환관은 외부 선택도 매우 적다. 황제는 거의 어떠한 보수도 지불하지 않은 채 환관을 자신의 옆에 묶어둘 수 있었다. 천자가 바뀌면 아래 신하도 바뀌던 시대에서 황제와 운명을 같이하는 환관으로서는 현재의 황제 말고는 의지할 사람이 없었던 것이다.

반면 권력을 휘두르는 외척과 관리들은 설사 황제가 바뀐다 하더라도 일부를 제외하고 큰 영향을 받지 않았다. 직접 황제를 옹립한 경우가 아닌 이상 정치 풍파에 휘말릴 확률이 낮았다. 게다가 황제가 외척에게서 권력을 다시 되찾아 오는 일은 상당히 위험한 시도였다. 그래서 황제는 가능하다면 뜻이 맞는 관리와 함께하고 싶어 했지만 조정 관리들은 자신과 후손의 안전, 그리고 다른 관리들과의 정치적 관계까지 모두 고려해야 했기 때문에 상당히 보수적일 수밖에 없었다. 이에 황제가 그들을 자기 편으로 만들기 위해서는 상당히 많은 대가를 치러야 했다. 그리고 이 대가는 황제들이 가장 부담스러워하는 부분 중 하나였다. 이러한 상황에서 환관은 황제에게 가장 좋은 동맹자가 되었다. 더욱이 환관과 황제는 밤낮으로 함께 있기 때문에 서로를 잘 알고 친해질 수 있었다.

권력을 가진 황제의 경우 주로 조정 관리들과 함께 일을 처리한다. 왜냐하면 관리의 경우 교육 수준도 높고, 선발 구조도 환관들과는 비교가 되지 않을 만큼 체계적이기 때문이다. 이런 상황을 역사적으로 태평성대의 시기라고 부른다. 반면 권력을 가지지 못한 황제의 경우는 과감한 시도를 할 때 주로 환관의 힘에만 의지하려는 경향이 있다.

이에 역사가들은 한결같이 황제가 환관과 외척을 배척하고 관리를 중용할 때 중앙에 권력이 집중되어 천하가 태평할 수 있다고 평가하며 항상 환관이 조정의 기강을 흔드는 무뢰배라고 비난하지만 사실 이는 인과관계가 뒤바뀐 말이다. 먼저 권력이 중앙에 집중되어야 황제는 비로소 마음을 놓고 대담하게 환관을 배척할 수 있는 것이다. 한나라뿐만 아니라 2,000여 년 동안 모든 나라들에서 이와 같은 상황이 벌어졌다. 환관은 어떠한 의미에서 보면 권력을 잡지 못한 황제의 마지막 선택지였던 셈이다.

환관의 힘에 의지해 외척을 배척했던 환제는 오히려 환관들로 인해 '당고의 화'를 겪게 된다. 환관들은 자신들에게 불만을 가진 사인(士人)들의 우두머리를 잡아들였고, 연루된 가족들도 관직에 오르지 못하게 했다. 하지만 그럼에도 환제가 사후에 '환'(桓)이란 글자를 시호로 사용한 것을 보면 운이 좋았던 셈이다. 일반적으로 '환'은 영토를 개척한 업적이 있는 황제에게 쓰이는 시호다. 그런 점을 보면 자못 풍자하는 의미도 있는 것 같다. 춘추오패 중 한 명이었던 제나라 환공 소백의 시호에도 같은 '환'자를 사용했다. 물론 환제가 재위 기간 동안 서강족의 반복되는 반란을 평정하였으니 영토를 개척한 업적이 없다고는 할 수 없다.

이처럼 정치싸움 뒤에도 환제는 텅 빈 국고 때문에 마음을 놓을 수 없었다. 메뚜기 떼로 인해 피해를 본 백성들을 구제하고 반란을 진압하기 위해 국고에서 많은 돈이 지출되었기 때문이다. 해결 방법을 모색하던 환제에게 때마침 과거 왕망이 했던 것처럼 대전을 주조해야 한다는 의견이 올라왔다.

다행히도 당시 동한 시대에는 유도라는 명석한 인재가 있었다. 이미 프리드먼의 화폐 중립성 이론을 깨우치고 있던 그는 환제에게 말했다. "폐하, 절대 대전을 주조할 생각을 하시면 안 됩니다. 화폐는 중립적이라 그 수량이 사회 생산 총량의 변화에 영향을 미치지 않습니다. 화폐를 많이 주조하면 전체 가격 수준도 오르기 마련입니다. 그러니 지금 가장 힘을 쏟아야 할 대상은 가난에 허덕이고 있는 백성들입니다. 화폐를 주조해서 긴급 구제하는 것은 임시방편에 지나지 않으니, 폐하께서는 명령을 거두어주시기 바랍니다!"[*]

왕망처럼 견고한 자기 의견이 없었던 환제는 대전을 주조하는 일을 보류했다. 인플레이션으로 국고 부족 문제를 해결할 수 없다면 방법은 금융 파생상품밖에는 없다. 그럼 누가 그 당시에 금융 파생상품을 관리할 수 있었을까? 그래서 환제는 다시 반은 국채이고 반은 옵션인 '작위 매매'를 생각해 냈다. 서한의 오랜 제도를 이어받은 동한은 작위를 계속 매매해 왔다. 경제 시대에 평민들이 구입할 수 있었던 작위는 8등급인 공승까지였던 반면 환제 때는 19등급인 관내후[**]까지 구입할 수 있었다. 게다가 관내후는 9,600무의 토지를 보유할 수 있는 옵션까지 포함되어 있었기 때문에 대지주들은 이를 통해 쉽게 '드넓은 토지'를 보유하며 귀족들보다 더 부유해질 수 있었다.

동한 중앙정부의 권력은 서한 후기와 비교해도 약한 편이었다. 게다가 환제의 이러한 정책으로 인해 약했던 지방 통제력은 더욱 약해졌다.

---

[*] "지금의 근심은 화폐에 있는 것이 아니라 백성이 굶주리는 데 있습니다. 백성은 100년 동안 화폐가 없어도 괜찮지만 하루라도 굶주려서는 안 되니 먹는 것이 가장 급합니다. 무릇 백성이 넉넉해지고 재물이 쌓이게 하는 요점은 부역을 중지하고 수탈을 금하는 데에 있으니, 그렇게 하면 백성은 저절로 풍족해집니다. 폐하께서 나라 안의 근심거리를 가엾게 여기시어 전폐를 주조하고 재물을 고르게 하여 그 폐해를 구하고자 하신다면 오히려 물이 끓는 솥 안에서 물고기를 기르고 치솟는 불 위에서 새를 서식하게 하는 것과 같습니다. 각박한 금법을 넓혀주시고 야금과 주조의 논의를 뒤로 미뤄주십시오."-『진서·식화지』
[**] 동한의 관내후 매매에 대한 가장 이른 기록은 안제 유호 시대이다. 관내후라는 작위 이름이 있지만 봉지는 구입할 수 없었고, 기본적으로 매매가 가능한 상한선이 있었다.

이후 황건의 난이 일어났고 지방 호족들은 자신을 지키기 위해 몇백 명, 심지어는 몇천 명에 이르는 사병을 모았다. 이처럼 조정 밖은 풍전등화와 같이 위태로운 상황이었지만 조정 안에서 환제는 여전히 환관들에게 모든 것을 내맡겨두고 방탕한 생활을 했다. 그렇게 동한 왕조의 국운은 서서히 저물어가고 있었다.

매관매직과 가격차별

환제는 수많은 후궁들에게 둘러싸여 한평생을 보냈지만 대를 이을 아들이 없었다. 그러자 쉽게 정권을 통제하기 위해 나이가 어리고 배경이 약한 사람을 계승자로 고르고 싶어 한 두황후는 환제의 열두 살짜리 조카 유굉을 다음 황제로 선택했다. 그가 바로 후세에 최악의 군주라 비판받은 영제이다.

환관에 둘러싸여 방탕한 생활을 한 환제의 자리를 물려받은 영제는 더욱 주색에 빠져 지냈다. 무절제한 사치로 인해 많은 돈이 필요해지자 영제는 어떻게 하면 돈을 벌 수 있을지 궁리하기 시작했다. 영제는 '비즈니스 감각'은 있었던 것 같다. 그는 궁중에 모의 시장을 열어 궁녀와 환관들에게 장사꾼, 고객 또는 광대 역할을 시키고 자신은 도시 관리자나 소비자 또는 도매상 역할을 했다. 그러다가 영제는 선대에서 실행했던 작위 매매를 확장시켜 실제로 벼슬을 팔기로 결정한다.

여기서 주목할 점은 이전 황제들이 팔았던 것은 대부분 작위였다는 점이다. 호분과 우림 등도 백성을 관리하는 관직이 아니어서 중앙정부의 행정에는 아무런 영향도 끼치지 않았다. 하지만 영제 시대에 팔았던 공경은 정말 의미가 있는 관직으로 동한 관리 체제의 핵심이었다.*

영제는 상도덕이 있었으며 매우 계산적인 인물이었다. 위로 총리급 관직인 삼공부터 아래로는 군 행정을 책임지는 지방 고위 관직인 군수, 현령까지 모두 전국적으로 암암리에 판매했다. 게다가 더 많은 고객을 끌어들이기 위해서 영제는 가격차별 방법을 이용했다. 최열이란 사람의 사연을 통해 영제가 어떤 지혜를 발휘했는지 보도록 하자.

박능 최씨는 하북 지방 명문 가문으로 항상 조정에 나가 벼슬을 했다. 최열은 최씨 가문에서 뛰어난 인재 중 한 명으로 평소 명망이 높았다. 어느 날 그의 고향에 당시 천자의 유모인 정부인이 특별히 찾아왔다. 소홀히 대접할 수 없던 최열은 정중하게 정부인을 집안으로 모셨다.

담소를 주고받던 중 정부인이 말했다. "내부 사람의 말에 따르면 현재 사도(총리에 해당함)의 자리가 공석이라 합니다. 그래서 조정에서 그 관직을 팔려고 한다던데…" 이 말을 듣고 최열이 고개를 번쩍 들며 떨리는 목소리로 말했다. "관직은 국가의 핵심인데 어찌 가볍게 사고 팔 수 있단 말입니까? 제가 상소를 올려 성상께 명을 거두시라 말씀드려야겠습니다!" 그러자 정부인이 웃으며 말했다. "그럼 어쩔 수 없네요. 성상께서 예전에 저에게 박능 최씨 가문의 최열이 큰 인재라고 하셔서 온 것인데."

최열은 다소 누그러진 목소리로 말했다. "옛말에 합당한 자리에 있지 않으면 정사에 관여하지 말라 했습니다. 지금은 소인배들이 정권을 독차지하고 군자들은 자취를 감춘 상황입니다. 내가 비록 내세울 것은 없지만 삼공과 같은 직위에 오른다면 성상을 보좌하며 한나라가 다시 부

---

* 무제 때 양식이 부족했을 때에도 곡식으로 관직을 얻는 일이 있었다는 말이 있는데 차이가 있다. 무제 시대의 관직은 주로 시랑, 낭중이나 황제 의장의 시종관이었다. 공신의 자손들이 충당하던 일로 민생이나 군대, 행정과 아무런 관련이 없었다.

흥할 수 있도록 노력해 볼 텐데 말입니다. 안타깝게도 나라에 보답할 길이 없습니다."

이에 정부인이 말했다. "성상께서 '다른 사람이 사도 자리를 구입한다면 1,000만 전에 팔겠지만 만약 최열이 구입한다면 500만 전에 팔겠다'라고 하셨습니다. 사실 지금 국가 재정이 어렵지만 않다면 이 500만 전도 받지 않았을 겁니다." 정부인의 말을 들은 최열은 두 손을 맞잡으며 말했다. "성상께서 저를 이렇게 중히 여겨주시니 몸 둘 바를 모르겠습니다. 천하가 비록 어려움에 처해 있지만 기꺼이 나라를 위해 힘쓰며 성상의 부담을 나눠 짊어지겠습니다!"

이렇게 한나라의 첫 번째 삼공 등급의 관직 거래가 성사되었다.* 이 점을 보면 영제는 시호로 '영'(靈)자를 쓸 자격이 있었던 것 같다. 그는 가격차별 방법을 교묘하게 이용해 시장에서 관직이 거래될 수 있는 상황을 만들어냈다.

가격차별은 세 가지 등급으로 나뉜다. 1급 가격차별은 완전 가격차별로 상대방이 마음속으로 생각하고 있는 금액을 파악해 가격을 정하는 것을 말한다. 이렇게 하면 모든 등급에서 이윤을 최대화할 수 있다. 물론 너무 이상적인 방법이기 때문에 현실에서 실현하기는 어렵다.

2급 가격차별은 수량에 따른 차별로 소비자의 구입 수량이나 품질에 따라 서로 다른 단가를 매기는 것을 말한다. 이것은 일상생활에서 자

---

* 이름난 명사였던 최열은 관직을 구입한 일 때문에 이후 사람들에게 비난을 받았다. 『후한서·최열전』에는 최열이 자신의 아들인 최균과 나누는 대화가 나온다. "최균이 말했다. '아버지께서는 이전부터 뛰어난 인재라는 소리를 들었고, 대신과 태수의 자리도 역임하셨기에 당연히 삼공의 자리에 오를 거라는 말이 있었습니다. 그런데 지금 그 자리에 오르니 사람들의 실망하는 목소리로 천하가 가득합니다.' 최열이 말했다. '왜 그러는 것이냐?' 최균이 대답했다. '사람들이 구리(돈) 냄새를 싫어하기 때문입니다.' 그러자 최열이 화를 내며 지팡이를 들어 최균을 때렸다." 여기서 바로 유명한 '동취'(銅臭)란 말이 나왔다.

주 볼 수 있다. 예를 들어 1개에 100원인 상품을 3개에 200원으로 판매하거나 하나를 구입하면 다른 하나를 절반 가격에 파는 등의 경우가 모두 수량에 따른 가격차별이다. 수량에 따른 가격차별을 통해서 판매자는 구매량이 많은 고객과 적은 고객을 구별해 통일된 정가로 더욱 많은 이익을 얻을 수 있다.

예를 들어 자리 하나당 300만 전인 군수를 한 집안에서 한 번에 세 자리 구입할 경우 현령 자리를 덤으로 준다고 한다면 2급 가격차별을 응용한 것이라 할 수 있다. 이럴 경우 관직에 나갈 사람이 많은 호족 집안은 군수 세 자리를 한 번에 구입하려 할 것이고, 그러면 영제는 더 많은 현금을 가질 수 있다. 관직에 나갈 사람이 적은 집안은 한 자리만 구입하면 된다.

3급 가격차별은 시장에 따른 가격차별이다. 판매자가 소비자를 분류해 서로 다른 가격을 매기는 것을 말한다. 예를 들어 최열은 하북 지방의 명사였다. 명사들은 주로 관직을 구입하고 싶어 하므로 영제의 영업 상대가 된다. 하지만 명사들은 또 자신의 명성을 중시하는 경향이 있다. 그러므로 그들이 관직을 구입하게 하려면 영제는 할인을 해줘야 한다. 또 명사가 관직을 구입할 수 있는 명분을 일정하게 보장해 주려면 이로 인해 백성들이 피해를 받지 않아야 한다. 바로 이 때문에 현명한 영제는 최열에게 반값으로 할인해 준 것이다.

영제는 가격차별 정책을 통해서 빠르게 시장을 확장시켜 나갔다. 최열이 관직을 구매했을 때는 1,000만 전으로 사도, 태위와 같은 총리급 고위 관직을 구입할 수 있었던 반면 나중에는 2,000만 전으로도 현령 정도밖에는 구입할 수 없었다. 이 점만 보아도 영제가 시장을 얼마나 빠르게 확장시켜 나갔는지를 알 수 있다.

이 밖에도 영제는 가장 높은 가격을 제시하는 사람에게 관직을 판매하는 경쟁입찰 방식도 사용했다. 게다가 이후에는 더욱 방법을 발전시켜 계약금 지불, 분할지불과 같은 방식을 이용해 원가보다 두 배나 많은 가격을 지불하게 했다. 영제가 만약 오늘날 살았다면 분명 부동산 개발자가 되었을 것이다.

물론 '비즈니스 감각'을 발휘한 영제의 관직 매매는 이후 심각한 후폭풍을 가져왔다. 영제에게 비싼 값으로 관직을 구입한 관리들은 더욱 가혹하게 백성들의 고혈을 짜냈음은 말할 필요도 없다. 그리고 그렇게 모은 재산으로 그들은 더 높은 관직을 구입했고 계속해서 권력을 이용해 백성을 수탈하며 더 많은 재산을 모으고, 토지를 늘려나갔다. 빈부의 격차는 갈수록 심각해졌고 수탈에 괴로워하는 백성들의 울음소리가 천지에 울려 퍼졌다. 이렇게 부자들이 토지를 모두 겸병해 가난한 사람들은 송곳 꽂을 땅도 없는 지경에 이르자 184년 '황건의 난'이 일어나 한나라 조정을 뒤흔들기 시작했다.

제8장

동탁이 초래한 악성 인플레이션

무서운 기세로 성장한 황건족에 의해 동한의 국운은 급격히 흔들리면서 혼란에 휩싸인 틈을 타 제후들이 연이어 봉기를 일으킨다. 한편 환관들을 숙청하려했던 대장군 하진은 계획이 실패로 돌아가면서 오히려 죽임을 당하게 되고, 동탁은 이 일로 장안에 진입해 권력을 장악한다. 하지만 동탁이 경제 방면에서 취한 일련의 조치들로 인해 장안은 짐바브웨와 같은 악성 인플레이션에 빠지게 되면서 한나라에는 더욱 어두운 암운이 드리우게 된다.

황건의 난이 불러온 파장

역사서에 기록된 농민 봉기의 규모는 대부분 상당하지만 그중에서도 장각을 필두로 한 황건의 난은 더욱 규모가 컸다. 기록된 바에 따르면 봉기군은 100만에 이르렀던 것으로 추정되며, 이후 기세가 약해졌을 때 조조가 청주에서 항복을 받아낸 봉기군의 숫자만 해도 30만에 이르렀다.

하지만 농민 봉기의 숫자는 과장되었을 가능성이 높다. 왜냐하면 농민 봉기가 처음 일어났을 때는 주로 가족들과 함께 참여하기 때문에 군사와 민간인이 구분되어 있지 않았다. 또 어느 한 지역을 약탈하면 그곳 농민들이 봉기에 참여하는 것이 일반적이었기 때문에 농민군의 숫자가 눈덩이처럼 불어났다. 대체로 5명의 식구가 봉기에 참여하면 그중에서 정말 병사라 할 수 있는 사람은 1~2명뿐이었음에도 5명 모두가 봉기군으로 기록된 것이다.

경제사의 실증적인 입장에서 중국 역사를 바라보면 농민 봉기가 발생한 원인이 꼭 황제의 정책이나 권력 투쟁 때문이었다고 할 수 없다. 오히려 농민들에게 가장 큰 영향을 미쳤던 것은 중원의 기온이었다. 중국에 고구마, 옥수수와 같이 생산량이 뛰어난 농작물이 도입되기 이전에는 밀과 쌀이 농민들의 생존을 결정하는 중요 농작물이었다. 그리고 이것들은 모두 기온에 따라 생산량이 좌우되었다.

역사적으로 서한이 번성했던 문제와 경제 시대, 그리고 당나라가 번성했던 현종 시대를 살펴보면 중원의 기온이 올랐을 때 나라가 번성했음을 알 수 있다. 기온이 내려갔을 경우에는 황제가 힘을 발휘해 국가의 어려운 시기를 버틴다면 문제가 없었지만, 영제와 같이 힘을 발휘하지 못한다면 농민 봉기가 일어나고 제후들이 난투를 벌이는 사태가 초래되는 것을 볼 수 있다.

중국의 이와 같은 상황과 비교해 볼 수 있는 나라로는 노르웨이가 있다. 바다에 인접해 있어 날씨와 상관없이 연어를 잡을 수 있는 노르웨이는 농작물에만 의존하지 않아도 되었다. 연어가 흔했던 노르웨이에는 부잣집에 고용되는 고용인의 근로계약서에 연어를 하루에 몇 끼니 이상 제공하지 않는다는 세부조항이 있는 경우가 있다. 왜냐하면 이렇게 하지 않을 경우 집주인이 돈을 아끼기 위해 고용인에게 매끼 연어만 줄 수 있기 때문이다.

그래서 그런지 노르웨이의 역사에서 농민 봉기는 찾아볼 수 없다. 이것은 노르웨이 군주들이 민심을 세심하게 살펴서가 아니라 농민이 없었기 때문이다. 게다가 하층민에서도 대규모 봉기를 일으키는 경우가 매우 적었는데, 이는 연어를 공급받을 수 있는 노르웨이의 자연조건과 연관이 있다고 해석해 볼 수 있다.

또한 황건의 난이 동한의 멸망에 끼친 영향도 후세에 과장된 점이 있다. 황건의 난은 줄곧 지금의 허베이, 산둥 일대에 국한되어 있었다. 그리고 황건의 난을 일으켰던 장각은 봉기가 일어나고 얼마 뒤 광종(지금의 허베이 광중현)에서 유비의 스승인 노식에게 포위되어 정부군의 장군이 계속 바뀌는 상황에서도 다시 기회를 잡지 못하고 병사했다.

게다가 정부군은 노식부터 동탁, 황보숭에 이르기까지 장군이 계속 바뀌었다. 황제의 조서가 내려지면 전임자는 즉각 포승줄에 묶여 낙양으로 압송되거나 파면되어야 했다. 이 점은 나라의 기운이 다해 중앙에서 군대를 제대로 지휘하지 못하는 왕조의 마지막 모습이라 할 수 있다.

동한이 무너진 것은 환제, 영제 이후 환관이 정무를 좌우했기 때문이다. 환관과 외척은 자연적으로 적대관계였다. 황제의 신임에 의지하는 환관은 24시간 옆에서 보좌하기 때문에 황제와 감정적으로도 가까웠다. 반면 외척의 경우는 황제에게 받은 행정 권력을 가지고 있었다. 그래서 황제가 어렸을 때는 태후나 황후의 외척들이 권력을 거머쥘 수 있었다. 하지만 일단 황제가 성년이 되면 신임을 받는 환관들이 외척을 주멸하고 권력을 빼앗았다.

이미 환제 때에 한 차례 벌어졌던 이러한 모습은 이후 영제가 죽고 나서 또다시 반복되었다. 영제의 어린 아들인 유변과 유협이 황위를 계승하게 되자 자연적으로 황후인 하씨가 태후로 승격되었다. 이에 하태후의 동생 하진이 대장군이 되어 환관들을 모두 주살하고 조정을 장악할 야심을 품었다.

만약 하진이 성공했다면 그는 과거 전횡을 일삼은 양기처럼 가장 높은 지위에 올랐을 것이다. 하지만 아둔했던 하진은 양기처럼 권력을 거머쥘 능력이 없었다. 하진은 환관과 관련이 없는 국경 수비군을 불러 하태후의 동의하에 환관들을 모두 처단할 계획을 세웠다. 하지만 군대가 경성에 도착하기도 전에 하진은 장양 등 환관들에게 속아 죽임을 당하고 만다. 반면 국경 수비군은 여전히 계획대로 차근차근 준비해 갔다. 그리고 그 군대를 통솔하는 사람이 바로 동탁이었다.

한나라와 짐바브웨의 악성 인플레이션

영국 식민지 시절 짐바브웨는 산물이 풍부하고 경제가 발달해 영국 국왕 왕관의 보석이라고 불릴 정도였다. 하지만 독립한 뒤 무가베 대통령은 흑인을 착취한 백인들을 배척하기 시작했다. 그는 식민지 개척자들의 토지 소유권을 빼앗아 몰수한 재산과 토지, 광산을 흑인들에게 분배했다. 이로써 많은 백인들이 짐바브웨를 떠났는데 정작 토지를 소유한 사람들은 기술이나 관리 경험이 부족했다. 게다가 혁명으로 초래된 폭력 사태와 토지 개혁 정책으로 인해 짐바브웨는 국제사회의 제제를 받아 경제지원도 끊겼다.

그러자 짐바브웨 정부는 경제난을 완화시키기 위해 대량의 화폐를 찍어내기 시작했고, 결국 악성 인플레이션이 초래된다. 사실 이것은 단연 짐바브웨만의 문제는 아니었다. 아프리카 대부분의 국가에서 독립 이후 악성 인플레이션이 초래되면서 국민 생활수준이 악화되었다. 짐바브웨는 단지 익숙하고 전형적인 사례 중 하나일 뿐이다. 그러면 짐바브웨의 문제는 어디에 있었던 것일까? 중국 역사에서 동탁이 정권을 거머쥐었던 동한 시대를 통해 그 해답을 찾아볼 수 있다.

동한 말년에 환관들은 권력을 독차지하고 전횡을 일삼았다. 이에 동탁이 대장군 하진이 보낸 밀령에 따라 환관들을 토벌하러 나섰다. 하지만 뜻밖에도 계획이 시작되기도 전에 하진이 먼저 죽임을 당했다. 그러자 그의 수하인 원소와 조조가 성문에 불을 지르고 환관들을 참살하기 시작했다. 그 난리 속에서 도망을 치던 소제는 도중에 서량 동탁의 군대를 만나 다시 낙양으로 돌아온다. 이렇게 황제를 구한 공을 세운 동탁은 한나라 조정의 새로운 권력자가 되었다.

동탁이 낙양에 들어온 것은 외척과 환관 모두에게 최악의 결과였다. 소제와 하태후를 연금한 동탁은 빠르게 조정을 장악한 뒤 스스로 재상의 자리에 올랐다. 국경지역에서 나고 자란 동탁은 제국의 수도인 낙양의 번화한 모습에 도취되어 재상으로서 '천하를 구원해야겠다'는 명목하에 낙양을 짐바브웨와 같이 변화시켜 나간다.

먼저 동탁은 국고는 텅 비어 있는 데다가 광동 제후들이 호시탐탐 자신을 노리고 있다는 것을 알고는 재빨리 군비를 확충하기로 결정했다. 하지만 문제는 재정이었다. 고민을 하던 그는 낙양 도처에 운집한 거상들과 황제의 친척과 외척들이 호의호식하고 있는 모습을 보고는 백성의 고혈로 배를 불리는 자들이라고 분노하며 처단하기로 결정한다.

그리하여 그의 수하인 서량군이 죄명을 꾸며 직접 거상들을 잡아 감옥에 가둔 뒤 재산을 몰수했다. 이로써 짧은 기간 안에 많은 금은보화를 긁어모은 동탁은 자신의 생활수준을 개선하는 한편 국고를 채웠다.

동시에 동탁은 골동품에도 주목했다. 진시황이 여섯 나라를 통일한 이후 천하의 무기를 모두 거둬들여 함양에서 12개의 동상을 주조했다.

한나라가 건국된 이후 장안으로 옮겨진 동상들은 다시 동한 시대 광무제가 수도를 정하는 과정에서 낙양으로 옮겨진다.

과거 재물을 중시한 영제도 동상을 건드릴 생각은 하지 않았는데 동탁은 달랐다. 동상의 존재를 알게 된 그는 동상을 그대로 두는 것은 낭비라고 생각했다. 동탁의 눈에 동상은 그저 반짝반짝 빛나는 구리로만 보일 뿐이었다. 이에 그는 동상들은 진나라가 여섯 나라의 백성들을 착취한 결과이니 녹여서 동전으로 주조해 국가를 위해 쓰라고 명령했다.

동탁이나 무가베 모두 자산을 잘못 이해하고 있었다. 금은보화는 감상하는 데 가치가 있을 뿐 진정으로 국력 증강을 가져다주지는 못한다. 물론 금은보화는 필요한 각종 식품이나 물건과 쉽게 교환할 수 있으므로 가치가 있다고 생각할 수도 있다.

하지만 국가가 풍족해지느냐의 여부는 국가가 각종 생산품을 풍족하게 생산해 낼 수 있느냐에 달려 있지 국고에 얼마만큼의 돈이 있느냐에 달려 있지 않다. 예전부터 지금까지 전쟁이 필연적으로 물가상승을 가져왔던 이유도 바로 여기에 있다. 전쟁은 첫째로 대량의 인력과 자원을 소비하기 때문에 생산에 종사하는 사람들이 줄어든다. 두 번째 국고에 비축된 화폐가 시장으로 흘러들어가는 반면 식량, 무기, 장비를 포함한 물자들은 대량으로 소비된다. 이로써 화폐는 점차 많아지는 반면 생산은 점차 줄어들게 되면서 각종 물자의 가격이 자연적으로 상승하는 것이다.

동한 시대에 이러한 금은보화를 살 수 있는 대상은 황제의 친척과 외척 그리고 거상들이었고, 현대 짐바브웨에서는 부유한 백인 지주들이었다. 무력을 사용해 부유층을 청산한 동탁과 무가베는 자신이 몰수한 금은보화를 구입할 수 있는 사람이 없다는 것을 발견했다. 구입할 사람이 없다면 금은보화는 단지 장부상의 자산일 뿐 실제로는 아무 쓸모가 없다.

이와 동시에 동탁과 무가베의 개혁으로 인해 유통과 생산 영역이 크게 후퇴했다. 낙양의 거상들과 짐바브웨의 백인 상인들을 쫓아내자 상품 유통을 책임지는 사람이 없게 되었고, 황제의 친척과 외척, 백인 지주들을 쫓아내자 토지가 황폐화되어 버린 것이다. 뿔뿔이 흩어져 땅을 개간하며 살던 농민들은 조직적이고 계획적인 대규모 경작을 해본 경험이 없었다.

이 자체가 모두 자원 생산 능력에 큰 타격을 주었다. 그러므로 동탁과 무가베는 소 잃고 외양간 고치는 심정으로 투자를 유치하고 새로운 상인과 지주 계층을 양성하는 데 노력을 기울여야 했다. 그렇게 불황기를 거치고 나서 새로운 상인과 지주가 자리를 잡게 되면 경제가 점차 회복되었을 것이고 국가의 유동성도 점차 회복되었을 것이다. 하지만 그들은 서로 다른 이유로 이 방법을 선택하지 않았다. 오히려 의도했던 것과는 달리 돌이킬 수 없는 악성 인플레이션을 초래하는 방법을 선택했다.

먼저 동탁의 경우를 살펴보자면 정보의 비대칭성 때문이라고 할 수 있다. 2,000년 전 충분한 경제학 지식을 얻을 수 없었던 그는 기존과 다른 대담한 시도를 해보기로 결정했는데 그것이 화폐 주조였다. 하지만 구리의 수량에 한계가 있었기 때문에 그는 기존의 오수전보다 작게 주조해 강제적으로 유동성을 높여 한나라 재정의 유동성 위기를 완화시키려 했다.

반면 짐바브웨의 경우 정권이 불안정했기 때문에 화폐를 긴축하고 불황기를 견디는 것은 무가베 정권에게는 너무 지나친 요구였다. 그래서 악성 인플레이션이 한번 시작하면 멈출 수 없는 아편인 줄 알면서도 무가베는 선택할 수밖에 없었다. 2000년 이후부터 짐바브웨는 화폐를 찍어내는 방식으로 유동성을 높이기 시작했다. 2000년 50퍼센트 정도에 불과했던 인플레이션율은 2008년에 이르자 2억 3,000만 퍼센트까지 이르렀고 유동성은 최고조에 이르렀다.

하지만 이러한 유동성은 허상에 불과했다. 동탁의 통치가 절정에 다다랐을 시기 낙양의 곡물가격은 1곡에 50만 전에 이르렀고 콩과 밀도 1곡에 20만 전이나 되었다. 이를 현대 단위로 계산해 보자면 16킬로그램 정도의 동전이 있어야 비로소 쌀 한 되를 구입할 수 있었던 셈이다. 이러한 상황에서 돈의 수량은 중요하지 않게 되었다. 돈은 이미 저울에 재서 무게로 거래되고 있었다.

중국의 해방전쟁 시기(1945~1949) 국민당 통치 지역에서 사람들이 마대자루에 돈을 넣어 쌀을 구입했던 것도 이와 같은 상황이라 할 수 있다. 비교해 보면 짐바브웨의 상황도 다르지 않았다. 전국의 모든 직업 분야가 쇠퇴하는 상황에서도 유독 지폐 계수기 분야만큼은 상황이 좋았다. 왜냐하면 버스를 타더라도 버스비로 몇천만 짐바브웨 달러를 지불해야 했기 때문에 지폐 계수기가 없으면 계산할 수 없었다.

앞에서 인플레이션에 대해 이야기할 때 인플레이션으로 인플레이션을 관리할 수 있다고 말한 바 있다. 그렇다면 어째서 동탁과 짐바브웨는 그렇게 하지 못했던 것일까? 인플레이션으로 인플레이션을 관리할 경우 인플레이션율이 상대적으로 낮아질 수 있다. 이러한 상황에서 시중 통화 증가가 경제의 윤활제가 되어 자금난에 시달렸던 기업이 융자와 대출을 받을 수 있고, 더 많은 사람들에게 취업의 기회가 돌아감으로써 전체 사회의 생산량이 높아지게 된다. 그리고 생산량이 증가하면서 화폐가치가 상승해 자연적으로 인플레이션율도 낮아진다.

하지만 악성 인플레이션은 그렇지가 않다. 40~50퍼센트의 인플레이션율에서는 어떠한 분야도 높은 수익률을 거둘 수 없게 되기 때문에 고생해서 돈을 버는 것보다 수중에 가진 돈으로 재빨리 물건 사재기를 하는 편이 낫다. 그리고 이러한 행위는 또 시장에 화폐 유통량을 증가시켜 인플레이션을 더욱 악화시킨다.

그래서 인플레이션은 한편으로는 경제 발전 속도를 가속화시키는 윤활제 역할을 하지만, 또 한편으로는 업종의 수익률을 낮추는 효과를 가지고 있다. 수익률이 인플레이션율을 밑돌면서 모든 분야가 고르게 도태되는 현상이 나타나는 것이다.

그래서 악성 인플레이션은 디플레이션과 마찬가지로 국가의 재앙이 될 수 있다. 디플레이션이 실업과 불황으로 인해 도처에 '저렴한 물건들이 넘쳐나지만 돈이 없어서 살 수 없는' 상황을 의미한다면 악성 인플레이션은 반대로 '돈은 엄청나게 많은데 살 물건이 없는' 상황이라고 할 수 있다. 두 가지 모두 지속될 경우 정권이 불안정해지거나 심지어 사회 혼란이 발생할 수 있다.

금융 증류기 : 중국의 주식시장과 부동산시장
—

물물교환을 하던 시기에는 곡물이 없다면 곡물로 교환할 수 있는 수공예품이라도 제작해야만 굶어 죽지 않을 수 있다는 사실을 누구나 알고 있었다. 하지만 시대가 발전함에 따라 다양한 화폐가 생겨나면서 동전이나 금화와 재산의 관계는 변화하기 시작했다. 사람들은 종종 화폐를 국가와 개인의 재산을 가늠하는 도구로 생각하며 돈이 많아야 나라가 발전한다고 생각한다.

그리고 근대에 이르러 금융이 출현하기 시작하면서 화폐와 재산의 관계는 더욱 모호해졌다. 금융도 처음에는 실물경제 서비스의 융자 도구였으나 현재는 많은 나라에서 수익률이 가장 높은 독자적인 산업이 되었다.

동탁이 내놓은 일련의 조치들로 천하가 혼란에 빠지자 관동의 태수, 자사, 주목들이 연이어 소전을 유통시키지 않으며 연합해 봉기를 일으켜 동탁을 처단하겠다고 선포했다. 이에 위협을 느낀 동탁은 새로 옹립한 헌제를 데리고 장안으로 천도를 했다. 이 과정에서 동탁은 낙양을 불태우고 약탈하는 만행을 저질렀다.

그러면 인플레이션이 초래된 상황에서 동탁과 짐바브웨는 이미 막다른 길에 몰렸던 것일까? 아니면 난관을 해결할 수 있는 방법이 있었던 것일까? 안타깝게도 그들에게는 난관을 타파할 지혜나 행운이 없었던 것 같다.

여기서 2008년 중국이 실시한 4조 위안의 투자 계획을 살펴볼 필요가 있다. 당시 GDP 총량의 60퍼센트에 달하는 금액이 시장에 유입되는 것에 대해 경제학자들의 의견이 분분했다. 하지만 결과적으로 보면 중국 생필품 인플레이션율이 수용 가능 범위 내에서 유지되면서 손쓸 수 없을 정도의 대량 인플레이션 사태는 발생하지 않았다.

중국이 과거 동탁이 겪었던 비극을 피할 수 있었던 데는 두 가지 원인을 들 수 있다. 첫 번째로 금융이 이미 독립적인 산업으로 발달해 유동성이 중앙은행 자산부채표에 증가된 부채로 기록되어 상업은행에 건네진 뒤 이러한 자금은 은행, 투자기관 및 각종 금융거래소 사이에서 순환되었다. 이에 실제 사업에 대여된 돈은 그중 작은 부분에 불과했다. 이 작은 부분이 경제 성장을 끌어들여 제어할 수 없는 인플레이션이 초래되지 않았던 것이다.

다음으로 당시 중국에는 주식시장과 부동산시장이라는 두 가지 금융 증류기가 있었다. 대량의 핫머니가 금융권 안을 순환하는 과정에서 증류기에 흡수되어 증발되어 버렸다. 일부 금융 버블이 전체적인 국면의 안정을 가져온 것이다.

그중에서 먼저 주식시장의 경우 일정한 시간 간격으로 대량의 자금이 주식시장 안에 투자되는 것은 경기 호전이나 다른 시장의 수요 둔화 때문이거나 또는 긍정적인 정보로 인한 자극 때문이다. 하지만 주식은 항상 무서운 기세로 오르고 난 뒤에는 둔화되는 모습을 보이다가 하락한다. 그럼 주식시장이 하락한 뒤에 유입되었던 자금은 어디로 흘러가는 것일까?

바로 증발되는 것이다. 주식 거래는 본질적으로 소비자를 만족시키는 데 목적이 있는 상품 교환이 아니다. 상품 교환에서는 사기 또는 과장광고의 경우를 제외하면 구입자와 판매자 모두 만족할 수 있다(만약 한쪽에서 거래가 부당하다고 생각하면 사전에 거래를 진행하지 않을 수 있다).

하지만 주식은 일종의 권익이다. 매매 과정에서는 사실상 사용할 수 없는 이러한 권익은 주로 구입 후 더 높은 가격으로 다시 판매할 것을 목적으로 진행하는 교환이다. 바꿔 말하자면 주식을 구입한 사람이 구입한 것은 주식의 실제 권익이 아니라 향후에 실현될 것으로 예상되는 주관적인 예상가격이다. 그래서 실제가격과 예상가격 사이에 편차가 있을 때 손실이 발생한다.

한 개인에게 이러한 증발은 비극적인 일이다. 예를 들어 과거 중국 주식시장은 A주식이 폭등하며 많은 주식이 매일 상한가를 기록한 이후 2015년 6월에서 7월까지 몇 주 동안 가장 심각한 주가 폭락을 경험했다. 그러자 주식시장에는 폭락한 주식을 안고 발을 동동 구르거나 눈물을 삼키면서 손해를 감수하고라도 주식을 파는 사람들과 폭락하기 이전에 주식을 처분한 것에 안도하는 사람들로 가득했다. 그리고 소셜네트워크에서 '불을 켜지 않은 어두운 집에서 눈물 젖은 면을 먹었다'는 충칭맥주 투자자의 말이 알려지면서 웨이보와 위챗은 온통 주가 폭락과 관련된 말로 도배가 되었다.

투자자의 사연은 안타까운 일이지만 국가 차원에서 보면 정상적으로 이루어지는 주기성 주식시장 등락은 필요할 뿐만 아니라 어떠한 의미에서는 좋은 점이기도 하다. 이러한 증발의 좋은 점은 지면상에만 존재하는 증발이기 때문이다. 그래서 손해를 보는 것은 대부분 개인투자자 또는 투자기관의 핫머니일 뿐, 넓게 보면 거대한 통화가 상품거래시장에 출현하지 않고 이렇게 소실되기 때문에 경제에 중대한 손실을 주지 않는다. 하지만 만약 주식시장이 없어 대량의 자금이 상품거래시장으로 흘러들어 간다면 물가는 지금과 비교할 수 없을 만큼 폭등할 것이다.

다음으로 부동산시장의 경우 두 가지 특징이 있다. 첫 번째 특징은 수익률이 화폐의 증발률보다 높다. 그래서 기본적으로 부동산에 투입된 자금은 다른 곳에 투자되지 않는다. 그리고 부동산 투자는 인플레이션 이후에도 여전히 상당히 높은 실제 수익률을 가지고 있다. 두 번째 특징은 수요가 일정하고 기본적으로 유동성이 없다는 점이다.

이 두 가지 특징으로 인해 부동산 산업은 꾸준히 외부 자금을 끌어들이기 때문에 기타 생필품시장의 가격 안정화에 도움이 된다. 바꿔 말하자면 부동산 산업은 자신의 버블을 이용해 다른 산업이 가진 대부분의 버블을 흡수한다. 즉, 집값이 비싸지는 대신 다른 생계수단들이 정상적으로 유지될 수 있는 셈이다.

그러므로 동탁이 막다른 길에 몰렸던 첫 번째 이유는 기존 오수전과는 비교도 할 수 없을 만큼 작은 화폐를 남용한 데 있다. 증류기 역할은 10~20퍼센트의 화폐가 증발될 때 효과가 있는 것인데, 동탁이 얇은 화폐를 마구 찍어내자 500퍼센트까지 팽창했다. 화폐 주조의 이러한 높은 수익률로 인해 동탁 정부의 합법성에 대해 산동 제후들은 심각한 의문을 가지게 되었다. 이는 과거에 문제와 무제가 국가신용을 잃었던 것과 같다고 할 수 있다.

두 번째 이유는 증류기 역할을 할 수 있는 게 없었다는 것이다. 당시에는 낙양의 부동산을 개발해 주조한 화폐를 빠르게 증발시켜 화폐가치를 상승시킬 수 없었다. 왜냐하면 한나라의 도시 건설 수준은 비교적 초기 단계에 머물러 있었기 때문에 창업과 취업을 장려해 더 많은 사람들을 수도로 끌어들일 수가 없었다. 오히려 동탁이 이전에 펼쳤던 정책들로 인해서 오히려 수도에 사람들이 남아 있지 않은 상황이었다. 더구나 그 당시에는 상업 발전의 결과물이라 할 수 있는 주식시장도 없었다.

동탁이 만약 비즈니스 감각이 있었다면 귀족들과 백성들 모두 반길 수 있는 방법을 구상해 낼 수 있었을 것이다. 동탁이 비즈니스 감각을 가지고 난관을 해결해 가는 모습을 가상으로 그려보자.

동탁은 자신의 사위이자 한나라 도박 산업 관리감독위원회 주석인 이유를 데리고 평상복 차림으로 민간 도박장을 찾아갔다. 도박장에 들어선 동탁의 눈에 높은 곳에 세워진 나무판 2개가 들어왔다. 나무판에 파인 작은 구멍에는 마작패들이 끼워져 있었고, 관리자가 신속하게 위치를 바꾸면서 큰소리로 바뀐 숫자를 부르고 있었다. 주변에는 모두 도박을 하러 온 황제의 친척들과 거상들로 가득했다. 그중에는 긴장한 표정으로 나무판 숫자가 변하는 모습을 주시하는 사람들도 있었고, 삼삼오오 모여 밀담을 나누는 사람들도 있었다. 도박에 빠진 사람들은 동탁이 옆으로 지나가도 신경 쓰지 않았다.

"듣자 하니 이번에 관동 제후 중에 특별히 용맹한 세 장수가 있다는 소문이 있던데……."

"제가 보기에는 여포가 우세할 것 같습니다. 제가 5,000전으로 서량군의 끄나풀을 매수했는데, 그가 말하기를 여포의 기세가 엄청나다고 합니다."

"최신 배당률을 갱신한다! 관동연합군 대 여포! 여포 2, 연합군 5! 여포가 장수 1명을 참수하면 배당률 3, 장군 2명을 참수하면 배당률 7, 장수 3명을 참수하면 배당률 9!" 거래원이 숫자판을 바꾸면서 큰소리로 외쳤다. 주변을 둘러보던 동탁은 옆에 있는 이유를 바라보며 미소 지었다.

동탁 정부는 서량군의 전리품을 담보로 잡고 전쟁 배당금 거래소를 세웠다. 전투의 승패부터 장수를 참수하는 숫자까지 모두 거래소에서 상응하는 배당률로 구매할 수 있었다. 평소에 좀처럼 돈을 꺼내려 하지 않는 부자들도 복권의 유혹 앞에서는 순순히 돈주머니를 열었다. 이에 대량의 현금 유동량을 가지게 된 동탁 정부는 낙양의 생산력을 동원해 좋은 갑옷과 장비를 생산해 냈다.

'좋은 장비를 가진 용맹한 서량군과 천하에 필적할 상대가 없는 명장 여포를 관동의 제후들이 어찌 이겨내겠는가?' 동탁의 입가에 미소가 번졌다.

하지만 안타깝게도 실제 역사에서 이러한 방법을 생각해 낼 두뇌와 행운이 없었던 동탁은 장안으로 천도한 후 얼마 뒤 여포에게 살해당한다. 왕윤과 여포는 잠시 동안 정권을 손에 넣었지만 서량군의 문제를 부당하게 처리한 게 화근이 되었다. 이후 동탁의 부하 이각과 곽사 등이 가후의 꼬드김에 장안으로 쳐들어가 여포를 몰아내고 왕윤을 죽인 뒤 헌제를 납치했다. 그리고 백성들도 더욱 심각한 횡포를 당해야 했다.

이로써 허울뿐이던 한나라의 권위는 바닥으로 떨어졌고, 야심을 가진 제후들이 속속 역사의 무대에 등장하며 서로 천하를 차지하기 위한 기나긴 싸움을 시작했다. 바로 유명한 삼국시대의 서막이 열린 것이다.

제9장

제갈량의 경제외교

적벽대전에서 제갈량은 게임 이론의 원리를 이용해 손권의 군대를 움직이게 만들고, 이로써 삼국 분할의 대업을 완성한다. 이후 촉나라는 관우의 패배로 영토가 익주밖에 남지 않게 되었지만, 그럼에도 제갈량은 뛰어난 지략으로 정치·군사·경제 면에서 각종 전략을 구사하며 촉나라의 마지막 불씨를 살려낸다. 위나라의 산업 발전을 저지시키면서 촉나라 주력상품의 시장으로 기능하게 하는 등 삼국의 경제권을 좌지우지한 제갈량의 전략을 살펴본다.

뛰어난 펀드매니저 곽가

천자를 끼고 천하를 호령하기 이전 시절의 조조는 난세를 한탄하며 정의감에 불타던 청년이었다. 동탁이 죽임을 당한 이후 그가 쓴 「호리행」이란 시에는 다음과 같은 구절이 있다.

병사들 갑옷 안에는 이가 득실거리고, 만백성이 죽어가네.
백골이 들판에 나뒹굴고, 천 리에 닭 울음소리도 들리지 않는구나.
살아남은 백성은 백에 하나이니, 안타까운 마음에 창자가 끊어지네.

전쟁이 경제에 얼마나 치명적인 타격을 입혔는지를 단적으로 보여주는 문장이다. 이처럼 난세로 인해 황폐해진 천하에서는 강대한 군대를 보유한 제후들보다는 재정을 잘 관리하는 제후가 최후의 승자가 될 수 있었다. 바로 여기서 가장 먼저 두각을 나타낸 인물이 조조다.

조조는 동탁이 죽은 뒤 연주를 평정하고 연주목이 되는데, 여기서 그는 "나의 장량이다"라고 극찬한 책사 순욱을 만나게 된다. 조조가 천하를 누비며 전투를 벌일 때 순욱은 허도를 안정적으로 수비하고 군량미를 운송하는 일을 맡았으며, 또 조조가 한나라 원로 중신들과의 관계를 원만히 할 수 있도록 도와주었다. 순욱이 정무를 주관했던 기간에 중원을 누비며 전투를 치르던 조조의 군대는 주로 쌀을 먹었는데, 이는 아주 대단한 성과라고 할 수 있다.

『삼국지』를 보면 원소의 경우 군량미가 부족해 오디로 병사들의 주린 배를 채웠다는 부분이 나온다. 또 회남 원술의 경우에도 곡식이 부족해 인근 회하에서 물고기를 잡아먹었는데, 물고기로 군량미를 대체하기에는 한계가 있었다.

우리는 『삼국지』와 같은 역사서를 보면서 항상 용맹하게 군대를 지휘하며 적군의 허를 찌르는 교묘한 전략을 구사하는 장군들의 모습에 주목하지만, 충분한 군량미가 없다면 아무리 강력한 군대라도 유지할 수 없다. 조조가 여포의 습격을 받은 뒤 가장 힘들었던 시기는 군대를 유지할 군량미가 부족할 때였다. 이에 의기소침해진 조조는 어쩔 수 없이 원소에게 몸을 의탁하려고 하던 차에 운 좋게 순욱을 만날 수 있었다. 순욱의 전략에 힘입어 조조의 군대는 사기를 회복한다.

위나라는 한나라 때처럼 단순히 곡식과 동전으로만 세금을 납부하게 하지 않기 위해 호조법(戶調法)을 사용했다. 조조 때부터 당나라 후기까지 양세법(兩稅法)이 실시된 몇백 년의 시간 동안 줄곧 실시되었던 것이 바로 호조제다.

조조는 먼저 오수전을 회복시키려 했지만 군대에 지급할 갑옷과 무기를 만드는 데 사용할 구리도 부족한 상황이었다. 새로운 화폐를 주조할 여유가 없었기에 어쩔 수 없이 민간에서는 불편을 감수하고 동탁이 발행한 동전과 이전의 동전들을 사용해 세금을 징수하거나 거래를 해야 했다. 그래서 조조는 경작한 생산물로 세금을 납부하는 물납지대를 도입해 '조'(租)와 '조'(調)를 분류해 징수했다.

'조'(租)는 토지에서 나오는 수확물 중 일정 비율을 납부하는 곡식을 말하며, '조'(調)는 농가마다 일정량의 면포와 비단을 납부하는 것을 말한다. 조조제(租調制)가 처음 실시되었을 때는 물납지대의 양이 정해져 있었기 때문에 조조가 통치하는 중심 지역 백성들의 생활이 안정되면서, 땅을 개간해 뽕나무를 심기 시작했다.

조조는 순욱을 얻은 뒤 여포와 원술을 죽이고 장수와 원소를 격퇴했다. 비록 이후 적벽대전과 한중에서 대패하며 좌절을 맛봐야 했지만 그럼에도 그는 천하를 호령하며 삼국 중에서 가장 유리한 기반을 확보했다. 이처럼 순욱은 위나라가 발전하는 데 아주 중요한 역할을 했다. 하지만 이후 평서나 소설 등 문학작품에서 순욱은 항상 곽가의 그늘에서 벗어나지 못하는 인물로 그려지고 곽가의 지위는 더욱 높아졌다. 이에 '만약 곽가가 병으로 죽지 않았다면 제갈량이 산에서 내려오지 못했을 것'이라는 말도 있다(곽가가 죽은 연도와 제갈량이 유비의 삼고초려를 받아들여 산에서 내려온 연도가 같다).

곽가가 이렇게 높은 평가를 받은 이유는 무엇일까? 만약 『삼국지』만 놓고 본다면 이해하기 힘든 평가다. 사실 관직으로 보아도 그렇다. 다른 동기들은 거의 2년마다 한 차례씩 승진했던 것과 달리 곽가는 11년 동안 줄곧 사공부 제주로만 있었다.

조조의 대표 책사로는 순욱, 가후, 정욱, 순유를 들 수 있다. 그중에서 순욱은 명문가 출신으로 시중, 상서령 등 한나라 고위 관직에 해당하는 자리를 역임했으므로 곽가의 비교 대상으로는 적당하지 않다. 그리고 상서령에 오른 순유 역시 순욱의 조카로 명문가 출신이므로 비교 대상이 아니다.

가후는 특수한 경우이다. 그는 조조가 원소와 치열한 싸움을 벌이고 있을 때 장수와 함께 투항한 인물이다. 이에 조조로부터 높은 벼슬과 녹봉을 받으며, 구경 중 하나인 집금오에 봉해졌으며 이후 기주목이 되었다. 광무제 유수는 젊은 시절에 "벼슬살이는 마땅히 집금오를 해야 한다"라고 말한 바가 있는데, 이를 보면 조조에게 투항했을 당시 가후는 이미 광무제가 젊은 시절 가졌던 인생의 목표를 이루었던 셈이다. 그러니 가후도 곽가와 비교할 대상으로는 적합하지 않다.

반면, 정욱은 곽가와 비교해 볼 만하다. 처음 수장현 현령에 불과했던 정욱은 이후 여포를 토벌하는 과정에서 공을 세워 동평국의 국상 자리에 올랐다. 그리고 194년에 조조가 헌제를 맞이한 뒤에 정욱은 상서에 봉해져 제음태수, 도독연주를 역임했다. 6년 뒤에는 진위장군으로 승진했으며, 이후 이전과 함께 군량미를 운송하는 도중 적을 격퇴시키는 공을 세워 3년 뒤 분위장군으로 승진해 안국정후로 봉해졌다.

반면 11년 동안 줄곧 제주에 머무른 곽가는 임종 때 후작에 봉해진 것 말고는 관직이 변하지 않았다. 곽가를 자세히 살펴보면 그가 주로 주변인들이 찬성하지 않거나 실행하기 힘든 주장을 했음을 알 수 있다. 그중 가장 위험했던 것이 위나라 기반에 중대한 영향을 미쳤던 오환 원정이다.

당시에는 이미 조조가 관도 전투*에서 승리해 하북 지역을 평정했고, 원상 등 원소의 군대들은 멀리 오환으로 도망간 상태였다. 오환은 지금으로 치면 네이멍구 츠펑시 구역에 해당하기 때문에 하남 허창을 수도로 정한 조조에게는 상당히 먼 거리였다. 더욱이 주력 부대가 원정을 떠난 사이에 비어 있는 수도를 유표와 같은 중원의 제후들이 공격할 위험이 있었다. 때문에 모두들 여기서 멈춰야 한다고 건의했다.

그럼에도 곽가는 다수의 의견을 물리치고 화근을 뿌리 뽑아야 한다고 주장하며, 만약 원상이 세력을 회복한다면 이후에는 걷잡을 수 없는 화를 자초하게 될 것이라고 말한다. 이에 조조도 오환 원정에 나서기로 결심한다.

하북에서 내몽고까지 가던 도중 황량한 고비 사막을 만나게 되자 곽가는 병력이 신속하게 이동하는 게 중요하므로 보병이 맨 뒤에서 행군하게 해야 한다고 건의한다. 조조는 의견을 받아들여 장비를 가볍게 한 뒤 기병만 이끌고 오환의 왕도인 유성을 향해 내달렸다. 밤낮으로 달려 백랑산 정상에 이르렀을 때 이미 진영을 갖추고 있는 오환의 군대와 원상의 군대가 보였다.

예상치 못한 대군에 조조의 군대가 당황하고 있을 때 장료가 선봉대를 이끌고 용감히 적군을 향해 돌격했다. 역사서에 전투 과정이 자세히 담겨 있지는 않지만 수만 대군이 사막에서 모래바람을 일으키며 처절하게 싸우는 모습을 상상해 볼 수 있다.

다행히도 오환의 군대가 정예병이 아니었고, 또 조조의 군대가 지형

---

* 200년 조조와 원소가 관도(지금의 허난 중머우 동북쪽)에서 펼친 대규모 전투에서 조조는 적은 병력으로 승리했다. 그리고 대패한 충격에 크게 낙심한 원소는 얼마 뒤 병으로 세상을 떠난다.

적으로 유리했던 덕분에 대승을 거둘 수 있었다. 이 전투에서 호족과 한족 등 20만 명*이 투항했으며, 셀 수도 없이 많은 전리품을 획득했다. 게다가 오환족이 멸망함으로써 위나라는 마침내 북쪽 변경 지역을 안정화시킬 수 있었다.**

훗날 이 일을 떠올리며 무서움을 느꼈던 조조는 돌아와 자신에게 북벌을 중단하라 권유했던 관리에게 포상을 내리면서 "이번 전투는 위기를 요행으로 넘긴 것이므로 다시 한다면 성공하지 못할 것이다"라고 말했다고 한다.

『삼국지·위서·곽가전』을 살펴보면 곽가는 '주류를 따르지 않는' 의견을 내놓는 경우가 많았다. 또 과감하고 행실이 바르지 못해 여러 차례 진군에게 고발당했지만 그때마다 곽가를 아꼈던 조조가 중간에서 수습을 했다. 이처럼 주류와 다른 의견을 내놓는 행동을 경제학에서는 '반군집' 현상이라 부른다. 주로 금융회사에서 펀드매니저들이 다수와 다른 포트폴리오를 선택하거나 동일한 주식을 다르게 예측해 과감한 투자를 하는 행동을 설명하는 데 사용한다.

이러한 행위의 논리는 다음과 같다. 미로 안에서 갈림길이 나타났을 때 대부분의 사람들의 의견이 왼쪽이라면 일반적으로 사람들은 자신은

---

* 『삼국지·위서·무제기』에는 다음과 같이 기재되어 있다. "8월 백랑산에 올랐을 때 갑자기 적과 조우했는데, 그 수가 매우 많았다. 조조의 주력 병력은 후방에 위치해 있었고, 갑옷을 입은 병사도 적어 주위 병사들이 모두 겁에 질렸다. 조조는 높은 곳에서 적군이 아직 정비되어 있지 않은 것을 보고는 바로 장료를 선봉에 세우고 공격 명령을 내렸다. 그러자 적군이 와해되면서 답돈과 왕이라 칭하던 우두머리들이 참수되고 호족과 한족 등 20만여 명이 투항했다."
** 오환은 이후로 더 이상 독립적인 민족으로 역사에 출현하지 못했다. "건안 12년 조조가 오환을 정벌하니 유성에서 답돈을 참수하고, 20만 명을 포로로 잡았다. 원상과 누반, 오연 등이 요동으로 달아나자 요동의 태수인 공손강이 참수해 보냈다. 1만여 오환 부락은 모두 중원으로 옮겨 가서 거주하였다."-『후한서·오환전』

오른쪽이 맞는다고 생각하더라도 왼쪽을 선택한다. 이처럼 자신의 개인적 판단보다는 다수의 의견이 더 정확하다고 보는 것을 군중심리라고 부른다.

하지만 이때 판단력이 강한 사람이 나타나 오른쪽으로 가야 한다고 주장해 그것이 맞았다면 그 사람은 더 많은 명망을 얻을 수 있다. 그러므로 대중과 반대되는 의견을 보이는 것은 예리한 식견을 가졌다는 의미이기도 한다.

이처럼 항상 주류와 반대되는 의견을 내놓으며 총명함을 뽐냈던 곽가이지만 일상적인 사무는 잘 처리하지 못했고, 주류와 어울리지도 못했다. 인재를 잘 다루었던 조조는 책사들 중에서도 온건한 전략을 좋아하는 순유나 정욱과 같은 사람들에게는 지방 실무를 맡기거나 행정 업무를 맡긴 반면 과감한 전략을 좋아하는 곽가는 자신의 옆에 두고 군사 참모로 재능을 충분히 발휘할 수 있게 했다.

덕분에 곽가는 조조가 북방을 통일하는 데 결정적인 역할을 할 수 있었다. 만약 곽가가 오늘날 태어났다면 그는 아마 뛰어난 사모펀드매니저로 활약했을 것이다. 하지만 2,000년에는 주식도 없었고 선물시장도 없던 시대였다. 그러니 조조와 같이 재능을 알아보는 군주가 없었다면 그가 이처럼 활약하기는 힘들었을 것이다.

한편 조조가 곽가의 장례식에서 좋은 인재를 잃은 것에 비통해하고 있을 때 또 다른 영웅이 천하제패의 야심을 드러내기 시작했다. 그는 남양 와룡강에 은거해 있던 군사 전문가이자 재정 관리의 천재를 만나 설득해 천하삼분의 위업을 달성한다. 영웅은 바로 육성정후 유정 후손인 유비이고, 은거해 있던 천재는 모두가 익히 알고 있는 지략의 화신 제갈량이다.

적벽대전을 통해 보는 게임 이론

208년 적벽대전이 치러지기 전날 밤 조조는 천하에서 가장 강한 세력가였다. 이미 원소의 세력을 전부 소멸시켰고, 유표의 후손들도 그에게 투항한 상태였다. 이처럼 파죽지세로 세력을 키운 그가 만약 동오의 근거지까지 손에 넣는다면 천연의 요새인 양자강을 익주와 함께 공유하며 언제든지 배를 타고 강 연안을 따라 올라가 유약한 유장이 통치하는 서주를 단숨에 해치울 수 있었다. 그리고 작은 제후들인 요동의 공손강이나 한중의 장노 등에게 격문을 돌려 민심을 안정시킨다면 천하 통일의 대업은 더 이상 꿈이 아니었다.

이처럼 조조의 눈앞에 휘황찬란한 미래가 놓여 있다는 것은 동오 손권과 강하 유비에게는 암운일 수밖에 없었다. 이에 동오 내부에서는 조조와 맞서 싸워야 할지 투항을 해야 할지를 두고 논쟁이 일어났다. 강동의 호족들은 자신들의 이익을 침범하지 않는다면 위에 조조가 앉든 손권이 앉든 상관없었다. 게다가 조조는 전국적으로 기반을 확보해 놓고 있어 강동에 대한 관심이 비교적 적으므로 오히려 그들이 더 많은 이익을 얻을 기회가 있었다. 그래서 장소와 고옹은 조조에게 투항을 하자고 손권을 설득했다.

하지만 손권의 입장에서는 전혀 그렇지 않았다. 조조에게 투항해 모든 걸 잃은 채 높은 벼슬을 받아 아무 의미 없는 평범한 인생을 사는 건 그에게 맞지 않았다. 그래서 노숙이 지적했던 것처럼 다른 사람은 투항해도 손권만큼은 그럴 수가 없었다. 맞서 싸우기로 결심한 손권은 자연히 같은 처지에 있는 유비와 손을 잡게 되었다. 연합에도 문제는 있었다. 그중에서도 누가 지휘권을 잡고 군대를 이끌 것인지가 핵심 문제였다. 그러나 공동의 적을 눈앞에 두고 있는 이상 어떻게 해서든 힘을 하나로 합쳐야 했다.

전체 상황을 두고 추측해 보자면 유비는 조조와 가까워질 수 없는 이념적인 차이가 있었기에 더욱 결연했던 반면 손권의 경우 자신의 지위를 지키기 위한 것이었으므로 상대적으로 유보적이었다. 이에 자연히 두 세력에 서로 협상을 하는 과정에서도 손권이 유리할 수밖에 없었다. 즉, 이론상으로는 연합을 성사시키려면 유비는 더 많은 힘을 보태야 했고, 손권이 더 많은 실익을 챙길 수 있는 것처럼 보였다.

그러면 실제 상황은 어떻게 진행되었을까? 유비가 하구에서 불안해하며 마음을 졸이고 있을 때 작은 배를 탄 제갈량은 유유히 깃털 부채를 흔들며 동오의 어린 군주인 손권을 만나러 시상에 도착했다. 손권은 이미 유비가 장수와 근거지를 잃어 돌아갈 곳 없는 처지라는 것을 알고 있었다. 이에 손권은 협상에 유리한 위치를 점하기 위해 미간을 찌푸리며 무성의한 태도로 말했다. "내 휘하에 있는 문무백관들은 모두 대세에 순응하라 합니다. 대세를 거스를 수는 없는 법이니까요! 더구나 저는 원래 한나라 표기장군이 아닙니까."

득의양양한 손권은 제갈량이 당황해서 유비의 상황을 털어놓으며 자신을 설득할 것이라고 생각했다. 하지만 손권의 예상과 달리 제갈량은 태연자약하게 부채를 흔들며 말했다. "맞는 말씀입니다. 제가 보기에도 좋은 생각인 것 같군요. 정말 투항할 마음이 있으시다면 조조의 군대를 정중하게 맞아들이십시오. 하지만 만약 투항할 생각이 없다면 서둘러서 전쟁을 준비해야 재앙을 막을 수 있을 것입니다."

자신에게 투항을 권하는 제갈량의 말에 오히려 손권이 놀라며 말했다. "나에게 그런 말을 하면서, 유비는 왜 투항하지 않는 것이오?"

제갈량이 느긋하게 답했다. "한나라가 천하를 통일하였을 때 전횡은 제나라 장수일 뿐인데도 벼슬을 받지 않고 자결하였습니다. 저희 주군께서는 하물며 황실의 후예로 세상 사람들의 존경을 받고 있습니다. 만약 대업을 달성하지 못한다면 그것 또한 하늘의 뜻일 뿐입니다. 어찌 천하의 호걸들을 모아 한나라를 중흥시키지 않고 조조에게 투항할 수가 있겠습니까?"

손권이 발끈하며 말했다. "그러면 나는 10만 대군과 오나라 땅 전부를 조조에게 바치고 투항할 수 있단 말입니까! 나도 조조에 대항하기로 결정하였으니 선생께서는 좋은 방책이나 내놓으시오!" 이에 제갈량은 현재 조조의 군대가 피로해 있는 데다 수전에는 약하며, 더구나 새로 투항한 형주의 민심이 아직 안정화되지 않았다고 손권을 설득했다.

그렇게 제갈량의 충고와 손권의 지도 그리고 주유의 지휘 아래 동오는 뜻을 모으고 모든 국력을 모아 전쟁을 준비해 조조의 군대를 격퇴했다. 또 자신들이 직접 조조와 천 리나 되는 변경을 맞대게 되는 것이 두려워 유비에게 강릉을 빌려주었다.

유비는 손권이 남쪽을 돌보지 못하는 틈을 타서 형남 4군을 수복해 동오가 서쪽 파촉을 병탄하는 길목을 막았을 뿐만 아니라 또 대장 황충과 위연도 얻었다. 그리고 이후 촉중 유장과 장노가 분열해 싸우는 틈을 타서 같은 종실인 유장을 돕는다는 명목으로 서주를 점령하며 천하삼분의 계책을 달성했다.

그러면 손권은 적벽대전으로 무엇을 얻었을까? 물론 조조의 군대를 물리치고 자신의 강동을 지켰으니 손권도 얻은 게 없다고 할 수는 없다. 하지만 결과를 놓고 보면 형주 거의 대부분이 유비의 손에 들어갔고, 남군을 차지하기 위해 공격하던 대도독 주유는 독화살을 맞아 쓰러졌다. 게다가 손권은 세력을 키운 유비와 동맹관계를 공고히 하기 위해 자신의 여동생을 유비에게 시집보낸다.

그렇다면 이 모든 것이 제갈량이 뛰어난 언변으로 손권을 설득시켜 얻은 결과일까? 당연히 아니다. 만약 손권이 제갈량의 말에 격분해 유비에게 전쟁의 모든 이익을 준 것이라면 삼분천하의 영웅이 될 수 없었을 것이다. 제갈량의 계략은 과거 전국시대에 장의, 소진, 공손연과 같은 종횡가들이 제후들을 설득했던 방식과 다르지 않다. 사실 제갈량이 설득하는 데는 손권의 젊은 혈기와 다혈질인 성격이 유리하게 작용했던 건 사실이다. 하지만 결정타를 날린 것은 제갈량이 손권에게 '유비는 질 수 있지만 손권은 질 수 없다'는 사실을 짚어준 것이었다.

이것은 정치와 모략의 경쟁이자 이익과 전략의 균형이다. 게임 이론의 사례로 분석해 보자면 유명한 '합리적인 돼지 게임' 이론을 들 수 있다. 축사에 큰 돼지와 작은 돼지가 각각 한 마리씩 있고, 옆에는 버튼이 달린 사료기가 있다. 사료기의 버튼을 누르면 돼지 사료 10개가 나온다. 그리고 어떤 돼지든 버튼을 누르러 갔다 오는 데는 2개의 사료만큼의 에너지를 소모하게 된다.

작은 돼지가 버튼을 누를 경우 큰 돼지가 9개의 사료를 먹고 작은 돼지는 1개밖에 먹지 못한다. 그리고 만약 큰 돼지가 버튼을 누를 경우는 작은 돼지가 사료 6개를 먹고 큰 돼지는 4개 먹을 수 있다. 큰 돼지와 작은 돼지가 우연히 동시에 버튼을 누를 경우 큰 돼지는 7개, 작은 돼지는 3개를 먹을 수 있다. 이처럼 간단한 설정에서 큰 돼지와 작은 돼지 모두 이성적으로 계산할 능력이 있다면 둘 중 누가 버튼을 누르게 될까? 우리는 큰 돼지와 작은 돼지의 성과 행렬을 다음과 같이 분석해 볼 수 있다.

작은돼지＼큰돼지	누를 때		누르지않을 때	
누를 때	1	5	-1	9
누르지 않을 때	6	2	0	0

먼저 큰 돼지의 선택을 보도록 하자. 만약 작은 돼지가 누를 경우 큰 돼지의 가장 좋은 전략은 누르지 않는 것이다(9〉5). 반대로 작은 돼지가 누르지 않을 경우 큰 돼지의 가장 좋은 전략은 누르는 것이다(2〉0). 그러므로 큰 돼지의 전략은 작은 돼지의 전략에 따라 바뀔 수 있다.

반면 작은 돼지의 경우 큰 돼지가 누를 때 가만히 있으면 6개를 먹을 수 있으므로 누르지 않는 게 가장 좋다. 그리고 큰 돼지가 누르지 않을 경우에도 작은 돼지는 누를 동기가 없다. 왜냐하면 한 번 버튼을 누르러 갔다 올 때 사료 2개의 에너지가 소모되지만 1개의 사료밖에 먹지 못하기 때문이다. 그러므로 작은 돼지는 사료가 먹고 싶어도 버튼을 누르지 않게 된다.

반면 큰 돼지는 그렇지 않다. 설사 작은 돼지가 버튼을 누르지 않더라도 자신이 누르면 4개의 사료를 먹을 수 있기 때문에 버튼을 누르면서 사료 2개의 에너지가 소모되어도 2개의 에너지를 취할 수 있다. 그래서 큰 돼지는 버튼을 누를 동기를 가지고 있다.

이러한 균형의 최종 결과는 작은 돼지는 편안하게 뒹굴거리며 6개의 사료를 먹는 반면 큰 돼지는 분주히 왔다 갔다 하며 4개의 사료를 먹게 되는 것이다. 큰 돼지는 4개의 사료를 먹기 위해 2개를 소모하므로 총 2개의 순이익을 얻는다.

조조와 유비, 손권의 게임에서 손권은 큰 돼지였고, 유비는 작은 돼지였다. 당시 안정된 기반이 없었던 유비는 적벽에서 굳이 싸우지 않아도 상관없었다. 만약 손권이 대세에 따라 조조에게 투항한다 하더라도 계속 유장, 장노에게 의탁하며 관서 마등, 한수와 함께 조조에게 대항할 수 있었기 때문이다.

하지만 손권은 그렇지 않았다. 강동은 손권의 기반이었으므로 만약 정말 조조에게 투항한다면 손권은 모든 것을 잃게 되는 셈이다. 그래서 이 싸움은 유비가 아니라 손권에게 아주 중요한 싸움이었다. 그리고 제갈량은 유비가 더 많은 이득을 차지하더라도 손권은 큰 돼지의 역할을 할 수밖에 없다는 사실을 꿰뚫고 있었다.

유럽에서 십자군이 1차 원정에 나섰을 때 신앙심을 가지고 있던 영주들은 서유럽에서 출발해 지중해의 가장 동쪽 끝까지 가서 셀주크 투르크족과 지난한 전투를 치렀다. 그 상황에서 과거 로마의 영광을 잃어버린 비잔티움제국은 셀주크의 매서운 공격에 빼앗겼던 영토를 야금야금 수복해 갔다. 굳건한 신앙심을 가진 십자군과 투르크족 모두 절대질 수 없었다. 더욱이 자신들의 근거지에서 멀리 원정을 온 십자군에게는 전투에서 진다는 것은 단순한 패배가 아니라 전군의 몰살을 의미했다. 십자군은 전투력에서 분명 비잔티움의 군대보다 뛰어났지만 이 상황에서 가장 큰 이익을 얻는 것은 오히려 비잔티움제국이었다.

이처럼 작은 세력이 큰 세력의 '질 수 없는 상황'을 이용해 많은 이득을 얻는 것을 합리적인 돼지 게임이라고 부르는데, 오늘날 비즈니스 전쟁에서도 자주 볼 수 있다. 2007년 아이폰을 발표한 이후 무서운 기세로 성장해 온 애플은 구글과 인터넷 영역에서 이익이 충돌하기 시작했다. 구글은 이에 맞서기 위해 안드로이드 운영 체제를 개발했다. 하지만 인터넷 검색 서비스 기업인 구글은 휴대전화 제조 방면에 경험이 부족했기 때문에 현존하는 휴대전화 제조사에 의존할 수밖에 없었다.

그리고 이 기회를 잡은 것은 삼성이었다. 21세기 초 노키아가 천하를 지배하고 있을 때 삼성은 휴대전화 제조업에서 중간 규모의 회사에 불과했다. 하지만 이후 삼성은 안드로이드의 잠재력과 모바일 시장에서 구글이 가진 야심을 예리하게 간파해 낸 뒤 안드로이드폰 선두주자로 과감히 나서기로 결정했다.

비록 초기 안드로이드폰의 디자인과 성능에 대해 회의적인 말들이 많았음에도 삼성은 꿋꿋하게 안드로이드 시스템을 장착한 휴대전화 개발에 매진했다. 삼성은 애플이 거대 시장을 형성했지만 세상에는 다양한 소비자들이 있으므로 휴대전화시장에는 아직 비어 있는 공간이 있다는 것을 알고 있었다. 그리고 뛰어난 능력을 지닌 구글이 계속해서 모바일 시장에서의 이익을 나눠 가지고 싶어 했기에 더욱 가능한 일이었다. 그러니 만약 삼성이 안드로이드 시스템을 활용한 안드로이드폰에서 선두주자가 된다면 구글이 만들어놓은 케이크에서 가장 큰 조각을 차지할 수 있었다.

그렇게 꿋꿋이 안드로이드폰을 개발한 삼성의 이익은 기대 이상이었다. 2015년 시장점유율 조사를 보면 삼성은 전 세계 스마트폰 출하량이 가장 많은 기업이다. 그리고 애플은 그 뒤인 2위를 기록하고 있다.

제갈량과 버냉키 : 장단기 국채 교환의 신화
—

합리적인 돼지 게임에서 승리한 유비는 원래 출신이 변변치 못했다. 기반이 없어 반평생을 떠돌아다니며 제후들에게 의지해야 했던 그는 조조와 손권이 적벽에서 싸우는 틈을 타 마침내 세력을 확장했다. 그는 손권이 조조와 직접 국경을 맞대는 것을 두려워하는 심리를 이용해 유표의 기반인 형주 일부를 취했다. 그리고 이후 군대를 파견해 사천, 중경, 운남 일부분을 점령함으로써 삼국이 대립하는 형세를 만들었다.

과거 도처를 떠돌며 제후들에게 의탁해야 했을 당시에는 수중에 가진 것이 별로 없었으므로 경제 문제에 신경 쓸 필요도 없었다. 하지만 사천을 손에 넣어 기반을 마련한 뒤에는 경제적 문제에 직면했다. 일단 기반이 생기니 군대와 경제 건설에 투자해야 할 돈이 만만치 않은 데다가 자신을 위해 싸운 장수들에게 포상도 내려야 했다. 이에 고심을 거듭하던 유비는 투항한 유파에게 물었다. "현재 국고가 텅 비어 있으니 어찌하면 좋겠소?"

유파는 투항한 인물이었지만 문인으로서 자부심이 굉장히 높아 무인들을 경멸했다. 장비가 찾아왔을 때 그는 칼을 휘두르는 무인과는 말을 섞을 수 없다며 아무 말도 하지 않았다. 이후 제갈량이 그를 찾아가 타이르며 말했다. "자네가 고상한 지조를 가지고 있다는 것을 알고 있네. 하지만 아직 주군께서 대업을 이루지 못하신 상황에서 무인들을 경시해서는 안 되네. 부디 주변인들을 포용하는 모습을 보이게나."

나중에 이 일을 알게 된 유비는 "다행히도 나라서 유파와 같은 사람을 쓸 수 있는 것이지, 누가 그를 감당해 낼 수 있겠는가?"라고 말하며 자조했다. 이처럼 그는 자존심 때문에 주변인들과 자주 부딪쳤지만, 그래도 과거 유장의 밑에 있을 때부터 뛰어난 경제 관료로 명성이 자자했다.

어쨌든 유비가 던진 질문에 유파는 대수롭지 않다는 표정으로 말했다. "돈이 없으면 돈을 모아야지요. 지금 국고가 비어 있다는 것은 불황이 시작된다는 뜻입니다. 100전에 해당하는 대전을 주조하게 한 뒤 시장에서 거래가 정상적으로 진행되도록 관리를 파견해 감독하게 해야 합니다. 이렇게 하면 곧 국고가 차고 넘칠 것입니다."

유파가 진심으로 유비를 위해 이러한 의견을 내놓은 것인지 아니면 일부러 방해하기 위해 그런 것인지는 알 수 없지만 아무튼 좋은 정책은 아니었다. 사실 왕망이 '일도평오천'을 유포시켜 인플레이션 조세로 백성들을 수탈했던 것과 다를 게 없기 때문이다. 유일한 차이점이 있다면 촉나라는 원래 풍족한 지방이었고, 유비가 인자한 군주였다는 점이다. 게다가 순조롭게 유언 부자의 정치경제 유산을 인수한 덕분에 경제 붕괴를 초래하지는 않을 수 있었다.

곰곰이 생각해 보던 유비는 유파의 의견이 나쁘지 않다는 생각이 들었다. 그러나 책사인 제갈량이 이 이야기를 듣고 와서 말했다. "유상서가 주군께 소전을 녹여 대전을 주조해 물가를 안정시키고 국고를 채우시라는 조언을 드렸다고 들었습니다."

"맞소. 군사장군이 보시기에는 어떻소? 괜찮은 방법인 것 같소?"

제갈량이 어두운 표정으로 말했다. "촉에 자리 잡은 지 얼마 되지 않아 민심이 아직 안정되지 못했습니다. 이런 상황에서 그와 같은 정책을 실시했다가는 주군의 인덕에 손상을 입고, 하급 관리들이 부정부패를 저지를 것입니다. 왕망과 동탁의 일을 잊지 마시기 바랍니다."

제갈량의 말을 들으니 유비의 머릿속이 복잡해졌다. '그럼, 국고는 무엇으로 채운단 말인가? 물자가 없는데 어떻게 조조에게서 한중을 빼앗고, 관우와 함께 북벌을 할 수 있단 말인가? 설마 군사장군은 모두가 허리띠를 졸라매고 이 시기를 버티기를 바라는 것인가? 군사들에게 포상을 주지 않는다면? 관우, 장비, 조운과는 오랜 시간 고생을 함께 했기 때문에 이해해 주겠지만 황충, 위연과 같이 함께한 시간이 길지 않은 장수들의 경우에는 자칫 마음을 잃을 수 있다.'

복잡한 생각을 하는 유비에게 제갈량이 말했다. "한 가지 방법이 있습니다. 그렇게 하면 유상서가 말한 방법대로 국고를 채울 수 있을 테니, 장수들의 마음을 잃지 않을 수도 있고 촉나라 백성들도 이득을 볼 수 있을 것입니다."

제갈량의 말을 들은 유비의 얼굴에 화색이 돌았다. 그는 큰 귀를 붉히며 바로 수하들을 불러 모아 대전을 주조하게 하는 한편 제갈량의 조언대로 일을 진행했다. 포상을 내리는 날이 되자 유비는 중앙에 서서 엄숙하게 제갈량, 법정, 관우, 장비에게 각각 금 500근과 은 1,000근을 하사했다. 그리고 나머지 장수들과 투항한 장수들에게도 각각 후한 상금을 내렸다. 그러자 사천의 문무백관 모두 기뻐하며 이구동성으로 장수들을 자식처럼 생각해 주는 유비의 인자함을 칭송했다.

제갈량이 어떤 안을 내놓았기에 유비는 이처럼 많은 돈을 마련할 수 있었을까? 설마 무거운 세금을 매겨 백성들을 수탈한 것일까? 물론 아니다. 제갈량은 백성들이 자발적으로 돈을 내놓을 수 있는 방법을 제시했다. 그는 유비에게 창고 안에 있는 군량미로 민간의 금은보화를 구입하는 동시에 유파가 말한 방법대로 대전을 발행하라고 건의했다.

만약 유비가 민간의 금은보화를 강제로 징수하려 했다면 손해를 입기 싫은 부자들은 숨기기에 급급했을 것이고, 자연히 시장은 침체되었을 것이다. 이것은 이미 불황이 시작된 경제를 더욱 악화시키는 길이었다. 하지만 군량미를 이용해 금은보화를 교환하는 것은 완전히 다른 의미이다.

첫째, 전쟁이 끊이지 않는 시기에 곡식은 언제든지 유용하게 활용할 수 있는 화폐였고, 유용한 양식이었다. 그러니 곡식과 금은보화를 교환하는 것은 백성들로서도 손해를 보는 거래는 아니었기에 원망을 들을 일도 없었다.

둘째, 난세에는 목숨을 보존하는 일이 가장 중요하기 때문에 사람들은 위급할 때를 대비해 항상 금은보화를 모아두려 한다. 경제학 용어로 말하자면 한계저축성향이 매우 강해지는 셈이다. 이렇게 모두가 저축만 하고 소비를 하려 하지 않을 때 수요가 부족해지면서 상품의 재고가 쌓이고 시장이 침체된다. 그리고 이로 인해 사람들의 저축 성향은 더욱 강해진다.

하지만 곡식을 활용해 교환할 경우 이러한 악순환을 끊을 수 있다. 곡식은 품질 유지 기간이 금은보화보다는 짧기 때문에 자신과 가족이 몇 년 동안 먹을 양만 비축하고 남은 곡식은 거래를 위해 사용할 수밖에 없다. 그러면 자연적으로 상품 유통이 빨라지면서 시장이 활성화되는 것이다.

셋째, 금은보화를 받은 장수와 사병들은 이것을 이용해 촉나라 시장에서 물건을 구입하려 할 것이므로 또 다른 수요가 창출될 수 있다.

넷째, 수요가 폭발적으로 증가하는 데 반해 화폐의 수량이 이전과 같다면 필연적으로 화폐가치가 상승하게 된다. 이처럼 디플레이션이 발생할 수 있는 상황에서 유파의 조언대로 대전을 주조해 인위적인 인플레이션을 조장한다면 충분히 안정적으로 대응할 수 있다.

하지만 봉건시대 통치자들은 대부분 현대 정부의 이러한 방법들을 알지 못했다. 그들은 그저 국고를 전부 탕진하는 것을 두려워할 뿐 정부의 역할은 돈을 쓰는 데 있고, 어떻게 쓰느냐가 핵심이라는 사실을 몰랐다.

2013년 여러 차례 양적 완화를 진행한 미국 연방준비제도이사회는 같은 기간 동안 장단기 국채 교환도 진행했다. 이러한 당시 미국 연방준비제도이사회 의장 벤 버냉키의 공개 시장 조작은 여러 면에서 제갈량의 방법과 닮아 있다.

양적 완화는 본질상 대량의 화폐를 인쇄하는 것을 뜻하지만 어떻게 인쇄하느냐에는 분명한 규칙이 있다. 만약 대량의 화폐를 시중에 직접 유통시킨다면 기대했던 것과 정반대의 효과를 불러올 수 있다. 이때 장단기 국채 교환의 마술이 드러난다.

그 원리를 명확히 하기 위해 우리는 먼저 화폐가 다른 상품과 어떻게 다른지 살펴볼 필요가 있다. 화폐는 상품과 어떤 차이점이 있을까? 사실 본질적으로는 차이점이 없다. 동전으로 곡식을 거래하는 것은 사실 구리를 곡식으로 바꾸는 셈이다. 그러니 구리로 곡식을 구입했다고 말할 수 있다. 사실 과거에는 패각, 금속, 귀갑, 곡식, 포목을 화폐로 사용했다. 그럼 어째서 토지와 주택은 화폐로 사용하지 않은 것일까?

토지는 곡식과 비교하면 유동성 면에서 많은 차이가 있다. 유동성이란 언제 어디서든 쓸 수 있는 능력을 말한다. 토지와 주택은 가지고 다닐 수도 없고, 작게 쪼개서 사용할 수도 없다. 그래서 토지 매매 계약서를 화폐로 사용할 경우 여러 어려움이 따르게 된다. 예를 들어 내가 베이징에서 작은 식당을 운영하고 있는데 어느 날 어느 손님이 하이난 섬의 몇 평짜리 토지 계약서를 들고 와서 순두부를 한 그릇 먹고 싶다고 한다면 어떻게 하겠는가?

이처럼 유동성이 낮기 때문에 주택과 토지는 가치가 높음에도 저당이나 상품이 될 수 있을 뿐 화폐가 될 수는 없다. 마찬가지로 과거 금속, 포목, 곡식과 같은 것들이 화폐로 사용되었던 이유 역시 높은 유동성 때문이었다.

반면 지금 사용하는 지폐의 경우 겉으로 보면 종이쪼가리에 불과하다. 하지만 그럼에도 화폐로 쓰일 수 있는 것은 국가의 신용이 담겨 있기 때문이다. 그래서 중앙은행이 마구잡이로 발행해 자국의 화폐가치를 떨어뜨리는 것은 사실상 자국 중앙은행의 대내외 신용가치를 떨어뜨리는 것에 해당한다. 그래서 가치 하락이 지속될 경우 짐바브웨와 같이 다른 나라들과의 무역에서 자국 화폐가 거절당하는 상황이 초래될 수 있다.

양적 완화 정책은 무분별하게 화폐를 발행하는 정책이 아니다(가끔은 그럴 때가 있지만). 중앙은행이 유동성이 높은 자산(예를 들면 현금, 국채, 단기 채권과 같은)을 이용해 시장에서 유동성이 낮은 자산(예를 들면 장기 채권이나 고정자산과 같은)을 구매하는 것이다.

시장의 유동성이 증가한다는 것은 화폐가 많아졌다는 것과 같다. 이 때문에 제갈량은 정부 지도자이자 중앙은행의 총재인 유비에게 시장에서 유동성이 높은 곡식(단기 채권)을 활용해 금은보화(장기 채권)로 교환하라고 건의한 것이다.

만약 통화가 동전인 상황에서 시장에 곡식이 많아지면 곡식의 가치는 하락하는 반면 동전의 가치는 상승한다. 그리고 동전의 가치 상승은 디플레이션을 의미한다. 이때 대전 발행은 유동성이 아주 높은 자산인 국채를 내놓는 것과 같다. 그러면 희소성 원리에 근거해 수중에 곡식이 많은 사람은 곡식을 팔아 국채를 사고 싶어 할 것이므로 일부 곡식은 다시 유비에게 돌아오게 된다. 이처럼 교묘한 방법을 이용해 제갈량은 유비가 정치적으로 부하들의 신임을 얻는 동시에 재정 문제도 해결할 수 있도록 도와준 것이다.

제갈량과 리카도 : 비교우위 이론

관우의 죽음에 격노해 직접 군대를 이끌고 오나라 손권을 공격했으나 실패한 유비는 죽기 전 제갈량에게 자식을 부탁한다. 당시 촉한은 사천 지역만 남아 있는 상황이었지만 여전히 백성들의 삶은 안락했고 국력도 나날이 신장되었는데, 이 점만 보아도 촉나라의 금융과 경제가 얼마나 발전되었는지를 알 수 있다.

오늘날 제갈량을 평가하면서 그가 지속적으로 북벌을 고집한 것을 비판하는 목소리가 많다. 당시 위나라가 천하의 8할을 이미 차지해 통일 기반을 완성한 상황이었으므로 전쟁을 하기보다는 국민의 부담을 줄이고 국력을 회복하는 데 중점을 두어야 했다는 것이다. 하지만 이러한 관점은 하나만 보고 둘을 보지 못하는 것이라 할 수 있다.

당시 위나라가 점거한 중원 지역은 이미 전란으로 심각한 타격을 받은 상황이었다. 원소, 여포, 장수, 조조가 치른 치열한 전투 때문에 앞으로 수십 년간은 이용할 수 없는 황무지가 되었던 것이다. 반면 오나라는 손책이 군웅을 소탕한 이후 전란을 별로 겪지 않았고 촉나라도 전란을 겪지 않았다. 그래서 조조는 상대적으로 넓은 토지와 많은 인구를 가졌지만 경제 발전 수준과 상업화 정도에서는 이미 오나라와 촉나라에게 많이 뒤져 있는 상황이었다. 제갈량은 바로 이 발전에서의 우위를 유지하기 위해 계속해서 위나라를 압박한 것이다.

제갈량은 삼국이 휴전하는 동안 위나라가 중원의 비옥한 토지와 풍부한 자원을 충분히 이용하게 되면 촉나라와 오나라에게 더 이상 희망이 없다는 사실을 알았다. 그래서 위나라 영토에 전쟁이 계속 일어나게 함으로써 경제 발전과 회복 속도를 저지시킨 것이다.

이러한 전략은 실제로 효과가 있었다. 1차 북벌에서 비록 마속이 가정을 지키지 못하면서 천수, 남안, 안정 세 군을 얻었다가 다시 빼앗겼지만 그래도 위나라의 서쪽 둔전과 상업 발전에는 큰 타격을 입혔다. 또 3차 북벌에서 제갈량은 우두, 음평 두 군을 공격하고 그곳의 백성들을 한중으로 이동시켜 위나라 인력을 약화시키는 동시에 촉나라의 인력을 증가시켰다. 4차 북벌에서는 사마의가 싸우지 않는 틈을 타서 제갈량은 거짓으로 군사를 꾸며 위나라가 고생해 심어놓은 보리를 수확했고 퇴각하던 중 목문에서 추격해 오는 장합을 활을 쏘아 죽였다. 5차 북벌에서 제갈량은 군대를 장안에서 200킬로미터밖에 떨어져 있지 않은 위수 연안까지 전진시킨 뒤 장기전을 준비하고 있었다. 그리고 사마의는 여전히 아무런 방책도 내놓지 않은 채 지키고만 있었다.

오나라 장엄의 『묵기』에는 다음과 같은 구절이 있다. "공명은 파, 촉 땅에서 일어나 한 주의 땅을 밟고 섰으니 대국과 비교하면 병사와 백성이 대략 9분의 1에 불과했다. 하지만 오나라에 공물을 바치고 북쪽의 적인 위나라와 맞서면서도 밭을 갈면서 싸울 대오를 갖추게 했으며, 형법이 정돈되고 가지런했다. 보졸 수만을 이끌고 기산을 향해 먼 길을 달려가면서도 흔쾌히 황하와 낙수에서 말에게 물을 먹일 마음이 있었다. 중달은 열 배나 넓은 땅에 의지해 겸병한 무리를 거느리고 있으면서도 정예병으로 견고한 성을 지키기만 할 뿐 적을 사로잡으려 하지 않았다. 자신의 안전에만 힘쓰면서 제갈량이 자유롭게 오고 갈 수 있게 만들었다. 그러니 만약 제갈량이 죽지 않았다면 끝내 그 뜻을 펼쳐 여러 해 동안 계속 생각해서 기간을 정해 모략을 일으켰을 테니, 옹주와 양주는 갑옷을 벗지 못하고 안장을 풀 수 없어 승부의 형세 역시 이미 결정되었을 것이다. 옛날에 자산이 정나라를 다스릴 때 제후들이 감히 군사를 키우지 못했다. 촉나라 재상은 그에 가깝다고 할 수 있으니 사마의와 비교하면 또한 뛰어나지 않은가!"

사마의와 제갈량 중 누가 뛰어난지에 대해서는 이전부터 의견이 분분해 왔는데 『묵기』에서 말하려는 의도는 매우 명확하다. 물론 사천은 오늘날 보기에도 상당히 큰 규모이지만, 아무튼 제갈량은 천하의 9분의 1의 토지만 점거하고 있었다. 더구나 제갈량 시대에 성도 북쪽은 발전되어 있었지만 남쪽은 소수민족의 군락지였다. 비록 촉나라는 명목상 '점거'한 상태였지만 정부의 행정이 순조롭게 이행될 수 없었다.

바로 이러한 조건에서 제갈량은 군대 수만을 거느리고 멀리 기산까지 진군했다. 반면 옹량 도독 사마의는 기병, 보병에 원군까지 제갈량보다 몇 배나 많은 군대를 거느리고 있었지만 수비하기에 급급했다. 이 점만 보아도 둘 중 누가 더 뛰어났는지를 알 수 있는 것이다.

이처럼 전략상 끊임없이 북벌 정책을 고수하는 게 옳았다 하더라도 여러 해 동안 계속 군대를 동원할 경우 필연적으로 농업과 수공업 생산에 영향을 미칠 수밖에 없다. 이에 제갈량의 통치로 백성들의 생활이 악화되지 않았을까 의문을 가지는 경우도 있을 것이다.

하지만 정반대다. 제갈량이 촉나라를 통치했을 때가 백성들의 생활이 가장 풍족했던 시기다. 반면 이후 집권한 온건파 장완과 비위는 군대를 일으키지 않고 평화적으로 세력을 키우려 했는데 촉나라 백성들이 굶주리기 시작했다. 이러한 제갈량의 통치 방법을 살펴보다 보면 고전 경제학자인 리카도의 그림자를 볼 수 있다.

리카도 이전에 사람들은 무역이란 우수한 제조기술을 가지고 있는 상품을 만들어서 자신이 제조할 수 없는 다른 상품과 바꾸는 것이라고 생각해 왔다. 그렇다면 만약 다른 국가보다 모든 면에서 우수한 국가가 있다면 그 국가는 무역이 필요하지 않게 된다. 이러한 이론에서 본다면 풍족한 자연환경 덕분에 농업과 수공업 생산에서 오나라와 위나라를 앞서고 있는 촉나라는 무역이 필요 없는 셈이다. 그리고 실제로 장완과 비유는 자급자족이 가능한 촉나라의 조건을 이용해 이러한 방법을 사용했다. 하지만 『삼국지』에 묘사되어 있듯이 백성의 삶은 나아지기는커녕 더욱 악화되었다. 즉, 국경을 걸어 잠그고 자급자족을 할 경우 오히려 세계 발전의 흐름을 쫓아가지 못하고 도태된다. 그러니 결국 국가의 발전을 위해서는 개혁개방 정책을 실행할 수밖에 없다.

제갈량은 촉나라를 통치하면서 절대우위 이론을 포기하고 리카도의 비교우위 이론을 채택했다. 그는 자신이 집권하던 시기에 정치와 경제 면에서 두 가지 과감한 정책을 실시했는데, 그중 하나는 방직업을 대대적으로 발전시켜 촉나라의 특산품인 비단을 개발하는 것이었고, 두 번째는 위나라에 함께 대항할 수 있도록 손권을 황제로 인정해 동맹을 유지하는 것이었다.

촉나라는 양식 제조업에서도 선두에 위치해 있었지만 그래도 무엇보다 가장 뛰어난 특산물은 다른 지역의 기술로는 도저히 따라잡을 수 없는 높은 품질의 비단이었다. 심지어 위나라와 오나라 고관 귀족들도 모두 촉나라 비단을 사용하고 싶어 했으므로, 비단의 수요량은 항상 보장되어 있었다. 하지만 단지 비단으로 어떻게 국가 전략을 높일 수 있을까? 북벌을 준비하며 적과 싸우기 위한 자원으로 비단을 적극 활용하는 것이 제갈량의 전략이었다.

여기서 잠시 간단한 예를 들어 이해를 돕자. 촉나라는 10명의 사람들이 각각 곡식 2섬 또는 비단 1필을 생산하는 반면 위나라는 20명의 사람들이 각각 곡식 1.5섬 또는 비단 0.5필을 생산할 수 있다고 해보자.

그리고 품질 면에서도 촉나라의 비단이 훨씬 뛰어나다.[*] 그러면 위나라에서는 희소성 때문에 촉나라 비단의 가격이 더욱 높아진다. 생산 원가에 따라 촉나라 비단 1필이 위나라에서는 곡식 3섬에 팔리는 반면 촉나라에서는 2섬에 팔린다고 해보자. 두 나라는 무역을 하기 전에 각각 절반의 인원이 곡식과 비단을 생산하고 있다. 즉, 촉나라는 곡식 10섬과 비단 5필을 생산하는 반면 생산력이 낙후한 위나라는 곡식 15섬과 비단 5필을 생산한다.

그리고 촉나라와 위나라가 무역을 시작한 뒤 제갈량은 촉나라 사람 7명에게 비단 생산을 하게 하고, 나머지 3명만 식량 생산을 하게 한다. 이렇게 곡식 6섬과 비단 7필을 생산한 촉나라는 그중 비단 5필은 국내에서 사용하고 나머지 3필을 위나라에 수출한다. 이제 제갈량은 비단을 팔아 곡식 6섬을 얻을 수 있다. 게다가 국내에도 6섬의 곡식이 생산되고 있으므로 무역을 통해 2섬의 곡식이 여분으로 남는다. 이처럼 무역에서 흑자를 보게 되면 굳이 농사에 많은 인원을 투입할 필요가 없다. 이에 남은 인원을 사병으로 훈련시켜 군대를 확장할 수 있다.

위나라도 손해를 보지는 않는다. 위나라는 촉나라와 거래를 통해 비단 2필을 수입할 수 있으므로 상대적으로 비단보다는 농사에 더욱 힘을 기울이게 된다. 즉, 6명만 비단 생산을 하고 나머지 14명은 농사를 지으며 비단 3필과 곡식 21섬을 생산하는 것이다. 그러면 곡식 21섬 중 6섬을 수출해도 국내에 15섬의 곡식이 남게 된다.

---

[*] 이 예시에서 주의할 점은 촉나라가 곡식과 비단 모두 생산량에서 위나라를 앞서고 있다는 점이다. 만약 한쪽이 곡식 생산량에서 우수하고 다른 한쪽이 비단 생산량에서 우수하다면 우리가 앞서 살펴보았던 대로 교환을 통해 양쪽 모두 최대 이익을 얻을 수 있다. 하지만 지금 다루는 것은 촉나라가 두 가지 방면에서 모두 우위를 차지하고 있을 때 교환이 필요한지에 대한 문제이다.

언뜻 보기에 위나라는 아무런 이득도 보지 못하는 것 같다. 하지만 최소한 기존의 곡식과 비단의 수량을 유지하면서도 더 뛰어난 품질의 촉나라 비단 2필을 얻을 수 있다는 점에서 위나라도 이러한 교환을 원하게 된다. 거래가 진행될 때마다 촉나라는 곡식 2섬을 추가로 얻을 수 있는 반면 위나라의 방직업은 갈수록 위축되어 간다. 그래서 『삼국지』에 나와 있는 것처럼 위나라 사람들은 자연히 개간에 더 몰두하게 된다. 특히 대장군 하후돈의 경우 직접 모범을 보이며 군사들을 둔전에 투입시켰을 뿐만 아니라 백성까지 동원해 둔전을 실행했다.

하지만 이렇게 위나라 군사와 백성들이 힘겹게 생산한 곡식은 알게 모르게 거래를 통해 촉나라로 흘러 들어가게 된다. 그리고 제갈량은 이것으로 전쟁 비용을 충당해 위나라의 생산이 향상되지 못하도록 계속해서 방해하는 것이다.

이와 비슷한 사례로 영국은 19세기 중반에 곡물 무역의 필요성에 대한 논쟁이 있었다. 당시 영국은 자국 농장주들의 이익을 보호하기 위해서 곡물법을 통해 곡물가격이 일정 정도 이상 비싸질 때에만 수입하도록 규정하고 있었다. 곡물법 지지자 중에는 인구론을 제시한 유명 경제학자인 맬서스도 포함되어 있었다. 그는 곡물은 국가 생존과 발전에 중요한 부분이므로, 영국제국이 곡물을 자급자족할 수 있어야만 제국의 안전을 유지할 수 있다고 주장했다

반면 리카도는 앞에서 말한 비교우위 이론을 통해 반박했다. 그는 영국의 생산율이 유럽의 다른 국가들이나 식민지보다 높다는 것을 지적하며, 적당량의 곡물 수입은 오히려 영국 경제가 더욱 발전하도록 자극하는 효과가 있다고 주장했다.

최종적으로 리카도의 관점이 승리했고, 영국은 곡물법을 폐지했다.

그리고 리카도의 예상대로 농업에만 묶여 있던 많은 노동력이 공업으로 흘러 들어가면서 영국의 공업 생산품인 군함과 화물선이 세계 각지로 팔려 나갔다. 해가 지지 않는 제국의 가장 찬란했던 시기는 바로 곡물법 폐지 후에 열린 것이다.

이와 같은 곡물법 폐지는 사실 더욱 심각한 영향을 가져왔다. 이처럼 영국 본토의 공업 제조 능력이 강해지고 토지 자원이 귀중해지면서 영국은 아프리카 식민지에 마련한 자신들의 독립적인 공업 시스템을 점차 본토로 이전하기 시작했다. 그 결과 영국과 아프리카의 사이가 더욱 긴밀해지는 한편 아프리카 국가들의 경제 시스템에 불균형이 초래되었다.

그러던 중 21세기 중반 식민지 해방 운동이 대대적으로 일어나 아프리카가 더 이상 영국 본토의 공업 시스템에 의지하지 않게 되면서 그동안 모습을 숨기고 있었던 불균형의 병폐가 드러나기 시작했다. 독립한 이후 아프리카 국가들은 자유와 발전의 길을 걷기보다는 오히려 생활 수준이 현저하게 떨어졌다. 앞에서 살펴보았던 짐바브웨의 사례도 그중 하나이다.

다시 삼국시대로 돌아오자. 촉나라 비단을 활용한 제갈량의 전략에 의해 위나라 황실과 귀족들의 촉나라 비단에 대한 의존도는 더욱 심해졌다. 위나라 황제들은 촉나라 비단을 사용해 궁궐을 수리하고 화려한 치장을 했다. 또 왕씨, 사씨, 사마씨 등 귀족들도 촉나라 비단으로 만든 옷을 입고 공리공론을 늘어놓으며 화려하게 치장된 궁전을 감상했다. 심지어 조비도 촉나라 비단의 수량이 수요를 만족시키지 못하는 것을 한탄했을 정도였다. 그들은 제갈량이 여분의 노동력으로 북벌에 필요한 수만 대군을 양성할 수 있도록 위나라가 촉나라의 곡창이 되어 돕고 있다는 사실을 깨닫지 못했다.

진수는 『삼국지』에서 맹자의 말을 빌려 제갈량을 다음과 같이 평가했다. "편안한 도리로 백성을 부리면 비록 수고로워도 원망하지 않으며, 삶의 도리로 사람을 죽이면 비록 죽어도 원한을 갖지 않는다."

이후 제갈량이 3차 북벌을 준비하고 있을 때 손권은 자신의 야심을 누르지 못하고 스스로 황제가 되기로 결심했다. 촉나라 군신들은 이 소식을 듣고 분개해 펄펄 뛰기 시작했다. 그들 중 대다수의 사람들이 오나라가 제멋대로 행동하니 외교관계를 끊어야 한다고 주장했지만 유일하게 제갈량만은 손권을 황제로 인정해야 한다고 주장했다. 그렇게 해서라도 계속 동맹관계를 유지해 위나라 정복에 힘을 합치는 게 더 중요하다고 본 것이다.

셋으로 쪼개진 천하 중에서 촉나라와 오나라의 인구수를 모두 합쳐야 위나라와 비슷한 상황이었다. 그러니 만약 촉나라가 오나라와 국교를 단절한다면 천하 4분의 3의 인구와 홀로 대항해야 한다. 이것은 과거 관우가 살아 있어 형주가 아직 촉나라 수중에 있었을 때에도 할 수 없던 일이었으니, 현재 황제인 유선에게는 더더욱 불가능한 일이었다.

물론 여기에는 제갈량의 경제적 고려도 담겨 있다. 손권이 황제가 된다면 그 과정에서 필연적으로 황궁이 필요해진다. 그리고 또 재상과 태위 등 관리들도 임명해야 하고, 후궁들도 모두 황비로 신분이 변하게 된다. 이런 사람들 모두 새로 지은 자신들의 관저가 필요해지고, 신분에 걸맞은 화려한 옷도 필요해지는 셈이다. 그러니 촉나라 비단의 수요가 증가할 것은 불 보듯 뻔한 일이었다.

원래 위나라만 큰 고객이었으나 현재는 오나라도 큰 고객이 되어 적극적으로 많은 상품을 요구하고 있으니 제갈량으로서는 거부할 필요가 없는 일이었다. 물론 제갈량에게는 또 하나 즐거운 고민이 있었다. 사천 일대에서 생산되는 촉나라 비단의 생산량이 많지 않다는 것이었다.

갈수록 늘어나는 수요를 해결하기 위해 제갈량은 촉나라 비단 기술을 중부 소수민족 일대로 이전시켰다. 이 지방은 당시 제갈량이 맹획을 일곱 번이나 사로잡았다고 전해지는 지역이다. 오늘날에도 과거 촉나라 비단 기술을 개량한 것이라 전해지는 윈난과 구이저우 일대 투자족의 비단을 통해서 2,000년 전 비단의 모습을 짐작해 볼 수 있다.

한편 손권이 반포한 화폐 정책에서도 손권이 황제가 된 이후 전국적으로 소비가 크게 늘었다는 점을 알 수 있다. 손권이 황위에 오르기 전 오나라 화폐는 '대천이십'과 '대천오십'이었다. 각각 오수전 20개와 50개에 해당했지만 실제 중량은 오수전의 채 세 배도 되지 않았다.

더구나 황위에 오른 이후에는 화폐의 중량은 변하지 않은 채 액면 가격만 계속 높아져 '대천당천', '대천이천' 심지어 '대천오천'까지 등장했다! 이러한 화폐의 변화만 봐도 원래 넉넉하지 못했던 자산을 물 쓰듯 썼다는 것을 알 수 있다. 이렇게 외부로 유출된 자산은 자연적으로 위나라와 촉나라로 흘러 들어갔다. 그중에서도 촉나라 비단은 가장 환영받는 사치품이었으므로 자연히 가장 많은 수익을 거둘 수 있었다.

과거 동탁은 현대 짐바브웨처럼 무지와 탐욕 때문에 오수전을 작게 만들어서 자멸한 반면, 오나라는 남의 배를 채워주다가 악성 인플레이션에 빠진 것이다. 이처럼 오나라에 불어 닥친 인플레이션과 위나라가 전국적으로 실시한 둔전 운동으로 가장 많은 이익을 본 사람은 제갈량이었다. 그는 두루미가 그려진 외투를 걸친 채 고고하게 깃털 부채를 흔들며 단지 비단으로 천하를 뒤흔들었던 것이다. 그래서 제갈량이 집권했을 당시 전쟁이 끊이지 않았음에도 백성들은 힘겨워하거나 원망하지 않을 수 있었다.

하지만 제갈량의 후임자로 장완과 비위, 그리고 제자인 강유가 집권하면서부터 촉나라는 국력이 약해지기 시작한다. 장완과 비위 모두 내정 능력은 뛰어났지만 과거 제갈량처럼 끊임없이 위나라를 압박하는 전략을 구사하지는 못했고, 결국 위나라는 이 시기에 천천히 국력을 회복해 갔다.

반면 강유의 경우 온건파인 장완과 비유가 사망한 이후 권력을 잡아 여러 차례 중원을 공격했다. 하지만 과거 제갈량이 사마의를 상대했던 것처럼 기발한 전략으로 등애를 대적하지 못했다. 두 사람은 농서, 기산 일대에서 치열하게 싸웠지만 전체적인 국면에서 보면 강유가 열세였다. 게다가 촉나라는 소국이었기 때문에 위나라처럼 전쟁의 상처를 회복할 능력이 없었다. 그러니 기발한 전략 없이 인력과 국력으로만 맞서 싸운다면 촉나라는 위나라의 적수가 될 수 없었다.

게다가 강유는 제갈량과는 다른 대국관을 가지고 있었다. 과거 제갈량이 1차 북벌에 나섰을 때 위연이 정예병 5,000을 이끌고 자오곡으로 가서 장안을 공격하겠다는 계책을 내놓는다. 하지만 제갈량은 고민 끝에 위연의 계책을 받아들이지 않았다. 이 결정이 옳았는지에 대해서는 지금까지도 의견이 분분하다. 제갈량이 위연의 자오곡 계책을 받아들이지 않은 것은 당시 위나라와 결전을 치를 생각이 없었기 때문이다.

제갈량의 1차 북벌 전략은 차근차근 옹량(지금의 간쑤, 닝샤 일대)을 잠식해 가는 것이었다. 하지만 위연의 계책대로 했다가 매복을 만날 경우 촉나라는 1만 정예병과 장수를 잃게 될 수 있었다. 그리고 만약 성공해서 장안을 점령한다면 장안이 가진 정치적 그리고 상징적 의미 때문에 위나라는 즉각 촉나라와 사생결단의 대규모 전쟁을 치르게 될 것이다. 이는 촉나라의 장기적인 이익과 부합하지 않는 결과였다.

반면 강유는 여러 차례 북벌을 진행하며, 한나라 왕실을 부흥시키려 했던 제갈량의 겉모습만 보았을 뿐 그 뒤에 숨겨진 깊이 있는 생각은 보지 못했다. 더욱이 제갈량처럼 내정과 외교를 아우를 줄 아는 수완이 없었고, 재정 관리에 유능한 신하도 없었다. 이 때문에 촉나라의 국력은 결국에는 약해질 수밖에 없었던 것이다.

이처럼 제갈량이 세상을 떠나고 그의 전략도 서서히 빛을 잃게 되었지만 등애가 촉나라에 진입했을 때까지도 국고는 여전히 풍족한 상태였다. 유선이 성도에서 항복한 뒤 끌려갈 때 국고에는 곡식 40만 석, 금과 은이 각각 1,000근, 각종 비단과 명주가 20만 필 이상 있었다고 한다. 이에 촉 지방의 늙은 관리는 "승상이 있었을 시기에는 몰랐는데, 그가 막상 세상을 떠나고 나니 그와 같은 사람이 없다는 것을 알았다"라고 한탄했다고 한다.

혼합 전략 균형 : 기산 공방전

──

『손자병법』에는 다음과 같은 구절이 있다. "방어하는 것은 부족하기 때문이고, 공격하는 것은 여유가 있기 때문이다." 얼핏 듣기에도 일반 상식과는 반대되는 주장이다. 하지만 『손자병법』의 모든 구절을 중요하게 생각했던 옛사람들은 이 구절에 담긴 심오한 뜻을 이해하려 고민했을 뿐 손무의 주장에 의문을 제기하지 않았다. 예를 들면 조조는 "내가 병력이 부족하면 수비하는 것이고, 내가 병력이 남으면 공격하는 것이다"라고 주석을 달았다. 또 북송 시대 장예는 "내가 승리할 수 있는 방법이 부족하면 잠시 수비를 하며 기다리고, 내가 승리할 충분한 여유가 있으면 대담히 공격하는 것이다"라고 좀 더 자세한 설명을 내놓았다.

이처럼 옛사람들은 이 문장을 가지고 철학적인 의미로까지 해석했다. 그리고 삼국시대 제갈량과 조진이 기산에서 벌인 공방전에서 위나라에 맞서는 촉나라의 상황은 바로 이 문장의 상황과 비슷했다. 어떤 상황이 펼쳐졌을까?

자오곡과 음평의 지름길 말고도 한중에서 장안을 공격하려면 기산, 야곡, 진창 이렇게 세 가지 경로가 있었다. 제갈량의 군대가 3만이고 조진의 군대가 4만이라고 가정해 보자. 어떤 경로로 가든 공격하는 측의 인원수가 수비하는 측보다 적어도 1만 명 이상은 많아야 승리를 할 수 있다. 그렇지 않다면 계략은 실패하게 된다. 제갈량은 공격을 하려 했을까, 수비를 하려 했을까?

우리는 먼저 상황을 축소시켜 제갈량의 군대가 2만이고 조진의 군대가 3만이며, 공격 경로가 두 가지밖에 없을 경우를 가정해 양측의 균형 전략을 살펴보도록 하자. 조건에서만 보면 수비하는 쪽이 유리해 보이지만 만약 병력이 적은 제갈량이 수비를 선택한다면 100퍼센트 실패하게 되어 있다. 왜냐하면 수적으로 우위인 조진은 자신의 3만 대군을 집결시켜 한 길로 쭉 가서 공격하면 그만이다. 반면 병력이 2만밖에 없는 제갈량은 기껏해야 길 하나만 수비할 수 있을 뿐이다. 설사 적군의 경로를 파악해 막았다 하더라도 3만 대군을 가진 조진의 군대를 2만의 병력으로 막기에는 한계가 있다. 결국 한중을 빼앗길 수밖에 없다.

반대로 만약 제갈량이 공격을 선택한다면 조진으로서는 상황이 약간 복잡해진다. 조진이 막사 안에서 당시 수하 장수인 곽회, 장합과 함께 상의했던 내용을 들어보도록 하자. 장합이 말했다. "공명은 용병술이 뛰어납니다. 그러니 우리는 차라리 모든 병력을 기산에 집중시키는 것이 낫습니다. 만약 정말 공명의 군대가 기산으로 온다면 전부 몰살시킬 수 있을 것입니다!"

곽회가 말했다. "그건 좋은 방법이 아닙니다. 말씀하신 대로 공명과 같이 용병술이 뛰어난 사람이 이와 같은 방법을 쓸 리가 없습니다. 만약 그가 우리의 계획을 눈치 채고 병력을 기산과 야곡에 양 갈래로 나누어 보내면 어쩌시겠습니까?"

조진이 말했다. "백제(곽회의 자)의 말이 맞소. 공격할 때와 수비할 때의 용병술은 다르오. 하지만 일단 우리가 적군보다 병력이 많으니 그리 걱정할 것은 없소. 기산과 야곡 중 한 곳에 병력 2만을 주둔시키고 다른 한 곳에 병력 1만을 주둔시키면 어느 쪽의 병력이 많고 적은지 공명은 알 수 없을 것이오."

조진은 과연 총명했다. 그는 여기서 게임 이론의 '우위 전략'을 이용했다. 즉, 한 경로에 군대 2만을 주둔시키고 다른 경로에 군대 1만을 주둔시키는 전략을 사용하면 제갈량이 어떻게 대응하든 3만 병력을 한 곳에 주둔시키는 것보다 유리하다. 때문에 균형인 상황에서 반드시 이 전략을 사용하게 된다.

그렇다면 조진의 전략에 제갈량은 어떻게 대응해야 할까? 이제 제갈량의 막사에서 이루어지는 대화를 들어보도록 하자. 위연과 조운이 나란히 입을 모아 말했다. "승상, 저희에게 각각 정예병 5,000과 인부 5,000을 주시면 두 갈래로 나누어 장안을 공격하겠습니다!"

그러자 제갈량이 말했다. "문장(위연의 자), 자룡(조운의 자)의 용맹함은 나도 잘 알고 있습니다. 하지만 조진은 용병술이 뛰어난 장수인 데다 적군의 병력이 우리보다 많습니다. 이런 상황에서 우리가 병력을 나눌 것을 적군이 눈치 채고 병력을 나눠 요충지를 지킬 경우 오히려 우리의 발이 묶이게 됩니다."

이에 두 사람이 고개를 푹 숙인 채 말이 없자 제갈량이 웃으며 말했다. "제가 보기에 조진은 분명 병력을 나눠 야곡과 기산에 주둔시킬 것입니다. 이에 저는 거짓으로 군대를 배치해 조진의 군대가 야곡에 집중될 수 있게 유인할 생각입니다. 자룡께서 그 일을 맡아주시고, 문장께서는 주력 군대를 이끌고 기산으로 가십시오!"

제갈량 역시 총명했다. 그는 이미 조진의 계책을 꿰뚫고 오히려 정보의 비대칭성을 이용해 거짓 병력으로 조진의 주력 부대를 야곡으로 유인한 뒤 병력이 적은 기산을 공격할 계획을 세웠다.

사실 1차 북벌에서 제갈량은 조진을 속이는 데 성공한다. 웅장한 기세로 기산으로 몰려온 촉나라 군대는 단숨에 천수, 남안, 안정 3군을 점령했다. 만약 제갈량의 거짓 군대로 조진의 병력을 속이지 않은 채 무작위로 경로를 선택했다면 승리할 확률은 50퍼센트였다.

'부족하기에 방어하고, 여유가 있기에 공격하는 상황'을 유추해 제갈량의 군대가 3만이고, 조진의 군대가 4만이며, 세 가지 경로에 있는 상황을 살펴보도록 하자. 이 경우 조진에게는 두 경로에 각각 병력 1만을 배치하고, 나머지 경로에 병력 2만을 배치하거나 두 가지 경로에 각각 병력 2만을 배치하고 나머지 한 경로에는 병력을 배치하지 않는 계책이 있다. 그럼 제갈량은 자신이 가진 병력 3만으로 아무 경로나 선택해 공격해도 승리할 수 있다.

조진은 모든 병력을 한 경로에 배치하거나 여분의 병력 1만을 낭비하는 선택을 할 수 없다. 그래서 만약 조진이 병력을 둘로 나눠 두 가지 경로만 수비할 경우 제갈량이 이를 간파해 병력을 셋으로 나눠 공격한다면 필연적으로 어느 한 경로의 병력은 장안에 도달할 수 있다. 반대로 조운이 제갈량이 세 경로로 병력을 나눌 것을 예측하고 자신도 병력을 나눠 수비한다면 가장 좋은 선택을 하게 된다.

이렇게 조운이 어떤 전략을 세우든 제갈량도 그에 따른 공격 방법을 찾을 수 있다. 마찬가지로 제갈량이 어떤 공격 방법을 선택하든 조운 역시 수비할 방법을 가지고 있다. 이러한 상황을 게임 이론에서는 '순수 전략'에서 균형이 없는 상황이라 말한다. 하지만 그렇다고 균형이 없는 것은 아니다.

이 균형은 조진과 제갈량이 각각 일정한 확률로 자신의 전략을 선택함으로써 상대방이 어떤 전략을 선택하든 상관없이 성공 확률이 모두 같은 것이다. 그리고 이러한 무작위성을 『손자병법』에서는 "용병에 정해진 형태가 없고, 물에는 정해진 형태가 없다"는 말로 설명하고 있다.

사실 손무는 "방어하는 것은 부족하기 때문이고, 공격하는 것은 여유가 있기 때문이다"라는 말을 하지 않았을 가능성이 있다. 은작산 한나라 시대 무덤에서 출토된 『손자병법』에는 "공격하는 것은 부족하기 때문이고, 수비하는 것은 여유가 있기 때문이다"라고 적혀 있다. 이 문장이 오히려 일반적인 상식과 맞아 떨어진다. 자신의 자원과 군대가 부족하면 공격을 하지만 반대로 여유가 있으면 수비를 하는 것이다.

현재 통용되는 판본은 송나라 시대에 판각된 것으로 한나라 시대에 옮겨 적는 과정에서 오류가 생겼을 가능성이 있다. 잘못된 판본이 조조부터 송나라 시대까지 계속 전해져 오면서 이 문장은 여러 학자들의 주해를 거쳐 심오한 철학 이론과 심지어 현대 게임 이론의 원리까지 담은 문장으로 거듭난 것이다.

공격이 이렇게 좋은 것이라면 어째서 조진과 사마의는 수비만 했던 것일까? 여기에는 내외적으로 두 가지 요인이 있다. 내적 요인은 위나라가 양쪽에서 위협을 받고 있다는 것이었다. 만약 대군을 이끌고 촉나라와 전투를 치른다면 손권이 기회를 틈타 위나라를 공격할 수 있었다. 이는 위나라로서는 절대 맞닥뜨려서는 안 되는 위협이었다. 그리고 외적 요인은 촉나라로 통하는 경로가 험준하다는 것이었다. 음평은 적은 병력으로도 대군을 방어할 수 있는 천연의 요새였다. 더구나 촉나라에 제갈량과 강유, 위연, 왕평, 요화와 같은 뛰어난 장수들이 있는 상황에서 촉나라를 정벌한다는 것은 후방 지원이 보장되는 상황에서도 매우 힘든 일이었다. 그러니 위나라로서는 촉나라를 확실히 정벌할 수 있을 만큼 충분한 양식과 인력이 모일 때까지 기다릴 수밖에 없었다.

훗날 사마소는 등애, 종회, 제갈서를 파견해 촉나라 정벌에 나선다. 당시 위나라는 촉나라에서 장완과 비위가 전쟁을 중지하고 평화에 힘쓰던 시기를 틈타 이미 국력을 회복하고, 전쟁을 위한 충분한 물자도 준비해 둔 상태였다. 이 전투에서 등애가 음평을 몰래 지나 유선의 항복을 강제로 받아내면서 결국 기산 공방전은 끝을 맺는다.

제10장

위진시대의 토지 개혁과 인재 경영

진나라는 삼국 통일이란 대업을 달성하지만 얼마 안 가 멸망한다. 그 원인은 무제가 단지 적장자라는 이유로 능력과 자질이 부족한 혜제에게 황위를 물려줬기 때문이었다. 실력 있는 황위 후보들을 제치고 나이 어린 적장자가 계승할 경우 많은 부작용과 끔찍한 비극이 반복됨에도 불구하고 역대 왕조들이 적장자 계승 제도를 고집한 이유를 게임 이론을 통해 분석해 본다.

난세에는 밭을 일구고 성세에는 밭을 차지한다

조조 이후부터 삼국이 진나라에 의해 통일될 때까지 위나라에서 실행되었던 재정 조치와 경제 발전 상황에 대해 알아보도록 하자. 220년 한나라 마지막 황제인 헌제로부터 황위를 선양 받은 조비는 나라 이름을 위(魏)로 정하고 수도를 낙양으로 정했다. 역사적으로는 조위(曹魏) 또는 전위(前魏)로 부른다.

조조가 세상을 떠난 뒤 위나라는 204년 정식으로 호조제(戶調制)를 반포한다. 호조제를 실시한 이후 정부가 직접 물납지대를 걷을 수 있었다. 이에 백성들은 자신이 생산한 곡식과 견직물 중 일부를 세금으로 납부하고 남은 것을 개인적으로 사용할 수 있으면서 잉여분을 팔아 생활용품으로 교환할 수도 있었다. 그래서 위나라에서는 동전의 역할이 상대적으로 중요하지 않게 된다.

게다가 당시 대량의 구리와 철이 갑옷과 장비를 만드는 데 사용되면서 동전에 사용할 구리가 부족했다. 그래서 조비가 정무를 주관했던 시기에는 아예 동전을 폐기하고 곡물과 견직물로 일반적 등가물을 충당했다. 그리고 이것은 다음과 같은 결과를 가져왔다.

일단 긍정적인 부분은 물가가 신속하게 안정되었다는 점이다. 동전은 대전과 소전 그리고 불법으로 주조한 동전까지 있어 정부와 악덕 상인들이 각종 방법을 이용해 백성들의 이익을 가로챌 수 있었다. 하지만 곡물과 견직물은 하나하나가 고유의 가치를 지니고 있었다. 그래서 후기에 이르면 곡식에 물을 먹여 무게를 속이거나 견직물을 얇게 짜서 이득을 취하는 사람들이 생겨났지만 그럼에도 거래 질서에 심각한 영향을 주지는 않았다. 이처럼 위나라가 실시한 실물화폐 제도는 비록 원시적인 방법이기는 했지만 시장을 안정화시키는 데 긍정적인 역할을 했다.

반면 부정적인 부분으로는 곡식과 견직물은 보관과 휴대가 불편해서 상품이 순조롭게 유통될 수가 없었다는 점이다. 게다가 보관 기간에 한계가 있는 점도 문제였다. 아주 많은 수요가 있어야 하는데 그렇지 않으면 가지고 있는 곡식을 최대한 빨리 처리하는 것 말고는 방법이 없었다 (견직물의 경우 곡식보다는 보관이 쉬웠다).

이 때문에 곡식과 견직물을 화폐로 사용하면서 동전을 회복시키기란 매우 어려웠다. 조비와 그의 아들인 위명제 조예가 오수전을 회복시키려 노력했지만 백성들은 여전히 동전은 비축한 채 곡식과 견직물로만 거래했다. 민간에서 동전을 사용하지 않는 점은 분명 위나라 무기 제조업에 불리한 소식이었음에도 사마의의 손자인 사마염이 천하를 통일할 때까지 중원의 시장은 여전히 실물화폐가 우세했다.

이처럼 사회 깊숙이 뿌리박힌 습관은 삼국시대부터 당나라가 멸망할 때까지 이어졌다. 조정의 하사품과 세금 징수에도 견직물이 주로 사용되었고 동전은 보조적인 역할만 했다. 삼국시대에 위나라 경제의 핵심은 농업이었다. 셋으로 나뉜 천하에서 가장 큰 규모의 군사와 관료 체제를 농업을 기반으로 해서 유지했을 뿐만 아니라 촉나라 비단을 사용한 제갈량의 전략에도 대응했다. '방대한 토지'를 기반으로 한 위나라는 많은 인구수로 드넓은 황무지를 개간하며 국력을 키우기 위한 노력을 아끼지 않았다. 위나라 역대 군주들과 사마의부터 시작된 진나라 황제들은 항상 둔전을 매우 중시했다.

더구나 대국인 위나라에는 뛰어난 인재들도 많았다. 농사에 뛰어났던 하후돈과 임준이 세상을 떠난 뒤에 사마의는 또 둔전의 모범이 될 만한 인재를 발굴했는데, 바로 촉나라를 멸망시킨 등애이다. 등애는 강유와 서로 맞서기 전에 계속 수춘(지금의 안후이성 서우현 부근)에서 둔전을 했다. 그는 하후돈이 생전에 힘써 추진했던 수로 건설 사업을 계승해 둔전병을 지휘하며 기반 건설에 매진했다. 그가 직접 저술한 『제하론』에는 농경지 수리 사업에 대한 자신의 생각이 담겨 있다.

이렇게 둔전한 토지는 모두 국가가 소유했다. 둔전병이나 농민이 둔전에 경작을 할 경우 생산된 곡식을 국가가 비율에 따라 병사나 백성에게 분배했다. 삼국시대에는 군대 체제하에서 군사와 백성 모두 태평성대 때와는 비교도 할 수 없을 만큼 엄격한 통제를 받았기 때문에 분배제도가 실행될 수 있었다. 둔전제가 실시된 이후 위나라의 식량 문제는 상당 부분 해결되었고, 군량미가 부족해 군대가 퇴각하는 상황도 거의 발생하지 않았다.

하지만 둔전제가 지속되면서 문제가 생기기 시작했다. 바로 사람들이 적극성을 잃거나 게으름을 피우기 시작한 것이다. 등애는 장수인 자신도 이렇게 열심히 일하는데 일개 군인과 농민들이 게으름을 피우는 것을 용납할 수 없었다. 그리하여 등애는 군인들과 농민들이 어떤 생각을 가지고 있는지 들어보기 위해 신분을 숨긴 채 수확을 앞둔 농지로 나갔다. 마침 길가에 늙은 농부가 보였다.

"어르신, 올해 수확은 어떻습니까?" 등애가 물었다. 늙은 농부가 심드렁하게 말했다. "괜찮은 편입니다. 저희 집은 소가 없지만 그래도 매년 수확물 중 6할을 관부에 내고 나면 죽을 쒀 먹고 살 만큼의 양식은 남으니 걱정할 게 뭐가 있겠습니까?"

등애는 발전할 생각은 안 하고 그저 목숨만 연명하려 하는 농부를 경멸하는 눈빛으로 쏘아본 뒤 계속 길을 걸어갔다. 걸어가던 그는 길가에 서 있는 젊은 농부를 발견하고 말을 걸었다. "젊은이, 여기 사는 농부요? 농사는 몇 무나 짓고 있소?" "별로 안 됩니다. 땅이 많으면 그만큼 많은 소작료를 내야 하니까요. 이전에 오나라와 큰 전쟁을 치를 때 입에 풀칠이라도 하고 싶은 마음에 둔전에서 농사를 짓게 되었지요. 매년 남는 것은 없지만 그래도 요 몇 년 동안은 평안하게 농사를 지으며 사는 중입니다." 등애는 마음속으로 위나라의 백성답지 않은 무기력한 젊은이라고 생각하며 실망했다.

그렇게 낙심한 채 길을 걸어가던 등애는 한 무리의 둔전병들과 마주쳤다. 그는 자신이 거느리고 있는 병사들인 만큼 책임감도 있으리라 생각했다. 그래서 장안에서 온 전령병으로 가장해 친근하게 다가가 말을 걸었다. "안녕하시오. 요즘 수확 철이라 저희는 바빠 죽을 지경인데, 여기는 여유로운 것 같소. 얼른 수확해야 하는 것 아닙니까?" 그러자 병사가 웃으며 말했다. "성실한 사람이구먼. 솔직히 말하자면 우리는 농민이 아니라 병사요. 그래서 소작료도 일반 농민들보다 1할은 더 납부한다오. 어차피 다 걷어갈 건데 많이 수확하든 적게 수확하든 무슨 상관이오. 게다가 어찌 됐든 군대가 배를 곯는 일은 없지 않소. 등애 장군이 우리를 자식처럼 아껴주시는 한 걱정할 게 뭐 있겠소." 병사들의 말에 충격을 받은 등애는 급히 자리를 떠났다. 그는 묵묵히 걸어가며 고민했다. 어째서 자신이 다스리는 백성이나 군인은 열심히 일하려 하지 않는 걸까?

당시 역사서를 보면 둔전에 대한 긍정적인 평가를 볼 수 있다. 민생을 개선하고 경제를 회복시켰다는 것이다. 하지만 역사적 진실은 역사서의 기록 자체와 다른 경우가 종종 있기 마련이다. 삼국시대 대규모 둔전을 실시했던 이유는 '민생을 돌보기 위해'서가 아니라 빈번한 전쟁을 효과적으로 치르기 위해서였다. 둔전제가 민생에 끼친 영향에 대해 진수가 쓴 『삼국지』에서는 전문적으로 다루고 있지 않다. 하지만 다행히도 『진서·부현전』에 기록된 내용을 통해서 위나라와 진나라 초기에 실시된 둔전제의 진상을 알 수 있다.

삼국시대에 '보잘것없는 능력'을 가졌던 많은 사람들이 사실은 모자랐던 것은 아니었다. 단지 눈부신 이름을 가진 천재의 그늘에 가려 빛을 내지 못했을 뿐이다. 예를 들면 부현은 진나라 초기 홍농태수로 있으면서 유능한 관리로 명성을 떨쳤다. 이후 중앙에 진출한 그는 무제 사마염에게 상소를 올려 말했다. "과거 제도에서는 둔전병이 정부의 소를 빌려 농사를 지을 경우 정부에 6할을 냈으며, 자신의 소로 농사를 지을 경우 정부에 반절을 냈습니다. 하지만 지금은 자신의 소로 농사를 지을 경우 정부에 7할을 내고 자신은 3할밖에 갖지 못하며, 정부의 소를 빌려 농사를 지을 경우에는 정부에 8할을 내고 자신은 2할밖에 갖지를 못합니다. 이에 둔전병들이 농사를 귀히 여기지 않습니다. 그러니 소신은 과거의 비율로 돌아가야 한다고 생각합니다."

부현의 상소를 통해서 위진시대에 중앙정부가 둔전병들을 심각하게 착취했음을 알 수 있다. 현대의 한 경제학자는 타이완에서 자신의 소재지 과거 토지임대료 비율을 검토하던 중에 임대료 비율이 거의 절반에 달한다는 사실을 발견했다. 하지만 그가 관찰했던 시기에는 생산량이 위진시대보다 훨씬 많았기 때문에 비율이 절반이라도 농민들은 여분의 이익을 얻을 수 있었다. 하지만 위진시대에는 생산량이 낮았기 때문에 절반, 심지어 6할이나 8할에 이르는 소작료를 지불할 경우 농민들의 삶이 피폐해질 수밖에 없었다.

이처럼 착취가 심했다면 어째서 많은 사람들이 둔전제에 참여했던 것일까? 과거 한나라의 제도와 비교해서 둔전제가 가진 장점은 무엇이었을까? 경을 단위로 세금을 계산했던 서한이나 무에 따라 세금을 계산했던 동한이나 모두 고정세금을 걷었다. 이에 농민들은 자신의 토지를 부지런히 경작할 동기를 가지고 있었지만 전란이 발생해 농사일을 망칠 경우 빚을 지거나 심지어 파산하는 상황에 처했다. 더구나 동한 말년에 전란이 끊임없이 발생하면서 농민들은 안정된 삶을 살 수 있기를 그 어느 때보다 절박하게 바랐다.

만약 고정세금을 도급제의 한 극단으로 본다면 이것은 동기가 매우 높다는 데 그 특징이 있다. 농민은 많이 생산할수록 자신에게 이득이기 때문에 가장 적극적으로 농사에 매진한다. 하지만 상대적으로 위험도 컸다. 일단 수확이 좋지 못하게 되면 세금을 납부하기 위해 가진 재산을 모두 정리해야 할 수도 있기 때문이다. 그래서 고정세금은 주로 사람들이 마음 편하게 생활을 유지할 수 있는 평화로운 시기일 때 환영을 받는다.

반대되는 극단으로는 임금제가 있다. 농민의 경작 능력, 노력 정도와 상관없이 매일 고정된 임금을 받는 것이다. 이것의 특징은 생활이 매우 안정적이라는 데 있다. 가뭄이나 장마로 인해 흉작인 상황에서도 자신의 생활은 보장이 된다. 하지만 단점도 명확하다. 정해진 임금을 받으면 열심히 경작할 동기가 사라지므로 적극도가 상대적으로 낮다. 전쟁이 끊이지 않아 생계를 이어갈 수 없는 농민들은 실제로 지주의 하인으로 들어가 임금제를 선택하는 경우가 많았다.

반면 양 극단 사이에 위치한 분배제의 경우 동기와 안정성을 모두 제공할 수 있다. 그래서 전란이 끊이지 않던 삼국시대에 둔전 분배제는 상당히 오랜 시간 실행되었다. 비록 착취가 심각했지만 정부 차원에서는 효과적인 제도였다.

그러던 중 촉나라가 멸망하면서 천하 통일은 이미 막을 수 없는 대세가 되었다. 이에 후방에서는 둔전을 폐지하고 토지 사유화를 실시하느냐에 모두의 이목이 쏠렸다. 게다가 위진시대는 사대부들의 황금기였다. 사대부는 사실 양한 시기부터 줄곧 세력을 확장해 온 대지주와 대부호들로 이미 진나라에 중대한 영향을 행사하고 있었다. 그래서 무제는 선양을 받아 천하를 통일하기 위해서는 이들에게 정치적·군사적 지지를 얻는 게 중요했다. 게다가 천하의 대부분이 이미 안정된 상황에서 계속 군대 체제를 유지하는 건 의미가 없었다. 이로써 토지 사유화 개혁을 목표로 한 점전법(占田法)이 실시된다.

점전법은 사실 서한 초기에 실시된 수전제와 비슷하다. 서로 다른 등급, 작위에 따라 제한액을 정한 뒤 토지를 제공했다. 다만 차이점이 있다면 과거 수전제는 사용권만 주었던 반면 지금의 점전법은 소유권도 함께 주었다는 점이다.

이처럼 소유권이 전해지는 과정에서 지방 관리와 호족들이 서로의 이익을 위해 결탁했으리라는 추측을 해볼 수 있다. 호족들이 토지를 사전으로 겸병하면서 농민들은 소작농으로 전락했다. 하지만 어느 왕조든 항상 있어왔던 토지 겸병과 같은 정치적 폐단은 어떠한 의미에서는 농민들에게도 좋은 점이 있었다.

모두가 알다시피 호족들은 힘이 없는 농민들보다 가혹한 세금에 대응할 수 있는 방법이 많았다. 이것은 또한 같은 규모의 땅이라도 항상 농민들보다 호족들이 더 많은 이익을 취할 수 있었다는 의미이다. 이에 농민들이 자발적으로 호족에게 토지 소유권을 내놓는 현상을 바로 파레토 개선의 과정이라고 할 수 있다.

이처럼 토지를 겸병하는 것이 더 효율적이었기 때문에 토지 겸병은 사라질 수 없었다. 역대 왕조들이 '보이는 손'인 행정명령을 통해 '보이지 않는 손'인 시장과의 힘겨루기를 하면서 항상 패배할 수밖에 없었던 이유도 바로 이것이었다. 정부가 아무리 강력한 조치로 토지 겸병을 막는다 해도 왕조 중후반기에 접어들면 어김없이 '보이지 않는 손'이 승리하곤 했다.

대부분의 왕조에서 다음과 같은 과정이 반복된다. '보이지 않는 손'에 의해서 토지 겸병이 심화되면 국가의 통제력은 약해지기 시작한다. 천재나 인재가 발생해 재정 부담이 늘어나면 국가는 어쩔 수 없이 더 많은 세금을 걷어야 했다. 이에 더 많은 농민들이 고향을 떠나 유랑하기 시작하고, 버려진 토지는 겸병된다. 이렇게 해서 세수가 줄어들면 정부는 또 어쩔 수 없이 더 높은 세율로 세금을 걷기 시작하고, 이에 유랑하는 농민들이 늘어나면서 토지가 겸병되는 악순환이 계속되는 것이다. 마지막에는 결국 국가가 대내외적으로 어려움을 겪거나 정변이나 봉기가 일어나 멸망하게 된다.

진나라의 이러한 개혁은 오늘날 중국 토지 제도 개혁에도 많은 교훈을 준다. 현재 중국 대부분의 도시에서 농민공들을 볼 수 있다. 농촌에서 도시로 넘어온 그들은 각종 육체노동을 하며 생계를 이어가고, 농촌에서는 노인과 부녀자들이 농사를 책임진다. 그래서 일각에서는 소규모 농업경제가 무너지고 있으니 집약형 대규모 생산 체제를 실시해야 한다고 주장하는 목소리들도 있다.

사실 집약형 생산은 토지 겸병의 다른 말이다. 지금은 기계 도입과 기술 발전으로 인해 노동 효율이 높아 예전보다 훨씬 적은 인력으로도 충분히 1,000만 평 이상의 토지를 경작할 수 있다. 진나라 농민들은 자신의 토지를 넘겨준 뒤 지주 집안의 소작농이나 하인으로 들어갔다. 토지 겸병으로 인한 잉여 노동력을 다시 지주들이 흡수한 것이다. 반면 현대 중국은 더 이상 기댈 지주들이 없는 만큼 도시 제조업을 통해 잉여 노동력을 흡수해야 한다. 그래야 도시 안에서 농민공들이 소속감을 가지고 상당히 쉽게 정착할 수 있다. 중국이 소유권 개혁을 할 수 있느냐는 바로 여기에 달려 있다.

예전부터 천하가 태평하려면 먼저 농민들의 삶이 안정되어야 했다. 만약 중국의 경제가 계속 안정적으로 성장한다면 젊은 농민들도 도시화 흐름을 타고 안정적으로 정착할 수 있을 것이다. 그러면 토지 사용권과 소유권의 자연적인 이전도 순조롭게 실행될 수 있다. 하지만 만약 경제 성장이 둔화되어 일자리를 잃은 농민공들에게 국가가 새로운 역할을 제공해 주지 못한 상태에서 고향 집의 토지마저 다른 사람에게 팔린다면 농민공들은 돌아갈 곳이 사라지게 된다. 이와 같은 상황이 대규모로 발생하는 것은 국가로서는 재앙인 일이다.

사마소의 인재 경영 : 토너먼트 이론

둔전제로 인해 둔전병과 농민들의 동기가 떨어지는 현상이 나타나기도 했지만 그럼에도 등애의 부지런한 관리 속에서 회남, 회북부터 허창에 이르기까지 둔전이 일궈져 곳곳에 닭 울음소리와 개 짖는 소리가 가득했다는 기록이 있는 것을 보면 둔전이 상당히 발전되었음을 알 수 있다. 안타깝게도 등애는 강유를 막기 위해 농서로 파견을 가는 탓에 자신의 성과를 직접 보지는 못했다. 이후 얼마 지나지 않아 그는 종회와 함께 촉을 토벌하러 나서게 된다.

사마소는 종회를 진서장군으로 임명하고 10만 주력 부대로 바로 한중을 공격하게 한 뒤 등애를 정서장군으로 임명해 3만 군대로 적도(오늘날 간쑤 린타오현)에서 강유를 견제하게 했다. 동시에 옹주자사 제갈서에게 3만 군대로 우두를 공격해 강유의 퇴로를 끊게 했다.

세 가지 경로로 위나라 대군이 일제히 공격해 오자 촉나라 정계에서 소외된 채 화를 피해 외곽에 주둔해 있던 강유는 정신이 번쩍 들었다. 한중이 이미 함락되었다는 소식을 들은 그는 전략을 써서 제갈서를 무력화시키고 검각에서 종회와 대치했다.

한편 강유의 퇴로를 막지 못한 제갈서의 불행은 여기서 끝나지 않았다. 이때 이미 음평에 도착해 있던 등애는 제갈서의 병력과 합치고 싶어 했다. 하지만 평소 등애를 좋게 보지 않았던 제갈서는 종회를 찾아가고 결국 병권을 빼앗긴 채 감금당한다.

등애는 고심하던 중 촉나라의 주력 부대인 강유가 바깥에 있는 틈을 타서 몰래 음평을 건넌다면 촉나라를 취할 수 있겠다는 생각이 들었다. 이에 그는 마각산의 길도 끊긴 상황에서 모전으로 자신의 몸을 묶고 아슬아슬한 벼랑길을 따라 내려갔다. 그렇게 가까스로 평원에 도착한 그는 매서운 기세로 촉나라를 함락해 가기 시작했다. 가장 먼저 강유 지역의 항복을 받아낸 그는 이어 면죽을 함락시키고 제갈량의 아들이자 위장군인 제갈첨의 목을 벤 뒤 겁에 질린 유선을 압박해 투항하게 만들었다.

그렇게 촉나라 성도에 입성한 등애는 두려울 것이 없어졌다. 사람은 누구나 어느 정도 성과를 올리고 나면 자만심이 커지기 마련이다. 촉나라를 멸망시킨 뒤 득의양양해진 등애도 다를 게 없었다. 그는 사마소의 명령을 받지 않고 제멋대로 유선과 촉나라 관리들에게 벼슬을 내려 사마소의 심기를 건드렸다.

그러자 종회는 그 틈을 놓치지 않고 등애가 반란을 일으키려 한다고 고발했다. 이에 조정은 조서를 내려 등애를 수도로 압송했고, 종회는 그 틈을 타 강유와 결탁해 반란을 계획했다. 종회는 반란을 일으키고 싶어 했고, 강유는 종회가 반란을 일으킨 틈을 타서 그를 죽이고 촉나라를 부흥시키고 싶어 했다. 하지만 계획이 치밀하지 못한 탓에 내부 분쟁이 일어났고, 결국 두 영웅은 함께 죽임을 당한다.

당시 위나라 승상인 사마소는 종회와 등애가 서로 맞지 않는다는 사실을 알면서도 어째서 두 사람을 함께 보낸 것일까? 사마소의 이러한 인재 경영은 매우 성공적이었다고 평가할 수 있는데, 이 점은 미국 스탠퍼드대학교 에드워드 라지어 교수의 이론을 통해서도 증명할 수 있다. 관리경제학의 아버지라 불리는 라지어 교수는 저서 『인사관리경제학(Personnel Economics of Managers)』에서 사마소의 전략을 토너먼트 이론이라 칭했다.

기존 경제학에서는 사람의 수입과 지위가 한계생산성에 따라 차이가 생긴다고 보았다. 이 이론은 공장 안에서 빠르고 정확하게 일하는 노동자나 회사에서 더 많은 고객을 유치하는 직원이 보수를 많이 받는 이유를 비교적 잘 설명한다. 하지만 사장과 직원 사이에 존재하는 정보의 비대칭성으로 인해 직원들은 사장이 모르는 정보를 이용해 이익을 취할 수 있다.

사장도 직원의 생산 수량과 품질을 대표할 수 있는 지표를 찾아 정확히 감독하고 성과를 평가할 시스템을 마련할 필요가 있다. 하지만 이러한 지표를 찾는 건 쉽지 않다. 이에 라지어 교수는 이러한 상황에서는 토너먼트식 방법을 도입하는 게 더 효과적이라고 말한다. 성과에 따라 포상해서 직원들이 자발적으로 동기를 발휘할 수 있게 해야 한다는 것이다.

토너먼트 이론이란 먼저 모든 직원들의 성과에 따라 등급을 나눈 뒤 등급에 따라 수입에 격차를 둬서 수입의 차이를 한계생산성의 차이보다 크게 하는 것이다. 그래서 토너먼트 이론은 '승자독식'이라고도 불린다. 대통령 경선이나 CEO 임명 등 경쟁자 사이의 능력 차이가 뚜렷하게 드러나지 않지만 그들이 받은 최종 보상은 하늘과 땅 차이인 경우가 이에 해당한다.

예를 들어 군인 갑과 군인 을은 함께 힘을 합쳐 도적 무리들을 토벌했다. 갑은 10명의 도적을 참수했고 을은 5명을 참수했다. 만약 성과에 따라 참수한 도적 1명당 토지 10무를 받는다면 갑은 100무를 받고 을은 50무를 받는다. 이것은 기존 경제학의 한계생산성에 따라 정해진 보상이다. 이와 같은 상황에서는 두 사람 모두 자신의 능력에 따라 참수한 인원수만큼 토지를 받을 수 있으므로 경쟁관계라 할 수 없다.

반면 토너먼트 이론을 적용해서 군관이 다음과 같은 규정을 발표한다고 해보자. '참수한 머릿수가 가장 많은 사람에게는 토지 120무를 수여하고 그다음으로 많은 사람에게는 30무의 토지를 수여한다.' 이렇게 되면 갑과 을은 경쟁관계가 된다. 두 사람 모두 성과를 내기 위해 이전보다 더 열심히 적을 벨 것이다. 그럼 군관은 이전보다 더 높은 효율을 얻을 수 있다.

사실 토너먼트 이론은 등애와 종회에게 적용시키기에 아주 적합한 방법이었고, 이를 통해 두 사람의 동기를 자극할 수 있었다. 등애는 종회가 한중을 취한 후 관문을 통과해 성도를 공격해서 유선에게 투항을 독촉할 것이란 말을 들었다. 그리고 이때 촉나라의 주력 부대인 강유의 군대는 검각에서 종회와 대치하고 있었다.

게다가 사마소는 토너먼트 이론이 더욱 효과를 볼 수 있도록 '이간질 시키는 방법'을 이용했다. 촉나라 정벌에 나선 위나라의 군대 중에서 가장 약했던 옹주자사 제갈서는 두 사람을 이간질하는 역할을 했다. 그리고 등애와 종회는 군사력에서도 대등하지 않았다. 종회가 더 많았고 등애가 적었다. 물론 여기에는 주공격 방향 문제가 있다. 등애는 예비 부대였던 반면 종회는 강유의 군대와 맞서 싸워야 했기에 많은 군대가 필요했다. 그럼에도 등애는 종회가 한중을 공격할 때 적은 병력으로 과감하게 음평을 몰래 넘기로 결정했다. 토너먼트 이론에서는 양쪽의 상황이 불평등할 때 두 가지 긍정적인 효과를 불러온다. 우선 불리한 쪽에서는 뒤처지는 것이 두려워 더 필사적으로 노력을 하게 되고, 이에 유리한 쪽에서도 상대방이 노력할 것을 예상해 더욱 더 노력하게 되는 것이다.

구체적으로 등애와 종회의 사례를 놓고 보면 두 사람은 위나라에서 가장 유능한 장수로 능력에서는 우열을 가릴 수 없었다. 하지만 병력

면에서는 종회가 더 우세했다. 이에 종회는 자신의 유리함을 이용해 차근차근 전진하며 한중을 취했다. 그러자 조급해진 등애는 어쩔 수 없이 위험을 무릅쓰고 음평을 몰래 건너 성도에 먼저 들어갔고, 병력에서의 불리함을 극복하고 촉나라를 멸망시키는 데 결정적인 역할을 해냈다. 이처럼 토너먼트 이론을 통해서 사마소가 얼마나 절묘한 방법으로 두 장수를 이용했는지를 알 수 있다.

서진의 단명을 통해 보는 외부 효과

266년 사마의, 사마사, 사마소로 이어진 일련의 과정을 통해 기반을 닦은 사마염은 마침내 선양을 통해 위나라의 모든 것을 고스란히 물려받았다. 이렇게 건국된 진(晉)나라는 280년 오나라까지 멸망시키며 천하 통일의 대업을 완성한다. 전대미문의 짧은 역사를 지닌 진나라가 완성되는 순간이었다. 진나라의 수명이 짧았던 이유는 과거 삼황오제 시대부터 진나라 때까지 중앙정부가 그렇게 큰 영토를 통치해 본 적이 없었기 때문이다.

진나라는 외부 위협 세력이 없었다는 점에서 이전 통일 왕조들보다 더 좋은 조건을 가지고 있었다. 과거 주나라는 동이, 서융, 남만, 북적에게 사방이 둘러싸여 있었고, 이후 진한(秦漢) 시대는 흉노족 때문에 큰 고충이 있었다. 앞서 살펴보았듯이 조조도 오환족과 전쟁을 치러야 했다. 하지만 진나라의 경우 북흉노가 동한 화제 때에 철저하게 격퇴되어 유럽으로 도망친 상태였다. 유럽으로 도망친 흉노족은 도시를 약탈하며 서로마제국의 멸망을 초래한다.

남흉노도 조조가 5부로 쪼개 관내로 이주해 살게 하면서 정부의 관리를 받고 있었고, 동쪽의 소수민족인 선비는 아직 세력을 형성하지 못하고 있었으며 오환은 이미 멸족된 상태였다. 그래서 진나라는 동쪽의 바다와 남쪽의 광동과 광서 지역, 그리고 북쪽의 드넓은 초원부터 서쪽의 사막까지 아우르는 방대한 영토를 소유하게 되었다.

하지만 이와 같은 번영과 안정은 얼마 안 가 팔왕의 난과 오호난화가 연이어 일어나면서 완전히 무너진다. 많은 사람들이 서진이 멸망*한 주요 원인으로 중앙 권력이 공고하지 못한 상태에서 제후들이 계속해서 세력을 확장했기 때문이라고 생각한다. 그래서 무제가 한나라 초기의 교훈을 본받지 않고 고집스럽게 제후들을 분봉한 것을 비판하는 목소리들이 많다. 만약 동한처럼 제후들이 정치에 관여하거나 군대를 통솔하지 못하게 막았다면 서진이 단명하지 않을 수 있었을까?

위나라 말년부터 진나라 초기 역사에서 벌어진 두 가지 작은 사건을 통해서 우리는 태평성세 속에서 무제가 제후왕을 분봉해야만 했던 이유를 유추할 수 있다. 첫 번째 사건은 상평창 문제였다. 위나라 시기 오랫동안 동전을 사용하지 않은 탓에 진나라에 이르러서도 여전히 곡식과 비단을 화폐로 사용했다. 당시 위나라는 대대적으로 둔전을 실행했기 때문에 곡식은 아주 많았지만 베를 짜는 기술은 발전하지 못해서 상대적으로 곡식은 싸고 비단은 비쌌다. 이에 무제는 선정을 베풀기 위해 상평창을 건설해 창고에 비축된 비단을 곡식으로 바꿔 군량미로 사용하려 했다.

---

* 사마염이 세운 진나라를 역사적으로 서진이라 부른다. 265년에 세워져 316년에 멸망하기까지 51년밖에 존속하지 못했다. 그리고 이후 세워진 동진은 서진만큼 넓은 영토를 통일하지 못하고 명맥만 유지했다.

하지만 상평창은 과거에도 관리들이 부정한 방법으로 사욕을 채우거나 강제 매매를 통해 백성들을 핍박하는 등 문제가 끊이지 않아 논쟁이 많은 정책이었다. 하지만 그럼에도 한나라 시대에는 황제가 결정한 이상 반대를 무릅쓰고 정책을 추진할 수 있었다. 그렇다면 진나라 시대에는 어땠을까? 이번에도 조정에서는 반대의 목소리가 들리기 시작했다. 비싼 비단으로 싼 곡식을 살 수는 없다는 것이었다.

비싼 값에 팔아 저렴한 가격에 사는 것이 뭐가 문제란 말인가? 사마염은 관리들의 반대를 이해할 수 없었다. 이에 그는 조서를 반포해 계속 상평창 제도를 추진했다. 하지만 어찌된 영문인지 조정과 각지의 군현들은 약속이나 한 듯 전부 대충대충 일을 처리했고 결국 흐지부지되어 버리고 말았다.

두 번째 사건은 오나라 정벌에서 공을 세운 노장군 두예와 관련이 있다. 두예는 하남 일대를 순시하던 중 강에 제방과 저수지가 건설되어 있는 모습을 보고 감탄하며 말했다. "우리 진나라 사람들은 수리시설 건설을 중시하는구나. 물을 활용할 줄 아니 촉나라나 오나라보다 한 수 위라고 할 수 있다. 그러니 천하를 통일한 것이 아니겠는가."

크고 작은 물레방아들이 쉼 없이 돌아가며 곡식을 찧고 있는 모습을 본 그는 크게 기뻐하며 생각했다. '백성들이 과학기술을 이렇게 적극적으로 이용할 줄이야. 물을 활용하는 동시에 수력을 이용할 줄도 아는구나. 이거야말로 진나라의 공업혁명이 아닌가!'

두예가 이렇게 기뻐하고 있을 때 갑자기 비가 내리기 시작했다. 두예는 비가 그치면 다시 떠나려고 잠시 천막으로 몸을 피했다. 하지만 빗방울은 점차 굵어졌고 몇 개의 작은 제방의 수위가 상당히 높아진 것을 발견했다. 게다가 강물이 계속 불어나면서 제방이 곧 무너질 것만 같았다. 다급해진 두예는 병사들을 보내 현지 사람들과 함께 제방을 수리하기 시작했다. 하지만 이쪽 제방을 수리하면 저쪽 제방이 무너지려 했고, 결국 두예와 병사들은 며칠 동안 정신없이 제방을 수리한 끝에야 겨우 상황을 수습할 수 있었다.

그렇게 정신없이 뛰어다니던 두예는 한숨 돌리던 중 민간에서 지은 제방들이 강 곳곳에 있다는 사실을 발견했다. 무분별하게 지은 제방들로 인해 정상적인 물줄기의 흐름이 막히면서 큰 비가 내리면 쉽게 무너져 홍수가 날 위험이 있었다. 두예는 제대로 지어진 제방들을 제외하고 다른 제방들은 모두 무너뜨리라고 명령했다. 두예가 부하들과 함께 제방을 허물려고 하자 한 무리의 사람들이 나타났다. 우두머리로 보이는 자가 나서더니 두예에게 공손히 예를 갖추며 말했다. "저는 선제 사마소의 측근인 가화의 친척입니다. 장군께서 지금 무너뜨리려 하시는 제방은 저희 집안이 건설한 것입니다." 그래서 두예는 하던 일을 중단하고 다른 제방을 허물려고 했다. 그러자 또 한 무리의 사람들이 나타나 두예에게 공손하게 인사하며 말했다. "저는 문희 배씨 집안의 사람으로 그 제방은 예전에 하후돈 장군께서 친히 흙을 나르며 지으신 것입니다." 두예는 조정으로 돌아가 상소를 올려 무제에게 이와 같은 상황을 낱낱이 알려야겠다고 다짐했다. 그는 무제에게 조서를 내려 하남 지방의 폐해를 해결해 달라고 청할 생각이었다.

두예가 경험한 일은 진나라의 고질적인 병폐였다. 당시 진나라는 사족(土族)들의 힘이 너무 커서 지방에 대한 중앙의 통제력이 약화되고 권력이 분산되어 있었다. 사족들은 자신의 가족과 가문의 이익을 국가 전체의 이익보다 중요시했기 때문에 각종 불법적인 제방이 출현하게 된 것이다. 이러한 제방으로 수력을 이용하면 자신의 집에는 이익이었지만 전체 백성들에게는 손해였다.

이러한 상황을 경제학에서는 '외부 효과'라 부른다. 공공경제학에서 중요한 개념으로 경제 주체자의 행위가 다른 사람들에게 예상치 않은 영향을 끼치는 것을 말한다. 원리를 설명하자면 다음과 같다. 제방을 건설하려면 비용이 필요하다. 하지만 건설하는 입장에서는 수력으로 곡식을 찧으면 인력과 물력을 아낄 수 있으므로 이득이다. 그래서 적극적으로 제방을 지으려 한다. 하지만 사회 전체의 경제 발전에서 보면 마구잡이로 지어진 제방이 물길을 막아 생기는 영향으로 사회적 비용이 증가한다. 그리고 이미 사회적 비용이 발생한 상황에서 모두가 공동으로 고통을 받고 있지만 제방으로 생기는 이익은 한 집안이 독차지하고 있다.

이러한 외부 효과를 해결할 방법이 아예 없는 것은 아니다. 그중 하나가 '코스의 정리(Coase theorem)'를 이용해 재산권을 명확히 규정하는 방법이다. 예를 들면 인근 농민들에게 호족이 제방을 건설하는 것을 반대할 권리를 주는 것이다. 그러면 호족은 모든 사람을 하나하나 매수해야만 제방을 건설할 수 있다. 농민은 수해가 발생할 경우 자신이 입을 손해 규모를 예측해 호족이 보상해 주는 조건으로 동의를 해주겠다고 할 것이다. 호족은 제방 건설에 들어가는 비용 외에도 모든 농민들에게 보상금을 지급하는 비용이 추가로 들기 때문에 건설을 포기할 수밖에 없다.

아니면 '피구의 조세(Pigouvian Tax)'를 이용할 수도 있다. 정부가 제방으로 인해 초래되는 사회적 비용에 따라 추가적으로 면허세를 징수하는 것이다. 이득이 없다는 점을 발견하면 호족들은 더 이상 제방을 건설하지 않게 된다.

첫 번째 방법은 정부가 재산권의 보증인이 되어 제방 건설을 반대할 수 있는 농민들의 권리를 보호해 주는 것이고, 두 번째 방법은 정부가 법령을 통해서 제방에 대해 추가 세금을 징수하는 것이다. 그렇다면 진나라는 왜 이런 조치들을 취하지 않은 것일까?

위나라 정부나 사마의, 사마소 부자에게는 이런 조치를 실행할 힘이 없었다. 첫 번째 사건인 상평창의 경우는 거상과 조정 관리들의 이익에 저촉됐기 때문에 황제가 명령을 내려도 흐지부지 끝날 수밖에 없었다. 사실 위나라와 진나라는 동한 시대보다도 중앙 권력이 약했다. 각 지방의 권력은 모두 호족과 사대부들이 쥐고 있었다. 게다가 중앙 조정의 관리들도 모두 그들과 같은 가문 출신이었기 때문에 결탁되어 있어 황제가 상황을 전환시킬 방법이 없었다.

이 때문에 무제 사마염은 위나라에서 벌어진 일련의 상황을 교훈으로 삼아 주나라 제도를 모방해 친척들을 제후왕으로 임명했다. 친척들에게 주요 지역을 맡김으로써 군권을 장악해 명문 사대부와 지방 호족 세력에 맞서려 한 것이다. 사마염이 제후왕을 봉한 일이 훗날 환란이 일어나는 원인이 되기는 했지만 그렇다고 해서 그가 당시에 틀린 결정을 했다고 말할 수는 없다. 사마염은 제후왕들에 대해 반란을 일으킬 가능성보다는 진나라 조정의 권위를 보호해 주는 수호자의 역할을 더 크게 보았던 것이다. 하지만 그가 바랐던 대로 일이 흘러가지는 않았다.

제방과 저수지를 마구잡이로 건설하는 일은 부정적인 지역 경쟁이라고 할 수 있다. 일본이 2012년부터 시작한 '아베노믹스'의 경우에도 아주 큰 외부 효과를 불러왔다. 아베노믹스란 일본이 디플레이션에서 탈출하기 위해 지난 20년 동안 해왔던 시도 중 가장 실험적인 정책으로, 강력한 양적 완화와 신속한 엔화 가치 하락 그리고 마이너스 금리라는 세 가지 방법으로 대표된다. 아베 신조는 대량의 유동성으로 디플레이션의 '유동성 함정'에서 탈출한 뒤 '주기적으로 약간의 인플레이션'을 발생시켜 경제를 회복시키겠다는 계획을 세웠다.

이에 일본의 경제가 약간 활기를 띠자 한국이 심각한 압력을 받기 시작했다. 엔화의 가치가 하락하면서 유럽과 미국에서 일본 전자제품의 실제 가격이 내려가 수출이 증가되었고, 이로 인해 가장 큰 영향을 받을 것은 자연적으로 아시아 전자산업의 거두인 삼성전자였다.

유럽과 미국의 구매력은 제한되어 있다. 게다가 전자제품의 경우 단기간 내에 같은 제품을 중복해 구매하지 않는다. 그러니 일본의 수출 증가로 인해 한국의 수출이 상당 부분 감소할 수밖에 없다. 하지만 그럼에도 불구하고 한국인들은 혜택을 볼 수 있었다. 이는 분명 아베 신조의 계획에는 들어가 있지 않은 부분으로 외부 효과라 할 수 있다.

본질적으로 보자면 일본을 디플레이션에서 탈출시키려는 아베노믹스 시도는 주변 국가에도 영향을 준다. 엔화의 급격한 가치 하락으로 일본 경제와 밀접한 관련이 있는 국가들도 영향을 받기 때문이다. 엔화의 가치가 하락하면 이러한 국가들의 자국 화폐는 가치가 상승하게 되며, 이에 해외 구매력이 증가하는 동시에 수출 감소와 디플레이션 위험이 증가한다.

이러한 국가와 국가 사이의 외부 효과는 해결하기가 쉽지 않다. 국내에서 발생하는 것은 정부가 나서서 보증 계약을 실시하게 할 수 있지만 국가와 국가 사이의 협상의 결과는 양측의 국력 등 많은 현실적인 요소들에 의해 결정되기 때문이다.

엔화의 가치가 급격하게 하락한다고 해서 중국을 포함한 주변 국가들이 일본의 금융 실험을 막을 길은 없다. 더구나 만약 이에 맞서 자국 화폐의 가치를 같이 하락시킬 경우 어렵게 쌓아 올린 신용이 무너질 위험이 있으며, 가치를 하락시키지 않을 경우에는 엔화가 불러오는 압박을 고스란히 견뎌야 하는 어려움이 있다.

혜제 : 내시 균형의 수혜자

무제가 비록 슬기로운 군주라고 말할 수는 없지만 개국군주로서 패기와 열정으로 진나라의 내외적인 문제들을 말끔히 해소시켰다. 하지만 그럼에도 무제의 마음은 편치 않았다. 이유는 훗날 황위를 물려받아야 할 태자 사마충이 '심각한 바보'*였기 때문이다.

사마의, 사마소, 사마염과 같은 영재들 속에서 어떻게 사마충과 같은 바보가 태어나게 된 것일까? 일각에서는 사마염이 주색에 빠져 방탕한 생활을 했기 때문이라는 말도 있다. 하지만 이는 근거 없는 주장이다. 사마염이 주색에 빠져 방탕한 생활을 했던 것은 말년의 일이기 때문이다. 무원황후 양염에게서 사마충을 낳았을 때 사마염은 23세였고, 당시에는 '명석하고 사리에 밝아 큰일도 과감히 처리하며 항상 공손하고 검소하게 행동'하던 사람이었다.

만약 사마충이 적장자가 아니라 '황제의 아들 중 한 명'이었다면 천하의 부유함을 다 가진 크고 화려한 궁궐에서 맛있는 음식을 먹고 시중을 받으며 편안하고 무탈하게 일생을 보냈을 것이다. 하지만 그는 사

---

* 사마충이 선천적으로 정신지체가 있었다는 말도 있고, 그냥 어리석었을 뿐이라는 말도 있다. 그러니 현대 의학에서 말하는 정신지체장애가 있었다고 정의를 내릴 수는 없지만 그에게 황위를 감당할 만한 지능과 능력이 없었던 것은 분명하다.

마염의 적장자*였다. 황위 계승 법칙에 따라 앞으로 천하를 통솔할 천자가 되어야 했다.

역사에서 다른 아들들보다 능력이 떨어지는 적장자가 황위를 계승받는 일을 자주 볼 수 있고, 이것이 주나라 종법 제도의 폐해 때문이라고 비판하는 평가도 있다. 어째서 역대 왕조들은 이 진부한 규칙을 오랫동안 고집해 온 것일까? 봉건시대에 문무 대신들은 항상 '인품이 좋고 뛰어난 인재를 등용'해야 한다고 주장하면서도 어째서 황위 계승 문제에서 대해서는 재능을 우선순위로 고려하도록 하지 않은 것일까?

여기서 우리는 과거 로마제국이 어떠했는지를 살펴보도록 하자. 로마제국의 황제들은 실제 권력에 있어서는 동방의 제왕들보다 훨씬 약한 명목상의 황제였다. 그래서 로마제국의 계승은 매우 불안정했다. 로마가 1,000년의 제국이라 말하는 경우도 있는데 사실 이러한 견해는 이중적인 면이 있다. 왜냐하면 로마제국은 하나의 성씨, 하나의 가문으로 통치된 제국이 아니었기 때문이다. 옥타비아누스가 군주제를 건립한 이후 콘스탄티노플이 함락되어 동로마제국이 멸망할 때까지 제위를 찬탈한 인물 중에는 귀족과 노예뿐만 아니라 야만족 출신도 있었다.

이처럼 로마제국과 같이 하나의 성씨와 가문을 왕조의 기준으로 삼지 않는다면 중국 역사도 새로운 시선으로 바라볼 수 있다. 기원전 희씨가 세운 주나라부터 18세기 아이신기오로(건륭제)가 퇴위할 때까지를 하나의 중화제국으로 본다면 거의 2,000년이 넘는 시간 동안 이어져왔다고 볼 수 있는 것이다.

---

* 사실 사마충은 차남이었으나 형인 사마궤가 2세도 안 된 어린 나이에 요절하면서 적장자가 되었다.

반대로 중국의 기준으로 로마제국을 바라본다면 어떨까? 그러면 로마제국은 거의 오대십국시대처럼 단명을 거듭해 온 왕조로 볼 수 있다. 옥타비아누스부터 네로까지 41년 동안 총 4명의 황제를 배출한 율리우스 클라우디우스 왕조는 유명한 폭군 네로 황제 대에서 몰락했다. 이후 군벌들의 싸움이 계속되다가 베스파시아누스가 황위에 오른다. 이후 도미티아누스 황제가 암살당할 때까지 27년 동안 3명이 제위에 올랐다. 이후 로마제국의 전성시대라 일컬어지는 안토니누스 왕조도 96년 동안 5명의 황제가 제위에 오르는 것에 그쳤다. 이 96년 동안은 로마제국에서 황위가 비교적 평화롭게 계승되었던 시기다. 이전과 이후에는 걸핏하면 암살, 폐위, 반란이 일어나기 일쑤였기 때문에 로마제국의 황위는 가장 위험한 자리였다.

로마의 황제들은 후계자를 선택할 때 특정한 규칙을 두지 않았다. 전도유망한 청년을 수양아들로 입양해 물려주기도 했고, 형이 죽으면 동생이 황위를 물려받는 경우도 있었다. 또 민간이나 원로원이 지지하는 사람이 황제가 되기도 했다. 이러한 방법은 공평한 경쟁을 통해 능력자에게 권력을 위임하는 민주적인 방법인 것처럼 보이지만 실상은 참혹했다.

황위 교체 과정은 전혀 민주적이지 않았다. 왜냐하면 사실 이것은 '단 한 번의 거래'였기 때문이다. 현대 민주주의 국가들은 양당 또는 다수의 정당들로 구성되어 있다. 이런 정당들은 오랜 시간 유지되며 이번에 민주당이 집권하면 다음에는 공화당이 집권하는 식으로 경쟁을 한다. 그래서 모두들 자신들이 잡은 권력이 영원하지 않다는 점을 잘 알고 있다. 이에 집권당은 자신의 권력을 남용할 수 없고, 야당도 무턱대고 집권당의 정책에 반대하거나 방해할 수 없다.

게임 이론에서는 이것을 무기한 반복 게임이라고 부른다. 이 경우 양측이 서로 협력해야 이득을 얻을 수 있다. 만약 한쪽에서 배반을 할 경우 당장에는 더 많은 이득을 얻을 수 있겠지만 이후 상당히 오랜 시간 동안, 심지어는 영원히 상대방의 비협조적인 태도와 민중의 반감을 얻게 된다. 그렇기에 양측은 매번 협력하며 이성적인 정책 결정을 내리게 되는 것이다.

하지만 황위 경쟁은 완전히 다르다. 그것은 단 한 번 치러지는 선거다. 누가 선출되든 전복되지 않는 이상 그 가문은 영원히 집권할 수 있다. 이럴 경우 경쟁자들은 권력을 쟁취하기 위해 수단과 방법을 가리지 않게 된다. 왜냐하면 황제의 자리에 오르기만 하면 자신이 이전에 입었던 손실과 치욕을 한 번에 보상받을 수 있기 때문이다. 이런 상황에서는 경쟁 과정에서 치명적인 결과를 초래할 수 있는 손톱만큼의 동정도 용납되지 않는다.

다음으로, 만약 잠재적인 후계자들 모두가 황위를 계승 받을 가능성이 있다고 하면 그들은 모두 적극적으로 황위를 쟁취하려 할 것이다. 예를 들어 정치적으로나 군사적으로 자신의 세력을 키우려 할 수 있다. 그리고 관료들도 무리지어 정세를 살피며 자기가 지지하는 후계자가 황위에 올라 자신도 높은 관직에 오를 수 있기를 도모할 것이다. 하지만 만약 실패할 경우에는 배척되어 암울한 삶을 살거나 새로 즉위한 황제에게 죽임을 당할 수도 있다. 그렇기 때문에 실제로 많은 사람들이 과감하게 새로운 황제를 암살하는 최후의 도박을 시도하기도 했다.

물론 능력이 검증되지 않은 적장자에게 물려주는 것보다 체계적으로 현명한 후계자를 선발하는 것이 훨씬 합리적이다. 하지만 이것은 잠재적인 후보자들의 행동 전략에 미치는 영향으로 인해 사전에 상당한 손실

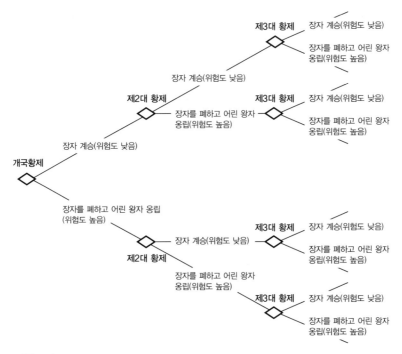

게임 트리

을 초래한다. 그러니 왕조가 오랜 기간 존속되길 바라는 황제의 입장에서는 적장자 계승 제도를 폐지하는 것은 현명한 방법이 아닌 것이다.

모든 황제들은 왕조가 하루아침에 끝날 수 있다는 점을 알고 있지만 구체적으로 언제 망할지는 아무도 알지 못한다. 그러니 이것은 무기한 게임과 비슷하다. 단지 황제들은 언제나 왕조가 끝날 수 있다는 것만 알고 있을 뿐이다.

이러한 황제와 황자들의 순환 게임에서는 최대한 적장자 계승 제도를 유지하는 게 균형적이다. 이러한 균형을 경제학에서는 가장 먼저 내시(Nash)가 제시했기 때문에 '내시 균형'이라고 부른다.

내시 균형에서는 게임 참여자가 일방적으로 균형에서 벗어날 경우 이득을 얻을 수 없다. 여기서 주체는 역대 황제들이다. 모든 황제들이 자신의 적장자에게 황위를 계승하는 것이 내시 균형이며, 만약 어떤 황제가 균형에서 벗어날 경우 왕조의 안정성이 심각하게 흔들릴 수 있다.

이러한 내시 균형은 거대한 판단 트리(decision tree)에서 끝단을 임의적으로 잘라내도 여전히 내시 균형이라는 점에서 특별한 균형이라고 할 수 있다. 전개형 게임의 모든 부분 게임에서 적장자가 황위를 계승하는 것이 현재 황제의 장기적인 이익과 부합된다는 의미이다. 이러한 균형을 '부분 게임 완전 균형'이라고 부른다.

부분 게임 완전 균형은 참여자의 작은 실수도 허용하지 않는다. 만약 어느 참여자가 실수를 저질렀을 경우 이후로 더 이상 이전의 균형점으로 돌아가지 못할 수 있다. 예를 들어 협조 게임(cooperative game)에서 양측이 '상대방이 협력해야만 협력이 이루어질 수 있다'는 조건을 가지고 있다면 실수하지 않는 이상 협력은 계속 이어질 수 있다. 어느 한쪽이 실수로 협력을 하지 못했을 경우에는 양측의 협력은 깨지게 된다.

이와 반대되는 것이 '떨리는 손 완전 균형'이다. '떨리는 손'이란 일상 생활에서 손을 떨어 물건을 잘못 잡는 것처럼 쉽게 일어날 수 있는 실수이다. 만약 게임에서 어느 참여자가 '손을 떨어' 균형을 이탈하는 전략을 선택해도 나머지 참여자들은 여전히 균형에 따라 전략을 실행한다.

그러면 적장자 게임에서 '떨리는 손 완전 균형'이 존재할까? 만약 어떤 황제가 적장자에게 황위를 물려주지 않는 선택을 했다면, 이탈된 경로에서 황위에 오른 새로운 황제는 어떤 행동을 취할까? 굳이 이론을 살펴보지 않아도 역사가 우리에게 답을 알려주고 있다. 과거 정변이나 암살 등 각종 수단을 이용해 황위를 쟁탈한 황제들도 적장자 계승 제도를 채택했다. 이처럼 적장자 계승 제도는 중국 대부분의 왕조에서 유지되어 왔으며, 덕분에 290년 사마충은 가까스로 황위를 물려받게 된다.

유감스럽게도 혜제는 운이 좋지 못했다. 교활하고 권력을 휘두르길 좋아하는 가남풍을 아내로 맞이했기 때문이다. 가남풍은 먼저 무제의 장인인 양준을 죽이고 권력을 장악한 뒤 제후왕들과 결탁해 살육을 일삼았다. 이에 불만을 품은 제후왕들은 흉노, 갈족 등 소수민족의 병력을 빌려 가남풍에 맞섰고, 결국 위나라의 압력에 오랜 시간 숨을 죽이고 있던 소수민족이 빠르게 세력을 확장할 수 있는 빌미를 제공해 주었다. 또다시 난세가 불어 닥친 것이다. 중원은 소수민족과 한족의 전쟁터가 되었고, 백성들은 고향을 버리고 유랑민이 되었다. 중국 역사상 가장 어두운 시기인 오호십육국시대의 서막이 오른 것이다.

제11장

망국 황제의 마지막 선택

오호난화를 피해 건강에서 동진을 건국한 사마예는 세력이 약해 낭야 왕씨에
기대어 나라를 통치했다. 권신들의 세력이 강했던 동진은 비수대전에서 승리하
며 가까스로 명맥을 유지해 나가지만 결국에는 송무제 유유에 의해 멸망당한
다. 진나라 마지막 황제인 공제는 순순히 선양에 협조했다. 그럼에도 불구하고
유유는 황위에 오른 뒤 공제를 죽였다, 왕조의 마지막 황제들이 대개 선양에 협
조적이었던 이유는 무엇일까?

서로 다른 속셈을 가진 군신 게임

혜제 사마충이 집권한 뒤 발생한 팔왕의 난으로 인해 진나라는 큰 타
격을 입고 분열되었다. 이후 연이어 오호난화가 일어나면서 흉노, 선비,
갈, 저, 강이 잇달아 자신들의 나라를 세우고 전쟁을 일삼았다.* 316년
서진은 안팎으로 혼란한 상황 속에서 결국 멸망했다. 마지막 2명의 황
제는 흉노족에게 붙잡혀 술을 따르는 하인이 되었다. 중원을 더 이상

---

* 오호십육국시대에 20여 개의 나라가 연이어 생겼다. 성한, 전조, 후조, 전량, 북량, 서량, 후량, 남
량, 전연, 후연, 남연, 북연, 하, 전진, 서진, 후진 등 16개 국가 외에도 구지, 대국, 고구려, 염위, 서
연, 토곡혼, 초촉, 적위 등의 나라들이 있었다. 그중 후조, 전연, 전진이 북방 대부분의 영토를 차지
했으며, 더욱이 전진의 경우 시간은 매우 짧지만 북방 전체를 통일하기도 했다.

지킬 수 없어지자 낭야왕 사마예는 이듬해 건강에서 나라를 세우고 원제가 되었다. 이때를 역사적으로 동진이라 부른다.

동진은 원래 사족들이 옹립해 세운 나라였다. 그래서 황제의 통제력은 더 한층 약해질 수밖에 없었다. 조정의 실권은 왕희지의 숙부인 왕도와 왕돈에 의해 장악되었다. 문신인 왕도는 국가 내정을 담당했고, 무장인 왕돈은 군대를 통솔했다. 이에 조정은 온통 왕씨 집안 자제들로 넘쳐났다.

제위에 올랐을 때 사마예가 심지어 왕도에게 자신과 함께 황제의 옥좌에 앉자고 권할 정도였다. 비록 왕도가 정중히 사양했지만 이 일은 역사상 전례가 없는 사건이었다. 그래서 당시 민간에서는 왕씨와 사마씨가 함께 천하를 다스린다는 의미의 '왕여마 공천하'라는 말이 돌았다. 마는 사마씨를 가리키고 왕은 낭야 왕씨를 가리킨다.

모두가 알다시피 황제의 권력을 신하들이 장악할 경우 평화로운 상태가 유지된다 하더라도 언젠가는 화근이 생기기 마련이다. 이에 사마예는 자신이 할 수 있는 방법을 동원해 왕씨들을 중요 관직에서 배제시키기 시작했다. 그리고 일부러 왕도를 멀리하는 한편 인사이동을 통해서 왕돈의 병력을 약화시키려 했다. 그럼에도 왕도는 예전과 다름없이 성실히 업무를 행하며 명신의 풍모를 유지했지만 무인인 왕돈은 불쾌한 감정을 숨기지 않았다.

역사상 황제와 신하 간의 권력 쟁탈 과정을 살펴보면 이상한 장면을 발견하고는 한다. 처음에는 양측 모두 서로를 죽이고 싶은 마음이 없다가도 일단 의심의 씨앗이 싹을 틔우게 되면 끊임없이 커져서 친밀한 군신관계도 철천지원수로 변하게 되는 것이다.

사마예와 왕돈도 이러한 경우였다. 만약 두 사람이 솔직하게 진실을 털어놓았다면 충돌은 발생하지 않았을 것이다. 이처럼 게임 참여자들이 모두 완전 정보를 얻을 수 없는 상황에서 이뤄지는 균형을 베이지안 내시 균형(Bayesian Nash equilibrium)이라고 부른다. 만약 베이지안 내시 균형을 통해 원제와 왕돈의 경우를 살펴본다면 이러한 조직 구조에서는 서로 의심하고 미워하는 것이 오히려 균형이라는 점을 발견할 수 있다.

먼저 군신 게임에 대한 합리적인 가정을 해보도록 하자. 왕돈이 충심을 가지고 있다면 사마예는 분명 왕돈이 충심을 가진 신하라는 점을 알아차릴 수 있는 반면 왕돈이 다른 속셈을 품고 있다면 사마예는 일정한 확률로 알아차릴 수 있을 뿐이다. 같은 이치에서 사마예가 왕돈을 의심하지 않는다면 왕돈은 사마예를 위험하지 않은 군주라고 생각한다. 하지만 만약 사마예가 왕돈을 의심하고 있다면 왕돈도 일정한 확률로 그 점을 눈치 챌 수 있다.

사마예의 입장에서 만약 왕돈이 충심을 가진 신하라면 믿고 의지하며 진심으로 대하는 것이 가장 좋다. 하지만 만약 다른 속셈을 가진 신하라면 세력을 와해시켜 두 날개를 잘라버려야만 한다. 또 왕돈의 입장에서 만약 사마예가 의심하지 않는다면 자신도 진심으로 군주를 보좌하며 신임을 얻는 명신이 되겠지만 만일 자신을 의심한다면 과감하게 먼저 반란을 일으켜 우위를 차지하는 게 이득이다.

이러한 게임에서는 한쪽이 부정적인 정보를 관찰할 경우 양측 사이에 전쟁이 일어나게 된다. 하지만 만약 사마예가 왕돈에게 아무런 이상점도 발견하지 못했다면 그는 무슨 생각을 할까? 사실 사마예는 자신이 관찰한 정보가 불완전하며, 왕돈이 몰래 반역을 준비하고 있을 가능성이 있다는 점도 알고 있다. 그래서 자기가 진심을 드러내면 자신과 진나라에 심각한 위협이 될 수 있다. 이때 사마예는 이상한 점을 발견하면 과감히 행동하지만 이상한 점을 발견하지 못하면 계속 의심하며 왕돈의 반란에 대비하겠다는 전략을 취하게 된다. 왕돈 역시 사마예에게서 아무런 이상점을 발견하지 못하더라도 자기가 관찰한 정보가 불완전하며, 사마예가 왕돈의 세력을 약화시킬 준비를 하고 있을 가능성이 있다는 점을 알고 있다.

그래서 아무런 이상이 없다 하더라도 정보 소통의 장애 때문에 관계가 갈라질 수 있으며, 결국 한쪽에서 완전한 우위를 차지해 반대쪽에서 반항할 마음을 접을 때 양쪽은 오히려 소통하며 오해를 풀 수 있다. 바로 제갈량과 유선의 관계처럼 말이다. 유비가 임종을 앞두고 있을 때 제갈량은 능력과 덕망을 갖추고 있을 뿐만 아니라 대의와 실권에서도 우위를 차지하고 있었다. 하지만 한쪽에서 대의를 가지고 있고, 다른 한쪽에서 세력을 가지고 있다면 양측이 함께 협력하기는 힘들다. 사마예와 왕돈의 경우가 가장 대표적인 예라고 할 수 있다.

왕돈은 사마예가 계속 왕씨 일가의 권력을 약화시키려 하자 충신을 의심했던 과거 사례를 인용해 상소를 올렸다. 그러자 더욱 불안해진 사마예는 연이어 군대를 통솔할 대신들을 파견했고, 왕돈은 정식으로 반란을 일으켰다. 왕돈은 사마예를 연금하고 스스로 승상이 되었다. 이때부터 왕돈과 왕도 형제의 갈등이 시작된다. 왕도는 찬탈하려는 왕돈의 생각에 동의할 수 없었다. 그리고 왕돈도 충성심에 불타는 왕도를 어쩔 수 없었다. 이에 왕도를 상서령으로 임명한 뒤 자신은 다시 우창으로 돌아가 멀리서 조정을 통제했다.

졸지에 꼭두각시 황제가 된 사마예는 울화병으로 죽고 만다. 그는 임종 직전 자신의 아들인 사마소에게 황위를 물려주며 왕도에게 국정을 보좌해 달라는 유언을 남겼다. 명제 사마소는 즉위한 이후 표면적으로 왕돈을 공경했기에 양측은 잠시 동안 평화 상태를 유지했다. 하지만 이후 왕돈이 중병에 걸리자 사마소는 과감히 왕돈이 죽었다고 선포하며 반란군을 토벌하라고 명령했다. 중병에 걸려 있던 왕돈은 이 소식을 듣고 놀라 죽었고 지도자를 잃은 반란군은 빠르게 와해되었다. 그리고 천자를 보필한 공을 세운 왕도는 시흥군공에 봉해졌다.

왕도는 충성심으로 가문의 지위를 보존했을 뿐만 아니라 진나라의 명맥도 유지했다. 동진은 이후에도 소준의 난과 비수대전을 거치면서도 꿋꿋하게 명맥을 유지해 나갔다. 하지만 동진은 기반으로 삼을 수 있는 강력한 종실의 힘이 부족했기 때문에 어쩔 수 없이 사족의 추대에 의지해야 했다. 그리고 이 점은 당시 권신들이 계속 등장하게 된 원인이다. 그러나 이러한 동진의 권신들은 최소한 황실에 대한 굳건한 충성심을 가지고 있었다.

비수대전과 금융위기

오호난화 초기에 제일 먼저 세력을 확장한 것은 흉노족과 갈족이었다. 하지만 흉노족의 후한과 갈족의 후조는 쉽게 공격받을 수 있는 곳에 위치해 있었기 때문에 사방에서 전쟁이 끊이지 않았다. 더구나 그들에게는 위나라 조조와 같이 '천하의 지혜롭고 용감한 인재들을 모아 왕도로 다스리며 난관을 타파해 갈 수 있는' 능력이 없었다. 이에 세력을 확장하고 얼마 안 가 멸망해 버린다.

반면 관중 지방을 먼저 점거한 저족은 진시황과 한고조의 방법을 습득해 공격하기는 어렵고 수비하기 쉬운 진천 지역을 이용해 자신의 세력 범위를 조금씩 확장해 나갔다. 그리고 350년 부홍은 관중에서 스스로를 삼진왕이라 칭했으며, 이듬해에는 스스로 대진천왕, 대선우라 칭하면서 나라 이름을 대진으로 정했다. 진시황의 진나라와 구별하기 위해 역사에서는 전진으로 불린다.

이후 357년 부건의 조카이자 부웅의 아들인 부견은 정변을 일으켜 당시 성격이 잔혹했던 전진의 황제인 부생을 죽이고 제위에 올랐다. 역사적으로 보면 이처럼 가족을 죽이고 황위에 오르는 황제는 주로 두 가지 유형으로 나뉜다. 현명하고 인품이 뛰어나 간언을 들을 줄 아는 사람이거나 아니면 잔혹하고 포악해 살육을 즐기는 사람이다. 다행히도 부견은 전자에 속하는 사람이었다.

부견은 황위에 오른 뒤 한족인 왕맹을 중용해 저족을 억압함으로써 이민족 색채가 짙었던 전조를 중앙집권 국가로 바꿔놓았다. 부견의 신임과 기대를 한 몸에 받은 왕맹은 노천(지금의 산시성 리청현 부근) 전투에서 모용씨의 주력 부대를 격퇴하고 370년 마침내 북방 통일에 최대 적수인 전연을 멸망시켰다.

이처럼 중국 북방을 통일하는 과정에서 부견은 경쟁자들을 죽이기보다는 투항 받는 쪽을 선호했다. 설사 배반한다 하더라도 진압한 뒤 투항하면 다시 받아줬다. 이에 그의 군대는 갈수록 강대해졌다. 군대 안에는 저족의 용사들뿐만 아니라 강족과 선비족 출신 귀족들도 많이 있었다. 예를 들면 후진을 세운 개국군주 무소제 요장과 후연의 개국군주 성무제 모용수도 이때 부견의 밑에서 선봉을 담당하며 묵묵히 자신에게 기회가 오기를 기다렸다. 물론 이것은 부견이 죽고 난 뒤 전진이 멸망하는 화근이 된다.

이처럼 세력을 확장한 전진은 과거 진나라의 영토를 거의 회복하는

334

데 성공한다. "동쪽으로는 영토가 동해까지 이르렀고 서쪽으로는 구지를 병합했으며, 또 남쪽으로 양양을 흡수했고 북쪽 사막까지 모두 점령했다." 이처럼 뛰어난 성과를 올렸음에도 부견은 만족하지 못했다. 왜냐하면 양자강 이남의 거대한 영토가 자신의 것이 아니었기 때문이다. 그 땅을 다스리고 있는 사람은 중화의 적통이라 불리는 명목상의 통치자인 동진의 효무제 사마요였다.

두 황제가 지닌 자질을 놓고 보면 사마요는 부견에게 한참 못 미쳤다. 사마요도 젊은 시절에는 사안을 재상으로 임명하는 등 국력을 키우기 위해 노력했지만 얼마 뒤 술독에 빠져 밤낮으로 연회를 열며 조정을 돌보지 않았다. 그러던 중 어느 날 술에 취한 그가 귀인 장씨에게 "늙었으니 곧 폐위시켜 버리겠다"고 말하며 희롱했다. 화가 난 귀인 장씨는 궁녀와 결탁해 사마요가 깊이 잠든 틈을 타서 이불을 덮어 씌워 살해하고는 '황제가 자다가 가위에 눌려 죽었다'고 날조한다.

이처럼 무능한 황제와 부지런히 국력을 키워 영토를 확장한 부견은 능력 면에서 비교가 되지 않는다. 하지만 아이러니하게도 이 두 황제가 단 한 번 치른 전투에서 부견은 완패를 당하게 된다. 역사적으로 비수대전이라 불리는 이 전투에서 패배한 전진은 얼마 뒤 멸망했다.

왕맹은 임종을 앞두고 부견에게 동진은 비록 작은 나라이지만 한마음으로 뭉쳐 있고 또 화하가 세운 나라인 만큼 정복하기 쉽지 않으니 절대 공격하지 말라는 유언을 남겼다. 당시 부견은 그러겠다고 대답했지만 속으로는 다른 생각을 하고 있었다. 부견은 자신의 마음속에 꿈틀대는 천하 통일의 야심을 누를 수 없었다.

383년 부견은 직접 87만 대군을 이끌고 강남을 정벌하기 위해 출정했는데, 100만 대군의 남정이라고 불린다. 남정 도중에 다시 주변에서 간언을 하자 그는 단호하게 말했다. "나에게는 100만 대군이 있소. 말채찍을 휘두르며 내달린다면 양자강이 아무리 천험의 지형이라도 강남을 토벌할 수 있소!" 1,000년 뒤 정성공도 북벌 출정을 맹세했을 때 거의 같은 말을 했었다. 하지만 그 역시 똑같은 실패를 맛봐야 했다.

한편 동진의 경우 전진에게 저항하기 위해 8만의 군을 모았다. 8만 군으로 어떻게 87만 대군을 상대할 수 있단 말인가. 절망적인 상황임에 틀림없었다. 시작하면서부터 맹렬한 기세로 공격해 수양(지금의 안후이 서우현)을 함락시킨 전진의 군대 앞에서 진나라의 사직은 곧 무너질 듯 위태롭기만 했다.

하지만 하필이면 이때 또다시 부견은 아량을 베풀기로 결심한다. 그는 과거 양양을 수비하다 자신에게 투항한 진나라 장수인 주서를 보내 사안의 동생이자 진나라 대도독인 사석에게 투항을 권하게 했다. 비수대전 이전에 전진에서는 '누가 견(堅)으로 돌(石)을 부술 수 있겠는가'라는 노래가 유행했는데 신기한 일이다.

부견의 사신으로 온 주서는 비록 몸은 전진의 진영에 속해 있었지만 마음만은 여전히 진나라에 있었다. 그는 사석을 만나더니 투항을 권하기는커녕 은밀하게 전진을 이길 수 있는 묘책을 알려주었다. 그리고 돌아간 뒤에는 부견에게 사석이 투항은 거절했지만 다음 날 결전을 치르는 것은 동의했다고 알렸다.

다음 날 전진의 100만 대군이 서슬 퍼런 칼날을 내보이며 위풍당당한 모습을 드러내자 맞은편 진나라 군대 역시 진지를 구축하고 적을 기다렸다. 부견은 그제야 그동안 고려하지 못했던 사실 하나가 떠올랐다. 비수를 사이에 둔 양측 중 누가 강을 건널 것인가? 전진의 군대가 건너야 할까, 아니면 진나라 군대가 건너야 할까? 강을 건너면서 적의 습격을 받을 수 있기 때문에 의심할 여지 없이 강을 건너는 쪽이 불리했다.

부견이 고민을 하고 있는데 진나라 사신이 작은 배를 타고 강을 건너와서 그에게 말했다. "저희 대도독께서 말하시길 이렇게 강변에서 대열을 갖춰 압박하며 장기전을 치르는 것보다 차라리 한 차례 전투로 승패를 가르는 것이 낫지 않느냐고 하셨습니다. 대왕의 군대를 약간 뒤로 물려 저희 군이 강을 건너게 한 뒤 싸우는 것이 어떻겠습니까!"

일리 있다고 생각한 부견은 자신의 인생에서 가장 후회스러운 명령을 내렸다. "전군 퇴각하라!" 이 명령이 떨어지자 전진의 대군이 일제히 무기를 거두고 퇴각하기 시작했다. 원래 조금만 물러서려 했던 부견은 눈앞에 벌어지는 상황에 경악했다. 병사들의 발걸음이 점차 빨라지더니 미친 듯이 뒤로 물러나기 시작한 것이다. 심지어 무기와 갑옷까지 버리고 도망가는 병사들도 있었다. 그러자 그 모습을 본 주변 병사들도 덩달아 정신없이 도망치기 시작했다. 살벌한 기세로 적군과 대치하던 병사들이 일순간 패잔병으로 전락한 것이다!

설상가상으로 어느 한 무리의 사람들이 계속해서 "전진의 군대가 패배했다! 전진의 군대가 패배했다!"라고 외치면서 병사들을 더욱 공포에 몰아넣고 있었다. 그렇게 한 번의 퇴각 명령에 전진의 군대는 제대로 싸워보지도 못하고 궤멸되었다. 그리고 진나라 군대는 혼란한 틈을 놓치지 않고 강을 건너 일제히 공격을 시작했다. 싸울 의욕이 없는 전진의 군대는 혼란에 휩싸여 도망치다 서로 밟히고 치이며 죽어나갔다. 부견의 옆에서 계속 전략을 세웠던 동생 부융도 혼란 속에서 말발굽에 치여 죽었다. 부견은 이렇게 어이없게 100만 대군을 잃어야 했다. 단 한 번의 퇴각 명령이 이처럼 참혹한 결과를 불러온 이유는 무엇일까?

이와 같은 상황은 오늘날 대량 예금 인출 사태와 비슷한 점이 많다.

경제위기가 발생하면 많은 투자자들이 은행이나 금융기관에 보관하고 있던 자산을 현금화시키려 한다. 대부분은 은행의 경영 상황이 좋지 못하거나 불량 자산이 많거나 은행과 관련된 곳에 문제가 발생한 경우에 발생하는데, 심지어는 유언비어 때문인 경우도 있다.

현대 은행은 일반적으로 보증금 제도가 적용되어 있다. 보통 투자자가 동일한 시간대에 한꺼번에 예금 인출을 하지는 않으므로 은행은 예금 총액 중에서 일정 비율을 예금 지급 준비금으로 두고, 나머지 금액을 대출이나 다른 투자활동을 진행하는 데 사용한다.

하지만 유언비어로 혼란이 일어날 경우 불안해진 사람들은 은행에 몰려들어 자기 예금이나 투자금을 찾으려 한다. 이처럼 많은 사람들이 예금을 찾으려고 몰려들 경우에는 이성적인 사람이라도 어쨌든 예금을 찾는 것이 가장 좋은 전략이다.

2011년 11월에 트위터에 누군가가 스웨덴 은행의 리투아니아 지점에 문제가 있다는 글을 올렸다. 이 글은 삽시간에 퍼져나가며 큰 파문을 일으켰고, 많은 사람들이 자기 돈을 찾기 위해 몰려들면서 은행 현금인출기와 창구에 긴 줄이 이어졌다. 며칠 뒤 스웨덴 은행 본점에서 소문을 반박하며 조사를 시작한 뒤에야 사태는 진정될 수 있었다.

이와 같이 유언비어 때문에 위기가 생긴 경우는 손상이 심각하지는 않다. 반면 2008년, 2009년 금융위기 때처럼 정부가 수천억 달러에 달하는 긴급구제 비용을 투입해 위기를 모면하게 하는 경우도 있는데, 이는 일반적으로 상호 대출 협의 때문에 연쇄 붕괴 현상이 벌어지는 걸 막기 위해서이다.

장 샤를 로세와 장 티롤은 1996년에 이 문제점을 이미 지적한 바 있다. 주로 은행들은 어느 한 은행이 일시적으로 자금이 부족할 때 서로 자금을 빌려준다. 그리고 투자자는 이에 대해 서로의 내부사정을 잘 알기 때문이라고 생각한다. 그래서 그중 어느 한 은행이 우연한 요소로 인해서 어려운 상황에 처하게 되면 투자자는 이 은행에 대한 투자금을 회수하면서 이 은행과 거래를 한 다른 은행에게 어째서 해당 문제점을 발견하지 못했는지에 대해 의문을 제기할 수 있다.

그러면 투자자는 문제점을 발견하지 못한 다른 은행들에 대해서도 신뢰할 수 없게 된다. 그리고 이러한 은행들에게는 또 다른 제휴 회사가 연관되어 있다. 이렇게 어느 한 은행에서 우연히 발생한 유동성 위기로 인해 투자자와 은행 사이에 정보의 비대칭성이 초래되면서 전염병처럼 전면적인 위기로 변할 수 있는 것이다.

전진의 대군이 붕괴한 경우도 앞에서 말한 두 가지가 함께 작용한 결과이다. 먼저 주서는 거짓 정보를 퍼트려 작은 혼란을 조장했다. 비록 100만 대군에게 큰 영향을 미치지는 못했지만 일부 사람들에게 '적의 공격에 전방이 이미 무너졌다'는 생각을 심어줘 동요하게 만든 것이다.

만약 부견의 군대가 서로 내막을 잘 알고 있는 저족으로만 구성되어 있었다면 주서의 거짓 정보에 흔들리기는커녕 빠르게 제압해 버렸을 것이다. 하지만 문제는 100만 대군 중에 정예병인 저족의 군대는 전방에 배치되어 있었고, 후방에는 여러 민족이 모인 오합지졸들이 모여 있었다. 기본적으로 그들은 서로 잘 알지 못했기에 서로를 믿지 않았다. 그러니 만약 전방 저족의 군대가 일제히 함성을 지르며 돌진했다면 같이 싸웠겠지만 저족의 군대가 후퇴하는 상황에서 '전진이 패배했다'라는 소리까지 들리니 후방 군대로서는 일단 도망치고 본 것이다.

유럽이 금융위기에 빠졌을 때 위기에 처한 유럽 국가들은 유럽중앙은행이 '최종대부자(lender of last resort)'가 되어주기를 바랐다. 즉, 영원히

은행의 자산을 구매해서 은행을 위해 융자 대출을 제공하는 기관이 되어주기를 바란 것이다. 이럴 경우 각 은행의 신용은 유럽중앙은행의 신용에 묶이게 된다. 이에 유럽중앙은행의 신용이 의심받지 않는다는 전제에서 은행들은 천천히 상황을 수습하며 중앙은행에서 제공하는 유동성을 통해 업무를 계속 전개해 나갈 수 있다.

하지만 부견의 군대 안에는 이렇게 효과적으로 사태를 진정시킬 수 있는 진정제가 없었다. 오합지졸인 후방의 군대들은 저족만 보고 있었고, 저족은 또 부견의 친위대만 보고 있는 상황에서 선두에 있는 저족 군대가 뒤로 물러난다는 것은 의심할 여지 없이 불길한 신호였다.

후방의 군대 구성원 중에는 이전에 서로 원수처럼 싸웠던 사람들도 적지 않았다. 그들은 부견에게 투항했다는 이유로 같은 아군 안에 있었지만 서로를 절대 믿지 않았다. 그러니 이런 불길한 상황 속에서 아군도 저족도 아닌 그들이 할 수 있는 선택이 무엇이겠는가? 바로 각자 살길을 찾아 도망치는 것뿐이다!

이로써 100만 대군의 달리기 경주가 시작되었다. 마치 돈을 찾기 위해 은행에 몰려드는 사람들처럼 말이다. 군대가 일제히 도망치기 시작하자 싸울 마음이 있는 저족 병사들도 후퇴할 수밖에 없었다. 도저히 상황을 수습할 수 없어진 부견도 친위군과 함께 도망쳤다. 그렇게 100만 대군이 뿔뿔이 흩어지자 요장, 모용수 등 다른 민족의 우두머리들은 부견의 통제에서 벗어나 반기를 들고 각자 자신들의 나라를 세웠다. 또 평소 반역심을 가지고 있던 전국 각지의 태수와 군수들도 세력을 잃은 부견을 공격하며 다른 조직과 연맹하거나 아예 진나라에서 도망쳤다.

거대한 영토를 차지했던 전진은 1년 만에 부견이 가까스로 지켜낸 장안성을 뺀 모든 영토를 잃었다. 천하를 호령했던 영웅의 패기도 사라진 지 오래였다. 세력을 다시 회복한 요장이 장안을 공격하며 부견에게 양위를 요구했다. 그러자 부견은 그에게 욕을 퍼부으며 거절했고 화가 난 요장은 사찰 안에서 그를 교살했다. 한 시대를 호령했던 뛰어난 군주는 그렇게 쓸쓸히 역사의 무대에서 내려와야 했다.

망국의 황제들이 선양에 협조한 이유
—

동진 시대 말년 권신 환온에 이어 아들 환현이 권력을 장악했다. 정권을 손에 쥔 환현은 시장에 각양각색의 동전들이 넘쳐나는 것을 발견했다. 과거 손견이 주조한 당천, 이천과 같은 대전들과 동진에서 주조한 소전들이 마구잡이로 뒤섞여 있었다. 게다가 당시에는 이미 상당한 규모의 국제무역 시장이 형성되어 있었는데, 그곳에서 중국의 동고(銅鼓)가 인기가 좋았다. 그러자 백성들은 몰래 동전으로 동고를 만들어 광저우에서 아라비아인들에게 팔았고, 시장의 혼란은 더욱 심각해졌다.

이 상황을 지켜본 환현은 조의를 열어 위나라 문제 때에 동전을 폐기하고 물물교환을 시작해 많은 식량을 비축했던 전례를 본받아 동전을 폐지하고 물물교환을 실행하겠다고 밝혔다. 하지만 사족들은 환현의 결정이 마음에 들지 않았다. 과거 위문제 시대에는 둔전 제도를 실시해 백성들이 겨우 입에 풀칠하던 상황이라 교환이 상대적으로 한정되어 있어 물물교환을 해도 문제가 없었다. 하지만 현재의 사족들은 사치스럽게 낭비를 일삼고 있었다. 그런데 갑자기 동전을 모두 폐기하고 곡식과 비단을 화폐로 사용한다면 사족들이 비축해 둔 돈이 전부 무용지물이 되는 셈이었다. 하지만 무소불위의 권력을 가졌던 환현은 황위를 찬탈한 뒤 강압적으로 개혁을 실행했다.

여기에 등장하는 환씨 부자는 어떤 사람들이었을까? 먼저 환온의 경우 큰 야망을 지닌 인물이었다. "대장부라면 아름다운 명성을 후세에 남길 수 없을 경우 더러운 이름이라도 남겨야 한다!"라고 말했던 그는 젊은 시절 북벌을 단행해 장안을 공격하기도 했다. 그리고 이후 분수에 맞지 않는 황위를 꿈꾸며 찬탈을 고민하던 중 병을 얻어 사망한다.

그의 아들인 환현은 환온보다는 과감한 인물이었다. 환온의 자리를 물려받은 그는 깔끔하게 안제를 폐위시키고 자기 나라인 초(楚)를 세웠다. 하지만 그도 무인 출신인 유유를 이길 수 없었다. 황위에 오르고 얼마 지나지 않아 그는 수도에서 쫓겨나 도망치는 신세가 된다. 하지만 그 와중에도 '제왕의 일상과 언행'을 기록하는 일은 잊지 않았다. 그 안에는 자신은 상황을 명철하게 파악하고 있는데 수하들이 말을 듣지 않아 이길 수 없었다는 내용이 담겨 있다.

하지만 환현은 이처럼 일거수일투족 기록하는 데 열중하느라 수하들과 진정한 전략을 상의할 시간이 없었다. 아무리 큰 포부를 지니고 있어도 뒷받침해 줄 능력이 없다면 질 수밖에 없는 것이다. 결국 환현은 익주 도호 풍천에게 살해된다. 이처럼 내란으로 국운이 심각하게 기울어진 진나라를 마지막으로 쟁취한 인물은 환현의 난을 평정하고 후진을 멸망시킨 유유였다. 420년 진나라의 마지막 황제인 공제가 선양 조서를 내림으로써 진나라는 송나라로 대체되었다. 훗날 조광윤이 세운 송나라와 구분하기 위해서 유송 또는 남조 송*이라 부른다. 이 남조 송

---

* 남조 송나라는 소도성에 의해서 멸망되고 남조 제나라가 세워진다. 이후 옹주자사 소연이 군대를 일으켜 제나라를 멸망시키고 남조 양나라를 세웠다. 이후 진패선이 다시 경제를 폐위시키고 남조 진나라를 세운다. 이처럼 혼란을 거듭하던 천하는 결국 수나라 문제에 의해서 통일된다.

나라를 세운 군주가 바로 유유인 것이다.

남조 송나라 무제인 유유는 역사적으로 아주 큰 비중을 차지하는 인물이다. 그는 백성의 부담을 줄이고 관료 체제를 정돈함으로써 남조 군주 중에서 가장 뛰어난 업적을 세웠다. 하지만 이전 황족을 대하는 태도에서만큼은 아쉬운 오점을 남기고 만다.

요임금, 순임금, 우임금 3대에 걸친 선양부터 위나라 때 사마염이 선양을 받은 것까지 과거의 선양들은 모두 겉으로는 평화롭게 진행되었다. 예를 들어 한나라 헌제 유협의 경우 폐위되어 산양공에 봉해진 이후에도 계속해서 하남 초작에서 자신의 제후들과 안정된 생활을 했다. 게다가 한나라 복색과 깃발을 계속 사용하는 것도 허용되었다. 그렇게 한나라 자손들은 오호난화가 일어나 반란군에 의해서 제4대 산양공이 살해될 때까지 명맥을 유지했다. 그리고 또 위나라 마지막 황제인 조환의 경우에도 마찬가지다. 사마염은 그를 폐위시켜 진류왕으로 봉한 뒤에도 상서에 신이라 칭하거나 조서를 받을 때 절을 하지 않아도 되도록 대우해 주었다.

하지만 진나라 마지막 황제인 공제 사마덕문에게는 이러한 행운이 없었다. 남조 송나라 명신인 부량이 선양 조서를 받으러 공제를 찾아가 말했다. "폐하, 천명이 이미 송나라에 내려졌으니 요임금과 순임금을 본받아 선양하시기 바랍니다. 선양 조서가 준비되어 있으니 폐하께서는 그대로 쓰시기만 하면 됩니다." 공제는 이전 황제들처럼 저항하는 모습을 보이지 않았다. 오히려 차분한 말투로 "환현이 찬탈을 했을 때 진나라는 이미 멸망한 것이나 다름없었다. 이후 진나라가 20여 년을 더 존속할 수 있었던 것은 모두 유공의 덕분이 아니겠느냐. 그러니 지금 선양을 하는 것도 당연한 일이다"라고 말한 뒤 바로 선양 조서를 써줬다. 공제의 차분한 태도에 오히려 당황한 것은 선양을 받기 위해 만반의 준비를 해두었던 부량이었다.*

그렇게 폐위된 사마덕문은 영릉왕에 봉해져 하북으로 거처를 옮겼다. 하지만 유유는 황위에 오른 뒤에도 계속해서 누군가가 사마덕문을 진나라 황제로 추대할지도 모른다는 생각에 불안해했다. 더구나 이미 연로해 있어 이런 심리적 압박을 견딜 수 없었던 유유는 결국 몇 개월 뒤 심복을 보내 사마덕문을 살해한다.

그리고 이후 남조 시대 선양은 모두 유유와 같은 방법으로 이루어졌다. 먼저 황제를 폐위한 뒤 얼마 지나지 않아 군대를 보내거나 독살하는 방식으로 죽였다. 그렇다면 이전과 다르게 폐위된 황제들이 죽음을 맞게 된 이유는 무엇일까? 예전보다 사회가 흉흉해져서일까? 더구나 사마덕문이 순순히 황위를 선양한 것은 유유에게 인정을 베풀어달라는 의미에서였다. 그런데도 어째서 유유는 그를 가만히 놔두지 못했던 걸까?

이전 선양들을 보면 겉으로는 아주 조화롭게 진행된 것처럼 보인다. 하지만 다음의 두 가지 사례를 보면 과거에 선양을 받은 찬탈자들과 유유의 상황이 달랐다는 점을 알 수 있다. 먼저 한나라를 찬탈한 조비와 위나라를 찬탈한 사마염의 상황을 살펴보도록 하자.

조조는 중원을 누비며 천하 통일의 야심을 드러내면서도 헌제를 보좌하며 맹세한 '한나라의 신하로 살며 찬탈하지 않겠다는 약속'을 평생

---

* "6월 임술일에 왕이 건강에 도착했다. 부량이 진나라 공제에게 송나라에 선양하라고 말한 뒤 조서의 초안을 바치며 그대로 쓰도록 했다. 그러자 공제가 기꺼이 붓을 잡으며 주위 측근을 향해 말했다. '환현이 군대를 일으켰을 때 진씨는 이미 천하를 갖지 못했다. 그런데 유공 덕분에 근 20년을 더 연장하였으니 오늘의 일을 달갑게 생각하는 바이다.' 그리고 붉은 종이에 조서를 썼다."-『자치통감·송기』

동안 지켰다. 하지만 조비의 경우 조조의 정치적 유산은 그대로 물려받았지만 한나라 신하가 아니었기 때문에 황제에 오를 조건을 갖추고 있었다. 게다가 사람들도 모두 천하의 8할을 차지한 것은 한나라 헌제가 아니라 조씨 가문이라는 사실을 알고 있었다.

그래서 헌제를 폐위시킨 뒤에도 조비는 자신의 영토를 안정적으로 유지할 자신이 있었다. 이러한 상황에서는 헌제를 잘 대우해서 아직도 한나라에 충성심이 남아 있는 사람들의 마음을 위로하고 새로운 왕조의 넓은 도량을 과시하는 게 좋다.

이것은 위나라를 찬탈한 사마씨도 마찬가지였다. 사마의와 사마사, 사마소 형제를 거쳐 사마염에 이르는 시간 동안 위나라는 이미 껍데기만 남은 왕조였고, 이에 진류왕 조환도 안정된 말년을 보낼 수 있었던 것이다.

조씨와 사마씨의 게임 행렬을 표시하면 다음과 같다.

현재 황제 ＼ 찬탈자	관용을 베풀 경우		살해할 경우	
협조	5	10	−10	5
비협조	3	8	−10	6

찬탈자와 현재 황제가 모두 협조하는 전략을 선택할 때 선양은 조화롭게 진행될 수 있고, 양측 모두 이득을 얻을 수 있다. 그래서 찬탈자가 10의 이득을 얻는다고 가정하면 현재의 황제는 5의 이득을 얻는다. 하지만 찬탈자가 살해하기로 결정할 경우 현재의 황제의 이득은 −10이 된다(목숨을 잃었으므로 이득이 있을 수 없다). 그리고 협조한 황제를 죽인 찬탈

자는 더 많은 여론의 압박을 받게 된다. 찬탈자가 협조한 황제를 살해할 경우에는 이득이 5인 반면 비협조하는 황제를 살해한 경우에는 이득이 6이 된다.

그리고 현재 황제가 비협조하는 상황에서 관용을 베푼다 해도 조씨와 사마씨 입장에서는 별로 손해를 보지 않는다. 이미 천하의 민심을 가졌기 때문이다. 하지만 황제 입장에서는 비협조할 경우 여러 혜택을 잃게 된다. 그래서 현재 황제가 협조하지 않을 경우 얻는 이득은 3으로 내려간다.

내시 균형의 분석 방법을 응용해 우리는 찬탈자의 가장 좋은 전략을 찾아볼 수 있다. 표에서 분명하게 볼 수 있듯이 찬탈자는 관용을 선택할 때 살해하는 것보다 항상 많은 이득을 얻을 수 있다(협조한 황제에게 관용을 베풀 경우 찬탈자는 10의 이득을 얻는 반면 살해할 경우에는 5의 이득을 얻는다. 또 현재의 황제가 비협조할 때에도 찬탈자가 관용을 베풀 경우 이득 8을 얻는 반면 살해할 경우 6의 이득을 얻게 된다).

따라서 찬탈자는 관용을 선택하게 되어 있다. 이 점을 알고 있는 현재의 황제는 자신에게 가장 유리한 선양에 협조하는 전략을 선택하게 된다. 이것이 한나라와 위나라 말년에 산양공(헌제 유협)과 진류왕(원제 위환)에게 벌어진 일이었다.

하지만 유유는 상황이 달랐다. 유유는 황제가 되기 이전에 줄곧 진나라 신하였고 출신도 빈천했다. 사마염, 조비처럼 선대로부터 물려받은 정치적 유산도 없었다. 그래서 그는 자신이 황제가 된 이후 천하의 지지를 얻을 자신이 없었다. 이 때문에 황위에 오른 뒤에도 계속해서 누군가가 이전 황제를 내세워 자신에게 반기를 들까 봐 두려워했다.

유유의 상황을 게임 행렬로 표시하면 다음과 같다.

현재 황제 \ 찬탈자	관용을 베풀 경우	살해할 경우
협조	5 10	-10 5
비협조	4 -2	-8 7

　표에서 알 수 있듯이 여기서는 찬탈자에게 가장 좋은 전략이 없다. 만약 황제가 협조할 경우에는 관용을 베푸는 것이 좋지만 비협조할 경우에는 살해하는 것이 더 이득이다. 이 게임에서 순수 전략 내지 균형이 없다면 찬탈자와 현재 황제는 일정한 확률로 비협조와 비관용을 선택할 수 있다. 더구나 찬탈자가 관용을 베푼 상태에서 황제가 비협조한다면 찬탈자는 오히려 손해(예를 들어 봉기가 일어나는 등)를 보게 된다. 이러한 현실적 위협에 직면한 유유는 '헛된 명성을 위해 후환을 남겨두는' 선택을 할 수 없었다. 이것이 공제가 죽음을 피할 수 없었던 이유이다.

　그리고 반대로 황제 역시 찬탈자가 자신을 죽일 거라는 사실을 알고 있다면 협조할 이유가 없어진다. 균형의 각도에서 고려해 봤을 때 양측은 모두 '취사선택 전략'을 선택할 수 있다. 찬탈자가 몇 대에 걸쳐 견고한 기반을 마련해 두었을 때(성공 확률이 클 때) 찬탈자와 현재 황제는 협력 전략을 선택한다. 하지만 찬탈자의 기반이 약할 때 두 사람이 협력할 가능성은 없으므로 대항하는 전략을 선택하게 된다.

　사실 공제가 불운한 죽음을 맞게 된 이후 황제와 권신들 사이에 있었던 선양에 대한 묵인된 약속이 깨지게 되면서 이후 황제들과 잠재적인 찬탈자들 사이의 투쟁도 갈수록 격렬해졌다. 북위 효장제 원자유는 자신을 통제하려 하는 권신 이주영을 죽였지만 이후 이주영의 조카인 이주조에게 살해당한다.

또 유유의 후손들도 공제와 똑같은 운명을 맞이해야 했다. 479년 소도성은 송나라 순제 유준을 핍박해 선양을 받는다. 당시 13세에 불과했던 소황제는 선양을 할 때 울먹이며 말했다. "다시는 제왕가로 살지 않을 테니 목숨만 부지하게 해주시오." 하지만 얼마 뒤 유준은 유유의 다른 후손들과 함께 소도성에게 죽임을 당한다. 그리고 소도성이 남조 제나라를 건국한 뒤 23년이 흐른 다음 똑같은 상황이 다시 반복되었다. 마지막 황제인 소보융이 찬탈자 소연에게 15세의 나이에 죽임을 당한 것이다.

왕조의 마지막 황제들에게 벌어진 이와 같은 비극은 수당오대를 거칠 때까지 계속되다가 송나라에 이르러서 멈췄다. 송나라를 건국한 조광윤은 다시 협력 방식을 활용해 이전 황제와 가족들에게 관용을 베풀었다. 그리고 이후 송나라 후손들도 원나라에게 정중히 대접받는다.

제12장

천하를 손에 넣은
북방 민족의 한화 개혁

북위 태무제 탁발도는 주변 나라들을 차례로 정복하며 마침내 북방을 통일한다. 이후 선비족의 한화 개혁을 추진하던 효문제는 통일 대업을 완성하기 위해 중원인 낙양으로 천도하기로 결심한다. 귀족들의 반대를 피해 천도할 방법을 고심하던 그는 '애로의 불가능성 정리'를 이용해 낙양으로 천도하는 데 성공한다.

「목란사」에 담긴 기묘한 이치

이제 시선을 북쪽으로 옮겨 양자강 이북에서 어떤 일들이 벌어졌는지 살펴보도록 하자. 오호난화 시기에 가장 먼저 중원을 통일하려 했던 민족은 저족 부견이었다. 하지만 비수대전에서 패한 뒤 거의 성공했던 중원 통일이 물거품이 되어버렸고, 부견도 수하인 요장에게 살해당했다. 이후 분열된 북방을 다시 통일하려 했던 민족은 드넓은 사막에서 세력을 키운 탁발 선비족이었다.

선비족인 탁발의로가 십육국 시기에 대(代)나라를 세웠지만 376년 전진에 의해서 멸망한다. 이후 헌명제 탁발식의 아들 탁발규는 혼란을 틈타 다시 대나라를 부흥시킨 뒤 386년 국호를 '위'로 변경했다. 역사적으로는 북위라 불린다. 그리고 439년에 마침내 태무제 탁발도가 북방을 통일함으로써 중국은 본격적으로 남북조시대*에 진입한다.

도무제 탁발규 때부터 점차 세력을 키운 선비족이 가는 곳마다 승리를 거두면서 저족과 강족의 세력이 약해졌다. 탁발 선비족은 원래 북쪽 고비 사막에서 중원으로 진입한 유목민족이었음에도 중원을 점령한 뒤 북쪽 유목민족인 유연을 '연연'이라 얕잡아 부르며 깔보기 시작했다.

유연족은 상당히 불쾌했다. 10여 년 전만 해도 함께 드넓은 초원을 달리며 유목을 하던 민족이 어떻게 갑자기 이렇게 태도가 달라질 수 있단 말인가? 과거 한무제가 흉노족에게 그러했던 것처럼 선비족이 자신들과 대대적인 전쟁을 치르려 한다면 가만히 당할 수만은 없었다!

이에 유연족이 반란을 일으키려 한다고 본 북위는 바로 군대를 징집해 대규모 멸족 전쟁을 준비했다. 그리고 이 전투에서 남장을 한 화목란이란 여장부가 혁혁한 공을 세운다. 그녀의 이야기를 담은 「목란사」** 곳곳에는 당시 북위의 상황이 드러나 있다. "어제 저녁에 징집 명단을 보니 가한께서 군대를 대거 징집하는구나." 중원의 황제들 중에 자신을 가한이라 칭한 경우가 얼마나 될까? "돌아와 천자를 알현하니 천자가 명당에 앉아 있네. 가한께서 원하는 것을 물으시니" 중원의 백성들 중에 자신의 황제를 천자라 부르면서 또 가한이라 부르는 경우는 얼마나 될까?

게다가 「목란사」에서는 한나라에서 실시한 군병제, 모병제가 아닌 유

---

* 남조에는 송나라, 제나라, 양나라, 진나라가 있었으며, 북조에는 북위, 동위, 서위, 북제 다섯 나라가 있었다. 이처럼 남쪽과 북쪽이 대치했던 시기를 역사적으로 남북조시대라 한다.
** 「목란사」의 정확한 연대에 대해서는 아직도 의견이 분분하다. 하지만 서술하고 있는 전쟁이 북위와 유연족 사이에 발생한 것이라는 게 대체적인 의견이다.

목민족이 실시한 군호제를 볼 수 있다. 군호의 핵심은 말에 올라타면 군인이고 내려오면 백성이라는 점이다. 군호 명부에 이름을 올린 가문은 대대손손 군인이 되어야 했다. 평상시에 인구조사를 해서 전쟁이 일어나면 집집마다 장정을 차출했는데, 일반적으로 큰 전투에는 장정 5명 중 1명을 차출했고, 국가의 운명이 걸린 중대한 전쟁에는 장정 3명 중 1명을 차출했다. 그리고 전쟁을 치르지 않을 때는 일반 백성들처럼 유목을 하며 살아갔다. 「목란사」에도 "12권의 징집 명단마다 아버지의 이름이 적혀 있네"라는 구절이 있다.

이 제도는 이후 당나라와 명나라 때에도 실시되었다. 명나라 태조 주원장은 과거 "100만 대군을 양성하는 데 민간의 자원을 소모시키지 않겠다"라고 선포를 한 바 있다. 물론 중원 왕조들은 군호 제도를 유목민족만큼 효율적으로 실시하지는 못했다. 생각해 보면 군호제가 군대의 전투력을 키우기에는 유리하다. 다른 직업을 갖지 않고 대대로 군인만 양성한다면 더욱 전문적으로 무예를 연마할 수 있다. 그러니 각양각색의 사람들이 있는 모병제보다 전투력에서 우수할 수밖에 없는 것이다.

범위를 넓혀서 북위나 명나라 시대의 군호제처럼 모든 가구들이 전문 분야에 종사한다면 상황이 어떻게 될까? 군사 집안, 상인 집안, 농민 집안, 악공 집안 등 모든 백성들을 분업화시킨다면 모든 효율이 더 높아지지 않을까? 우리는 이러한 가상의 상황을 설정해 화목란이 다시 집으로 돌아간 뒤에 벌어질 일들을 살펴보도록 하자.

군인들과 함께 수년간 치열한 전투를 치른 화목란은 마침내 유연족을 시베리아까지 쫓아내는 데 성공한다. 이후 그녀는 관직 상서랑을 거절한 채 황제가 내린 두둑한 포상금을 가지고 하남 상구에 있는 집으로 돌아와 가족들과 안락하고 행복한 생활을 할 준비를 했다.

어느 날 화목란은 '붉게 화장을 한' 언니가 침울한 얼굴로 있는 것을 보고 물었다. "언니, 이제 풍족한 삶을 살 수 있게 되었는데, 어째서 우울해하는 거예요?" 언니가 한숨을 쉬며 말했다. "동생아, 너도 알다시피 내가 어린 시절부터 악기를 연주하고 노래 부르는 걸 좋아했지 않니. 그래서 배우고 싶어 매번 악공의 집에 찾아가도 처벌받게 된다며 가르쳐 주지 않는구나."

화목란이 안타까워하며 말했다. "언니, 어쩔 수 없지요. 우리는 군인 집안이니 공개적으로 악기를 배울 수 없잖아요. 그러니 차라리 이렇게 하는 게 어때요? 언니가 마음에 드는 악공 집안 몇 곳을 선택하면 제가 그들의 집을 사들이는 거죠. 그럼 그들에게 배울 수 있지 않겠어요?"

화목란의 말에 언니는 매우 기뻐하며 소식을 전하기 위해 악공의 집으로 갔다. 잠시 뒤 이전에 전쟁터에서 목란이 온다고 '칼을 쓱쓱 갈아 돼지와 양을 잡았던' 남동생이 땀을 뻘뻘 흘리며 달려와 말했다. "누이, 큰일 났소. 내가 변방 육진에 가서 특산품을 거래하려고 가축과 곡식을 준비했는데, 군현에서 내가 상인 집안 출신이 아니라고 준비했던 물건들을 모두 압수해 버렸소."

화목란이 한숨 쉬며 말했다. "내가 집에서 무예 연습이나 열심히 하라고 하지 않았니. 군인 집안 자제인 네가 왜 장사를 하려는 거야?" 동생이 말했다. "육진에 지금 흉년이 들어 사람들이 굶어 죽어가고 있소. 그런데 여기는 풍년이라 곡식이 넘쳐나니 가져가 판매하면 돈도 벌고 좋은 일도 하는 셈이 아니오? 그래서 그랬던 것인데, 이렇게 될 줄은 몰랐소." 화목란이 말했다. "그럼 이렇게 하자. 내가 편지 한 통을 써줄 테니 군수에게 가져가거라. 네가 장사하는 게 아니라 구휼하러 간다고 하면 보내주실 거야."

화목란이 탁월한 공적을 쌓아 최고 등급의 공훈을 하사받은 만큼 언니와 동생 모두 자신들이 바라는 바를 실현시킬 수 있었다. 하지만 북위의 일반 백성들은 그럴 수 없었다. 가난한 집안 형편 때문에 재능이 있거나 배우고 싶은 기술이 있어도 할 수 없었고, 또 자유롭게 상공업에 종사할 수도 없었다. 그래서 대부분의 북위 백성들은 대대손손 같은 직업에 종사해야만 했다.

이와 같은 문제가 생긴다면 직업 이동을 허락하고 전문화 분업을 하는 게 좋지 않을까? 사실은 그렇지 않다. 전문화 분업이 정말 좋다면 중국은 개혁개방 이전에 생산 효율이 발전된 사회를 만들었어야 한다. 왜냐하면 당시 모든 사람들은 학력과 집안에 의해서 직업이 결정되었으며, 거의 평생 동안 한 직업에만 종사했기 때문이다. 그래서 자신의 전문기술을 연마할 시간이 충분히 있었다. 1960~1970년대에 기계 조립이나 선반 작업에서 달인의 경지에 오른 숙련공들이 배출되었던 것이 사실이다. 그들은 상대적으로 낙후한 기계로도 최첨단 기계를 사용해 제작하는 서양과 거의 비슷한 품질의 부품을 생산해 냈다.

하지만 전문기술을 보유한 숙련공들이 있음에도 생산력은 계속 떨어졌다. 반면 직무 전환 제도를 실시한 일본 기업들의 경우 효율이 향상되어 1980년에는 미국을 넘어 세계 최강의 경제국으로 도약했다. 만약 정적 모델에서 이 점을 고려해 본다면 어떻게 하든 결론을 얻을 수 없다. 제2차 세계대전 이후 일본 기업이 세계적 기업으로 성장하자 당혹감에 빠진 많은 경제학자들은 일본 기업들을 추적 조사하며 직무 전환 제도가 전문화 분업보다 더 효율적인 이유를 분석하기 시작했다.

기업은 작은 사회와 같다. 매 순간 내부나 외부의 변화에 직면한다. 구조성도 매우 강해서 하나의 직책에만 고정되어 있을 경우 어떤 부서는 할 일이 없어 빈둥거리는 반면 어떤 부서는 야근을 해도 업무를 다 처리하지 못하는 비효율적인 상황이 발생하게 된다. 전문화 분업 구조에서는 한가한 부서가 바쁜 부서를 도와주고 싶어도 전문기술이 없어 그럴 수가 없다.

게다가 일시적이고 돌발적으로 발생하는 상황에 임시 직원을 모집하기도 쉽지 않다(일본의 경우에는 더욱 그러했다. 당시 일본은 종신 고용 제도를 실시했기 때문에 직원을 고용하는 데 매우 신중했다). 그래서 조직 효율이 떨어질 수밖에 없다.

반면 업무 전환 제도가 실시되는 기업의 경우 더 민첩하게 조직의 노동력을 이동시킬 수 있다. 업무를 전환하며 다양한 경험을 쌓은 직원들의 다른 부서에 대한 이해도가 높기 때문에 관리자는 갑작스럽게 발생한 노동력 수요에 민첩하게 대처할 수 있다. 이에 자연히 기업의 생산 효율과 활력도 향상되는 것이다.

투표의 역설을 이용한 효문제의 낙양 천도

유연족을 쫓아낸 뒤 북방 국경은 비교적 안정되었다. 그리고 남쪽과도 전략적 균형을 유지하며 양측 모두 대규모 북벌이나 남정을 실시하지 않았다. 그렇게 안보 문제가 해결되자 황제와 귀족들은 다른 업무에 매진하기 시작했다.

매슬로의 욕구 단계에 따르면 사람의 욕구는 총 다섯 단계로 나누어진다. 생리적 욕구, 안전 욕구, 사회적 욕구, 존경 욕구, 자아실현 욕구가 그것이다. 현재 생리적 욕구와 안정 욕구가 모두 보장된 상태에서 북위의 귀족과 황제들은 자연적으로 더 높은 욕구인 존경과 자아실현 욕구를 충족하고 싶어 했다.

하지만 북위 선비족의 풍류는 남조 귀족들과 비교하면 상대가 되지 않았다. 남조 귀족들은 번갈아 집권하며 한가롭게 현학을 토론하고 인물을 품평하며 음주가무를 즐겼다. 또 가끔씩은 신선이 되는 영약을 먹으며 화려하게 꾸민 문장으로 서로를 칭찬하며 명성을 쌓았다. 한마디로 고상하고 초탈한 생활을 한 것이다.

북위 효문제 탁발굉은 어려서부터 한족인 풍태후의 영향을 많이 받았다. 그래서 그는 통일 대업을 완성하려면 반드시 한족의 통치 사상에 따라 국가를 이끌어야 한다고 생각했고, 이에 직접 정사를 보게 된 뒤에도 계속 풍태후의 한화(漢化) 개혁을 추진했다. 하지만 북위의 수도는 태조 탁발규 때부터 그때까지 줄곧 평성(지금의 산시성 다퉁시)이었다. 사방이 산으로 둘러싸인 이곳은 교통, 문화, 경제 발전에서 중원 왕조의 오래된 수도인 낙양과 비교가 되지 않았다. 고풍스럽고 아름다운 수도로 평성은 적합하지 않았던 것이다. 이에 효문제는 낙양으로 천도하기로 결심한다.

하지만 천도를 하려니 장애물이 많았다. 일단 고관 귀족인 선비족들이 반대할 것이 분명했고 백성들도 달가워하지 않을 게 뻔했다. 전쟁이 끝나 한숨 돌리며 가족들과 함께 안정된 삶을 살고 싶어 하는 그들에게 남조의 고상한 풍류는 관심사가 아니었기에 한화 개혁을 달가워하지 않았다. 이에 고민을 거듭하던 효문제는 한 가지 방법을 생각해 냈다.

효문제가 신하들에게 선포했다. "오늘날 우리 북위는 북방을 통일하고 유연족을 내쫓았다. 우리에게 굴복하지 않은 나라는 이제 남쪽의 조그마한 제나라뿐이다. 이에 짐은 직접 군대를 이끌고 제나라를 정벌해 천하 통일을 이루고자 한다!" 뜻밖의 선포에 놀란 선비족 귀족들은 서로를 멀뚱멀뚱 쳐다볼 뿐 아무런 말도 하지 못했다. 당시 선비족 귀족들의 마음속에는 여전히 유목민족의 강인한 정복욕이 있었기에 천자의 결정에 기꺼이 따랐다.

하지만 당시 백성들과 하층 군인들은 전쟁을 원치 않았다. 가까스로 되찾은 평화를 깨고 제나라와 전쟁을 치르는 것이 싫었고, 세금이 가중될까 두려웠다. 하지만 어쩌겠는가? 천자와 귀족들이 결정한 일을 공개적으로 반대할 수는 없었다. 493년 전국에서 군대를 징집한 효문제는 직접 30만 대군을 이끌고 평성을 떠난다.

효문제가 일부러 이 시기를 선택한 것인지는 알 수 없으나 출정했을 때가 하필이면 장마철이었다. 행군할수록 비바람은 거세졌고 길은 진흙탕으로 변해 한 발 한 발 내딛기도 힘들었다. 그렇게 몇 개월 동안 걷다 서다를 반복하며 군인과 귀족들이 모두 녹초가 되었을 무렵 낙양에 도착할 수 있었다.

오직 효문제만이 혈기왕성한 모습으로 소리쳤다. "이제 낙양에 도착했다! 앞으로 남쪽으로 몇백 리만 더 가면 양자강에 도착한다! 양자강은 천연의 요새이고, 우리는 수영도 할 줄 모르지만 괜찮다! 제나라에 뛰어난 수군이 있지만 괜찮다! '우리의 막강한 군대는 천연의 요새도 건널 수 있다. 강산을 믿지 못하면 탁발이라 할 수 없다!' 그러니 양자강을 건너 천하 통일의 대업을 완성하자!"

귀족들은 할 말을 잃었다. 우렁찬 황제의 목소리에 의욕이 생기기는커녕 절망만 더욱 커졌다. 질퍽거리는 진창길을 따라 몇백 리를 더 이동한다는 것도 어이없지만 수영을 못하는 30만 대군이 제나라 수군에 맞서 양자강을 건넌다는 것은 더욱 어이가 없었다.

선비족 원로 중신들과 왕실 귀족들은 황실을 보호하기 위해서라도 반드시 황제의 허황된 전략을 막아야겠다고 결심했다. 이에 안정왕 탁발휴가 나서서 말했다. "폐하, 병사들의 사기와 투지가 많이 떨어졌습니다. 만약 이대로 계속 남정을 고집하신다면 전멸할 것입니다. 그러니 계획을 철회하는 게 옳습니다!"

남정을 계속해야 한다며 효문제가 노발대발하자 탁발휴는 두려운 마음이 들었지만 황제를 지금 막지 않으면 기회가 없다는 것을 알고 있었기에 간곡하게 설득했다. 주위 귀족들도 황제의 마음을 돌리기 위해 우르르 몰려나와 무릎을 꿇고 사정했다.

효문제가 엄숙한 표정을 지으며 말했다. "짐은 제나라를 정벌하기 위해 군대를 일으켜 여기까지 왔소. 대군을 함부로 동원해서는 안 되는 법이거늘 적들 앞에서 아무런 성과도 없이 그냥 돌아간다면 두고두고 웃음거리가 되지 않겠소?"

탁발휴가 곰곰이 생각해 보니 일리가 있었다. 천자가 남정을 철회하려면 그에 합당한 명분이 있어야 한다. 급히 명분을 찾기 위해 고민하는 제후들을 보며 효문제가 입을 열었다. "남정을 중단한다면 이곳으로 천도하는 게 좋겠소. 그러면 군대를 동원한 명분도 생기는 셈이 아니오? 군대는 모름지기 신속함이 생명이오. 더 이상 지체할 시간이 없으니 천도에 찬성하는 사람은 왼쪽에 서고, 남정을 계속 하고 싶은 사람은 오른쪽에 서시오!"

이 말에 몇 명의 사람이 일어나 왼쪽에 서자 많은 하층 군관과 사병들도 왼쪽으로 몰려갔다. 비록 천도를 원치 않았지만 다시 평성으로 돌아가는 일도 만만치가 않다는 생각이 든 탁발휴는 어쩔 수 없이 황제와 다수의 결정에 따를 수밖에 없었다.

이 이야기에서 효문제가 마지막에 쓴 방법은 게임 이론에서의 (돈, 시간, 인력의) '투입'이다. 게임 참여자의 퇴로를 끊는 방법을 사용해 사람들이 자신의 전략에 유리한 선택을 하게 하는 것이다. 평성에 있을 때는 천도를 선택하지 않을 확률이 압도적으로 우세하다. 하지만 이미 낙양까지 와버렸고 황제가 아무 소득 없이 돌아가는 것을 거부한 상황에서는 신하들과 병사들 모두 어쩔 수 없이 천도를 받아들일 확률이 높아진다.

물론 사람들이 이성적으로 상황을 파악해 사전에 효문제의 남정 계획에 찬성하지 않았다면 이야기가 달라진다. 이럴 경우 효문제는 자신의 계획을 성공시키기 위해서 더욱 복잡한 경제 원리인 '애로의 불가능성 정리(Arrow's impossibility theorem)'를 응용할 가능성이 있다. 애로의 불가능성 정리를 간단히 말하자면 인원수가 2명 이상일 때 절대적인 사회적 선호가 이루어질 수 없다는 것인데, 추상적인 말이라서 얼른 이해가 가지 않는다.

효문제 천도를 예로 들어 살펴보도록 하자. 효문제는 다음과 같은 상황에 직면했다. 5분의 1의 사람들의 선호 순서를 표시하자면 '천도 > 남정 > 현 상태 유지'이다. 이들은 황제의 명령을 맹목적으로 따르는 최측근 그룹이다. 5분의 2의 사람들의 선호 순서는 '남정 > 현 상태 유지 > 천도'이다. 이들은 무예를 숭상하고 전통을 매우 중시하는 선비족 귀족들이다. 마지막 5분의 2의 사람들의 선호 순서는 '현 상태 유지 > 천도 > 남정'이다. 이들은 중하층 군인과 일반 선비족들로 변화를 싫어하고 자기들이 희생되는 것을 원치 않는다.

효문제는 천도가 이루어지기 힘들다는 것을 알고 있었다. 그래서 남정을 할지 아니면 현 상태를 유지할지에 대한 첫 번째 투표를 실시한다.

선호 순서 \ 투표 그룹	최측근 그룹	귀족 그룹	중하층 그룹
1	천도	남정	현 상태 유지
2	남정	현 상태 유지	천도
3	현 상태 유지	천도	남정
투표 항목	'남정' 대 '현 상태 유지'		
	남정	남정	현 상태 유지

이 투표에서 선비족 귀족과 평민들이 2 대 2로 나뉘는 것을 볼 수 있다. 이 경우 최측근 그룹이 역할을 할 수 있다. 핵심은 그들이 남정에 찬성해서 출정할 경우 현 상태 유지 항목은 사라진다는 점이다.

낙양에 도착했을 때 효문제는 다시 천도를 할 것인지 아니면 남정을 계속할 것인지에 대한 두 번째 투표를 실시한다.

투표 항목	'천도' 대 '남정'		
투표 그룹	최측근 그룹	귀족 그룹	중하층 그룹
	천도	남정	천도

여기서 현 상태 유지를 선택할 수 없는 중하층 그룹은 어쩔 수 없이 천도를 선택하게 된다. 이에 다시 2 대 2의 상황에서 효문제는 자신들의 최측근 그룹에게 천도에 투표하라고 명령하는 것이다. 그러면 3 대 2가 되니 천도는 성공한다.

하지만 만약 천도와 현 상태 유지에 대한 투표를 했다면 4 대 1로 최측근 그룹이 참패했을 것이다. 이처럼 세 가지 투표 항목은 역설적으로 구성되어 있다. 투표의 선택 항목들은 서로 '현 상태 유지 > 천도', '천도 > 남정', '남정 > 현 상태 유지' 이렇게 하나의 고리를 구성하고 있다. 그러므로 마지막 정책 결정을 할 때 효문제는 투표 항목을 조작해 민주주의 방식으로 자신이 원하는 목적을 달성할 수 있었던 것이다.

현재 오디션 프로그램에서도 만일 주최자 측이 어떤 참가자를 진출시키고 싶어 한다면 투표 상대를 조정함으로써 여론을 이용해 원하는 바를 달성할 수 있다.[*] 이것은 대통령 선거에서도 마찬가지다. 그러므로 효문제 천도를 배경으로 한 가상 투표는 크건 적건 심오한 의미를 가지고 있다고 할 수 있다.

북위의 조직 경영 : 효율성 임금 이론
—

효문제는 천도와 한화 개혁뿐만 아니라 또 다른 심도 있는 개혁을 추진했다. 바로 처음으로 관리들에게 봉급을 지불하기 시작한 것이다. 북위의 개국황제인 도무제 탁발규부터 효문제 탁발굉에 이를 때까지 역대 황제들은 북위의 관리들에게 봉급을 지불해야겠다는 생각을 하지 않았다. 100년 동안 북위의 관리들은 대가 없이 자신의 능력을 발휘해 조정이 운영될 수 있도록 한 것이다.

사실 이 점은 북위의 개국 역사와 상당한 관련이 있다. 북위는 원래

---

[*] 오디션 참가자가 A, B, C 3명이라 가정하자. 관객 중 3분의 1의 선호도는 ABC, 또 3분의 1의 선호도는 BCA, 나머지 3분의 1의 선호도는 CAB이다. 그럼 주최자 측이 먼저 A와 B에 대한 관객 투표를 실시하고(승리자는 A) 이후 승리자와 C에 대한 투표를 진행할 경우 최종 우승자는 C가 된다. 반면 만약 주최자 측이 먼저 A와 C에 대한 투표를 진행하고(승리자 C) 이후 승리자와 B에 대한 투표를 진행할 경우 최종 우승자는 B가 된다.

대(代)나라였다. 수도는 북경의 서북부에 위치했는데 현재 네이멍구 지역이다. 오늘날과는 비교도 할 수 없을 만큼 청정했을 몽골의 대초원에서는 크고 작은 부락들의 전쟁과 약탈이 끊이지 않았다. 초원 부족들은 중원 왕조가 강성했을 때는 위축되었다가 중원에 주인이 없어지면 세력을 확장하기 시작했다.

그래서 처음 탁발규가 나라를 세웠을 때는 사방이 강적들로 둘러 싸여 있었다. 북쪽으로는 유연족과 고차족과 같은 유목민족들이 자리하고 있었고, 남쪽으로는 한때 강성했던 흉노족 철불부 혁련발발의 부하들이 있었다. 그리고 남쪽으로는 인재들을 대거 배출한 모용씨가 건국한 연나라가 있었다.

이런 상황에서 건국된 북위는 오호십육국시대에 건국된 대부분의 나라처럼 몇십 년, 심지어는 십몇 년 만에 사라져버리는 운명에 처했다. 게다가 정부의 기본적인 구조도 변화가 없었다. 전쟁에서 패배하면 다 함께 도망가고, 승리하면 다 함께 이익을 나누는 구조였기 때문에 자연적으로 관리들은 고정적인 대우를 받을 수 없었다.

어떠한 정권이든 초창기에는 군신 관계가 불명확하다. 군주와 신하는 엄격한 상하관계라기보다는 동업자에 가깝기 때문에 전리품도 군주와 신하, 심지어는 하층 병사까지 모두 함께 나누어 가졌다. 탁발규는 이러한 군대식 풍조를 관료 사회에도 적용했다. 당시 북위가 실시한 제도는 품급과 반사였다. 품급은 군대의 급료와 지급품에 해당한다. 관료들은 대부분 전쟁 전후에는 황제가 하사하는 품급에 의지해 생활했다. 또 반사의 경우 전반적으로 오늘날의 성과급과 유사한 개념이다.

이러한 제도적 동기를 바탕으로 탁발규는 주변에서 호시탐탐 기회를 엿보는 국가와 부족들을 몰아내고, 참합피에서 중원 싸움 최대 적수였던 전연을 격퇴했다. 과거 삼국시대 원소가 조조와의 싸움에서 대패한 이후 죽음을 맞이했던 것처럼 전연의 개국황제 모용수 역시 참합피 전투에서 패하고 얼마 뒤 병사했다. 영민하고 용맹스러웠던 모용수에게는 모용린과 모용보라는 2명의 아들이 있었지만 두 사람 모두 타고난 자질이 아버지보다 부족해 힘을 단결시켜 나라를 이끌 줄 몰랐다. 이에 북위는 최종적으로 중국 북방을 통일하며 국경을 안정시켰다.

전쟁의 위험이 사라지자 자연히 반사도 줄어들었지만 관리들 중에는 과거의 제도를 폐지하고 봉급을 지급해야 한다고 주장하는 사람이 없었다. 이에 탁발규부터 역대 황제들은 계속해서 장군, 상서와 같은 관리들을 임명하면서도 봉급을 주지 않았다. 이런 상황에서 관리들이 어떤 식으로 공무를 집행했을지 미루어 짐작해 볼 수 있다. 그래도 천자를 자주 만날 수 있는 중앙 관리들은 반사를 받을 기회가 지방 관리들보다는 많아 형편이 나았지만 그 외의 각 지역의 자사, 현령들은 백성을 착취해 살아야 했다.

탁발규도 이러한 상황을 알고 있었다. 그는 여러 차례 조서를 써서 부정부패를 질책하고, 조사해 처벌하라는 명령을 내렸지만 효과는 미비했다. 이처럼 관직은 있지만 봉급은 없는 상태에서는 일종의 역선택이 초래된다. 부정부패를 저지르는 관리여야만 오랫동안 관직을 유지할 수 있는 것이다. 왜냐하면 부정부패를 저지르지 않거나 적게 저지르는 관리의 경우 자신의 생활을 유지하는 데 필요한 수입이 없을뿐더러 상급 관리의 착취 수요를 만족시켜 줄 수도 없기 때문이다.

이에 천도와 지속적인 한화 개혁을 실시해 온 효문제는 조정 관리들에게 중대한 발표를 했다. "북위는 도무황제부터 지금까지 관리들에게 관직을 주면서 봉급을 주지 않는 정책을 실행해 왔소. 이에 여러분의 선조와 아버지들은 100여 년 동안 대가 없이 나라를 위해 헌신해 온 것이오! 하지만 짐이 어떻게 이 나라를 지키는 관리들의 고생을 모른 척할 수 있겠소? 그래서 짐은 지금부터 문무백관들에게 분기에 따라 봉급을 지급하기로 결정하였소. 이제부터 북위는 나라를 위해 헌신하는 관료들을 박대하지 않을 것이며, 또한 나라를 좀먹는 탐관오리들을 엄격하게 처벌할 것이오!"

이와 같은 명령이 내려지자 중앙부터 지방까지 관리들의 반응도 천차만별이었다. 상대적으로 정직했던 관리들은 앞으로 생계를 걱정하지 않아도 된다는 생각에 기뻐한 반면 착취를 일삼던 관리들은 마음을 졸여야 했다. 그리고 이들 중간에 속해 있었던 대부분의 관리들은 주변 상황을 살피며 살 곳을 찾으려 했다.

새로 나온 봉급 제도는 군수의 경우 1년 동안 160필의 비단을 받을 정도로 봉급이 높았다. 이로써 정식으로 높은 봉급으로 청렴한 관리를 기르는 시대가 시작된 것이다. 상황이 바뀌면 자연히 아첨하는 사람도 생기기 마련이다. 봉급 제도가 실행되자 고려라는 문신은 수려한 문장으로 효문제의 덕정을 찬사했다. "임금께서 후한 은혜를 베풀어 봉급을 나누어 주시니, 그 봉급을 받고 감사한 마음 이루 말할 수 없어라", "탐욕스럽고 잔인한 마음 접고 성실하고 진실함을 본받기 위해 노력하네", "밝은 법칙으로 세상을 다스리는 것이 태평성대를 여는 가장 좋은 방법이다." 이를 통해 위진의 통치 방법이 이미 상당한 수준에 이르렀음을 알 수 있다.

봉급을 지급하기 시작하면서 북위 관리들의 공무 집행에 긍정적인 효과가 나타났다. 그렇다면 이 공로를 누가 차지했을까? 만약 고려의 말이 맞는다면 효문제의 높고 깊은 도덕 수준에 감사하며 문무백관들 모두 감동했을 것이다. 하지만 경제학자들은 이러한 해석을 믿지 않는다. 2001년 노벨상 수상자인 조지프 스티글리츠와 칼 샤피로는 이 문제를 해석하며 효율성 임금 이론을 제시했다.

스티글리츠의 관점에 따라 보면 북위의 관리들이 어떻게 행동하든 상관없이 모두 부패할 가능성이 있다. 왜냐하면 돈과 금은보화는 절대적인 매력을 가지고 있고, 역대 왕조에서 부정부패는 충분한 대가가 있었기 때문이다. 지나치게 욕심을 부려 황제의 심기를 건드리거나 정적에게 꼬투리가 잡힐 경우 해직되거나 감옥에 갈 가능성도 있다.

당시 작은 관리가 처한 상황을 가정해 이야기해보자. 부정부패를 저지르지 않을 경우 그는 1년에 1필의 비단을 기본 품급으로 받을 수 있다. 그리고 만약 부정부패를 저지른다면 비단 100필에 상응하는 수입을 얻을 수 있다. 그리고 이때 80필의 사회적 손실이 초래된다.*

동시에 효문제는 관리들을 감시할 감찰관을 파견한다. 하지만 당시 시대적 상황을 보았을 때 감찰기관이 효율적으로 감시를 했다고 믿기 어려우므로 관리들의 부정부패가 드러날 확률은 20퍼센트 정도이다. 일단 부정부패가 드러날 경우 정직되고 관리는 재산이 몰수되어 300필에 해당하는 손실을 입게 된다.

그러면 관리는 부정부패를 저질러 80퍼센트의 확률로 발각되지 않을

---

* 사회적 손실이 100필이 아닌 것은 뇌물을 받은 행위 자체가 아니라 뇌물로 인해 변경된 정책이 사회적 손실을 초래하기 때문이다. 예를 들어 관리 갑은 정부의 프로젝트를 맡을 청부업자를 선택할 권한이 있다. 그리고 청부업자 을과 병 중에서 을의 상품의 질이 상대적으로 좋다. 그럼 관리인 갑이 뇌물을 받지 않았을 경우에는 을을 선택할 것이고, 을과 병이 동시에 갑에게 같은 액수의 뇌물을 줄 경우에도 갑의 결정은 변하지 않을 것이다. 이 경우 사회적 각도에서 보면 부가 이동했을 뿐 손실이 일어나지는 않는다. 하지만 갑이 사욕을 위해 법을 어기고 병을 선택한다면 사회적 순손실이 발생하게 된다. 그래서 여기서는 뇌물을 받는 액수가 완전히 사회적 손실로 귀결되지 않으며, 양쪽에 독립적인 두 가지의 변수가 있다고 본 것이다.

경우 비단 100필을 얻을 수 있다. 부정부패의 기대소득이 80필인 셈이다. 반면 20퍼센트의 확률로 발각될 경우 300필의 손실이 발생하고, 이에 관리는 부정부패로 인해 60필의 손실을 입게 된다. 바꾸어 말하자면 부정부패를 선택할 경우 순이익은 20필이다. 그리고 국가의 품급 제도로는 1필밖에 받을 수 없다. 이 관리가 최종적으로 부패한 관리가 될지 아니면 청렴한 관리가 될지 알기 위해서는 그의 양심의 크기가 자기 수입의 20배에 달하는지를 살펴봐야 한다. 이것은 의심할 여지 없이 상당히 어려운 선택이다.

이후 효문제가 봉급을 지급한다고 명령하면서 관원은 자신이 봉급으로 1년에 16필의 비단을 받을 수 있다는 사실을 알게 된다. 동시에 효문제가 감찰 업무를 강화하기 위해 더 많은 비단을 격려금으로 지급하면서 부정부패가 발각될 확률이 40퍼센트로 올라간다. 그럼 부정부패가 발각되었을 경우 받는 손실이 120필로 변하게 된다. 그리고 부정부패가 발각되지 않을 확률이 60퍼센트로 떨어지므로 부정부패에 따른 수입도 60필로 변하게 된다.

이 경우 부정부패로 얻는 순수익은 오히려 마이너스가 된다. 정정당당하게 받는 16필의 봉급보다 불안감과 백성들의 원망에 시달리며 부정부패를 저질러서 얻는 순수익이 더 낮아지는 것이다. 이런 상황에서 관리는 정직하게 일하는 청렴한 관리가 될 확률이 높아진다.

청렴한 관리를 양성하기 위해 지급하는 봉급은 백성들에게서 얻어지는 것이므로 봉급이 올라갈수록 자연히 백성들의 부담도 증가한다. 하지만 부정부패로 인해 백성들이 받은 손해가 더 크다. 앞에서 설명한 예와 같이 부정부패로 인한 사회적 손실이 80필이라면 차라리 이 80필에서 16필을 관리의 봉급으로 주고, 나머지 일부를 감찰기관 업무 효율을 높이기 위한 격려금으로 사용하는 것이 전체 사회복리 증가에도 도움이 된다. 그러니 높은 봉급을 지급하는 것은 모두가 이득을 얻을 수 있는 선택인 셈이다.

효문제가 새로운 제도를 실시한 이후 북위의 풍조는 완전히 바뀌어 관리들이 백성을 수탈하고 괴롭히는 정도가 이전과 비교해서 상당히 줄어들었다. 효문제의 봉급 제도 개혁은 또 다른 점을 설명해 주고 있다. 높은 봉급을 준다고 해서 모든 관리가 청렴해지지는 않는다. 하지만 낮은 봉급을 주면서 청렴함을 요구한다는 것은 이룰 수 없는 꿈과 같다. 더욱이 감찰 제도의 개혁 성과가 크지 않고 대량의 사회 자본을 소모하고 있을 때는 차라리 '높은 봉급으로 청렴한 관리를 양성'하는 것이 경제에도 효과적인 선택이 될 수 있다.

이후 북위의 경제가 악화되면서 효장제 시기에 봉급 지급을 중단하자 바로 효문제 이전 시대처럼 세상에는 청렴한 관리가 줄어들게 되었고, 이로써 효율성 임금 이론은 다시 한 번 검증되었다.

제13장

제어가 불가능한 총체적 난국

북위는 내란으로 인해 동위와 서위로 분열되고, 그중 동위의 실권을 장악한 고
환이 북제를 건국한다. 짧은 역사를 가진 북제는 개국황제부터 마지막 황제까
지 거의 모든 황제가 포악한 군주로 악명을 떨쳤고, 황위가 교체될 때마다 전례
를 찾아볼 수 없을 정도로 잔혹한 비극을 되풀이한다. 북제는 어째서 황위가 교
체될 때마다 살육과 멸족을 행했던 걸까? 경제학의 관점에서 보면 제약할 수 있
는 장치가 부족해 황제들이 심각한 '동태적 비일관성'을 보였기 때문이다.

잔혹한 고씨 왕조 : 동태적 비일관성

효문제의 개혁으로 북위는 점차 유목민족의 습관에서 벗어나 중원 왕
조의 모습으로 변화했다. 하지만 안타깝게도 뒤이어 어린 황제가 즉위
하면서 권신과 태후 사이에 권력 쟁탈이 일어난다. 결국 내부 알력다툼
으로 북위의 국력은 만회할 수 없을 정도로 심각하게 손상되었다.

이후 북위는 내란으로 인해 동서로 분열된다. 낙양을 수도로 한 동위
의 실권은 군벌 고환이 장악했고, 장안을 수도로 한 서위의 실권은 관
서 군벌인 우문태가 장악했다. 그래서 두 나라의 천자들은 모두 과거
한나라 헌제처럼 명목상의 천자에 불과했고, 심지어 걸핏하면 실권자
들에게 죽임을 당하기 일쑤였다. 탁발씨의 운명은 이미 최후의 종착역

에 다다르고 있었다.

하지만 여러 천자들을 폐위시키면서도 고환과 우문태는 죽을 때까지 황위를 넘보지 않았다. 하지만 그들의 아들들은 달랐다. 550년 고환의 아들인 고양은 동위 효정제에게 선양을 받고 제나라를 세운다. 소도성이 건국한 남조 제나라와 구분하기 위해서 일반적으로 북제라고 부른다. 그리고 557년 우문태의 아들인 우문각도 서위 공제를 폐위시키고 주나라를 세우는데, 역사적으로 북주라 불린다.

먼저 북제를 살펴보도록 하자. 짧은 역사를 가진 북제는 보기 드물게 잔혹한 왕조였다. 개국황제인 고양부터 마지막 황제 고위까지 거의 모든 황제가 포악한 군주로 악명을 떨쳤다. 고양은 막 즉위했을 때는 정사를 돌보고 군대를 훈련시키며 유연족 등 북방의 유목민족이 세력을 키우지 못하도록 견제했다. 하지만 11년간의 통치기간 중 후반에 이를수록 사치와 방탕이 심해졌고 술에 취해 폭정을 휘둘렀다. 한번은 술에 취한 그가 자신이 아끼던 설씨 빈비를 죽이는 일이 있었다. 이후 고양은 그 일을 후회하며 그녀의 대퇴골로 만든 비파를 연주하면서 "아름다운 사람은 얻기 어렵다네"라고 노래했다고 한다. 또 죽은 친형 고징의 아내를 강간한 뒤 이 일을 모친인 누태후가 꾸짖자 화를 내며 태후를 멀리 유연족에게 시집보내 버리려고 했다. 나중에 술이 깬 뒤 잘못된 행동을 깨닫고 누태후를 다시 찾아 사과했다. 하지만 누태후가 그를 상대하려 하지 않자 화가 난 고양은 그녀를 밀어 넘어뜨렸다. 이외에도 고양의 폭정과 만행에 대한 기록은 많이 전해지고 있다.

주색에 빠져 난폭한 행동을 일삼던 고양에 대한 일화는 거짓이 아니다. 폭음, 폭식을 하며 방탕한 생활을 했던 고양은 결국 31세의 젊은 나이에 세상을 떠난다. 임종 직전 그는 자신의 어린 아들인 고은이 황위를 넘보는 동생 고연에게 살해당할까 걱정하며, 고연에게 '찬탈을 하더라도 아들의 목숨을 살려달라'고 간곡히 부탁했다.

이후 1년 동안 고연은 고양의 당부를 잊지 않고 지켰다. 그는 정변을 일으켜 조카에게 황위를 빼앗으면서도 죽이지는 않았다. 하지만 1년 뒤 고연은 조카가 비밀리에 모반을 계획하고 있다는 것을 발견했다. 모반은 용서받을 수 없는 죄에 해당했기에 그는 울며 조카를 베었다.

냉정하게 평가하자면 고연은 자신의 조카를 죽였지만 그래도 북제 황제들 중에서 가장 정상적인 군주였다. 재위 기간 동안 농업을 발전시키고 군사를 정비하며 악행은 별로 하지 않았다. 그리고 정치상으로도 고환부터 고양에 이를 때까지 쌓인 적폐를 말끔히 해소하고 간언에 귀 기울여 북제의 국력을 신장시켰다. 하지만 2년 뒤에 고연은 27세의 나이에 말에서 떨어져 큰 부상을 입는다. 죽음이 가까워오자 고연은 자신의 아들이 아직 어린 데다가 장광왕 고담이 호시탐탐 황위를 노리고 있다는 사실을 걱정했다. 이대로 가다가는 비극이 다시 되풀이될 게 뻔했다. 이에 그는 자신의 아들을 폐위시키고 고담에게 황위를 물려주며 자신의 아내와 아들만큼은 죽이지 말아달라는 유서를 남겼다. 고담도 그러겠다고 답변했다.

하지만 3년이 지난 뒤 하늘에서 혜성이 나타나 누군가가 '옛것을 버리고 새로운 것이 건립될 징조'라고 말하자 고담은 자신의 조카이자 고연의 아들인 고백년을 의심하기 시작했다. 하필이면 글을 배우던 고백년이 한참 연습하던 글자가 '칙'(敕)자였다. 이를 본 고담의 의심은 갈수록 깊어졌다. 그는 고백년을 황궁으로 불러들여 모질게 구타한 뒤 직접 목을 베어 화원에 묻었다.

북제 황제들이 이처럼 특별히 잔혹했던 이유는 무엇일까? 전략적으로 정치적 잔혹성을 보이기 위해서이거나 또는 권력에 따른 인성 왜곡 등이 이유가 될 수 있다. 그리고 경제학의 전문용어로 설명하자면 '동태적 비일관성(dynamic inconsistency)'이라고 할 수 있다.

고연과 고담이 아직 황위에 오르지 못했을 때 그들이 할 수 있는 최선의 선택은 선황의 자식을 해치지 않겠다고 약속하는 것이었다. 만약 이때 부탁을 거절한다면 절망한 황제가 후사를 위해 더 과감한 조치를 단행할 것이 분명하다. 하지만 일단 황권을 빼앗아 선왕의 영향을 제거하고 자신의 자리를 안정시킨 뒤에는 조카야말로 잠재적으로 가장 불안한 요소가 된다. 이때 최선의 선택은 조카를 죽여 후환을 없애는 것이다. 그러니 형의 자리를 대신한 황제가 어린 조카의 삶을 보장해 주는 이상적인 모습은 연출할 수 없었다.

반면 남조의 황제들은 더욱 과감한 조치를 단행했다. 유유가 건립한 송나라의 황제들이 제위에 오른 뒤 가장 먼저 한 일은 죄명을 엮어서 자신의 형제들을 모조리 죽이는 일이었다. 황제는 첩이 많았기 때문에 아들들도 많았다. 제위에 오른 황제들은 형제를 모두 죽여 황위를 안정시킨 뒤 많은 아들들을 생산했고, 이후에 제위에 오른 황제는 또다시 자기 형제들을 죽이는 잔혹한 비극이 되풀이되었다. 남조의 역사를 살펴보면 제위에 오른 황제가 자기 아버지의 모든 가족을 죽이는 엽기적인 비극을 볼 수 있다.

한층 더 깊이 살펴보자면 동태적 비일관성은 '투입'에 대한 신뢰성이 부족한 데서 온다. 이러한 상황은 동생이 황위를 계승하는 상황에서뿐만 아니라 부자 사이의 정치적 견해의 불일치나 이익이 충돌하는 상황에서도 있을 수 있다. 부황이 살아 있는 동안에는 고분고분 순종하던 태자가 제위에 오른 뒤 제도를 새롭게 고치는 것이다. 그러면 황위 교체로 인해 발생하는 동태적 비일관성을 해결할 방법은 없는 걸까? 정치적으로 과거 많은 황제들이 다양한 방법을 시도했지만 완벽한 해결 방법을 내놓지는 못했다.

첫 번째 방법은 대신의 국정 보좌였다. 국정 보좌는 일반적으로 조정에서 상당한 영향력과 권력을 가진 원로대신이 맡았다. 이러한 원로대신은 선황의 말을 기억하고 있었기 때문에 황제에게 실제적인 압력을 행사해 선황과의 약속을 이행하도록 압박할 수 있었다. 만약 현재 황제가 세력을 확장할 경우 원로대신이 자리에서 물러나거나 죽임을 당할 위험이 있고, 반대로 황제가 무능력할 경우 권력을 차지한 원로대신이 다음 황제가 될 수도 있다.

두 번째 방법은 수렴청정이다. 계승자가 친아들일 경우 현재 황제의 아내(또는 모친)가 자동적으로 황태후(또는 태황태후)가 되었다. 황위를 계승한 황제에게 황태후나 태황태후가 수렴청정으로 압력을 행사해 정책의 일관성을 유지하게 할 수 있었고, 대신이 국정을 보좌하는 것보다 안정성도 높았다. 하지만 수렴청정은 폐지하기가 어렵다는 단점이 있다. 황태후(태황태후)와 황제는 모자관계(조손관계)였기 때문에 황제가 직접 정무를 주관하는 데 큰 장애가 되었다. 게다가 황태후(태황태후)는 외척과 같은 자신의 이익과 결탁이 되어 있었다. 서한 초기 여태후와 두태후가 이와 같은 사례라 할 수 있다.

세 번째 방법은 다른 아들들을 제후로 봉하는 것이다. 황위를 계승할 태자의 형제들을 모두 각지의 제후로 임명해 차기 황제가 약속을 이행할 수밖에 없도록 압력을 가하게 하는 것이다. 단점은 서진 시대 팔왕의 난과 같은 사태가 벌어질 수 있다는 것이다. 황제와 혈연관계인 제후들은 호시탐탐 황위를 노리는 경우가 많았다.

사실 황제의 권력을 구속할 방법은 많지 않기 때문에 제위에 있는 황제가 다음 황제에게 약속을 이행하라고 압박할 방법은 별로 없었다. 당시에는 약속했지만 황위에 오른 다음에는 마음을 바꿀 가능성이 있었고, 더욱이 다음 황제는 잠재적인 후환을 제거하기 위해 약속을 어길 수 있었다.

이 세 가지 방법은 모두 제3자를 끌어들여 관리감독하게 하는 방법이다. 제3자가 황제에게 압력을 행사할 수 있을 때 이러한 문제가 부분적으로 해결될 수 있다. 그러니 제3자의 간섭과 제약은 동태적 비일관성을 해결하는 데 반드시 필요한 원칙이다.

현실 경제에서 화폐 정책은 종종 동태적 비일관성을 보이곤 한다. 예를 들어 만약 중앙은행이 양적 완화를 통해 생산과 취업을 확대하고 싶지만 인플레이션은 초래하고 싶지 않다면 어떻게 해야 할까? 가장 효과적인 방법은 시장을 속이는 것이다.

중앙은행이 발표하는 정책들은 실제로 실행되지 않아도 영향력을 발휘한다. 예를 들어 미국 연방준비제도이사회 의장의 말은 즉각적으로 선물 및 주식시장의 등락에 영향을 미친다. 이것이 바로 사람들의 합리적 기대의 힘이다.

발표가 나오면(심지어 그 이전에) 사람들은 실제 효과가 나타나기도 전에 미리 어떠한 현상이 일어날지 예측하고 준비를 시작한다. 예를 들어 시장에서 정부가 양적 완화 정책을 실시할 구체적인 기간과 화폐의 수량을 알고 있다면 그들은 미리 계약서 규정을 유리하게 만들거나 상품가격과 임금을 맞춰서 올리는 등의 준비를 한다.

이처럼 모든 사람들이 중앙은행을 신뢰하고 있을 때 중앙은행의 최선의 전략은 아무것도 하지 않거나 말한 것과 반대 정책을 펼치는 것이다. 이처럼 몇 마디 말로 경제 조정 효과를 볼 수 있다면 굳이 부작용을 초래하는 화폐 정책을 실시할 필요가 없다.

하지만 만약 중앙은행이 발표를 한 뒤에 아무것도 하지 않거나 발표와 반대로 할 경우 몇 차례 손해를 입은 시장과 기업가들은 예외의 상황을 고려하게 된다. 그들은 정부의 행동을 예측해 앞으로 벌어질 모든 가능성을 고려해 계약을 체결할 것이다. 그러면 결과적으로 시장에는 아무런 변화가 일어나지 않으므로 취업이나 산업도 원래의 수준을 유지한 채 불확실성만 증가하게 된다.

시장을 속이고 싶은 유혹은 매우 크다. 사람들이 중앙은행의 발표를 신뢰하는 만큼 중앙은행이 합리적인 이유 없이 발표를 뒤집지 않게 하려면 어떻게 해야 할까? 현대 경제학 문헌 중에는 중앙은행의 동태적 비일관성의 해결 방안과 관련된 것들이 많이 있다. 명성을 이용해 중앙은행을 구속해야 한다는 주장도 있고, 또 거부권을 가진 정부가 중앙은행을 규범화시켜야 한다는 의견도 있다. 어떤 방법이든 앞에서 언급한 방법들과 마찬가지로 중앙은행에 제약을 가할 수 있는 독립된 제3자를 도입해야 한다. 그렇지 않으면 동태적 비일관성을 해결할 방법은 없다.

2013년 3분기 QE(Quantitative Easing, 양적 완화 정책)를 종료할지 여부에 대해서 미국 연방준비제도이사회가 보인 태도를 깊이 살펴볼 필요가 있다. 당시 거의 대부분의 분석가와 금융기구는 연방준비제도이사회가 QE의 규모를 축소할 것이라고 예상했고, 이에 시장에서는 귀금속 가격이 하락하고 달러가 강세를 보이기 시작했다.

이때 연방준비제도이사회는 갑자기 시장의 예상과 달리 축소할 생각이 없다고 발표했다. 그러자 시장이 급격하게 요동치면서 달러가 하락하고 귀금속과 주식가격이 폭등하기 시작했다. 하지만 이 모든 현상들은 실질적인 유동성 증가로 인한 것이 아니라 단지 연방준비제도이사회의 '예상치 못한 발표'로 인해 완성한 결과였다.

2015년 1월 15일 스위스 은행도 이와 같은 일을 진행한 바 있다. 당시 최저환율 제도를 실행하던 스위스 은행은 이전에 여러 차례 스위스 프랑과 유로화의 환율을 유지할 것이라고 말한 것과 반대로 당일 갑자기 포기하겠다고 발표한다. 이에 유로화는 폭락했고, 스위스 은행은 각종 방식을 통해 유로존과 스위스 사이의 경제 격차를 환율에 반영하는 데 성공한다. 이로써 스위스는 더 이상 유로화의 저렴한 대피소가 될 수 없었다.

이것은 앞에서 보았던 국가 재정위기에서의 상황과 같다. 우리는 실질적으로 중앙은행에 어떠한 처벌도 내릴 수 없다. 그래서 명성을 빌미로 중앙은행이 동태적 비일관성 행위를 하지 못하게 제약할 수 있을 뿐이다. 하지만 명성으로는 약간의 제약만 줄 뿐 철저하게 통제할 수는 없다.

북제의 세법 개혁 : 린달 세율

무성제 고담도 오랫동안 제위에 있지 못했다. 황위에 오른 그는 5~6년 뒤에 형에 대한 사죄의 뜻으로 태자에게 황위를 물려준다. 이처럼 북제에서 보기 드물게 안정적으로 황위를 물려받은 아들 고위가 바로 후주이다.

백부와 부친의 특징을 그대로 물려받은 고위는 조정에서 자신의 유모인 육령훤과 그녀의 딸인 목사리를 지나치게 신뢰했다. 두 사람이 황제의 총애를 믿고 마음대로 매관매직을 하며 조정을 어지럽혀도 고위는 신경 쓰지 않고 매일 후궁에서 육령훤의 양녀인 풍소련과 시간을 보냈다.

신무제 고환 때부터 국력이 서서히 증가하기 시작한 북제는 호시탐탐 북주를 공격할 기회를 엿보고 있었다. 하지만 이후 연이은 황제들의 폭정으로 국력이 약해진 데다 고위 때에 조정까지 문란해지면서 국력이 북주보다 뒤처지기 시작했다. 북주 무제 우문옹은 이 기회를 틈타 연전연승을 하며 북제를 정복해 갔다. 패전을 거듭하던 고위는 결국 망국의 포로가 되고 만다. 고위가 시호 없이 후주로 불리는 것도 이 때문이다.

이러한 북제는 건국 뒤 과거 북위 효문제가 실시한 개혁과 완전히 상반된 모습을 보였다. 북위 효문제가 선비족을 한족화하는 개혁을 실시했던 것과 달리 고환은 한족을 선비족화하는 정책을 펼쳤다. 이 점은 고환이 세력을 확장한 방법과 연관이 있다. 북위 시대에 국경 지역 6진의 선비족은 시간이 갈수록 중앙과 멀어지며 냉대를 받아왔다. 그러자 변방 출신인 고환은 북위가 내란에 휩싸인 틈을 타서 이들의 불만을 이용해 군대를 일으킨 것이다. 이 때문에 고환의 통치는 간단하게 선비족에게 군대를 제공받고 한족에게 자원과 인력을 제공받는 형식을 취했다.

그리고 이후 황위에 오른 문선제 고양은 실험적인 조세 정책 개혁을 단행했다. 고씨 왕조의 몇 안 되는 선정 중 하나라고 할 수 있다. 그는 모든 농가를 상황에 따라 9등급으로 나누었다. 이 개혁은 1,000년 뒤 근대 중국의 토지 개혁 구분과 비슷한 모습을 가지고 있다.

물론 고양의 개혁이 선진 사상에 근거하지 않았다는 점에서 차이점이 있다. 더욱이 완전히 새로운 세상을 만들겠다는 개혁 의식이 없었다. 그래서 가난한 빈농이 단결해 부유층에 속하는 귀족과 지주를 타도할 가능성은 거의 없었다.

물론 이 점은 고양에게 너무 지나친 요구이다. 사실상 역대 황제들 중에서 이런 의식은 가진 사람은 없었다. 귀족과 지주는 농촌 안에서 엘리트 계층이었다. 황제가 바라는 것은 그들을 통해 사회 질서가 유지되고 국가의 정책이 집행되는 것이었다. 어떠한 의미에서 보자면 지방의 명사나 지주들은 황제의 통치 기반이었다. 그래서 황제는 스스로 자신의 기반을 무너뜨리는 일은 할 수 없었다. 그렇다면 고양이 농가를 9등급으로 나눈 이유는 무엇일까? 바로 조세 제도 때문이다.

남북조시대 북방은 팔왕의 난이 일어난 이후 줄곧 전란 상태에 놓여 있었다. 게다가 과거 한나라 시대보다 취약한 복지와 위생으로 인해 많은 청장년층이 전쟁, 기아, 질병으로 죽었고, 살아남은 백성들은 생계를 위해 노비나 소작농이 되었다. 이러한 상황이 자연적으로 중앙정부의 세수가 유실되는 사태를 불러오면서 이전의 일률적인 조세 방법으로는 군비를 확충할 수 없게 된 것이다.

세수 유출 사태는 북위 시대만 해도 그리 심각하지 않았다. 왜냐하면 백성들이 도망갈 곳이 없었기 때문이다. 양자강을 넘어 남쪽으로 도망가기에는 길이 너무 험했기에 그냥 참고 살아가는 수밖에 없었다. 하지만 북위가 동서로 나뉘면서 도망갈 곳이 생기게 되었고, 인구수가 많은 쪽이 전쟁과 생산에서 우위를 점하게 되었다. 그래서 전쟁에 승리한 군인들은 반드시 상대방의 호구를 약탈했다. 서위 시대(아직 북주가 세워지기 전) 우문 일가는 경제력이 약했기 때문에 더욱 약탈에 열을 올렸다. 게다가 가혹하게 수탈할 경우 백성들이 자발적으로 상대국으로 도망을 갈 수 있었기 때문에 고양은 마음대로 세금을 올릴 수도 없었다.

고양은 이와 같은 고민 끝에 9등 호구법을 발표했다. 고양이 실시한 9등 호구법은 모든 농가를 9등급으로 나눠 조세와 부역의 비중을 다르게 하는 것을 말한다. 간단하게 설명하자면 부자는 돈으로 세금을 내고, 가난한 사람은 노역으로 노동력을 지불하는 것이라 할 수 있다. 당시 정부 세금은 두 가지 종류로 나뉘었다. 하나는 현물이나 화폐로 받는 조세이고, 또 다른 하나는 노역이다. 국가는 황실을 유지하고 관리들에게 하사품을 제공하기 위해 화폐가 필요했을 뿐만 아니라 공공건설이나 군대 업무를 처리할 노동력도 필요했다. 그리고 백성들의 경우 수입과 계층에 따라서 두 가지 세금에 대한 태도가 달랐다.

비교적 부유한 집안의 경우 조세에 대해서는 별다른 저항이 없었지만 위험한 노역에 대해서는 거부감이 심했다. 종종 부역을 하다 농사철을 놓치거나 전쟁에서 목숨을 잃을 위험이 있기 때문이다. 반대로 가난한 집안에서는 노역을 더 선호하는 경향이 있었다. 왜냐하면 입에 풀칠하기도 어려운 상황에서 노역을 가면 품삯을 받지는 못해도 최소한 배는 곯지 않을 수 있었기 때문이다. 그래서 일부 사람들의 경우 자발적으로 노역을 원하기도 했다. 하지만 가혹한 조세에 대해서는 거부감이 심했기에 강제로 조세를 걷을 경우 산으로 올라가 도적이 될 가능성이 있었다.

고양은 현대 경제학에 대해 알지 못했지만 그가 추진한 정책은 린달의 이론과 비슷한 면이 있다. 공공경제학의 기본 문제는 일정한 양의 자원을 모아야 하는 상황에서 어떻게 하면 시장의 왜곡을 최소화하고 세금을 걷을 수 있느냐에 있다. 이에 린달은 사람들의 각각 다른 상황에 근거해 상대적으로 여유가 있는 자원을 세금으로 걷어야 한다고 보왔다. 균형적인 상태에서 북제 백성들 중에는 노역이 손해인 사람도 있고 세금이 손해인 사람도 있다.

일률적으로 납부하는 상황에서 매년 모든 사람이 곡식 5두와 노역 1.5개월을 부담해야 한다고 가정해 보자. 부자들은 곡식을 더 많이 지불해 노역을 1개월로 줄이고 싶어 하는 반면, 가난한 사람들은 노역을 2개월로 늘리고 곡식은 3두로 줄이고 싶어 한다. 바꿔서 말하자면 부자는 노역이 부담이고, 가난한 사람은 세금이 부담인 상황이다. 이런 상황에서 일률적으로 세금을 징수한다면 부자들은 부당한 방법으로 노역을 피하려 하고, 돈이 없는 가난한 사람들은 파산하는 비참한 상황에 직면할 수 있다.

이럴 경우 극단적인 상황에 몰린 가난한 사람들이 노동력 암시장에 출현하게 된다. 부자들은 명부를 위조해 자신을 대신해 노역을 갈 가난한 사람을 고용하고, 가난한 사람도 각종 불법적인 수단을 시도한다. 예를 들면 세금을 납부하기 위해 농사일이 한가한 시기에는 도적질을 해서 추가 소득을 올리는 것이다.

하지만 일단 암시장이 출현한다는 것은 공정 시장이 비효율적이라서 수요를 암시장에서 보충해야 한다는 의미이다. 암시장은 불법성을 가지고 있기 때문에 필연적으로 거대한 시장 마찰을 불러오며, 정부가 허용하지 않는 명부 조작이나 뇌물 청탁 등을 위해 인력과 물력을 소모한다. 그렇기에 시장이 비효율적일 경우 상당한 낭비를 초래할 수밖에 없다.

반대로 각자 상황에 따라 다르게 세금을 걷는다면 어느 정도 백성들의 부담을 줄여 생활 조건을 개선할 수 있을 뿐만 아니라 더 많은 자원을 걷을 수 있다. 예를 들어 부자에게 곡식 5두로 1개월의 노역을 바꿀 수 있게 해주고, 가난한 사람에게 2개월의 노역으로 곡식 3두를 바꿀 수 있게 해주면 두 사람에게서 곡식 12두와 4개월의 노역을 얻을 수 있다. 과거 일률적으로 세금을 걷었을 때 두 사람에게서 곡식 10두와 노역 3개월을 얻을 수 있었던 것과 비교해 보면 새로운 세금 제도로는 부자와 가난한 사람의 상황을 개선시켜 주는 동시에 곡식 2두와 부역 1개월을 추가로 얻을 수 있다. 이렇게 모든 사람이 서로 다른 상품의 한계 지불의사 금액이 일치해 균형 상태를 달성할 수 있는 것을 린달 균형이라고 부른다.

이처럼 이 제도가 매우 성공적으로 실시되었던 것과 비교하면 서위의 통치자인 우문태는 과거에 머물러 있었다. 그는 세금과 노역을 줄여야 한다는 것은 알았지만 여전히 과거의 징수 방법을 고집했다. 고양 재위 초기에 북제는 항상 서위보다 전략적으로 우위에 있었다. 하지만 이 제도는 재위 후반에 갈수록 점차 망가지기 시작했다. 고양이 말년에 저지른 잔혹한 짓들로 조정의 기강이 무너졌고, 이후 제위에 오른 무성제 고담도 폭정을 휘둘러 국력을 소모시켰다. 효소제 고연은 비록 유일하게 정상적인 황제였지만 너무 일찍 죽었다. 이와 같은 계속되는 폭정으로 인해 마지막 황제인 고위에 이르렀을 때는 이미 고환과 고양이 남긴 정치적 유산은 모두 사라진 상태였다.

위조화폐가 사라지지 않는 이유
───

중원의 서진과 북위를 계승한 북제는 자연히 전 왕조의 화폐인 오수전을 법정화폐로 사용했다. 그리고 이전에 다루었듯 위나라와 진나라는 화폐와 곡물, 비단을 겸용해 사용했는데, 이는 다음 왕조인 북위 또한 마찬가지였고, 북제도 다르지 않았다.

하지만 북제는 자신만의 특징이 있었다. 공식 화폐는 여전히 북위 효장제 시기에 주조한 영안오수전이었지만 민간에서는 다양한 모양의 화폐들이 통용되었다. 그중 몇몇 동전의 이름을 살펴보면 청적, 긴전, 길전, 생후, 천주, 적견 등 매우 다양했다. 이러한 동전들은 모두 위조화폐로, 구리광산에 따라 품질과 가치에 차이가 있었고 형태와 색깔도 모두 제각각이었다.

사실 위조화폐는 진나라와 한나라 시대에도 항상 있어왔다. 백성들은 어째서 위조화폐를 계속 사용하는 걸까? 만약 오늘날 우리가 인쇄기로 달러나 위안화를 인쇄해 상점에서 사용하려고 한다면 어떻게 될까? 아마도 거절당할 것이다. 점원이 위조화폐인 줄 모르고 받은 바람에 그 위조화폐를 실제로 사용할 수 있었다면 아마도 얼마 안 가 체포되어 감옥에 갈 것이다. 따라서 위조화폐가 시중에서 계속 사용될 가능성은 거의 없다.

진나라 시대부터 청나라 시대까지 위조화폐가 사라지지 않고 계속 사용된 이유는 무엇일까? 화폐를 사용하는 사람들이 가짜와 진짜를 구별하지 못했기 때문이라고 볼 수는 없다. 왜냐하면 위조화폐들은 고유의 특징을 가지고 있었기 때문이다. 예를 들어 청적과 적견의 경우 정부 화폐와 비교했을 때 색깔에서 차이가 있었다. 게다가 북제 후기에 고담과 고위가 터무니없이 무거운 세금을 징수하자 민간에서는 심지어 철전과 연석전까지 나왔다. 이처럼 누가 보아도 위조화폐인 화폐가 공공연하게 유통될 수 있었던 이유는 무엇일까?

이 문제의 답을 찾으려면 일단 화폐의 본질을 생각해 봐야 한다. 이전에 말했듯이 일반적 등가물인 화폐는 상품 유통에 윤활제 역할을 하고 정부의 신용을 대표한다. 하지만 동시에 절대 잊어서는 안 되는 것은 금속화폐의 경우 그 자체로 가치를 지니고 있다는 점이다. 그러므로 금속화폐는 그 자체로 가치가 있는 등가물이며 상품이다. 상품은 자연적으로 공급과 수요를 가지고 있다.

북제 시대 농민들의 수입은 무척 단조로웠다. 그들은 주로 자신이 경작한 농작물과 경제작물을 통해 수입을 얻었다. 밀, 뽕나무 및 자신의 집에서 만든 견직물과 같은 것들이었다. 지출도 많지 않았다. 주로 세금을 납부하고 생활과 생산에 필요한 물품을 구매하는 게 전부였다. 물론 여기서 주목해야 할 점은 농작물이 계절성 작물이라는 사실이다. 그래서 수확철이 되면 단시간 내에 화폐 수요가 높아졌지만 화폐 공급량은 이를 따라가지 못했다.

북위 농민의 입장에서 위조화폐에 대한 생각을 살펴보도록 하자. 옹주(지금의 뤄양과 인접한 멍저우시 인근)에 살고 있는 조명형*이란 농민이 있다고 가정해 보자. 집안에는 50~60무의 토지가 있고, 아내와 첩과 함께 자급자족하며 생활하고 있다. 가을철 추수를 앞두고 조명형은 익어가는 이삭들을 보며 생각에 잠겼다. 올해는 농사가 순조로운 덕분에 한 해 동안 식구들이 먹을 양식과 다음 해 종자를 제외하고도 20섬은 거둘 수 있을 것으로 보였다. 현재 시장에서 곡식 1섬당 2전에 거래되고 있으니 40전을 벌 수 있는 셈이다. 그중 정부에 세금으로 5전을 내고 35전이 남으면 다음 해까지 풍족하게 살 수 있었다. 조명형은 가족들과 매일 신선한 달걀을 먹을 수 있도록 닭 몇 마리를 구입할 계획도 세웠다.

---

* 2010년 영원장군 조명도의 묘에서 북위와 북제 시대 지방의 특색과 풍습을 알 수 있는 자료들이 출토되었다. 이에 조명도 장군을 기리는 의미에서 장군의 성을 빌려 주인공의 이름을 조명형이라 지었다.

추수를 마친 조명형은 한가롭게 달구지를 몰고 옹주성에서 큰 양곡
장인 만성 양곡 도매상으로 향했다. 옹주성에 들어서니 곡식을 실은
달구지들이 길가에 늘어서 있는 것이 보였다. 사람들은 한숨을 내쉬며
매장 밖에서 가격을 점치고 있었다. "3섬에 1전은 받을 수 있나?" 서로
가격을 셈해보는 사람들의 목소리에 힘이 없었다.

그때까지 기대에 부풀어 있던 조명형의 눈이 휘둥그레졌다. 자신이
신고 온 곡식 더미를 보던 조명형은 예상했던 가격의 4분의 1인 10전밖
에 얻을 수 없다는 사실에 힘이 빠졌다. 생각하면 생각할수록 어이가
없었다. 그렇게 좌절하고 있던 때 갑자기 웬 젊은이가 자신의 소매를 당
기며 은근슬쩍 따라오라는 눈짓을 했다. 조명형이 의심하면서도 젊은이
를 따라 인근 술집에 들어가니 안에는 이미 몇 명의 사람들이 모여 있
었다.

잠시 뒤 부자인 듯 보이는 중년 남자가 들어와 모두에게 인사하며 말
했다. "여러분 1년 동안 고생하셨소. 그런데 올해 농사가 풍년이라 곡물
가격이 많이 떨어져서 모두 마음이 편치 않으시겠소?" 그러자 여기저기
서 볼멘소리가 터져 나오기 시작했다. "말도 안 되게 떨어졌소", "이건 터
무니없는 가격이오. 세금 내고 나면 남는 게 없지 않소." 중년의 남자가
큰 소리로 주변을 조용히 시킨 뒤 본론을 꺼내놓기 시작했다. "우리 옹
주에 오수전 말고 청적전이 있는 건 알고 있소?"

몇 년 전부터 시장에 출현한 청적전은 오수전과 같이 쓰였다. 철이
비교적 많이 함유되어 있는 옹주 인근 구리광산에서 주조해 동전이 청
색과 붉은색을 띠고 있었기 때문에 청적전이라 불렸다. 정부가 하북에
서 주조한 동전은 누런 색이기 때문에 두 가지 동전을 한눈에 구분할
수 있었다. 청적전은 관리들이 받지 않았기 때문에 세금으로는 낼 수

없지만 시장에서는 통용되었다.

　중년의 남자가 계속 말했다. "내가 청적전으로 여러분의 곡식을 사려고 하오. 쌀은 1섬에 1전, 조는 2섬에 1전으로 받겠소. 어떠시오?" 조명형은 머릿속에서 재빨리 주판을 굴리기 시작했다. 세금으로 내기 위해 5전은 반드시 오수전으로 바꿔야 했다. 그것을 제외하면 20섬이 남으니까 청적전 20전으로 바꿀 수 있었다. 지금은 모두가 곡식을 팔아 세금을 내는 시기이기 때문에 시장에 오수전이 부족해 청적전 2전으로 오수전 1전을 바꿀 수 있었지만 이 계절만 넘기고 보릿고개가 시작되면 청적전과 오수전이 거의 같은 가격에 거래될 것이다. 그러니 돈이 급하게 필요하지 않은 때는 청적전으로 바꾸는 게 훨씬 남는 장사였다.

　이에 조명형은 곡식을 청적전 20전으로 교환했다. 다른 사람들도 각자 자신의 상황에 따라 거래를 진행했다. 중년 남자는 곡식을 가득 싣고 줄지어 창고로 들어가는 마차들을 보고 즐거워하며 생각했다. '구리광산을 가지고 있으니 이렇게 좋구나! 내가 주조한 돈으로 시장에서 정정당당하게 곡식을 살 수 있다니. 내일은 몇 명 더 고용해서 밤낮 가리지 않고 돈을 주조해야지!'

　조명형을 통해서 백성들이 청적전으로 교환하려는 이유가 오수전이 부족하기 때문이라는 사실을 알 수 있다. 이처럼 세금 낼 오수전도 구하기 쉽지 않기 때문에 조명형은 일상생활에서 오수전을 사용하고 싶어 하지 않는다. 그럼 어떻게 해야 할까? 바로 다른 대체물이 필요하다. 옹주에서는 청적전이 바로 대체물이었다. 세금 납부를 제외한 일반 거래에서 상품 유통의 윤활제 역할을 할 화폐가 필요했고, 부족한 오수전 대신 청적전이 그 역할을 했던 것이다.

　청적전은 정부가 관리하지 않기 때문에 어떻게 보면 화폐가 아니라 작은 구리 조각에 지나지 않는다. 이러한 작은 구리 조각이 화폐로 이용되려면 다른 사람들이 그것을 받아주고 사용해야 한다. 사람들의 믿음이 각기 달라 무수히 많은 균형이 존재하는 상황에서 가장 전형적인 것은 '위조화폐가 없는 균형'이다. 한마디로 모든 사람들이 위조화폐를 받지 않을 경우 자연적으로 위조화폐는 존재할 수 없다. 하지만 반대로 위조화폐가 기존의 오수전과 같은 가치를 지닐 경우 민간에서는 더욱 적극적으로 유통될 수 있다.

내시 균형 모델 자체로는 우리에게 어떤 균형이 가능한지를 알려주지 못한다. 하지만 현실적인 경제 규칙에서 보면 법정화폐가 부족해 유통에 필요한 수요를 만족시켜 주지 못할 때 사람들은 위조화폐를 받아들이는 경향이 있다. 법정화폐는 국가신용을 담보로 하기 때문에 대다수의 상황에서 자유롭게 사용할 수 있다(물론 예외는 있다). 그래서 법정화폐가 충분하고 정부가 인플레이션 정책을 남발하지 않는다면 위조화폐는 등장할 수 없다. 하지만 법정화폐가 부족한 상황에서 일부 백성들이 반신반의하며 위조화폐를 받아 사용한다면 위조화폐는 진정으로 가치를 가지게 된다.

현대 사회에서 비트코인과 같은 암호화폐가 일부 사람들에게 받아들여지는 이유도 어떤 의미에서는 '법정화폐 부족에 의한 결과'로 볼 수 있다. 예를 들면 자금세탁이나 마피아 거래와 같이 익명성이 요구되는 거래에서 만약 법정화폐를 사용해 은행에서 계좌이체를 한다면 바로 추적당할 수 있다. 이처럼 법률적 규제 때문에 은행 장부로는 은밀한 거래를 할 수 없어 익명 거래 시장에서 화폐 부족 현상이 일어날 때 비트코인과 같은 암호화폐가 그 공백을 메꿔줄 수 있다. 이렇게 일부 상점에서 비트코인을 받아 사용할 경우 비트코인은 진정한 가치를 가지게 되고, 다른 익명성이 필요 없는 거래에서도 사용되기 시작하는 것이다.

여기서 짚고 넘어갈 점은 청적전이나 적견전과 같은 위조화폐들이 비트코인보다 신용이 낮았다는 점이다. 비트코인은 스스로 인플레이션을 통제할 기술을 갖추고 있지만 당시 위조화폐의 경우 그렇지 않았다. 당시 위조화폐를 만드는 사람들은 많이 위조할수록 자신에게 이득이라 생각했고, 또 더구나 발각되어 사용이 금지될 경우를 대비해 남용하려는 경향이 강했다.

사실 북제 조정도 여러 차례 금지 명령을 내리고, 행정수단을 동원해 위조화폐를 법정화폐에 통일시키려 시도했지만 법정화폐가 부족한 고질적인 문제로 인해 효과를 보지 못했다. 위조화폐는 정부의 제재에 잠깐 주춤하다가도 다시 모습을 드러내곤 했다. 이러한 위조화폐 문제는 수나라가 천하를 통일하면서 조금 호전되기 시작한다.

제14장

수문제의 제도 개혁과 철권 통치

성군으로 알려진 수문제는 관리를 엄격하게 선발하고 흉년에 대비해 의창을 건설했으며, 이후 1,000년 동안 이어지는 중앙 조직인 5성 6조를 확립했다. 하지만 당태종은 수문제에 대해 "지나치게 꼼꼼해서 사리에 밝지 못했다"라고 평가했다. 성군이라 일컬어지는 수문제를 저평가한 이유는 무엇일까? 경제학의 관점에서 지나치게 엄격한 통치가 국가 안정에 도움이 되지 못하는 이유를 알아보고, 서한의 재상 중심 조직과 수문제의 5성 6조 조직을 비교해 본다.

가혹한 법률과 형벌을 실행한 수문제

여러 황제들의 폭정과 '사랑에 눈이 먼' 고위의 사치스런 생활로 인해 국력이 약해진 북제는 얼마 뒤 북주 무제 우문옹에 의해 멸망한다. 이렇듯 북제를 멸망시킨 우문옹은 역사에서 몇 안 되는 꼭두각시 시절을 청산하고 권력을 손에 넣는 데 성공한 황제 중 한 명이다.

북위가 동서로 쪼개졌을 때 서위의 실권자는 우문태였다. 이후 우문태는 죽고 적장자인 우문각이 대업을 계승해서 북주의 개국황제가 되었지만 우문각은 나이가 어렸다. 실권은 우문태의 조카인 우문호가 장악하고 있었다. 호시탐탐 황위를 노리는 우문호는 역사적으로 뛰어난 무장이라 불리지만 또 한편으론 역사상 가장 많은 황제를 살해한 인물이기도 하다. 일반적으로 남조 송나라 유유나 북제 문선제 고양과 같이 황위를 찬탈한 사람들은 현재의 황제를 퇴위시킨 뒤 암암리에 살해했다. 제위에 있는 3명의 황제를 연이어 살해한 인물은 우문호가 거의 유일하다.*

우문각의 경우 권력을 가져오기 위해 수하 대신인 독고신과 조귀와 함께 군대를 일으키려 시도하다가 발각되었다. 이에 두 대신들이 차례로 죽임을 당하고 우문각도 퇴위를 강요당하고 죽음을 맞는다. 이후 우문호는 우문각의 동생인 우문육을 황위에 올리는데, 바로 북주의 두 번째 황제인 주명제이다. 주명제는 비록 인자하고 명석한 황제였지만 상황을 극복하지 못한 채 제위에 오른 지 1년 만에 사망한다. 우문호의 권력을 두려워하지 않고 적극적으로 조정의 일을 처리하며 선정을 베푸는 주명제의 모습에 위협을 느낀 우문호가 그를 독살한 것이다. 임종 직전 우문육은 대신들에게 자신의 동생인 우문옹을 황태자로 삼는다는 유언을 남겼다.

이처럼 죽음의 그림자가 드리운 제위에 오른 우문옹은 두 형들과 다르게 우문호에게 순종하는 모습을 보여 천천히 경계심을 풀게 만들었다. 그렇게 무려 12년 동안 복수의 기회를 엿본 우문옹에게 마침내 기회가 찾아온다. 그는 우문호에게 '요즘 태후가 술을 너무 많이 마시니 술의 해로움을 다룬 주고(酒誥)를 읽어 태후를 설득해 달라'고 말한다. 함정을 알아채지 못한 우문호가 아무 경계심 없이 태후 앞에서 주고를 읽자 뒤에 있던 우문옹은 옥홀(玉笏)을 힘껏 휘둘러 우문호의 뒤통수를

---

* 우문호가 살해한 황제는 민제 우문각과 명제 우문육, 그리고 과거 선양을 강요한 서위 공제 탁발곽이다.

내리쳤다. 우문호가 쓰러지자 우문옹의 동생 우문직이 칼로 그의 목을 베었다.

우문호를 죽이고 권력을 손에 넣은 우문옹은 군대를 일으켜 동쪽 북제를 취하고 남조 진나라를 압박했는데, 마치 관중을 정복하며 기세를 떨친 유방의 모습과 같았다. 하지만 승승장구하던 우문옹은 북제를 멸망시킨 뒤 거란과 대대적인 전투를 준비하던 중 병에 걸려 젊은 나이에 사망한다. 그가 미처 완성하지 못한 대업을 그의 사돈인 수국공 양견이 이어받는다.

무제 우문옹이 죽은 후 황위에 오른 선제 우문빈은 방탕하고 주색에 빠진 혼군이었다. 그는 황위에 오르고 얼마 뒤 아들인 우문천에게 황위를 물려주고 다음 해에 사망한다. 이로써 어린 황제가 제위에 오르자 주국대장 양충의 아들인 양견이 황제를 보좌하며 조정의 권력을 장악했다. 얼마 뒤, 과거 찬탈자들이 그러했듯이 양견 역시 정제 우문천으로부터 선양을 받았다. 이로써 북주는 수나라로 명칭이 변경된다.

이러한 과정 때문에 후세 사람들이 수문제 양견을 '과부와 자식'에게서 천하를 빼앗은 인물이라고 비웃었지만, 사실 그는 상당히 많은 업적을 남긴 황제다. 20여 년의 재위 기간 동안 그는 개황지치(開皇之治)를 이룩하며 탁월한 치적을 남겼다.

우선 군사상의 업적을 살펴보자면 그는 서진 이후 근 300년 동안 분열되어 있었던 천하를 통일하고 한나라 관리 체제를 회복시켰다. 중원에서 오랜 시간 세력을 떨치며 싸워오던 소수민족들은 한족과 융합되거나 중원에서 쫓겨나야 했고, 대초원에서 세력을 키우고 있던 거란과 돌궐도 그의 이간질에 삼삼오오 분열되어 세력이 약화되었다.

또 정치상의 업적을 살펴보면 그는 9품 중정제를 폐지하고 과거 제도를 실시했으며, 3성 6부의 전신인 5성 6조 제도를 확립했다. 이로써 재상의 권한을 세 부분으로 분리시켜 위협을 줄였고, 정치 조직을 개편해 필요 없는 관직을 없앰으로써 백성들의 부담을 줄여주었다.

마지막으로 경제상의 업적을 살펴보면 수문제는 통일 후 과거의 제도를 모방한 균전제를 실시해 백성들이 자신의 땅에서 농사를 지을 수 있게 했다. 이렇게 20여 년 동안 계속된 개황지치 덕분에 수양제 양광이 즉위했을 때는 이미 전국 인구가 400만 호에서 800만 호로 거의 두배 증가해 있었다.

이와 같은 업적을 남긴 그는 또 상당한 애처가였으며* 자신감이 넘치는 인물로 다음과 같은 말을 한 적이 있다. "제왕은 천명을 받아야지 사람의 힘으로 될 수 있는 게 아니다. 뛰어난 재능을 가지고 여러 저술을 남긴 공자도 분명 제왕의 자리에 오르고 싶어 했을 것이다. 하지만 천명을 받지 못했기에 그렇게 할 수 없었던 것이다."**

하지만 이상하게도 성군이라 할 만한 업적을 남긴 수문제에 대한 후세의 평가는 그리 좋지 않다. 수문제는 뭐든 밀어붙이는 방식으로 해결했다. 장안의 치안이 불안한 문제를 신하들과 논의하던 수문제는 좋은 방법이 나오지 않자 백성을 동원하라 명했다. 도둑을 잡거나 고발하면

---

* 그는 황제가 된 후에도 규범에 따라 황후와 별거하는 것을 원치 않았다. 이전과 같이 실과 바늘처럼 항상 함께하며 평생 동안 아내를 살뜰히 아꼈다고 한다. "애초에 고조는 독고후와 서로를 깊이 사랑하고 존중해 다른 이에게 자식을 낳지 않기로 맹세하고 대신들에게 말했다. '전대의 천자들이 애첩에 빠진 탓에 적자와 서자가 서로 나뉘어 폐위되고 세워지거나 심지어 나라가 망하기까지 했다. 짐의 곁에는 희시가 없고 다섯 아들 모두 같은 어머니에게서 태어났으니 진정한 형제들이라 할 수 있다. 그러니 어찌 이러한 걱정이 있겠느냐!'"-『자치통감』권 180

** "주위 신하들을 둘러보며 말했다. '제왕이 어찌 힘으로 구하기를 바랄 수 있단 말인가! 공자는 성인이 될 재능을 가지고 후세에 길이 전해질 저작을 남겼으니 어찌 제왕의 자리에 오르고 싶어 하지 않았겠는가? 다만 천명을 받지 못했기 때문이다.'"-『수서·고영전』

도둑에게서 압수한 재산을 주라는 것이다. 이 명령이 내려지자 장안성의 치안은 1개월 만에 안정되었다.

하지만 이후 서서히 원래 의도와 다르게 이를 악용하는 '영리한' 사람들이 생겨났다. 이들은 일부러 부유한 집 대문 앞에 재물을 놓아두고 기다리고 있다가 그 집 주인이 그것을 주우면 즉각 관부에 고발해 그의 모든 재산을 차지했다. 수문제는 이런 사실을 모르지 않았으나 더욱 강하게 밀어붙였다. "단 1전이라도 도둑질한 자는 사형시키고 그 시체를 저잣거리에 버려두도록 해라!"

그 결과 사람들이 자칫 '도둑'으로 몰릴까 두려워 거래를 꺼리게 되면서 장안의 장터가 얼어붙었다. 법이 두려운 것은 하급 관리들도 마찬가지였다. 수문제는 관리들이 뇌물을 받아먹는다는 사실을 알고 있었다. 그래서 항상 사람을 파견해 탐관오리를 조사하게 했고 일단 드러나면 바로 참수시켰다. 다른 범죄에 대해서도 수문제는 관용 없이 모두 엄격하게 처벌했다.

그렇다면 모든 관리와 백성들이 법을 지키며 성실하게 살아갔을까? 꼭 그렇지만은 않다. 기회를 이용해 자신의 이득을 챙기는 사람은 항상 있는 법이다. 월국공 양소는 손금 보듯이 훤하게 수문제를 알고 있었다. 그래서 황제의 기분이 좋지 않을 때를 이용해 일부러 자기 수하들의 잘못에 관리들이 제대로 대처하지 못했다는 상주를 올렸다. 결국 그 관리들은 중형을 받거나 사형에 처해졌다.

수문제 통치의 문제점은 무엇이었을까? 예를 들어 미국의 연방거래위원회, 영국의 공정거래청과 같은 기구들은 기업에 대한 규제와 관리를 책임지며, 비밀리에 가격 담합을 하는 등의 부정경쟁을 제약하거나 처벌할 수 있다. 이러한 기구들이 만약 법을 어긴 기업에게 파산할 정도로 천문학적인 벌금을 매긴다면 어떨까? 그러면 불법적인 수단을 사용하는 기업들이 완전히 사라지지 않을까? 현실에서 이렇게 강력한 규칙을 제정하지 않는 이유는 무엇일까?

우선 규제기구에서 천문학적인 벌금을 제정해 어느 정도 효과를 보기 위해서는 일정한 빈도수에 따라 각 분야를 조사해야 한다. 일단 조사를 하게 되면 어디에나 범죄가 드러날 가능성이 존재한다. 무고한 기업이라도 범죄 혐의가 발견되어 유죄를 선고받으면 파산할 수밖에 없고, 사회적으로도 상당한 손실을 입게 된다. 만약 미국이 이와 같은 방법으로 기업을 조사한다면 마이크로소프트사, IBM과 같은 세계적인 기업들도 소송에 휘말려 10년, 20년 만에 사라질 것이다.

사전에 매우 높은 벌금을 제정하면 기업이 부정경쟁을 저지를 확률이 줄어들겠지만 이미 부정경쟁을 저지르고 있는 기업을 즉각 파산시키는 것은 좋은 방법이 아니다. 몇몇 기업들을 교훈으로 삼아 다시는 이런 불법을 저지르지 못하게 하고 싶지만 그렇다고 이러한 기업에게 천문학적인 벌금을 매길 수는 없다. 그래서 기업의 불법행위를 사전에 막을 확률과 벌금이 제정된 이후 기업의 지속 가능성 사이에 '트레이드오프'가 출현하게 된다.

여기서 주목할 점이 2008년 미국 서브프라임 모기지론 사태이다. 당시 미국 정부가 긴급구조 자금으로 총 7,000억 달러를 투입함으로써 월가의 투자은행들은 파산의 위기를 모면할 수 있었다. 사실 여기서 트레이드오프는 두 가지 방면에서 출현했다. 먼저 국가는 기업 파산으로 인한 후폭풍을 감당할 수 없었기에 어쩔 수 없이 무리해서라도 구조금을 투입할 수밖에 없었다. 다음으로 구조금을 받을 것이라 예상한 기업들은 사전에 제멋대로 자신들이 감당할 수 있는 위험의 상한선을 높였다.

자신들의 계산서를 정부가 처리할 수밖에 없다는 사실을 이용한 것이다.

수문제가 간과한 것은 두 번째 방면이다. 일부 작은 범죄를 저지른 백성과 관리들의 경우 약하게 처벌해서 이후 자신의 직책과 생활에서 더 나은 역할을 할 수 있게 해줘야 한다. 하지만 수문제는 강력하게 처벌함으로써 공포 분위기를 만들어 조정과 시장을 얼어붙게 만들었다.

더욱 심각한 점은 수문제가 법률을 따르지 않고 제멋대로 가중 처벌을 함으로써 관료들에게 전략적 행동을 할 수 있는 여지를 제공했다는 것이다. 황제의 심기를 건드린 사람은 법보다 더 무거운 처벌을 받을 수 있었다. 그래서 황제의 기분을 이용해 자신이 좋아하는 사람을 천거하고 싫어하는 사람을 음해해 해치워버릴 수 있었고, 이에 조정의 권력 투쟁이 갈수록 심해지면서 권신과 간신들이 생겨나게 되었다.

이러한 점은 당태종 이세민이 수문제를 평가한 말에서도 드러난다. "그는 지나치게 꼼꼼해서 사리에 밝지 못했다. 마음이 어두우면 두루 살펴도 자기 잘못은 관찰하지 못하고, 지나치게 꼼꼼하면 사물에 많은 의심을 품게 되는 법이다. 그는 또 고아와 과부를 속여 천하를 차지했기 때문에 신하들이 복종하지 않을까 두려워하며 모든 관리들을 믿지 못했다. 이에 모든 일들을 스스로 결정하며 몸과 마음이 피곤했지만 이치에 맞게 처리할 수 없었던 것이다. 조정의 신하들도 그의 그러한 마음을 알고 있었기에 직언을 하지 못하고, 재상 이하 관리들은 오직 받들어 순종할 뿐이었다. 하지만 짐의 뜻은 그렇지 않다. 천하가 이렇게 넓은데 어찌 한 사람의 독단적인 생각으로 일을 처리할 수 있겠는가. 짐은 널리 인재를 선발해 일을 맡길 것이다. 맡은 일에 따라 책임을 다하며 저마다 가치를 충분히 발휘할 수 있어야 한다." 비록 자신의 치적을 과시하는 문장이지만 수문제의 과오를 아주 정확하게 짚어내고 있다.

역효과를 불러온 의창

경제 방면에서 수문제는 한나라와 진나라가 상평창을 이용해 곡물가격을 안정시켰던 방법을 응용해 수나라 각지에 '의창'(義倉)을 건설했다. 의창이란 명칭은 원래 장도릉이 세운 오두미교(伍斗米敎)에서부터 기원했다. 동한 말년 장도릉의 손자 장로는 한중에서 할거해 중국 역사상 최초로 정교합일(政敎合一)의 정권을 세웠다. 장로는 다스리는 마을과 읍에 의창과 의사(義舍)를 설치해 지나가는 사람에게 무료로 머물 곳과 음식을 제공했다. 이러한 의창과 의사는 평상시 각 마을에서 자체적으로 유지했기 때문에 현지의 '제주'가 사람을 파견해 관리를 책임졌다.

그러자 일순간에 한중이 질서정연하게 다스려졌다. 백성들은 비록 강제적으로 오두미교를 믿어야 했지만 기본적인 생활과 외출은 보장되었고, 더 이상 추위와 굶주림에 시달리지 않아도 되었다. 한중은 마치 삼국의 치열한 전쟁을 피할 수 있는 무릉도원과 같았다.

당시의 생활수준을 기준으로 환산해 본다면 장로가 건립한 사회보장 체제는 아마 현대 유럽 사회보장 제도와 별 차이가 없을 것이다. 현대 유럽의 대다수 국가들은 저소득 계층에게 거주권, 실업수당, 교육기본권을 보장해 주고 있다. 2,000년 전에 이미 장로가 거주권을 보장해 주는 의사, 실업수당을 지급해 주는 의창, 그리고 교육기본권을 제공해 주는 도교문화 등 세 가지의 기본권 보장 제도가 있었다.

안타깝게도 이후 장로는 조조에게 투항했으며, 나중에 한중은 유비의 손에 들어갔다. 한중의 백성들이 조조의 강제이주 명령에 따라 중원으로 이동하면서 이 제도도 더 이상 지속되지 못했다. 수문제가 설치하려는 의창은 이름만 빌렸을 뿐 실제로는 상평창과 더 유사했다. 풍년에

'곡물가격이 저렴해져서 농민들이 피해를 보는' 상황을 줄여주고, 또 의창 사이의 상호운송 네트워크를 전국 범위로 건설하는 것이다. 그러면 이론상 전국적으로 큰 흉년이 들었을 때 정부는 의창 네트워크를 통해서 전국의 곡물가격을 안정시킬 수 있다.

곡물가격 안정화는 사실 한편으로는 정부가 발행한 동전의 가치를 간접적으로 보호하는 것이다. 즉, 이러한 의창 네트워크가 어떠한 의미에서 중앙은행의 역할을 한다고 할 수 있다. 의창이 진행하는 대내외적 곡물 매매가 중앙은행의 시장 조작과 같기 때문이다.

앞에서 한무제가 흉노족을 정벌한 이후 국내 호구가 절반 이상 허비되었고, 국력도 상당히 많이 소모되어서 곡식 1섬의 가격이 1만 전에 이른 상황을 언급한 바 있다. 사실 이러한 심각한 인플레이션은 곡식과 동전의 합리적인 교환비율을 유지할 수 없을 만큼 정부가 무력했다는 것을 의미한다.

이 때문에 서한 후기 황제와 대신들은 상평창을 건설해 정부 신용을 보호할 필요성을 느끼게 되었다. 비록 대지주와 지방 호족들의 반대에 부딪쳐 상평창은 실행되고 얼마 뒤 폐지되어 버렸지만 이러한 생각은 수나라 때까지도 이어져 오고 있었다. 수나라 탁지상서(탁지상서라는 관직은 당나라 시대에 호부상서로 명칭이 변경된 뒤 청나라 시기까지 이어진다)를 맡고 있던 장손평이 의창 건설을 건의하자 수문제는 과감히 거액의 비용을 들여 나라의 복지 수준을 향상시키기로 결정한다.

시골과 도시마다 크고 작은 의창을 건설해 풍년일 때 남는 곡식을 의창에 헌납하게 했는데 어떤 농촌에서는 의창 안에 곡식이 가득해 흉년이 들어도 백성들의 생활에 큰 타격을 입지 않을 수 있었던 반면 어떤 곳에서는 의창 안에 곡식이 없어 기아에 허덕이다 유랑민으로 전락하는 상황이 생겨났다. 수문제는 의창이 제대로 효과를 보지 못하는 지역을 이해할 수 없었다. 어째서 의창을 설치했는데도 효과를 보지 못하는 것일까? 이에 그는 의창에 곡식이 풍부한 지방관은 더 많은 승진 기회를 주고, 의창에 곡식이 없는 지방관은 좌천시키거나 죄를 물어 처벌했다. 의창의 효과가 미비한 것을 온전히 관리들의 책임으로 보고 통제하려 한 것이다.

수문제는 또 일부 자신의 이익만 생각하는 백성들이 있다는 사실을 발견했다. 이들은 자발적으로 헌납하려 하지 않으면서 구제를 받을 때는 가장 먼저 달려와 손을 내밀었다. 이러한 사람들이 있는 한 의창은 제대로 실행될 수 없었다. 이에 수문제는 다시 조서를 반포해 호구를 상중하 세 등급으로 나누어 매년 각각 의창에 1섬부터 3두까지 등급에 따라 곡식을 헌납해야 한다고 정했다. 동시에 곡식의 지출과 수입 관리를 더욱 편하게 하기 위해서 의창을 농촌에서 현으로 이전시켰다. 의창의 헌납이 규범화됨에 따라 수문제는 이 제도가 더욱 효과적으로 실행될 것이라 자신했다.

이후 의창은 어떻게 운영되었을까? 수문제의 뒤를 이어 양제가 집권하자 천하는 또다시 혼란에 휩싸였다. 날마다 곳곳에서 봉화가 피어올랐고, 굶어 죽는 사람이 속출했지만 구제를 받을 수 없었다. 이에 굶주림에 시달리던 백성들은 살기 위해 봉기군에 참여했다. 그런데 뜻밖에도 현을 점령한 봉기군이 의창을 열어보면 종종 곡식이 가득 쌓여 있는 것을 발견할 수 있었다. 예를 들면 와강채가 낙구를 점령했을 때 그곳에 수십만 대군이 먹을 수 있을 만큼 많은 곡식이 쌓여 있었다고 한다. 이것은 와강채가 빠르게 규모를 확장시킨 원인이 되었다.

다른 의창의 경우 낙구만큼 규모가 크지는 않았지만 봉기군들이 군대를 모집해 세력을 키우기에는 충분한 양의 곡식이 쌓여 있었다. 그러니 의창은 수나라의 통치 기반을 공고히 해주기는커녕 오히려 멸망을 부추기는 화근이 되었던 셈이다. 왜 이런 현상이 벌어진 것일까? 수문제가 저지른 잘못은 무엇일까? 먼저 의창에 곡식을 가득 쌓은 지방관에게는 상을 주고, 그렇지 못한 지방관에게는 벌을 준 점을 살펴볼 필요가 있다. 언뜻 보기에는 효율적인 정책 같아 보이지만 여기에는 중요한 핵심이 간과되어 있다. 바로 황제와 지방관들 사이에 정보의 비대칭성이 존재한다는 점이다. 또 그는 의창의 곡식 비축 정도에 따라 지방관의 업무 효율을 평가하려 했지만 이 두 가지는 전혀 연관되어 있지 않다.

지방관은 두 가지 수단을 통해 의창에 곡식을 가득 채울 수 있다. 먼저 능력 있고 뛰어난 인품을 가진 지방관의 공정한 관리하에 백성들이 자발적으로 곡식을 헌납하는 것이다. 이것은 가장 이상적인 상황이다. 반대로 더 쉽고 과격한 방식을 통해서도 가능하다. 지방관이 자신의 행정 권력을 이용해 곡식을 헌납하도록 강요하는 것이다. 약자인 백성들은 화를 피하기 위해 어쩔 수 없이 곡식을 헌납할 수밖에 없다. 수문제가 지방관들이 어떤 방식을 이용해 의창에 곡식을 채우는지를 알 수 없었다는 점이 문제였던 것이다.

경제학자 벵트 홀름스트룀과 폴 밀그롬의 이론을 보면 수문제가 실시한 업무 효율 향상 시스템이 완전히 실패했다는 점을 알 수 있다. 왜냐하면 행정 권한을 이용해 곡식을 채우는 게 고생스럽게 헌납을 요구하는 것보다 훨씬 쉽고 빠르기 때문이다. 이 때문에 관리들은 도덕자본이 상당히 높지 않은 이상 자신의 승진을 위해서 백성들을 압박하고 희생시키기 쉽다. 그러니 수문제가 실시한 상벌 제도는 사실상 관리들에게 잘못된 동기를 불어넣어 준 셈이다.

수문제가 다음으로 실시한 조치에도 의창 제도의 치명적인 문제점이 있었다. 바로 의창을 농촌에서 현으로 이전시켜 민영에서 관영으로 변경한 것이다. 이전에 의창은 집단 소유제였다. 한 마을 사람들이 공동으로 건설해 관리했기 때문에 '공유지의 비극' 상황은 발생하지 않았다.

관리경제학의 아버지인 에드워드 라지어는 이런 상황을 다음과 같이 설명한다. 마을 사람들은 오랫동안 한 마을에서 교류하며 같이 살아간다. 그래서 자신이 오늘 헌납을 해서 좋은 인상을 남겨놓을 경우 나중에 자신이나 가족들이 도움이 필요할 때 받을 수 있다는 사실을 알고 있다. 이에 마을 사람들은 자신의 이익만 생각하며 이기적으로 행동하기보다는 오히려 서로 호감을 얻기 위해 이타적으로 행동하려 한다. 바로 '또래 압력'에 의해서 자발적으로 헌신하는 것이다.

하지만 의창을 현으로 이전시키자 농민들은 이전보다 소극적인 반응을 보이기 시작했다. 고대에는 교통이 발달하지 못했기 때문에 농민들은 평생 동안 자신의 생활반경에서 몇십 리 밖으로는 벗어나지 않았다. 그래서 의창이 현으로 이전되자 농민들은 잘 알지도 못하는 다른 사람들만 배부르게 할 뿐이라는 생각에 적극적으로 곡식을 헌납하려 하지 않았다. 바로 또래 압력이 사라지면서 다시 '공유지의 비극'이 모습을 드러내기 시작한 것이다.

이전 농촌 의창은 민영 창고라고 볼 수 있다. 또래 압력의 영향 속에서 백성들이 스스로 자신들의 의창을 관리하는 형식은 비록 원시적이지만 흉년이 들었을 때 충분히 그 역할을 발휘할 수 있다. 반면 관영의 경우 의창의 관리권이 대리인인 현지 지방관에게 넘어가게 된다. 이러한 지방관들은 자신의 승진을 중시할 뿐 백성들의 통제를 받지 않는다. 그래서 주인과 대리인 사이에 심각한 목표 차이가 발생한다. 약자인 주인이 대리인에게 승진과 관계없이 현지 상황에 따라 의창을 관리할 수 있도록 충분한 동기를 제공하지 못하기 때문이다.

게다가 유일하게 관료 시스템을 변화시킬 수 있는 수문제는 설상가상으로 의창 강제령을 반포해 세금을 걷듯이 곡식을 걷어 비축하게 했다. 또 의창의 개방, 운송, 곡식 판매 전부 관부의 승인을 받아 진행하도록 함으로써 관리들이 부정부패나 내부 거래를 저지를 수 있는 여지가 많아지게 만들었다. 그러자 수문제는 관리들을 감독하기 위해 의창의 권한을 중앙으로 옮겨 왔고, 이에 굶어 죽는 사람이 속출해도 황제의 칙령이 없으면 지방관이 자발적으로 구휼활동을 할 수 없게 된 것이다. 수문제는 아마도 시기를 잘못 만난 군주인 것 같다. 그가 에드워드 라지어나 폴 밀그롬과 같은 경제학자들의 저서를 읽을 수 있었다면 틀림없이 의창을 더 효율적으로 관리했을 텐데 말이다.

재상의 분권과 집권

비록 수문제는 의창 제도에서는 실패했지만 중앙 조직 개혁에서 탁월한 성과를 보이며 후세에 깊은 영향을 미쳤다. 중국 역사에서 재상이란 이름의 직위는 등장하지 않지만 역대 왕조에서는 항상 재상과 유사한 직위가 있어왔다. 2,000여 년의 중국 봉건시대와 중앙집권시대를 살펴보면 황제는 양파 껍질을 벗기는 사람과 비슷하다고 할 수 있다. 황제는 가장 가까운 사람을 재상으로 등용한 뒤 쓰임이 없어지면 주변에서 다른 사람을 찾아내 끊임없이 교체시켰다. 이러한 과정은 과거 하나라, 은나라, 주나라 삼대부터 원나라, 명나라, 청나라에 이를 때까지 계속 반복되었다.

상고시대에 '상'(相)은 사실 부락 우두머리의 측근 관리자를 뜻한다. 이후 하나라, 상나라, 주나라 시대에 국가 형식으로 변화하면서 자연히 부락의 관리자 역시 국가 관리자로 변화하였다. 여기서 바로 재상이 기원한 것이다. 이에 군주와 재상의 관계도 점차 정식화되고 제도화되기 시작했다. 군주의 개인 관리자에서 점차 천하를 관리하는 정식 관직으로 변화한 것은 바꿔 말하자면 군주와 재상의 관계가 소원해지기 시작했다는 의미다.

이후 진나라와 서한 초기에 이르면 황제 바로 아래 승상의 권한이 상당히 커진 것을 알 수 있다. 관리들을 통솔하고 천하에 정책을 반포하는 역할을 한 승상은 직위가 아주 높았기 때문에 태자와 제후들도 예를 갖춰 대해야 했다. 실질적인 정무는 모두 승상이 처리한 뒤 황제에게 보고했으며, 인사관리 권한도 승상이 갖고 있었다. 한무제 때에 있었던 다음의 일화를 보면 당시에 승상의 권력이 얼마나 높았는지를 짐작할 수 있다.

승상의 자리에 오른 무안후 전분은 자기 집안의 사람을 2,000섬에 해당하는 자리에 천거했다. 오늘날로 치면 도지사나 장관급에 해당하는 고위직이었는데, 그럼에도 무제는 '모두 다 들어주었다.' 한번은 지나치다는 생각이 들었는지 전분의 추천이 모두 끝나자 무제가 말했다. "승상의 관리 추천이 끝났는가? 짐도 몇 사람 임명하고자 한다."

역사적으로 군주가 어리석어 간신을 신임할 때 재상이 권력을 독점하게 된다고 생각해 왔다. 하지만 한무제는 어리석은 혼군과는 거리가 먼 황제다. 그렇다면 무제는 어째서 전분의 추천을 모두 들어주었던 것일까? 바로 제도적 관성 때문이다. 무제는 이러한 제도적 관성을 극도로 경계한 군주였다. 이후 그는 조정의 구조를 새로 계획하면서 문헌의 수집과 정리를 도우며 자문도 해주는 자신의 개인 비서 그룹을 만들었다. 강력한 재상의 권력에 맞서 무제는 과감히 자신의 비서 그룹을 이용해 재상에게 집중된 권력을 상서대로 옮겨 왔다. 이에 상서대에서 총괄 업무를 진행하게 했는데, 이 관직이 '영상서사'(동한 시기에 '녹상서사'로 변경된다)이다. 무제가 임종 직전 후사를 부탁한 인물도 재상이 아니라 내정을 책임지는 대사마대장군이자 영상서사인 곽광이었다.

서한이 멸망한 뒤 동한을 건국한 광무제 유수는 이러한 제도를 계승해 더욱 발전시켰다. 내정을 책임질 육조상서를 세워 전국 각지에서 보낸 문서들을 직접 처리하게 했으며, 외정을 책임지는 재상의 권력도 셋으로 나눴는데 이를 삼공(三公)이라 부른다. 삼공의 명칭은 황제마다 조금씩 달랐는데 주로 태위, 사도, 사공이란 명칭으로 불렸다. 그중에서 태위는 군대를 관리했고 사도는 민간을 관리했으며, 사공은 수리와 건축을 관리했는데, 재상의 권력을 세 덩어리로 분할한 셈이다.

동한의 역사를 살펴보면 고위 관리들이 일식, 지진과 같은 자연현상 때문에 파면당하는 경우를 볼 수 있다. 동한 정부는 어째서 재해민들을 구제하지는 않고 총리나 국방장관과 같은 관리들을 문책한 것일까? 이것은 사실 동한 정부가 미신을 지나치게 숭배했기 때문이다. 당시 정부는 자연재해가 하늘이 노여워해서 일어나는 현상이라고 믿었기 때문에 고위 관리를 파면시켜 하늘의 노여움을 가라앉히려 했다.

그리고 이러한 부분에서 동한 시대에 외정을 책임지는 재상은 권력이 분산되어 있었을 뿐만 아니라 실권도 별로 없는 상태였다는 점을 알 수 있다. 그렇지 않다면 고위 관리의 파면으로 미치는 정치적 파장을 동한 정부가 감당할 수 없었을 것이다.

광무제가 상서를 제도화하고 규범화한 뒤로는 상서령, 녹상서사는 더 이상 황제의 개인 비서가 아닌 조정의 관리가 되었다. 바꿔 말하자면 황제가 내정과 외정을 분리한 뒤에 자신의 손으로 내정이 외정까지 담당하도록 한 셈이다. 동한 후기에 이르러 권력을 독점한 외척과 권신들을 보면 구체적으로 대사마대장군을 담당하든 재상을 담당하든 상관없이 관직은 모두 '녹상서사'인 점을 볼 수 있다. 황제의 의사와 상관없이 권력을 독점한 권신이 황제의 개인 비서가 되었던 셈이다. 이에 동한 말년 조조와 조비 부자가 권력을 독점했을 때에도 헌제는 자신의 '비서'인 이들을 함부로 건드릴 수 없었다.

한나라 이후 혼란한 시기가 계속되면서 작은 나라들은 재상을 규범화하는 일에 별다른 공헌을 하지 못했다. 항상 황제는 비교적 가까운 측근과 나라 일을 상의하거나 재상의 일을 담당하게 했다.

이렇게 혼잡하고 어수선한 정치 조직은 수나라 초기까지 계속 이어졌다. 이에 수문제는 5성과 6조를 설치해 규범화하기 시작한다. 여기서 5성은 상서성, 중서성, 문하성, 비서성, 내시성으로 나누어진다. 그중 천문 역법과 도서를 관장하는 비서성과 황궁의 환관들을 관리하는 내시성을 제외한 나머지 기관이 정부의 중추적인 권력기관을 담당했다. 이후 당나라 시대에 이르면 5성과 6조는 3성과 6부로 개편된다.* 그중 중서성, 상서성, 문하성의 권력이 수직분할되었고, 6부는 상서성 관할이 되었다.

그중 중서성은 황제에게 정책 결정을 제안하고 황제를 대신해 조서의 초안을 작성하는 일을 책임지며, 문하성은 황제와 중서성이 적합하

---

* 5성 중에서 비교적 중요하지 않은 내시성과 비서성은 3성 6부로 개편하면서 빠지게 되었다.

지 않은 조서를 배포하는 것을 반박할 권한이 있었다. 그리고 상서성은 가장 큰 조직이었는데, 바로 중앙과 지방의 집행 통로였다. 매일 상서성은 황제의 정책이 집행될 수 있도록 대량의 명령과 조서를 해석해 부분별로 나눠 전국 각지의 관리에게 하달했다.

기존 제도와 새로 개편한 제도의 차이점을 살펴보도록 하자. 수문제가 인수궁을 증축하고 싶어 하는 상황을 예로 들어 이러한 조직 구조에서 발생할 일련의 상황들을 살펴보도록 하겠다. 먼저 기존의 재상 중심의 서한 제도에서의 상황을 살펴보자. 인수궁을 증축하려는 수문제가 직접 승상을 불러 말했다. "짐이 인수궁을 증축하고자 하오." 승상은 잠시 고민을 하더니 인수궁은 증축하기에 적합하지 않다고 말했다. 수문제는 승상의 말에 화도 나고 기분도 언짢았지만 궁전 증축 문제로 승상을 파면시킬 수는 없었다. 그는 애써 화를 누르며 증축을 진행하기 위해 승상과 상의를 했다. 승상은 여러 고민 끝에 만약 증축 규모를 줄이면 가능하다는 결정을 내렸다.

이후 승상은 승상부로 가서 각 부서에 인수궁 증축 업무를 안배했다. 이 과정에 개입하거나 참견하지 않던 황제는 증축이 완성된 이후 결과를 확인하던 중 원래 상의했던 것보다 규모가 더 줄어들었다는 사실을 발견했다. 이에 수문제가 화를 내며 말했다. "승상과 상의했을 때 규모를 줄여야 한다고 해서 줄였는데, 어째서 그것보다도 더 규모를 더 줄인 것이오?" 그러자 승상은 머리를 조아리며 사죄하면서도 당당한 목소리로 말했다. "지금 천하가 빈곤하니 폐하께서는 천하 사람들에게 모범을 보이셔야 합니다." 수문제는 어쩔 수 없이 그의 말에 승복하고 마음을 접었다.

이러한 예에서 수문제의 외부 선택권은 매우 적다. 왜냐하면 승상은 황제를 보좌하고 관리들을 통솔하기 때문에 '군신관계에서의 불화'는 매우 큰 정치적 파장을 불러올 수밖에 없고, 이 점은 수문제에게 부담이 되기 때문이다. 이처럼 승상 교체는 상당한 정치적 파장을 불러오기 때문에 '황제의 결심'이 실질적인 '파면'으로 이어지는 데에는 거대한 공백이 존재한다. 그래서 심지어 권력을 가진 승상이 이 공백을 이용해 자신의 정치적 이익과 명성을 취해도 황제는 어찌할 방법이 없다.

다음으로 수나라가 새롭게 개편한 5성 6조 제도에서의 상황을 살펴보자. 수문제는 먼저 중서성의 장관인 중서령과 함께 인수궁 증축에 대해 상의한다. 중서령은 민생이 걱정되면서도 조서의 초안을 작성하기로 결정한다. 여기에는 두 가지 이유가 있다. 하나는 중서령이 작성한 조서 초안이 실제로 실행되지 않을 가능성이 있었기 때문이다. 반박권이 있는 문하성이 조서를 반대하면 황제의 분노는 자연히 문하성 장관인 시중에게 쏟아질 것이었다. 하지만 중서령이 조서를 작성하지 않을 경우 황제의 노여움이 자신에게 향할 게 분명했다. 다음으로 중서령은 상서령, 시중과 경쟁하는 관계였기 때문에 굳이 자신이 나서서 황제의 심기를 건드릴 필요가 없었다. 이러한 이유로 인해 조서를 작성하던 중서령은 항상 나라 일을 먼저 생각하는 시중이 이 조서를 반박할 것이라 기대했다.

아니나 다를까 조서가 문하성에 도착하자 이를 본 시중은 마음속으로 중서령이 줏대가 없다고 욕했다. '이렇게 인력과 자원을 많이 소모하는 일을 단순히 황제가 원하는 일이라고 해서 무작정 추진했단 말인가! 중서령은 마음속에 국가를 위하는 대의도 없는 것인가? 대신이라면 마땅히 나라를 위해 직언할 줄 아는 패기가 있어야 할 것 아닌가?' 시중은 이런 생각을 하며 분을 삭이다 고개를 돌려 관리에게 말했다.

"이 조서를 상서성으로 보내게."

시중은 무척 난감했다. 조서를 반박할 경우 황제가 마음을 접을 수도 있지만 다시 중서령에게 새로 조서를 작성하게 할 가능성도 있었다. 더구나 새로운 조서를 다시 반박하기 위해서는 더 많은 용기와 부담이 따랐다. 그러니 지금 괜히 반박해서 황제의 미움을 살 필요가 없었던 것이다. 이에 시중은 조서를 통과시키면서 속으로는 상서령이 조서를 곧이곧대로 실행하지 않기를 바랐다. 상서령은 분명 나라에 대한 충성심이 깊은 사람이므로 최대한 인력과 자원을 아끼는 방면으로 일을 처리할 것이라 기대했다.

그렇게 시중의 바람과 함께 조서는 상서성에 도착했다. 조서를 본 상서령은 마음속 깊은 곳에서 분노가 치밀었다. 무책임하게 자신에게 짐을 떠맡긴 중서령과 시중에게 화를 참을 수가 없었다. '중서령은 어떻게 이런 조서를 작성할 수 있단 말인가? 게다가 시중은 어째서 반박하지 않은 것인가!' 화가 가라앉고 나서 상서령은 자신의 강력한 행정 능력을 동원하기 위해 6조를 불러 회의를 했다. 수문제의 조서의 취지를 곧바로 6조에 전달하는 한편 업무를 각 항목으로 나눠 정부의 각 부처에 할당하며, 반드시 기간에 맞춰 황제가 지시한 임무를 제대로 수행하라고 명령했다.

상서령도 고민이 있었다. 만약 황제의 조서와 다르게 인력과 자원을 아껴서 사용할 경우 황제와 다른 대신들은 자신이 민생을 위해 그랬다고 생각하기보다는 오히려 행정 능력과 통솔 능력이 부족해서라고 생각할 것이다. 그러니 상서령은 내키지는 않았지만 어쩔 수 없이 황제가 원하는 대로 증축공사를 진행해야 했다.

그렇게 대대적인 인수궁 증축공사가 시작되었다. 원래 근검절약하는 군주로 명성이 자자했던 수문제는 완성된 화려한 인수궁을 보고는 급격히 표정이 어두워져 소리쳤다. "누가 이렇게 사치를 부리라고 했느냐? 짐의 백성과 자원을 이렇게 마구잡이로 낭비하다니!"

프랑스의 경제학자 장 자크 라퐁의 저서 『유인 이론과 정치경제학(Incentives and Political Economy)』에서는 수학적 모형을 통해 분권의 장점을 다음과 같이 설명했다. 분권은 잠재적인 정보 경쟁 체제를 형성할 수 있다. 먼저 여러 명의 대리인(여기서는 3성의 각 장관)이 있기 때문에 주인(여기서는 황제)은 더 많은 외부 선택을 할 수 있고, 이에 대리인의 흥정 능력이 내려가게 된다. 다음으로 주인은 여러 대리인의 피드백을 근거로 탄력적으로 대리인의 보수를 조정할 수 있다. 이처럼 여러 사람의 피드백과 비교해 대리인의 보수를 정하기 때문에 주인이 지불하는 정보의 대가도 줄어들게 된다(황제의 경우 3성의 각 장관들의 피드백을 종합 비교해서 포상과 처벌을 결정할 수 있다).

수문제는 비록 경제학자는 아니었지만 5성 6조 제도를 통해서 한나라와 진나라 시대에 계속되어 왔던 재상의 권력 독점의 위험성을 효과적으로 낮출 수 있었다. 그리고 당나라 시대에 이르러 3성 6부 제도로 다시 개편되면서 '황제를 핵심으로 한 정사당 상무위원회' 제도가 등장하게 된다.

경제학 용어 해설

⊙ 미시경제학

내시 균형 비협조적 게임 균형이라고도 불린다. 최소 2명 이상의 참여자들이 최소 두 가지 이상의 전략을 선택 수 있는 상황에서 각자 자신의 최상의 전략을 선택한 뒤 누구도 일방적으로 자신의 전략을 변경하길 원하지 않을 때를 말한다. 내시 균형에서 참여자들은 상대의 전략이 바뀌지 않는 상황에서 이미 자신에게 가장 유리한 전략을 선택한 상태이다. 참여자와 전략 집합에 모두 제한이 있을 때 내시 균형은 필연적으로 존재하게 된다.

순수 전략 내시 균형 내시 균형 상태에서 만약 모든 참여자가 각자의 전략 집합에서 100퍼센트의 확률로 어떠한 전략을 선택할 때 이러한 균형을 순수 전략 내시 균형이라고 부른다.

혼합 전략 내시 균형 내시 균형 상태에서 1명 또는 1명 이상의 참여자가 자신의 전략 집합에서 일정한 확률로 2개 또는 여러 개의 전략을 임의적으로 선택할 때 혼합 전략 내시 균형이라고 부른다.

우위 전략 다른 참여자가 어떤 전략을 선택하든 상관없이 항상 가장 좋은 선택인 것을 말한다. 바꿔 말하자면 우위 전략은 상대방이 어떻게 행동하든 상관없이 이 전략이 항상 자신에게 가장 좋은 전략인 것이다. 반면 내시 균형 전략은 상대방의 전략이 변하지 않는 조건에서 이 전략이 자신에게 가장 좋은 전략이라는 의미를 가지고 있다. 그렇다고 모든 우위 전략이 항상 내시 균형 전략과 반대되는 것은 아니다.

동태적 비일관성 동태적 비일관성은 '시간 비일관성'이라고도 불린다. 정책 결정자의 선호가 어떠한 특정한 방식에 의해 시간에 따라 변화하거나 더 나아가 어떤 시점의 선호가 다른 시점의 선호와 불일치하는 것을 동태적 비일관성이라 부른다. 그리스 신화 중 오디세우스와 세이렌의 이야기에는 동태적 비일관성이 표현되어 있다. 오디세우스는 세이렌의 노랫소리가 무척 듣고 싶었지만 위험성을 알고 있었다. 그래서 그는 부하들에게 밀랍으로 귀를 막고, 자신을 돛대에 묶은 뒤 세이렌을 통과할 때 자신이 뭐라고 울부짖든 절대 들어주지 말라고 명령한다. 오디세우스는 미래에 자신이 이성을 상실할 것을 알고 있었다. 그래서 오디세우스는 자신의 미래 선택을 제약하는 명령과 자신을 제약할 수 있는 장치(돛대에 밧줄로 몸을 묶는)를 이용해 이 위험한 동태적 비일관성을 무사히 넘긴 것이다.

완전 경쟁 시장에서 어떤 상품의 판매자가 아주 많은 것을 말한다. 이 경우 가격은 시장에 의해 결정되기 때문에 모든 판매자들은 공급과 수요의 관계에 따라 결정되는 시장가격을 피동적으로 받아들일 수밖에 없다.

정보의 비대칭성 거래 양측 중 어느 한 측이 거래에 영향을 끼칠 수 있는 유리한 정보를 가지고 있는 경우를 말한다. 이러한 정보의 비대칭성은 역선택과 도덕적 해이를 초래할 가능성이 있다.

역선택 정보를 더 많이 가진 측이 독점한 정보를 이용해 자신에게 유리하고 상대방에게 불리한 선택을 하는 것을 말한다. 보험이 전형적인 예다. 만약 보험료율이 평균 질병 위험도에 근거해 계산된다면 신체가 비교적 건강한 사람들은 가입하려 하지 않는 반면 허약하고 잔병이 많은 사람들은 보험 가입을 선호하게 된다. 이럴 경우 보험회사는 수지가 맞지 않아 시장에서 퇴출될 수 있다. 이때의 정보의 비대칭성은 계약 체결 이전에 양측이 파악한 정보가 이미 불균형하므로 사전적이다.

도덕적 해이 자신이 책임지지 않는 상태에서 계약을 한 쪽이 자신의 행동을 바꾸려는 경향을 말한다. 자전거 보험을 예로 들어보자. 보험에 가입한 후 자전거 주인은 이전처럼 도난 방지 조치를 제대로 취하지 않아 자전거가 도둑맞을 위험을 높일 수 있다. 하지만 책임 부담자인 보험회사는 자전거 주인의 행동을 관찰할 수 없다. 이때의 정보의 비대칭성은 사후적이다. 즉, 계약 체결 이후에 계약을 맺은 상대방의 행동을 책임 부담자가 완벽하게 감시할 수 없을 때 발생한다.

코스의 정리 코스 본인은 비록 그렇게 생각하지 않았지만 그럼에도 코스의 정리는 다음의 의미를 가지고 있다. 재산권을 명확히 한다면 거래비용을 소홀히 할 수 있다. 시작할 때 누구에게 재산권을 부여하든 시장은 항상 효율적인 균형, 즉 가장 최적의 배치를 이룰 수 있는 것이다. 이에 코스의 정리는 정부의 간섭이 없는 상황에서도 외부성 문제를 해결할 수 있다는 내용을 담고 있다.

애로의 불가능성 정리 일종의 사회선택 시스템에서 개인의 선호도가 과반수 투표를 통해서 사회적 선호도로 전환될 수 없으며, 또 단순한 개인의 선호도가 모여 '사회적 선호도'를 얻을 수 없다는 의미이다.

효율 임금 임금은 노동력의 공급과 수요로 인해 결정되지 않으며, 오히려 균형가격의 수준을 높여 고용할 때 노동자의 생산효율이 증가될 수 있다는 이론이다. 효율 임금은 '높은 봉급으로 부정부패를 막을 수 있다'는 이론의 기초가 된다. 임금 수준이 충분히 높을 때 고용자는 현재의 높은 봉급을 잃지 않기 위해서 뇌물을 거절할 수 있기 때문이다.

인사경제학 수학과 통계를 이용해 인력자원 관리와 관련된 문제를 분석하는 학문 분야로 경제학에서 미시노동경제학 분파에 속한다.

외부 선택권 명시적 또는 암묵적 계약관계에서 계약한 측이 계약을 이행하지 않을 때 얻을 수 있는 수입이다.

린달 균형 모든 사회구성원이 얻을 수 있는 공공재 또는 서비스의 효과와 이익에 따라 자발적으로 상응하는 자금비용을 분담할 때 효율을 최적의 수준까지 달성할 수 있다는 의미이다.

경제인 가설 합리적 인간 가설이라고도 불린다. 이성적인 측면에서 인간의 사고와 행동을 해석하려는 가설이다. 여기서 인간은 오로지 물질적인 보상의 최대화를 위한 시도를 하는 존재이다. 일반적으로 경제학과 일부 심리학 분석의 기본 가설로 사용된다.

가격차별화 생산자가 동일한 상품에 서로 다른 소비자에게 각기 다른 가격을 설정하는 것을 말한다. 가격차별화는 세 가지 등급으로 나뉜다. 1급 가격차별은 완전가격차별이라고도 불리는데 생산자가 소비자가 원하는 최대 지불가격에 따라 판매하는 것을 말한다. 이러한 1급 가격차별은 이상적인 상황에 속하기 때문에 현실에서는 거의 출현하지 않는다. 2급 가격차별은 구간 가격 설정이라고도 불린다. 생산자가 소비자의 구매 수량 또는 질량의 차이에 따라 서로 다른 판매가격을 설정하는 것이다. 이러한 2급 가격차별은 생활에서 광범위하게 응용되고 있다. 예를 들면 과일의 대량주문 할인판매나 항공사가 비즈니스석과 이코노미석을 구분하는 것 모두 2급 가격차별을 응용한 것이다. 3급 가격차별은 시장에 따른 가격차별이라 불린다. 생산자가 공개적으로 드러난 소비자의 특징(예를 들면 학생증, 멤버십 카드)에 근거해 시장을 분할할 경우 생산자는 소비자가 가진 특징에 근거해 동일한 상품에 대해 각기 다른 가격을 설정할 수 있다.

재판매가격유지 공급망에서 생산자가 직접 판매자에게 최종 상품가격을 정해주는 행위를 재판매가격유지라고 부른다.

규모의 경제　일정한 생산 범위 안에서 생산 증가에 따라 평균 생산비가 점차 낮아지는 사실을 가리킨다. 이러한 규모의 경제는 고정비용의 감소나 생산자가 생산 과정을 학습하면서 생산 효율이 높아지는 데서 비롯된다.

토너먼트 이론　승진에 따른 임금 증가폭이 직원의 적극성에 영향을 주고, 승진의 결과가 아직 명확하지 않은 상황에서 직원들은 승진하기 위해 더욱 열심히 일하게 되기 때문에 기업이 승진을 통해 직원에게 동기를 불어넣을 수 있다고 주장하는 이론이다.

➲ 거시경제학

채무불이행　국가의 정부가 정해진 기간 내에 채무의 원리금을 상환하지 못하는 상황을 가리킨다. 채무불이행은 (국외 채무자에 대한) 대외 채무불이행일 수도 있으며, (국내 채무자에 대한) 대내 채무불이행일 수도 있다.

무역수지 흑자, 무역수지 적자　한 국가가 일정 기간(예를 들어 1년, 반년, 1분기, 1개월 등) 내에 수출무역 총액이 수입무역 총액보다 적은 것을 무역수지 적자라 말하며, 반대의 경우를 무역수지 흑자라 말한다.

화폐의 가치 상승과 가치 하락　화폐의 가치 상승은 '평가절상'이라고도 말하며, 국가가 자국의 화폐의 실질적 가치를 증가시켜 외국 화폐에 비해 자국의 화폐가치를 상승시키는 것을 가리킨다. 이러한 가치 상승은 종종 금융위기가 발생할 때 외국 화폐의 대량 유입을 저지하고, 자국 화폐의 가치가 급격히 하락하는 것을 피하기 위해 불가피하게 채택하는 조치이기도 하다. 평가절상을 할 경우 외국 화폐에 비해 자국 화폐의 가치가 상승되므로 수출 상품 가격은 상승되고 수입 상품 가격은 하락해 상품의 경쟁력이 떨어지게 된다. 이와 반대인 화폐의 가치 하락의 경우 '평가절하'라고도 불린다. 금융위기에서 화폐의 가치를 하락시키는 목적은 일반적으로 해외 자본의 유출을 막아 자국의 산업 경쟁력을 유지하는 데 있다. 또 가치 하락은 일정한 조건하에서 생산을 촉진시키고, 해외에서 자국 상품의 가격을 낮추기 때문에 수출 확대와 수입 감소의 효과가 있다.

인플레이션 원래는 화폐 유통 수량의 증가를 뜻하지만 어느 시기 동안 지속적으로 물가가 상당한 폭으로 상승하는 현상을 가리키기도 한다. 인플레이션은 특정 경제체 안에서의 화폐 구매력이 하락하는 것인 반면 평가절하는 서로 다른 경제체 사이에서 화폐의 가치가 하락한다는 점에서 서로 차이점이 있다. 즉, 인플레이션은 국내에서 사용하는 화폐가치에 영향을 미치고, 평가절하는 국제 시장에서의 화폐가치에 영향을 미친다. 이 때문에 인플레이션과 평가절하의 연관성은 경제학에서 논쟁거리 중 하나이다.

디플레이션 원래는 화폐 유통량 감소를 뜻하지만 전체 물가 수준이 지속적으로 내려가는 현상을 가리키기도 한다. 이에 인플레이션과 반대되는 개념이다. 일반적으로 인플레이션율이 0 이하로 내려갈 때(마이너스 인플레이션) 디플레이션이 발생했다고 본다. 디플레이션은 화폐의 실제 구매력을 상승시키기 때문에 디플레이션일 때 사람들은 같은 액수의 화폐로 더 많은 상품을 구매할 수 있다.

일반균형 전체 경제의 여러 부분에 서로 영향을 주는 시장의 구조 안에서 공급, 수요, 가격을 해석하려는 것을 말한다. 일반균형은 경제에 존재하는 몇몇 가격 시스템을 증명할 수 있다. 첫째, 모든 소비자는 정해진 가격하에서 자신이 소유한 생산요소를 제공하며, 게다가 각자 예산이 제약된 상태에서 상품을 구매해 자신의 소비 효용 최대화에 이를 수 있다. 둘째, 모든 기업은 정해진 가격하에서 생산량과 생산요소의 수요를 결정함으로써 이윤 최대화에 이를 수 있다. 셋째, 모든 시장(제품시장과 요소시장)은 이

가격 체계하에서 총 공급과 총 소비가 대등(균형)할 수 있다. 경제가 이러한 조건을 갖추고 있을 때 일반균형에 이른 것이며, 이때의 가격이 일반균형 가격이다. 일반균형은 경제학의 부분 균형 개념의 확장이다. 하나의 일반 균형 시장에서 모든 단독의 시장은 부분 균형이다.

승수 효과 경제활동에서 어떤 변량의 증가 또는 감소로 인해 야기되는 경제 총량 변화의 연쇄적인 반응 정도를 가리킨다. 승수 효과가 클수록 반응 정도가 격렬하다. 예를 들어 재정 지출 승수와 조세 승수는 각각 재정 지출과 조세 증가가 거시경제의 총생산에 미치는 영향을 대표한다.

구축 효과 사회 재산의 총량은 일정하다. 이에 정부가 많은 자금을 점유해 개인이 점유한 자금이 줄어들게 될 수 있는데, 경제학에서는 이러한 상황을 재정의 '구축 효과'라 부른다. 예를 들어 정부가 대량의 자금을 빌릴 경우 개인이 민간에서 조달할 수 있는 자금이 줄어들 수 있으며, 정부가 상업 활동에 대대적으로 나설 경우 민간 상업 활동이 위축될 수 있다.

비교우위 애덤 스미스는 절대우위를 통해 무역을 해석했다. 어떤 나라가 동일한 상품에서 다른 나라들보다 낮은 원가로 효율적으로 생산할 수 있다면 '절대우위'를 가지고 있다고 말할 수 있다. 이럴 경우 절대우위를 가지고 있는 상품을 전문적으로 발전시켜 수출하고, 절대우위를 가지고 있지 못한 상품을 수입하는 게 무역 양측 모두에게 이익이 된다. 데이비드 리카도는 여기서 비교우위를 제시하며 절대우위 이론의 부족한 점을 개선했다. 절대우위는 표면적인 생산력의 우세만 고려한 반면 비교우위는 상대적인 우위도 고려한다. 애덤 스미스의 견해에 따르면 만약 한 국가에서 두 가지 상품에 모두 절대우위를 가지고 있을 경우 두 국가는 무역을 할 수 없다. 하지만 이러한 애덤 스미스의 관점에 따르면 현재 선진국가가 후진국가와 무역을 하는 이유를 설명할 수 없다. 왜냐하면 기술이 발전한 선진국가는 거의 모든 상품에서 절대우위를 가지고 있기 때문이다. 이에 리카도는 비교우위를 통해서 선진국가와 후진국가가 여전히 무역의 기회가 있으며, 가운데에서 서로 이익을 얻을 수 있다는 점을 설명해 보였다.

양적 완화 일종의 비상식적인 화폐 정책이다. 국가의 화폐관리기구(주로 중앙은행)는 공공시장 조작을 통해 실제 경제 환경에서 화폐 공급량을 높이는 것을 말한다. 이에 중앙은행의 조작은 간접적으로 화폐 증쇄에 해당한다.

화폐 중립성 화폐 공급의 증가로 인해 가격수준이 같은 비율로 증가하게 되지만 실제 생산수준에는 영향을 미치지 않는 점을 말한다. 고전 및 신고전 경제학자들은 대부분 화폐 공급량의 변화가 일반 가격수준에만 영향을 미칠 뿐 실제 생산수준에는 영향을 미치지 않는다고 보며, 이에 화폐는 중립성을 가지고 있다고 주장한다.

⇒ 금융경제학

옵션 옵션은 선택권이라고도 불리며, 일반적으로 거래가 가능한 파생 금융상품이다. 미리 정해놓은 가격으로 미래의 어느 시간대에 특정한 자산(예를 들어 주주권, 주가지수, 선물 등)을 사거나 팔 수 있는 권리를 말한다. 간단히 말해서 옵션은 일정 기간 내의 거래 선택권을 가리키는 것으로, 소유자에게 약정가에 근거해 구매 또는 판매의 권리를 부여하는 것에 불과하다. 하지만 소유자는 자신이 이 권리를 행사할지 여부를 결정할 수 있다. 옵션을 거래할 때 옵션을 구매하는 쪽을 옵션 매수자라 부르며, 옵션을 판매하는 쪽을 옵션 매도자라고 부른다. 매수자는 권리의 양수인이며, 매도자는 반드시 구매자에게 권리를 행사해야 하는 의무자이다.

국채 국가공채라고도 불린다. 국가 신용을 기반으로 부채의 일반 원칙에 따라 사회조달자금을 통해 형성된 채권채무 관계이다. 국채는 국가가 발행한 채권이기 때문에 중앙정부가 재정자금 조달을 위해 발행한 일종의 정부 채권이며, 중앙정부가 투자자들에게 발행하고 일정 기간 동안 이자를 지급하고 원금을 만기 상환할 것을 승낙하고 발행한 채권채무 증명서이다. 이러한 국채는 국가의 신용을 담보로 하였기 때문에 일반적으로 가장 안전한 투자상품으로 여겨지고 있다.

신용부도 스와프 두 법인 거래에서 매입자(신용부도가 발행했을 때 보장받는 쪽)과 매도자(신용부도 발생으로 인한 손실을 보장해 주는 쪽)의 거래이다. 주로 약정 기간 내에 신용부도가 발생했을 때 고비율의 보험 업무를 제공하기 위한 것으로 만약 보증해 주는 측에게 충분한 보증금이 없다면 상당한 투기 행위가 될 수 있다. 하지만 만약 보증금이 충분하다면 매입자는 부도 발생 시 원금을 보장받을 수 있다. 매입자가 저당잡힌 부채를 제3자(채무자)에게 줄 경우 채무자가 부도로 상황을 못 받게 될까 봐 걱정될 때 매도자에게 (신용부도 스와프 계약 제공자) 이 채무자와 관련된 계약/보험을 구입할 수 있다. 일반적으로 이 계약은 정해진 시간에 자금을 공급하므로 보험 구입에 해당한다. 채무자가 빚을 값을 때까지 유지되며 그렇지 않으면 효력이 상실된다. 만약 채무자가 약속을 불이행하고 빚을 상환하지 않을 경우(또는 다른 계약을 지정하는 상황에서 채무자가 예정대로 부채를 상환할 능력이나 계획이 없다고 판단될 때) 매입자는 담보물을 통해 매도자에게 배상을 요구할 수 있으며, 부채를 상환 받을 수 있다. 즉, 부도 위험을 매도자에게 교환할 수 있다. 매도자가 여기서 얻을 수 있는 이윤은 채무자가 예정대로 상환하였을 때의 계약금/보험료이다.